# Frei für die Zukunft

Evangelische Kirchen in Europa

# Free for the Future

Protestant Churches in Europe

# Frei für die Zukunft
## Evangelische Kirchen in Europa

# Free for the Future
## Protestant Churches in Europe

Texte der 7. Vollversammlung der Gemeinschaft Evangelischer Kirchen in Europa GEKE
in Florenz, Italien, 20. - 26. September 2012

Documents of the 7th General Assembly of the Community of Protestant Churches in Europe CPCE
Florence, Italy, September 20-26, 2012

Im Auftrag des Rates
der Gemeinschaft Evangelischer Kirchen in Europa

Authorized by the Council
of the Community of Protestant Churches in Europe

Herausgegeben von / edited by
Michael Bünker - Bernd Jaeger

EVANGELISCHE VERLAGSANSTALT
Leipzig

Bibliographische Information der Deutschen Nationalbibliothek
Die Deutsche Nationalbibliothek verzeichnet diese Publikation in der Deutschen Nationalbibliographie; detaillierte bibliographische Daten sind im Internet über http://dnb.dnb.de abrufbar.


Printed in Germany · H 7656



Das Buch wurde auf alterungsbeständigem Papier gedruckt.

Cover: Kai-Michael Gustmann, Leipzig
Coverbild: © iStockphoto.com/franckreporter
Satz: Steffi Glauche, Leipzig
Druck und Binden: Hubert & Co., Göttingen

ISBN 978-3-374-03166-5
www.eva-leipzig.de

# Inhalt

## V Grußworte



## VI Predigten

## VII Strukturierte Zusammenarbeit 2006–2012



## VIII Anhang

# Vorwort

Mit ihrer 7. Vollversammlung ist die Gemeinschaft Evangelischer Kirchen in Europa (GEKE) tatsächlich in Europa angekommen. Dazu haben die evangelischen Kirchen am Tagungsort in Florenz einen Beitrag geliefert, indem sie in der öffentlichen Diskussion über die Krise des europäischen Einigungsprozesses an die Werte Gerechtigkeit, Solidarität und Verantwortlichkeit erinnerten. Dabei sparten sie in ihrer gemeinsamen Stellungnahme auch nicht mit Selbstkritik und nannten ganz konkrete Maßnahmen für eine notwendige Weiterentwicklung der internationalen Wirtschaftsordnung.

»Free for the future – frei für die Zukunft – libre pour l'avenir« stand als Motto über der Florentiner Versammlung und sollte das Leitbild der Kirchengemeinschaft deutlich machen. In der Freiheit, die Zukunft zu gestalten, liegt die befreiende Kraft des in der Reformation wiederentdeckten Evangeliums. Im Vertrauen auf das Fortwirken dieses Impulses stellten die kirchlichen Delegierten in Florenz sich der Frage, welche Erneuerung die Kirche künftig braucht. Dazu gab es das Forum »Europas Kirchen im Aufbruch«, das mit einem Aufruf der Vollversammlung zu einer gemeinsamen Feier des Reformationsjubiläums abschloss. Im Kontext dieses Jubiläums wird die GEKE die europäische Dimension des Jubiläums ins Blickfeld rücken.

Die GEKE hat seit langem ihr eigenes Profil als ökumenische Gemeinschaft gefunden. Das wurde deutlich in den Impulsen zu den interkonfessionellen und ökumenischen Dialogen, welche die Vollversammlung in ihren Beschlüssen gab. Sichtlich bewegt schilderte die Generalsekretärin der Fellowship of Middle East Evangelical Churches (FMEEC) Rosangela Jarjour in ihrem Grußwort die von Übergriffen und Gewalt geprägte Situation der Christinnen und Christen im Nahen Osten und besonders im vom Bürgerkrieg betroffenen Syrien. Mit Betroffenheit reagierten die Delegierten, als Frau Jarjour Bilder ihrer zerstörten Heimatkirche zeigte. In einer Erklärung baten sie Kirchen und Christen in Europa um Fürbitte und Unterstützung der Christen im Nahen Osten.

Besondere Bedeutung hat für die Kirchengemeinschaft seit jeher die theologische Arbeit, legte doch schon die Leuenberger Konkordie ein besonderes Gewicht auf die Weiterführung dieses Arbeitsfeldes. Seit 1973 ist diese Arbeit in beachtlichem Umfang geleistet worden. Das Bemühen um einen Konsens in zentralen theologischen Themengebieten wird auch in Zukunft im Vordergrund bleiben. In Florenz jedenfalls wurden die Debatten immer dann sehr lebhaft geführt, als es um die Rezeption der Studien- und Lehrergebnisse sowie um die Frage der zukünftigen Arbeitsfelder ging.

Florenz hat die evangelischen Kirchen in Europa ermutigt, ihre Zukunft zu gestalten, so dass ihr Reden und Tun als hilfreicher und heilsamer Beitrag zu den drängenden Problemen im Leben der Menschen, in Kultur, Gesellschaft und Politik erfahren wird. Im Vertrauen auf das Fortwirken des Heiligen Geistes besteht hinreichend Grund zu dieser Annahme.

Seitens des Präsidiums bedanken wir uns bei allen, welche zum Gelingen der erfolgreichen und auch stimmungsmäßig unvergesslichen Vollversammlung beigetragen haben. Insbesondere gilt der Dank den gastgebenden Kirchen, namentlich der Chiesa Evangelica Valdese, der Chiesa Metodista d'Italia und der Chiesa Evangelica Luterana in Italia.

Schließlich gilt unser Dank den Herausgebern, die das Erscheinen des vorliegenden Bandes ermöglicht haben.

Winterthur, im April 2013

Thomas Wipf,
Geschäftsführender Präsident des Rates
der Gemeinschaft evangelischer Kirchen in Europa
2006–2012

*Michael Bünker, Bernd Jaeger*

# Einleitung der Herausgeber

Zur 7. Vollversammlung der Gemeinschaft Evangelischer Kirchen in Europa (GEKE) vom 20. bis 26. September 2012 kamen in Florenz mehr als 200 Delegierte, Gäste und Berater zusammen.[1] »Frei für die Zukunft«: So lautete das Thema. Unter diesem Titel liegt der Dokumentationsband vor, der zentrale Texte der Tagung vereint.

Die Stadt der Renaissance war in der Zeit der Reformation ein Zentrum des Humanismus. Von Florenz aus empfing die reformatorische Bewegung des 16. Jahrhunderts wichtige Impulse. Heute befinden sich die evangelischen Kirchen Italiens in der Situation kleiner Minderheiten in einer überwiegend römisch-katholisch geprägten Umwelt. Ihr Einfluss in der Zivilgesellschaft reicht allerdings weiter, als die Mitgliederzahlen es vermuten lassen. Sie sahen in der Tatsache, dass Florenz zum Tagungsort der evangelischen Kirchen Europas gewählt wurde, eine Stärkung ihrer Position in der Öffentlichkeit und in der Gesellschaft. In dieser Hinsicht setzte die Vollversammlung ein Zeichen. Sie nahm es mit auf ihre Agenda für die kommenden Jahre, die Erfahrungen der Kirchen als Minderheiten in den modernen pluralistischen Gesellschaften Europas in einem Studienprozess zum Thema »Theologie der Diaspora« zu reflektieren.

Passend zum geschichtlichen Hintergrund des Protestantismus in Italien war als Tagungsort das »Convitto della Calza« gewählt worden,

---

[1] Eingehende Berichte zur Vollversammlung liegen vor von Walter Fleischmann-Bisten: Evangelische Signale aus Florenz. In: Materialdienst des Konfessionskundlichen Instituts Bensheim, 63. Jahrgang, 05/2012, 81–82 und von Christa Olearius, Eine Woche evangelisch in Florenz. Die 7. Vollversammlung der GEKE. In: Ökumenische Akzente 2013, Haus kirchlicher Dienste der Evangelisch-Lutherischen Landeskirche Hannovers (Hg.), 3–7.

ein Klostergebäude aus der Renaissance, das mit seiner Ästhetik in diesen spätsommerlichen Septembertagen die Atmosphäre der Versammlung charakteristisch prägte. Dort luden im Kreuzgang und Klosterhof die gastgebenden italienischen Kirchen, neben der Evangelischen Waldenserkirche und der Evangelisch-methodistischen Kirche die Evangelisch-Lutherische Kirche in Italien, zu einem Begrüßungsabend ein. Dort im Freien befand sich auch als Anlaufstelle das Tagungsbüro und Organisationszentrum, besetzt mit dem erweiterten Team der GEKE-Geschäftsstelle. Dort tauchten die Teilnehmerinnen und Teilnehmer der Vollversammlung aus dem großen unterirdisch gelegenen und mit moderner Technik ausgestatteten Konferenzsaal immer wieder ins freundliche Tageslicht auf. Dort war dann der Ort für Begegnung und Austausch, für Gespräche und Verabredungen in den Pausen und vor allem auch während der Mahlzeiten mit ihren kulinarischen Finessen aus der italienischen Küche.

Neben der Wahl der Umgebung trug zur positiven Gesamtatmosphäre vor allem auch die Tagungsstruktur bei mit dem Ineinander von liturgischer Feier und inhaltlicher Arbeit. Andachten morgens und abends sowie ein Friedensgebet mittags gaben der Vollversammlung ihre tägliche Struktur. So wurde der Konferenzsaal immer wieder zum gottesdienstlichen Raum, und die Versammlung unter Wort und Gebet zum Herzschlag der Konferenz. Ein »Worship Book«, das dem GEKE-Gesangbuch zur Seite gestellt war, half zum gemeinsamen Verständnis der liturgischen Abläufe und Texte.[2] Dass die Kirchengemeinschaft zuerst Gottesdienstgemeinschaft ist, wurde in der Florentiner Vollversammlung immer wieder zu einer konkret und lebendig erfahrenen Wirklichkeit. Mehr denn je zuvor war in der Vorbereitung darauf ein besonderer Akzent gelegt worden.

Während der Konferenz gab es außerdem Gottesdienste zum Beginn, zur Mitte und zum Abschluss. Im Eröffnungsgottesdienst hielt Prof. Fulvio Ferrario aus der Evangelischen Waldenserkirche die Predigt. Im Sonntagsgottesdienst, der in der Waldenserkirche in Florenz gefeiert wurde, predigte Bischöfin Rosemarie Wenner aus der Evangelisch-Methodisti-

---

2 Das »Worship Book« ist auf der Homepage der GEKE unter www.leuenberg.eu abrufbar.

schen Kirche. Beschlossen wurde die Tagung mit einem Abendmahlsgottesdienst in der Kapelle des Convitto della Calza, in dem der neu gewählte Rat in sein Amt eingeführt wurde und Bischof Dr. Friedrich Weber als der geschäftsführende der drei neugewählten Präsidenten die Predigt hielt. Teil VI der vorliegenden Publikation dokumentiert diesen Ablauf der Vollversammlung mit der Wiedergabe der Predigten.

Achtzehn Studierende der Theologie aus acht europäischen Nationen waren nach Florenz gekommen, um in einem Stewardprogramm an der Tagung teilzunehmen und Erfahrungen und Eindrücke zu sammeln. Sie gaben der Tagung das Gepräge der jungen Ökumene, ganz abgesehen davon, dass sie mit der Übernahme vielfältiger Aufgaben einen wichtigen Beitrag zur Qualität der Organisation leisteten.

Die Delegierten der GEKE-Mitgliedskirchen trafen sich in Florenz unter dem Motto »Frei für die Zukunft – Evangelische Kirchen in Europa«. Die Formel kann verstanden werden als Bezeichnung des Orientierungsrahmens, in dem Themen und Fragestellungen der 7. Vollversammlung hervortreten sollten. Dabei ging es um Stellung und Rolle der Kirchengemeinschaft im Europäischen Einigungsprozess, in dem die evangelischen Kirchen ihre spezifischen Möglichkeiten der Erneuerung erfahren und zugleich Impulse zur Zukunftsgestaltung Europas geben. In diesem Zusammenhang ist das »Wort der Vollversammlung von Florenz zur gegenwärtigen Lage in Europa« zu nennen, das unter dem Stichwort »Frei für die Zukunft – Verantwortung für Europa« beschlossen wurde.

Mit diesem Wort nahm die Vollversammlung Stellung zu der gravierenden Krise im europäischen Einigungsprozess, auf die das Präsidium der GEKE schon im Jahr davor mit einer öffentlichen Verlautbarung reagiert hatte. Die Vollversammlung formulierte darin ihre Sorge über die sozialen Folgen der Krise wie der Jugendarbeitslosigkeit und deren mögliche politische Folgen. Sie sah darum als eine der vordringlichsten Aufgaben für die Verantwortlichen in Politik und Gesellschaft eine Stärkung der Demokratie mit dem Ziel eines solidarischen Miteinanders, das sich den Grundsätzen von Gerechtigkeit und Frieden verpflichtet sieht. Konkret wurden dazu Maßnahmen zur Beseitigung der Jugendarbeitslosigkeit, zu einer höheren Besteuerung hoher Einkommen und Vermögen und zur Regulierung der Finanzmärkte genannt. Das anerkennende Echo, das die Stellungnahme nach Florenz auch im politischen

Kontext gefunden hat[3], spricht für ihre Ausgewogenheit und Differenziertheit.

Nahezu alle Kirchen in Europa sehen sich vor die Aufgabe einer Erneuerung gestellt. Das ist die andere große Gestaltungsaufgabe, mit der die Kirchen konfrontiert werden in den Transformationsprozessen, die sie in den modernen pluralistischen Gesellschaften Europas mit den demographischen Entwicklungen zunehmender religiöser Pluralität und abnehmender Basis eigener Mitglieder durchlaufen. Auf dem »Forum Europas Kirchen im Aufbruch« widmete die Vollversammlung dieser Thematik zwei halbe Tage mit einem eigens dafür eingerichteten organisatorischen Rahmen. Im Unterschied zu den klassischen Arbeitsweisen der Vollversammlung in Arbeitsgruppen und im Plenum kamen, um eine möglichst große Beteiligung der Delegierten an der Diskussion zu erzielen und um zu gemeinsamen Verabredungen zu gelangen, andere Methoden der Tagungsdidaktik wie Paneldiskussion und Worldcafé zum Einsatz.

Im Ergebnis war sich die Vollversammlung darin einig, dass die Kirchen neben einer organisatorischen vor allem auch der geistlichen Erneuerung bedürfen. In den Beschlüssen wurde dieser Impuls aufgegriffen, indem dem Rat eine Fortführung der Arbeitsprozesse zum Thema der Kirchenerneuerung nahegelegt wurde. In diesen Kontext gehört auch die Ausrichtung des 500. Reformationsfests 2017, vor dessen Hintergrund in Florenz die Beschlüsse zum Forumstag diskutiert wurden. Die GEKE wird das 500. Reformationsjubiläum zum Anlass nehmen, um in besonderer Weise das Augenmerk auf die europäische Dimension der Reformation zu legen. Dazu wurde das Projekt »Europa reformata: 500 Jahre Reformation in Europa« verabschiedet. Der Forumstag wurde mit einem Aufruf der Vollversammlung zu einer gemeinsamen Reformationsfeier der Mitgliedskirchen beschlossen.

Drei weitere Arbeitsfelder, die den GEKE-Prozess in Zukunft nach den Beschlüssen der Vollversammlung maßgeblich bestimmen werden, sind: Ein Lehrgespräch zum Thema Kirchengemeinschaft, ein Studien-

---

3 So zuletzt in der Rede des deutschen SPD-Politikers Frank-Walter Steinmeier »Versöhnte Verschiedenheit – eine evangelische Wegweisung für Europa« beim Festakt aus Anlass des 40. Jahrestages der Leuenberger Konkordie am 17. März 2013 im Berliner Dom. In: epd Dokumentation Jg. 2013, Heft 13. S. 7–11.

prozess unter der Überschrift »Pluralität der Religionen« und die Fortführung der ökumenischen Dialoge. Zu den neuen Arbeitsvorhaben lagen in den Arbeitsgruppen Projektskizzen vor, auf deren Grundlage über die neuen Arbeitsfelder entschieden wurde. Sie werden in Teil III des Berichtsbands wiedergegeben. Vor ihrem Hintergrund wird deutlich, welche Ziele, Inhalte und Handlungsoptionen die Vollversammlung für die Arbeit der GEKE in den nächsten sechs Jahren formuliert hat.

Mit dem vielbeachteten Ergebnis des Lehrgesprächs in der Studie »Die Kirche Jesu Christi« von 1994[4] hatte die GEKE eine theologische Reflexion zur Ekklesiologie nach dem Modell der Leuenberger Konkordie vorgelegt. In Anknüpfung an diese Thematik hat die Florentiner Versammlung ein Lehrgespräch »Kirchengemeinschaft« verabschiedet, das übrigens das einzige in der neuen Arbeitsperiode sein wird. Bei der Behandlung des Themas soll die Frage nach der sichtbaren Einheit der Kirchengemeinschaft und die Frage nach deren Verbindlichkeit in den Mitgliedskirchen, auch im rechtlichen Sinne eigens geprüft werden.

Ferner wurde ein Studienprozess zum Thema »Pluralität der Religionen« initiiert. Angesichts der Komplexität der Thematik sollen nach dem Willen der Vollversammlung neben einer theologischen Beschäftigung auch empirische Zugänge Berücksichtigung finden. Dabei wird etwa, um die spezifische Situation der GEKE-Kirchen zu erfassen, auch auf soziologische und sozialwissenschaftliche Ergebnisse zurückzugreifen sein.

Die Beschlüsse zu den ökumenischen Dialogen sehen einesteils ihre Fortführung vor und andernteils die Initiierung neuer Gespräche. Im Vordergrund steht die mit dem Päpstlichen Rat zur Förderung der Einheit der Christen vereinbarte Gesprächsreihe, deren erste Konsultation bereits im Februar 2013 in Wien stattfand. Daneben ist die Wiederaufnahme und Fortsetzung des Gesprächs mit den anglikanischen Kirchen in Großbritannien und Irland zu nennen, die auf der Basis des auf der Vollversammlung in Florenz unterzeichneten »Memorandum of Affirmation and Commitment« erfolgen kann. In diesen Zusammenhang gehören ferner die jährlich durchgeführten Gespräche mit der European Baptist

[4] Eine vierte revidierte Auflage von »Die Kirche Jesu Christi. Der reformatorische Beitrag zum ökumenischen Dialog über die kirchliche Einheit« ist 2012 in der Evangelischen Verlagsanstalt Leipzig erschienen. Das frisch erschienene Buch wurde den Delegierten in Florenz an die Hand gegeben.

Federation. Darüber hinaus sollen geeignete Formen für Gespräche mit charismatischen Gemeinden und Pfingstkirchen in Europa gesucht werden.

Der aktuelle ökumenische Horizont der GEKE-Arbeit trat in Florenz eindrucksvoll in den Grußworten hervor. Hierzu zählen neben den Reden der Repräsentanten aus den gastgebenden italienischen Kirchen die Beiträge der ökumenischen Gäste aus dem Ökumenischen Rat der Kirchen, der Konferenz Europäischer Kirchen, den konfessionellen Weltbünden und anderer konfessionell verwandter Kirchen in Europa. Besondere Beachtung in der Versammlung fand der erschütternde Bericht der Generalsekretärin der Fellowship of Middle East Evangelical Churches Rosangela Jarjour über die Kriegssituation in Syrien, in dem sie die Kirchen um Beistand im Gebet bat. Die Vollversammlung nahm dies zum Anlass, eine »Erklärung zur Situation der Christinnen und Christen im Nahen Osten« zu beschließen.

Diese Beiträge sind zusammen mit den Texten, auf deren Themen in dieser Einleitung schon eingegangen wurde, in dem vorliegenden Berichtsband enthalten. Bis auf zwei Ausnahmen (dem Grußwort von Metropolit Emmanuel und dem Referat von Cristina Comencini), deren Beiträge jeweils in der Originalsprache und in deren englischen Übersetzungen abgedruckt sind, werden alle Texte in Deutsch und Englisch wiedergegeben. Bei dieser Gelegenheit sei darauf hingewiesen, dass die Dokumente der 7. Vollversammlung auch auf der Homepage der GEKE (www.leuenberg.eu) zum Download in den drei Geschäftssprachen der GEKE, mithin auch in Französisch zur Verfügung stehen.

Im Unterschied zu den Dokumentationen früherer Vollversammlungen durch die GEKE enthält der Band allerdings nicht die verabschiedeten Texte aus der Arbeitsperiode 2006 bis 2012.[5] Dem Rat der GEKE war

---

[5] Im Einzelnen handelt es sich dabei um das Lehrgesprächsergebnis »Amt – Ordination – Episkopé«, das zusammen mit der Arbeit »Ausbildung zum ordinationsgebundenen Amt« in der Reihe »Leuenberger Texte 13« in der Evangelischen Verlagsanstalt Leipzig publiziert wurde. Das zweite Lehrgesprächsergebnis »Schrift – Bekenntnis – Kirche« wurde als »Leuenberger Texte 14« veröffentlicht. In derselben Reihe wird im Herbst 2013 die Studie »Tretet ein für Gerechtigkeit« zusammen mit anderen sozialethischen Beiträgen in dem Sammelband »Evangelisch in Europa« (Leuenberger Texte 15) erscheinen. Die Studie der GEKE-Regionalgruppe Südost-

es wichtig, dass die zentralen Arbeiten aus der abgelaufenen Arbeitsperiode als selbständige Publikationen herausgegeben werden. Gleichwohl sind die Bewertungen dieser Arbeiten durch die Vollversammlung sowie deren Empfehlungen für Rezeptionsprozesse in den Mitgliedskirchen in dem »Schlussbericht« in Teil I des Berichtsbandes dokumentiert.

Oberstes Organ der GEKE ist die Vollversammlung. Ihre Delegierten setzen die Impulse für die Arbeitsperiode bis zur nächsten Vollversammlung, die in der Regel sechs Jahre später stattfindet. So hat jede Vollversammlung eine doppelte Aufgabe. Sie blickt zurück auf die in der zu Ende gehenden Periode geleistete Arbeit und bewertet sie und sie blickt nach vorn und legt neue Arbeitsfelder fest. Zur Agenda der Vollversammlung gehört deshalb auch eine redaktionelle Arbeit in Arbeitsgruppen an den der Vollversammlung durch den Rat der GEKE vorgelegten Texten, über deren Endfassung die Delegierten im Plenum entscheiden. Für diese intensive Arbeit war wie bei den bisherigen Vollversammlungen auch in Florenz entsprechend Zeit einzuräumen.

Zwei Lehrgesprächstexte hat die Vollversammlung in Florenz »sich zu eigen« gemacht: »Schrift - Bekenntnis - Kirche« und »Amt - Ordination - Episkopé«. »Sich zu eigen machen« bedeutet in ökumenischen Organisationen einen sehr hohen Grad gemeinsamer Anerkennung und hebt diese Texte in den Rang wichtiger theologischer Grundsatzarbeiten der GEKE. Die Annahme der beiden Arbeiten wurde mit Empfehlungen versehen für deren Transfer in die Prozesse der GEKE-Mitgliedskirchen. Der Sprachgebrauch der Verben »to adopt«, »faire sien« und »sich zu eigen machen« hat allerdings in manchen engagiert geführten Diskussionen in Florenz unterschiedliche Verständnisse gemeinsam verwendeter Begriffe ergeben. Dies war ein Grund dafür, dass die Vollversammlung die Erarbeitung eines »Leuenberger Wörterbuchs« veranlasst hat, in dem die in der GEKE gebräuchliche Terminologie in den drei Geschäftssprachen der GEKE vereinheitlicht und nachgeschlagen werden kann.

europa »Bleibe in der Zeit« ist im Evangelischen Presseverband Wien erschienen, während die Arbeit »Ecclesia semper reformanda« auf der GEKE-Homepage dokumentiert wird. Zur Einordnung der Arbeiten in den Zusammenhang der Arbeitsergebnisse der Vollversammlung in Florenz vgl. auch die jeweiligen Einleitungen.

Die Studie »Tretet ein für Gerechtigkeit« aus der vorangegangenen Arbeitsperiode wurde von der Vollversammlung als wegweisender Beitrag zur Reflexion über die ethischen Grundlagen des sozialen Engagements der GEKE-Kirchen in Europa betrachtet. Der Text wurde von einer Gruppe jüngerer und in der Ökumene engagierter Fachleute aus unterschiedlichen Kontexten erarbeitet und hat im Stellungnahmeverfahren der Mitgliedskirchen eine beachtliche Resonanz gefunden. Im kirchlichen Prozess wird die Studie in Kreisen und Arbeitsgruppen, die sich mit sozialethischen Themen- und Fragestellungen auseinandersetzen, von Interesse sein und zur Vertiefung der ethischen Diskussion auf Grundsatzfragen beitragen.

Das Dokument »Die Ausbildung für das ordinationsgebundene Amt in der Gemeinschaft Evangelischer Kirchen in Europa« bietet einen Überblick und eine Beschreibung der Aufgaben, Themen und Inhalte der theologischen Ausbildung und endet mit einigen Empfehlungen zur besseren Koordination von Ausbildungsgängen und Fortbildungsangeboten. Die Vollversammlung hat es als Beitrag zu einem gemeinsamen Verständnis eines qualitätsvollen Theologiestudiums gewürdigt und den Mitgliedskirchen empfohlen, in Reformdebatten über ihre Aus- und Fortbildungspraxis auf das Potenzial der im Schlussabschnitt des Dokuments genannten Empfehlungen zurückzugreifen. Der Rat der GEKE hat dementsprechend unterdessen einen Diskussionsprozess in den Mitgliedskirchen angeregt. Das Thema »Bildung für Zukunft« wurde in Florenz der GEKE-Regionalgruppe Süd-Ost-Europa mit der Bitte um Bearbeitung übergeben.

Die Studie »Bleibe in der Zeit – Evangelischer Gottesdienst in Süd-Mittel-Osteuropa« ist eine Überblicksdarstellung über die gegenwärtige Gottesdienstpraxis in den Mitgliedskirchen, die in der GEKE-Regionalgruppe Süd-Mittel-Osteuropa zusammenarbeiten. Da die skizzierten Probleme in Bezug auf den Gottesdienst nicht nur diese Region Europas betreffen, hat die Vollversammlung angeregt, dass auch in anderen Teilen der europäischen Kirchengemeinschaft Beobachtungen zu Veränderungen des Gottesdienstes gesammelt und ausgewertet werden. Gemäß dem Schlussbericht werden die Ergebnisse der Studie in den Mitgliedskirchen in Form einer Handreichung bekannt gemacht.

Der Beitrag »Ecclesia semper reformanda« gehört thematisch in das Arbeitsgebiet der GEKE, das die Diskussion über Erneuerungsprozesse in den Kirchen zum Gegenstand hat. Die Arbeit verfolgt das Ziel, die in den Mitgliedskirchen laufenden Reformprozesse zu analysieren und zu bewerten und ekklesiologisch zu reflektieren. Zu diesem Dokument wurde ebenfalls von der Vollversammlung eine Weiterarbeit angeregt. Dazu hat der Rat inzwischen eine Arbeitsgruppe eingesetzt, welche die Aufgabe hat, auch unter Aufnahme der Ergebnisse des Forums »Europas Kirchen im Aufbruch« ein methodisches Konzept zur Untersuchung und Erforschung kirchlicher Erneuerungsprozesse zu entwickeln.

Während die soeben genannten sechs Arbeitsergebnisse gesondert erscheinen, wird der Forumstag im zweiten Kapitel des vorliegenden Bands exemplarisch mit dem Vortrag von Martin Hirzel dokumentiert, der in der abschließenden Debatte des Forums vor den Delegierten als zusammenfassende Darstellung über Themen, Inhalte und Ziele der Gespräche über die Erneuerungsbemühungen in den evangelischen Kirchen gehalten wurde. Seine Darlegung und Interpretation der Ergebnisse wurde im Plenum mit großer Zustimmung aufgenommen.

In Teil III des vorliegenden Dokumentationsbandes finden sich die Berichte und die Hauptvorträge, mit denen die inhaltliche Arbeit der Konferenz aufgenommen wurde. Der Bericht des Präsidiums wurde von Stephanie Dietrich, Michael Beintker und Thomas Wipf gemeinsam vorgetragen. In fünf Abschnitten wurde der Arbeitsprozess der GEKE seit der 6. Vollversammlung in Budapest 2006 ins Licht gerückt. Neben der Darstellung der Lehr- und Studienergebnisse, der interkonfessionellen Dialoge sowie der Arbeiten und Verlautbarungen zu sozialethischen und europapolitischen Themen nannte der Bericht auch die Herausforderungen an die Kirchen angesichts des näher rückenden Ereignisses 500 Jahre Reformation. Er thematisiert, welcher Erneuerung die Kirchen bedürfen und welche Impulse dazu aus der Reformation aufzunehmen und zur Geltung zu bringen sind.

Der Generalsekretär Michael Bünker eröffnete seinen Vortrag mit einem von dem Video-Künstler Michael Geyersbach aus Weimar produzierten Film zum Thema »Wir ziehen um von Berlin nach Wien«. In der Tat bedeutete der Wechsel der Geschäftsstelle vor sechs Jahren nach Wien einen neuen Aufbruch für die GEKE.[6] Die organisatorische Weiter-

6 So das Urteil von Fleischmann-Bisten, a. a. O. 82.

entwicklung der GEKE hin zu einer europäischen Organisation mit verlässlicher Infrastruktur, mit verstärkten Kooperationen zu Partnern auf europäischer Ebene und mit einer Öffentlichkeitsarbeit, die eine effiziente Einbringung der GEKE-Themen in den Diskurs der europäischen Institutionen ermöglicht, sind zentrale Themen des Berichts. Die Formen strukturierter Zusammenarbeit, die seit 2006 in der GEKE etabliert werden konnten, werden exemplarisch in Teil VII dieses Bandes dokumentiert.

Präsident Michael Beintker thematisierte in seinem theologischen Hauptvortrag »Frei für die Zukunft« die Spezifik des evangelischen Freiheitsverständnisses. Im Rekurs auf die Abschiedsreden des Johannesevangeliums identifizierte er »Christusbindung, Geistverheißung und Liebesgebot« als »die elementarsten Zukunftsprinzipien der Kirche Jesu Christi«. Diese drei Wesensmerkmale der Kirche lieferten ihm in seinem Vortrag ein normatives Deutungskonzept. Er brachte sie ins Spiel, um in abgrenzender Diagnose Säkularisation und Entkirchlichung im 20. Jahrhundert als Folgen des Verlustes der Gottesbindung des modernen Menschen zu interpretieren. Kontrastierend dazu deutete er den reformatorischen Neuaufbruch als Wiedergewinnung der ursprünglichen Kirche Jesu Christi. Demnach ist die Reformation kein isoliertes geschichtliches Phänomen, sondern der prinzipiell in allen Konfessionskirchen fortwirkende und darum per se ökumenisch ausgerichtete Impuls zur »Erneuerung des Wesenskerns der Kirche«, dessen Christusbotschaft Menschen frei macht und ihnen Zukunft eröffnet.

Mit Cristina Comencinis Vortrag »Donne e Chiese« (zu Deutsch: Frauen und Kirchen) kam auf der Vollversammlung als Zeitansage eine prominente kulturelle Stimme aus der Mitte der italienischen Gesellschaft zur Wort. Cristina Comencini genießt in der Öffentlichkeit Italiens ein hohes Ansehen als Drehbuchautorin, Schriftstellerin und Regisseurin. In Ihrer Rede, die sie in Italienisch hielt, griff sie den Slogan der Vollversammlung »Frei für die Zukunft« auf, um über Themen aus der feministischen Debatte zur gesellschaftlichen Stellung der Frau, zur Sexualität und Gewalt sowie zu den geschlechtsspezifischen Leitbildern in Kirche und Gesellschaft zu sprechen. Ihre These lautete, dass es Freiheit für die Frauen im Sinne einer Aufhebung geschlechtsspezifischer Einschränkungen in Kirche und Gesellschaft erst dann geben wird, wenn es zu einer kulturellen Transformation geschlechtsspezifischer Leitbilder gekommen ist und wenn auch in den Kirchen die besonderen Glaubenserfahrungen der Frauen neu bewertet werden. Dabei würdigte sie durchaus positiv in einem persönlich gefassten Credo den Beitrag der Evangelischen Waldenserkirche für eine Gleichberechtigung von Frau und Mann.

Es handelt sich um ein Novum, dass im Berichtsband einer GEKE-Vollversammlung Texte zweisprachig in Deutsch und in Englisch wiedergegeben werden. Daher drängt es die Herausgeber, an dieser Stelle den Übersetzerinnen und dem Übersetzer ganz herzlich für die fachkundige Arbeit und für sachkundigen Rat in Detailfragen zu danken. Elisabeth Frey übersetzte ins Deutsche. Elaine Griffiths, Fleur Houston, Julia Teschner und Alasdair Heron übernahmen die Übersetzungen ins Englische. Ein besonderer Dank gilt auch dem Rat der GEKE, der diesen Band in Auftrag gegeben hat. Zu danken ist last but not least Dr. Annette Weidhas von der Evangelischen Verlagsanstalt in Leipzig, die das Publikationsprojekt bis zur Fertigstellung begleitet hat.

# I
# Schlussbericht der 7. Vollversammlung

# Inhalt

# 1 Einleitung

## 1.1 Allgemeines

»Frei für die Zukunft – evangelische Kirchen in Europa« unter diesem Thema stand die 7. Vollversammlung der »Gemeinschaft Evangelischer Kirchen in Europa – Leuenberger Kirchengemeinschaft« (GEKE), die vom 20. bis 26. September 2012 in Florenz stattfand. Zu der Vollversammlung hatte die Evangelische Waldenserkirche – Union der Waldenser und Methodisten gemeinsam mit der Evangelisch-Lutherischen Kirche in Italien eingeladen.

Die Vollversammlung in Budapest 2006 hatte die Bedeutung der GEKE als Gottesdienstgemeinschaft unterstrichen und praktiziert. Gemäß der Aussage aus dem Präsidiumsbericht »Die sichtbare Gemeinschaft der Kirchen zeigt sich am dichtesten in den gemeinsamen Gottesdiensten« wurde auch die Tagung in Florenz von Gottesdiensten gerahmt und die einzelnen Arbeitstage durch Andachten eröffnet und beschlossen und durch das mittägliche Friedensgebet unterbrochen. Im gemeinsamen Gottesdienst am Sonntag in der Waldenserkirche und den darauf folgenden Stadtspaziergängen, aber auch beim Abend der gastgebenden Kirchen und vielen Begegnungen vor Ort, erlebten die 220 Teilnehmenden, darunter 95 Delegierte, in dem mehrheitlich katholisch geprägten Land beeindruckendes evangelisches Leben, das teilweise schon auf die Zeit vor der Reformation zurückgeht.

Die ökumenische Bedeutung der GEKE wurde in den Grußworten von Generalsekretär Olav Fykse Tveit (ÖRK), Metropolit Emmanuel, Vertreter des Ökumenischen Patriarchats von Konstantinopel und Präsident der KEK, Douwe Visser (Weltgemeinschaft Reformierter Kirchen), Generalsekretär Anthony Peck (Europäische Baptistische Föderation), Msgr. Matthias Türk (Päpstlicher Rat zur Förderung der Einheit der Christen) sowie Jonathan Gibbs (Kirche von England) sichtbar. Sie hoben die gewachsene und vertiefte Gemeinschaft mit der GEKE hervor und riefen zum gemeinsamen Zeugnis und Dienst angesichts der gegenwärtigen Krisen auf. Als eine wesentliche Zukunftsaufgabe wurde es angesehen, die Anliegen der Reformation in unserer Zeit gemeinsam zum Tragen zu bringen.

Rosangela Jarjour, Generalsekretärin der Gemeinschaft Evangelischer Kirchen im Nahen Osten (FMEEC), berichtete bewegend von der dramatischen Lage der Christinnen und Christen im Nahen Osten und bat die Kirchen der GEKE um Unterstützung im Gebet. Die Vollversammlung nahm dies zum Anlass, eine »Erklärung zur Situation von Christinnen und Christen im Nahen Osten« zu beraten und zu verabschieden (Anhang 3).

Die Vollversammlung freute sich, dass sie die Evangelisch-Lutherische Kirche in Ecuador als neue Mitgliedskirche begrüßen konnte. Sie begrüßte auch die Unterzeichnung eines Abkommens mit der Conférence des Eglises Protestantes des Pays Latins d'Europe (CEPPLE), wodurch diese Gemeinschaft west- und südeuropäischer Kirchen eine Regionalgruppe der GEKE wurde. Sie tritt damit zu den schon bestehenden drei Regionalgruppen, der Regionalgruppe Südosteuropa, der Regionalgruppe Nordwest und der Konferenz der Kirchen am Rhein sowie dem Netzwerk der GEKE-Kirchen in Nordeuropa.

### I.2 Arbeit in Florenz

Das Präsidium und der Generalsekretär der GEKE gaben ausführliche Rechenschaftsberichte ab.

Dabei stellte das Präsidium die durch die Mitgliedskirchen gelebte Kirchengemeinschaft, zu der seit jeher auch die »Gemeinschaft des Lehrens und Lernens« in den Lehrgesprächen und Dialogen gehöre, als ein Herzstück der GEKE heraus. In dem Berichtszeitraum haben darüber hinaus für die Wahrnehmung der »evangelischen Stimme in Europa« in der Öffentlichkeit die Stellungnahmen zu ethischen Gegenwartsfragen eine zentrale Rolle gespielt.

Der Generalsekretär würdigte die Beteiligung junger Ökumenikerinnen und Ökumeniker an der Arbeit der GEKE, die u. a. in den Dokumenten »Stand up for justice« und »Ecclesia semper reformanda« ihren Ausdruck gefunden hat. Er hob weiterhin die Arbeit der Regionalgruppen als eine »wichtige Form der Verwirklichung der Kirchengemeinschaft« hervor.

Den Hauptvortrag zum Vollversammlungsthema hielt der Co-Präsident der GEKE, Michael Beintker. Er rief die bis heute tragenden, grundlegenden Elemente des urchristlichen Gemeinschaftsbegriffs in Erinnerung. Eine Freiheit für die Zukunft kann nur durch die Christusbindung, die Geistesgegenwart und die Liebe zueinander entstehen. Eine so verstandene Gemeinschaft – wie wir sie in der GEKE erleben – öffnet Wege zum weiteren Zusammenwachsen der Kirchen auch in ökumenischer Perspektive.

Cristina Comencini, die bekannte Regisseurin und Autorin, stellte Überlegungen zur Rolle der Frauen in der gegenwärtigen Gesellschaft und Kirche an. Sie kam zu dem Ergebnis, dass wir weder in der Gesellschaft noch in der Kirche Freiheit haben, wenn Frauen und Männer nicht gleichberechtigt sind.

In sechs Arbeitsgruppen wurden die Lehrgesprächsergebnisse und sonstigen Dokumente der vergangenen sechs Jahre sowie die vorgeschlagenen Projektskizzen für neue Arbeitsfelder intensiv beraten. Die Beschlüsse der Arbeitsgruppen gingen in diesen Schlussbericht ein. Die Rezeption der Arbeit der Vergangenheit diente so zur Entwicklung neuer Perspektiven für die Zukunft.

Zwei halbe Tage waren dem Thema »Kirchen Europas im Aufbruch« gewidmet. Verstärkt durch weitere Expertinnen und Experten, beschäftigte sich die Vollversammlung mit den Reformprojekten einzelner Mitgliedskirchen und stellte die Auswertung unter den Horizont des bevorstehenden Reformationsjubiläums. Die Verabredungen gehen als Teil 3,5 in diesen Schlussbericht ein. Der Forumstag wurde mit einem Aufruf »Europa Reformata« abgeschlossen, den die Vollversammlung diskutierte und verabschiedete.

Die Vollversammlung beriet und verabschiedete auch ein »Wort zur gegenwärtigen Lage in Europa« (s. Anhang 2).

## 2 Beschlüsse zu den Arbeitsergebnissen 2006–2012

### 2.1 Schrift – Bekenntnis – Kirche

1. Die Vollversammlung dankt den Beteiligten an der Konsultation 2008 und der Redaktionsgruppe für die Erarbeitung des Dokuments »Schrift – Bekenntnis – Kirche«.
2. Die Vollversammlung begrüßt die breite Diskussion des Dokuments in den Mitgliedskirchen und dankt für die differenzierten Stellungnahmen, deren Auswertung Eingang in die Schlussfassung gefunden hat.

3. Die Vollversammlung nimmt das Dokument entgegen und macht es sich zu eigen.
4. Die Vollversammlung bittet die Kirchen, das Lehrgesprächsergebnis aufzunehmen und bei ihrer Weiterarbeit zu den angesprochenen Themen sowohl nach innen als auch im Gespräch mit anderen Kirchen und Traditionen zu berücksichtigen.
5. Die Vollversammlung empfiehlt, die im letzten Kapitel dieses Dokuments angesprochenen offenen Fragen im neuen Lehrgespräch »Kirchengemeinschaft« zu bearbeiten.

### 2.2 AMT – ORDINATION – EPISKOPÉ

1. Die Vollversammlung dankt den Beteiligten der Konsultationen im Jahr 2009 und der Redaktionsgruppe für die Erarbeitung des Dokuments »Amt – Ordination – Episkopé«.
2. Die Vollversammlung begrüßt die breite Diskussion des Dokuments in den Mitgliedskirchen und dankt für die differenzierten Stellungnahmen, deren Auswertung Eingang in die Schlussfassung gefunden hat.
3. Die Vollversammlung nimmt die Erklärung und die Empfehlungen entgegen und macht sie sich zu eigen und empfiehlt den Kirchen das begleitende Studienmaterial zur Beachtung.
4. Die Vollversammlung bittet die Kirchen, das Lehrgesprächsergebnis zu beraten und es in ihren Gesprächen sowohl nach innen als auch mit anderen Kirchen und Traditionen zu berücksichtigen.

### 2.3 »TRETET EIN FÜR GERECHTIGKEIT«

1. Die Vollversammlung nimmt die Studie »Tretet ein für Gerechtigkeit« entgegen und dankt der Studiengruppe für die Erarbeitung.
2. Die Vollversammlung begrüßt die breite Diskussion des Dokuments in den Mitgliedskirchen und dankt für die differenzierten Stellungnahmen, deren Auswertung Eingang in die Schlussfassung gefunden hat.
3. Die Vollversammlung betrachtet das Dokument als einen wegweisenden Beitrag für den Prozess der Reflexion, Kommentierung und Behandlung sozialethischer Fragen und empfiehlt es den Mitgliedskirchen als eine Bekräftigung von LK 11: »Die Christen ... erkennen, daß Gottes fordernder und gebender Wille die ganze Welt umfaßt. Sie treten

ein für irdische Gerechtigkeit und Frieden zwischen den einzelnen Menschen und unter den Völkern.«

4. Die Vollversammlung empfiehlt dem Rat, ein frei zugängliches digitales Archiv einzurichten, um sozialethische Stellungnahmen der Mitgliedskirchen verfügbar zu machen.

### 2.4 Ausbildung zum ordinationsgebundenen Amt

1. Die Vollversammlung dankt den Beteiligten an den Konsultationen 2008 und 2010 sowie der Redaktionsgruppe für die Erarbeitung des Dokuments »Die Ausbildung für das ordinationsgebundene Amt in der Gemeinschaft Evangelischer Kirchen in Europa«.
2. Die Vollversammlung begrüßt die breite Diskussion des Dokuments in den Mitgliedskirchen und dankt für die differenzierten Stellungnahmen, deren Auswertung Eingang in die Schlussfassung gefunden hat.
3. Die Vollversammlung betrachtet das Dokument als einen wegweisenden Beitrag zu einem gemeinsamen Verständnis von guter theologischer Ausbildung.
4. Die Vollversammlung empfiehlt den Mitgliedskirchen, das Dokument bei Reformen im Bereich der Ausbildung zu berücksichtigen.
5. Die Vollversammlung bittet den Rat, geeignete Voraussetzungen zur Realisierung der im Schlussabschnitt genannten Empfehlungen zu schaffen.

### 2.5 Bleibe in der Zeit

1. Die Vollversammlung dankt der Regionalgruppe Südosteuropa für die Erarbeitung des Dokuments »Bleibe in der Zeit – Evangelischer Gottesdienst in Süd-Mittel-Osteuropa zwischen Bewahrung und Veränderung«.
2. Die Vollversammlung empfiehlt das Dokument als einen beispielhaften Beitrag zur liturgischen Arbeit in der GEKE. Sie unterstreicht die Aussage der Studie, dass die GEKE auch in ihrem gottesdienstlichen Leben den Grundsatz der »versöhnten Verschiedenheit« verwirklicht. Sie sieht die Ordnungen der auf der Vollversammlung gefeierten Gottesdienste und das Gesangbuch Colours of Grace als gelungene Umsetzung dieses Grundsatzes an.
3. Die Vollversammlung empfiehlt, dass auch in anderen Regionen der GEKE Beobachtungen zur Veränderung des Gottesdienstes gesammelt

werden. Die Vollversammlung bittet den Rat, den Abschnitt 7.4 der Studie »Folgerungen und Anstöße für die Weiterarbeit« in geeigneter Form aufzugreifen.

4. Die Vollversammlung regt an, dass die Ergebnisse der Studie »Bleibe in der Zeit« in Form einer Handreichung, die durch die Regionalgruppe Südosteuropa erarbeitet wird, in den Mitgliedskirchen der GEKE bekannt gemacht werden.

### 2.6 Ecclesia semper reformanda

1. Die Vollversammlung nimmt das Dokument »Ecclesia semper reformanda« entgegen und dankt der Studiengruppe für dessen Erarbeitung.
2. Die Vollversammlung bittet die Kirchen, das Dokument bei ihren weiteren Reformprozessen zu berücksichtigen.
3. Die Vollversammlung bittet den Rat, die Forschung darüber fortzusetzen, wie Erneuerungsprozesse in den Kirchen funktionieren. Diese Arbeit sollte auf dem aufbauen, was die Studiengruppe bereits erarbeitet hat, und darauf zielen, den Kirchen die Möglichkeit zu bieten, Erfahrungen von Kirchenerneuerung auszutauschen.
4. Die Vollversammlung empfiehlt dem Rat, eine kleine Arbeitsgruppe einzurichten, die alternative Methoden erkunden sollte, die Forschung zu Kirchenerneuerung fortzusetzen (z. B. durch Partnerschaft und Austausch, das Teilen von Erfahrungen und bewährter Praxis etc.).

## 3 Beschlüsse zu den Arbeitsfeldern der GEKE ab 2012

### 3.1 Kirchengemeinschaft

Die Vollversammlung bittet den Rat, ein Lehrgespräch zum Thema »Kirchengemeinschaft« einzuleiten. Die Vollversammlung bittet darum, dass dem positiven Potenzial und der Sichtbarkeit der Kirchengemeinschaft besonderes Augenmerk gegeben wird. Dabei sollen auch die theologische Klärung der Verbindlichkeit und die rechtlichen Implikationen der Kirchengemeinschaft beachtet werden.

Die Vollversammlung bittet den Rat, sicherzustellen, dass der Prozess eine große Bandbreite von Erfahrungen in der Kirche beachtet und eine breite Beteiligung einschließt.

### 3.2 Pluralität der Religionen

Die Vollversammlung bittet den Rat, einen Studienprozess zum Thema »Pluralität der Religionen« einzuleiten, welche das komplexe Gebiet der miteinander verwobenen Aspekte und der lehrmäßigen Implikationen erforschen soll. In diesem Zusammenhang soll eine empirische Studie veranlasst werden, die die interreligiöse Situation an der Basis in verschiedenen Kontexten untersucht, in denen die Kirchen der GEKE operieren. Solch eine Studie soll sowohl die soziologischen Gegebenheiten als auch die praktischen und theologischen Antworten der Kirchen erhellen. Der Rat soll sicherstellen, dass der spezifische Beitrag des »Leuenberger Zugangs« in dem Studienprojekt reflektiert wird.

### 3.3 Interkonfessionelle Dialoge

1. Die Vollversammlung begrüßt die Aufnahme von Konsultationen mit der römisch-katholischen Kirche über das Leuenberger Modell der Kirchengemeinschaft.
2. Die Vollversammlung unterstützt die Weiterführung der Gespräche mit den anglikanischen Kirchen in Europa auf der Grundlage des »Memorandum of affirmation and commitment«.
3. Die Vollversammlung bittet den Rat, nach geeigneten Wegen für die Vertiefung der Kooperation mit der Europäischen Baptistischen Föderation auf Basis des Abkommens von 2010 zu suchen.
4. Die Vollversammlung bittet den Rat, nach geeigneten Wegen der Weiterführung der Konsultationen mit den orthodoxen Kirchen in Europa zu suchen.
5. Die Vollversammlung bittet den Rat, Kontakt mit den Pfingstkirchen und charismatischen Gemeinschaften aufzunehmen und gegebenenfalls geeignete Formen des Gesprächs mit ihnen zu suchen.
6. Die Vollversammlung bittet den Rat, nach geeigneten Wegen des Gesprächs und der Zusammenarbeit mit Gemeinden von Christen und Christinnen mit Migrationshintergrund zu suchen. Sie empfiehlt, auf diesem Gebiet eng mit der Kommission der Kirchen für Migranten in Europa der KEK zusammenzuarbeiten.
7. Die Vollversammlung bittet den Rat, eine Konsultation einzuberufen, in der die Mitgliedskirchen ihre Erfahrungen mit neu entstehenden christlichen Gruppen gemeinsam reflektieren.

### 3.4 Europa Reformata

1. Die Vollversammlung empfiehlt dem Rat, das Projekt »Europa reformata: 500 Jahre Reformation in Europa« auf der Grundlage der vorgelegten Projektskizze durchzuführen. Sie bittet den Rat, das Projekt im Lichte der Aussprachen in den Arbeitsgruppen durchzuführen.
2. Die Vollversammlung bittet den Rat, mit ökumenischen Partnern, insbesondere der römisch-katholischen Kirche, zusammenzuarbeiten, mit dem Ziel, dass das 500-jährige Jubiläum der Reformation als bedeutsamer Beitrag zum ökumenischen Prozess erfahren werden kann.

### 3.5 Kirchen Europas im Aufbruch

Die Vollversammlung hat sich auf dem Forum »Kirchen Europas im Aufbruch« am 24. und 25. September 2012 mit Fragen zur Erneuerung der evangelischen Kirchen in Europa befasst.

Sie stellt fest, dass sich viele Mitgliedskirchen in geistlicher oder organisatorischer Hinsicht erneuern und Maßnahmen angesichts der veränderten Verhältnisse in ihrem Kontext ergriffen haben.

Obwohl die Kontexte der Mitgliedskirchen sich erheblich voneinander unterscheiden, stehen sie in Bezug auf geistliche Erneuerung und organisatorische Reformen oft vor ähnlichen Herausforderungen. Die Vollversammlung empfiehlt den Mitgliedskirchen daher, sich über ihre bisherigen Erfahrungen mit bereits vollzogenen Reformen oder Planungen zu ausstehenden Erneuerungen intensiver als bisher auszutauschen.

Sie bittet den Rat, das Thema »Kirchen Europas im Aufbruch« weiter zu verfolgen und dabei insbesondere folgende Anregungen zu prüfen und ggf. umzusetzen:

1. eine Studie über die Bedeutung der Reformation als Impuls für eine geistliche Erneuerung im 21. Jahrhundert;
2. eine Beteiligung an der Konsultation von SEK und EKD im Jahr 2013 zur Frage, wie die Situation der reformatorischen Kirchen in der Gegenwart theologisch zu deuten ist; dabei soll insbesondere die Studiengruppe zum Thema »Ecclesia semper reformanda« einbezogen werden;
3. eine Unterstützung der Mitgliedskirchen bei dem Austausch über innovative Projekte und Veränderungsprozesse; z. B. durch Vernetzung bestehender Plattformen im Internet.

### 3.6 Beschlüsse zu weiteren Arbeitsfeldern

1. Die Vollversammlung bittet den Rat, eine Studie zum Thema »Bildung für Zukunft« erstellen zu lassen. Die Vollversammlung schlägt vor, die Regionalgruppe Süd-Ost-Europa mit dieser Aufgabe zu betrauen.
2. Im Licht der Begegnung der evangelischen Synodalen im Januar 2012 in Bad Boll bittet die Vollversammlung den Rat, die Zusammenarbeit der synodalen Gremien der Mitgliedskirchen auf europäischer Ebene zu fördern.
3. Die Vollversammlung bestätigt die Beschlüsse der Vollversammlung von Budapest 2006 für eine enge Zusammenarbeit in Bezug auf politische, soziale und wirtschaftliche Fragen, um die gemeinsame protestantische Stimme in Europa zu stärken. Sie bestätigt die Arbeit des GEKE-Vertreters in Brüssel und begrüßt die Zusammenarbeit mit der Kommission Kirche und Gesellschaft der KEK.
4. Die Vollversammlung bittet den Rat, nach geeigneten Wegen zu suchen, wie der in der Studie »Tretet ein für Gerechtigkeit« [S. 56] formulierte Text »Soziale Verpflichtung der evangelischen Kirchen in Europa« weiterentwickelt werden kann.
5. Um in der Terminologie, die in der GEKE gebräuchlich ist, möglichst präzise zu sein, empfiehlt die Vollversammlung dem Rat, die Erarbeitung eines »Leuenberger Wörterbuches« zu veranlassen, in dem Begriffe in den drei Amtssprachen der GEKE gesammelt und erklärt werden und ihre Umsetzung in andere Sprachen geprüft wird.
6. Die Vollversammlung bittet den Rat, einen Studienprozess zum Thema »Theologie der Diaspora« in Gang zu setzen. Sie bittet den Rat, zu prüfen, wie dieser Prozess mit dem Thema »Evangelium und Kultur«, das auch kulturelle Identitäten innerhalb der Kirchen, einschließlich derer von Mehrheits- und Minderheitskirchen beachten sollte, verknüpft werden kann.
7. Die Vollversammlung bittet den Rat, zu prüfen, ob Gespräche mit der Europäischen Evangelischen Allianz aufgenommen werden sollten.

# 4 Wahlen: Rat, Präsidium, Generalsekretär

Die Vollversammlung wählte am 24. 9. 2012 einen neuen Rat der GEKE. Ihm gehören folgende Personen an:

| Mitglieder des Rates | Stellvertretende Mitglieder des Rates |
|---|---|
| | |
| 1. Heetderks, Jan-Gerd<br>Protestantische Kirche in den Niederlanden | 1. Rieth, Klaus<br>Evangelische Landeskirche in Württemberg |
| 2. Jørgensen, Kirsten<br>Evangelisch-lutherische Volkskirche Dänemarks | 2. Graff-Kallevåg, Kristin<br>Kirche von Norwegen |
| 3. Kopsch, Cordelia<br>Evangelische Kirche in Hessen und Nassau | 3. Killat, Barbara<br>Evangelische Kirche in Mitteldeutschland |
| 4. Locher, Gottfried Dr.<br>Schweizerischer Evangelischer Kirchenbund | 4. Hirzel, Martin Dr.<br>Schweizerischer Evangelischer Kirchenbund |
| 5. McPake, John Dr.<br>Kirche von Schottland | 5. Bradbury, John Dr.<br>Vereinigte Reformierte Kirche |
| 6. Põder, Thomas-Andreas<br>Estnische Evangelisch-Lutherische Kirche | 6. Brzóska, Marcin<br>Evangelische Kirche A.B. in Polen |
| 7. Rudolph, Barbara<br>Evangelische Kirche im Rheinland | 7. Kayser, Susanne<br>Bremische Evangelische Kirche |
| 8. Tarr Cselovszky, Klára Dr.<br>Evangelisch-Lutherische Kirche in Ungarn | 8. Bölcskei, Gusztáv Dr.<br>Reformierte Kirche in Ungarn |
| 9. Thaarup, Jørgen Dr.<br>Evangelisch-methodistische Kirche, Nordische und Baltische Region | 9. Pöll, Lothar<br>Evangelisch-methodistische Kirche, Zentralkonferenz Mittel- und Südeuropa |
| 10. Weber, Friedrich Dr.<br>Evangelisch-Lutherische Landeskirche in Braunschweig | 10. Hauschildt, Friedrich Dr.<br>Vereinigte Evangelisch-Lutherische Kirche in Deutschland |
| 11. Weinrich, Michael Dr.<br>Union Evangelischer Kirchen in der EKD | 11. Martin, Michael<br>Evangelisch-Lutherische Kirche in Bayern |
| 12. Wieland-Maret, Esther<br>Vereinigte Protestantische Kirche Frankreichs | 12. Gajewski, Pawel Dr.<br>Evangelische Waldenserkirche |
| 13. Zikeli, Daniel Dr.<br>Evangelische Kirche A.B. in Rumänien | 13. Boukis, Dimitrios<br>Griechische Evangelische Kirche |

Der Rat konstituierte sich am 25. 9. 2012 und wählte ein dreiköpfiges Präsidium, bestehend aus Dr. Friedrich Weber (Geschäftsführender Präsident), Dr. Gottfried Locher und Dr. Klára Tarr Cselovszky.
Ferner bestellte er Dr. Michael Bünker erneut zum Generalsekretär.

# Anhang 1: Europa reformata: 500 Jahre Reformation in Europa – ein Aufruf

Im Jahr 2017 und in den darauffolgenden Jahren wird die evangelische Christenheit das 500. Jubiläum der Reformation begehen. Die Reformation war ein kirchlich-gesellschaftlicher und geistiger Aufbruch mit weltweiter Ausstrahlung und Wirkungen bis heute. Die Person und das Werk Martin Luthers nehmen darin eine besondere Stellung ein. Mit seiner Kritik am Ablasswesen im Jahre 1517 und der Auseinandersetzung über seine 95 Thesen verband sich eine Bewegung von enormer Überzeugungskraft, welche die Erneuerung der Kirche beschleunigte, vertiefte und umfassend ausweitete. Die Reformation hat die Geschichte des europäischen Kontinents und der hier beheimateten Kirchen tief geprägt. Im Bemühen um die Erneuerung der einen Kirche Jesu Christi aus dem Evangelium der Rechtfertigung allein aus Glauben entstanden die evangelischen Kirchen.

Die evangelischen Kirchen »gingen aus von einer neuen befreienden und gewissmachenden Erfahrung des Evangeliums. Durch das Eintreten für die erkannte Wahrheit sind die Reformatoren gemeinsam in Gegensatz zu kirchlichen Überlieferungen jener Zeit geraten. Übereinstimmend haben sie deshalb bekannt, dass Leben und Lehre an der ursprünglichen und reinen Bezeugung des Evangeliums in der Schrift zu messen sei. Übereinstimmend haben sie die freie und bedingungslose Gnade Gottes im Leben, Sterben und Auferstehen Jesu Christi für jeden, der dieser Verheißung glaubt, bezeugt. Übereinstimmend haben sie bekannt, dass Handeln und Gestalt der Kirche allein von dem Auftrag her zu bestimmen sind, dieses Zeugnis in der Welt aufzurichten, und dass das Wort des Herrn jeder menschlichen Gestaltung der christlichen Gemeinde überlegen bleibt. Dabei haben sie gemeinsam mit der ganzen Christenheit das in den altkirchlichen Symbolen ausgesprochene Bekenntnis zum dreieinigen Gott und der Gott-Menschheit Jesu Christi aufgenommen und neu bekannt.« (Leuenberger Konkordie 4).

In diesem Zeugnis sind die Kirchen der Reformation trotz der zwischen ihnen bestehenden Unterschiede und Gegensätze immer verbunden gewesen. Daraus ist die Kirchengemeinschaft erwachsen, die sie sich im Jahr 1973 mit der Konkordie reformatorischer Kirchen in Europa erklärt haben und in der sie sich zu gemeinsamem Zeugnis und gemeinsamem Dienst in der Welt von heute berufen wissen. Auch die methodistischen Kirchen, die erst im 18. Jahrhundert entstanden, teilen die Grundüberzeugungen der Reformation.

Das Evangelium lässt aufatmen, vertreibt die Angst, schenkt neues Leben, macht frei, öffnet die Augen für die Not der anderen und vertreibt die Trauergeister. Wo auch immer das unter uns erfahren wird, werden die Impulse der Reformation unter uns lebendig. Die Reformation wird dann angemessen gewürdigt, wenn sich die christlichen Kirchen vom Evangelium leiten lassen.

Das Evangelium inspiriert unser Nachdenken: Was bedeutet es heute, evangelisch zu sein? Was macht das Evangelische für andere faszinierend? Aber auch: Wo stehen wir dem Evangelium im Weg? Wie können wir einladender werden? Welche Impulse erwachsen aus der Reformation für die gegenwärtige Gestaltung der Kirche? Und schließlich: Was folgt aus der reformatorischen Erneuerung der Kirche für die Zukunft und das Miteinander der christlichen Kirchen?

Auf dem Weg zum Reformationsjubiläum sollen uns solche Erfahrungen und solche Fragen begleiten. Die Vollversammlung der GEKE in Florenz ermutigt ihre Mitgliedskirchen, sich von den Erfahrungen mit dem Evangelium bewegen und sich von den durch das Evangelium ausgelösten Fragen anregen zu lassen. Sie ruft zu einer gemeinsamen Feier des Reformationsjubiläums 2017 auf und bietet mit dem Projekt »Europa reformata: 500 Jahre Reformation« Möglichkeiten für Initiativen und Kooperation an.

Das Ziel der Reformation war die Erneuerung der einen Kirche Jesu Christi. 500 Jahre Reformation fordern die gesamte Christenheit dazu heraus, über alle konfessionellen Grenzen und Differenzen hinweg nach der Bedeutung der Reformation für die »eine, heilige, katholische und apostolische Kirche« zu fragen.

Weit über die Kirchen hinaus soll die Erinnerung an die Reformation aber auch die gesamte europäische Öffentlichkeit zum Dialog über die gesellschaftlichen und kulturellen Impulse der Reformation inspirieren.

Florenz, den 25. September 2012

# Anhang 2: Frei für die Zukunft – Verantwortung für Europa

## Stellungnahme der Vollversammlung

Vom 20. bis 26. September 2012 ist die Gemeinschaft Evangelischer Kirchen in Europa (GEKE) für ihre 7. Vollversammlung in Florenz zusammengekommen. Sie trifft sich damit in einer Zeit, in der der europäische Einigungsprozess in einer tiefen Krise steckt: Ihre Auswirkungen auf die Menschen, ihre Gesellschaft, die Demokratie und den europäischen Integrationsprozess sind kaum zu überschätzen. In dieser Situation wendet sich die Vollversammlung an die Mitgliedskirchen der GEKE und die europäische Öffentlichkeit.

»Frei für die Zukunft« ist das Motto der 7. Vollversammlung der GEKE in Florenz. Diese Freiheit verdankt sich dem Zuspruch Gottes in Jesus Christus. Die Botschaft von Jesus Christus begründet Vertrauen und macht frei zu verantwortlichem Dienst in der Welt. Die evangelischen Kirchen in Europa haben sich deshalb in der Leuenberger Konkordie (LK) dazu verpflichtet, gemeinsam für irdische Gerechtigkeit und Frieden zwischen den einzelnen Menschen und unter den Völkern einzutreten. »Dies macht es notwendig, dass sie mit anderen Menschen nach vernünftigen, sachgemäßen Kriterien suchen und sich an ihrer Anwendung beteiligen.« (LK 11)

In der gegenwärtigen europäischen Krise haben viele Menschen Angst vor der unmittelbaren Zukunft. Viele Menschen in Europa sind betroffen von Arbeitslosigkeit, sinkenden Einkommen, gekürzten Sozialleistungen, staatlichen Sparmaßnahmen bei der Finanzierung öffentlicher Güter und wachsender Armut. Besonders betroffen macht die extrem hohe Arbeitslosigkeit junger Menschen in vielen Staaten. Die tiefsitzende Sorge um ihre Existenz und ihre Perspektivlosigkeit treibt viele Menschen auf die Straßen.

Die Vollversammlung der GEKE ist sich bewusst, dass es in dieser Krise keine einfachen Antworten und nicht den einen Königsweg einer Lösung gibt, zumal die europäische Wirtschaft und Finanzwirtschaft mit der Weltwirtschaft eng verflochten sind. Auch möchte die Vollversammlung den politisch Verantwortlichen, die unter enormem Druck stehen und die Last einer schwerwiegenden Verantwortung für die Zukunft zu tragen haben, ihren Respekt bezeugen und ihrer Fürbitte versichern.

Innerhalb unserer Länder, aber auch weltweit, öffnet sich die Schere zwischen Arm und Reich. Die Opfer der Krise leben nicht nur in Europa, sondern auch in anderen Teilen der Erde. Alle Lösungsvorschläge und Entscheidungen müssen sich aber daran messen lassen, wie sie den betroffenen Menschen und Gesellschaften helfen sowie den europäischen Einigungsprozess erhalten und weltweite Solidarität fördern.

Die tiefgreifende Krise hat vielfältige Ursachen und Auswirkungen. Für die Vollversammlung sind folgende Aspekte von besonderer Bedeutung:

### Mut zur Wahrheit fassen

Christlicher Glaube lebt von der Erfahrung, durch die Wahrheit frei für die Zukunft zu werden. Er hält sich an die biblische Zusage: »Die Wahrheit wird euch frei machen« (Johannes 8,32). Im Vertrauen auf diese Zusage sind die Kirchen der GEKE davon überzeugt, dass die Wahrheit über das Ausmaß und die Konsequenzen der gegenwärtigen Krise Europas den Menschen nicht nur zumutbar ist, sondern befreiend wirken kann. Nur mit dem *Mut zur Wahrheit* können wir neue Handlungsspielräume und Perspektiven für die Zukunft gewinnen. Daher möchte die Vollversammlung die Verantwortlichen in Politik und Wirtschaft ebenso wie alle Bürgerinnen und Bürger Europas ermutigen, sich auch unbequemen Wahrheiten zu stellen.

Der Mut zur Wahrheit befreit von der Behauptung, die gegenwärtigen politischen Strategien seien alternativlos. Zwar kann es Situationen geben, in denen man nur eine einzige Lösungsmöglichkeit sieht. Doch gibt es auch eine Ideologie der Alternativlosigkeit, die das Gegenteil von Wahrheit und Freiheit ist. Sie birgt die Gefahr, die Freiheit für die Zukunft zu verspielen. Das Eingeständnis eigener Ratlosigkeit oder Unsicherheit ist kein Zeichen politischer Schwäche, sondern der Stärke. Gerade so kann Vertrauen in die Politik gestärkt werden, ohne welches das europäische Projekt zum Scheitern verurteilt ist. Die Krise wird nicht schnell überwunden werden. Es gilt, in der fortdauernden Krise neue Gestaltungsspielräume für eine gerechtere, solidarische und friedliche Gesellschaft zu gewinnen.

Die Ermutigung zu Wahrheit und Redlichkeit richtet sich aber auch an die Kirchen selbst, die ja nicht außerhalb von Gesellschaft, Politik und Wirtschaft stehen, sondern selbst Akteure sind. Die Vollversammlung ermutigt daher ihre Mitgliedskirchen, sich selbstkritisch ihrer eigenen Verstrickung in die Krise zu stellen. Nur dann werden sie ihr Wort glaubwürdig an andere richten können.

### Demokratie stärken

Die Krise setzt *Demokratie und demokratische Verfahren* unter einen enormen Entscheidungsdruck. Es ist der Eindruck entstanden, dass nicht mehr die Parlamente, Regierungen und europäische Institutionen die Entscheidungen treffen, sondern die Finanzmärkte. Bei den Menschen wächst das Gefühl, nur noch Objekt fremder Entscheidungen zu sein. Dies ist z. T. auch politischen Entscheidungen der letzten Jahrzehnte geschuldet, die den Finanzsektor liberalisierten und einer öffentlichen Kontrolle entzogen.

Die Vollversammlung ist überzeugt, dass eine wirksame und zukunftsträchtige Überwindung der Krise nur in der Anwendung und Stärkung transparenter demokratischer Verfahren auf den unterschiedlichen staatlichen Ebenen in Europa gelingen kann. Beteiligung und Mitbestimmung sind nach evangelischem Verständnis grundlegend für das Zusammenleben in Europa.

### Die sozialen Folgen beachten

Die verabreichten Rezepte der Krisenbewältigung nehmen bislang die *sozialen Folgen* der Krise und auch die sozialen Härten der gewählten Krisenbewältigungsstrategie nicht ausreichend wahr. Es hat sich gezeigt, dass die vorrangige Konzentration auf Sparprogramme und Haushaltskonsolidierung, so nötig und wünschenswert letztere sein mag, kurzfristig desaströse soziale Folgen in den betroffenen Ländern hat.

Die Vollversammlung begrüßt den Beschluss des Europäischen Rates vom Juni 2012, ein Programm für Wachstum und Beschäftigung mit 120 Mrd. Euro aus Mitteln der EU-Strukturfonds aufzulegen, vermisst aber nach wie vor eine systematische Einbeziehung der sozialen Folgen in die politischen Entscheidungen, wie in der Sozialklausel (Art. 9 des Vertrags über die Arbeitsweise der Europäischen Union) des EU-Vertrages selbst angelegt ist.

Besonders deutlich wird diese Kluft in der *European economic governance* der EU, die gerade in den letzten beiden Jahren entwickelt wurde und die ein deutliches Gewicht auf Einsparungen und Haushaltskonsolidierung legt, hinter denen sozialpolitische Zielsetzungen weit zurückbleiben. Die im EU-Vertrag festgehaltene Zielbestimmung einer »in hohem Maße wettbewerbsfähige(n) soziale(n) Marktwirtschaft« (Art. 3.3 des Vertrags über die Europäische Union) setzt aber eine Ordnungspolitik voraus, die wirtschaftliche und soziale Erfordernisse in gleicher Weise in den Blick nimmt.

### Die Steuerpolitik gerecht ausrichten

Gegenüber den Sparprogrammen zur Haushaltskonsolidierung wird die Bedeutung der jeweiligen *Steuerpolitik* zu wenig in Betracht gezogen. Die Vollversammlung erinnert daran, dass unsere Gesellschaften und Staaten von den Steuern und der Solidarität aller leben und alle Bürgerinnen und Bürger dem Gemeinwohl verpflichtet sind. So zeigt sich z. B. in der Krise und angesichts der hohen Jugendarbeitslosigkeit erneut, wie notwendig Investitionen der öffentlichen Hand in den gesamten Bereich der Bildung sind.

Es ist christliche Überzeugung, dass der Stärkere mehr leisten und tragen kann und soll als der Schwächere. Eine höhere Besteuerung von hohen Einkommen und Vermögen – möglicherweise auf befristete Zeit – oder eine einmalige Abgabe auf hohe Einkommen und Vermögen erscheint in diesem Zusammenhang als sinnvolle Maßnahme, um die Lasten der Krise gerechter zu verteilen. Zusätzlich dazu müssen Steuerflucht und Steuerbetrug wirksam geahndet und eine effektive Steuerverwaltung aufgebaut bzw. gestärkt werden.

### Den Finanzmarkt regulieren

Die Finanz-, Wirtschafts- und Staatsschuldenkrise hat in den Staaten Europas unterschiedliche nationale Ursachen. Diese müssen analysiert und behoben werden. Unethisch ist eine auf Schulden ausgerichtete Politik, wenn sie die Lebensmöglichkeiten zukünftiger Generationen massiv beeinträchtigt und beschneidet. Es sollte jedoch nicht vergessen werden, dass die gegenwärtige Schuldenkrise in hohem Maße eine Folgeerscheinung der *Finanzmarkt*krise ist: Die Rettung angeschlagener Banken hat neben Konjunkturprogrammen, wegbrechenden Steuereinnahmen und zunehmenden Sozialausgaben in ausnahmslos allen Krisenstaaten zu einer bis dahin unvorstellbaren Zunahme der Staatsschulden geführt.

Es sollte daher selbstverständlich sein, dass Fragen der künftigen Regulierung des Finanzmarktes und der Banken eine entscheidende Rolle nicht nur bei der künftigen Ausgestaltung der Europäischen Union, sondern ganz Europas zukommen muss.

Nach evangelischem Verständnis sind Freiheit und Verantwortung untrennbar miteinander verbunden. Das Prinzip des Zusammenhangs von Risiko und Haftung muss deshalb auch in der Finanzwirtschaft wiederhergestellt werden. Auch müssen der Finanzsektor und die Gewinner der Krise an der Bewältigung der Krise stärker beteiligt werden. Es kann nicht sein, dass nach wie vor Gewinne privatisiert und Verluste sozialisiert werden!

Weiterhin bedarf der Finanz- und Bankensektor einer effizienten und durchsetzungsfähigen Aufsicht und ethischer Regelung. Ein sichtbarer Schritt hierzu ist die vorgesehene Finanztransaktionssteuer unter Beteiligung möglichst vieler Staaten. Auch eine europäische Bankenunion mit gemeinsamen Regeln und einer gemeinsamen Aufsicht kann ein Schritt in diese Richtung sein.

### Kein Zurück in den Nationalismus

Die Krise hat das Misstrauen vieler Menschen gegenüber den europäischen Institutionen verstärkt. Nationalistische und populistische Tendenzen und Parteien haben in vielen Ländern Auftrieb erhalten. Das Recht auf nationale Selbstbestimmung und auf Wahrung berechtigter nationaler Interessen ist von einem Nationalismus zu unterscheiden, der zu Konkurrenz und Feindschaft zwischen den Völkern und zur Unterdrückung von ethnischen Minderheiten führt. Der europäische Einigungsprozess ist gerade gegen den *Nationalismus* des 19. Jahrhunderts und seine schrecklichen Folgen im 20. Jahrhundert entstanden. Daher sind evangelische Kirchen – die z. T. selber in den Nationalismus tief verstrickt waren – diesem Prozess verbunden und unterstützen ihn. Die Vollversammlung verweist dazu auf die Studie der GEKE »Kirche – Volk – Staat – Nation« aus dem Jahr 2001.

### Unser Wirtschaftsmodell überprüfen

Neben den aktuellen und akuten Fragen stellen sich aber viele Christen die noch weitergehende Frage, ob diese Krise nicht auch ein Nachdenken über ein *Wirtschaftsmodell* erfordert, das Wohlstandszuwächse vor allem über wirtschaftliches Wachstum und die Ausdehnung von Marktlogik auf alle Lebensbereiche definiert. Die Vollversammlung ist dankbar für alle Ansätze und Diskussionen über alternative Wirtschafts- und Lebensweisen in Kirchen und Gemeinden und über sie hinaus in der Gesellschaft, wie sie auch in der Studie »Tretet ein für Gerechtigkeit« auf der Vollversammlung festgehalten und vorgestellt wurden. Es geht dabei nicht um eine Abkehr von den Prinzipien der sozialen Marktwirtschaft. Diese ist nach evangelischem Verständnis nicht nur eine Wirtschafts-, sondern auch eine Werteordnung. Es geht aber um eine Umkehr zu mehr Verteilungsgerechtigkeit, zur Gewährleistung guter und sicherer Arbeit, zu stabilen Sozialsystemen, zur Bereitstellung bedarfsgerechter öffentlicher Güter und nicht zuletzt zu nachhaltigem und die Schöpfung erhaltendem Wirtschaften.

### Für ein solidarisches Europa

Die Europäische Union hat bislang einen wichtigen Beitrag zu Frieden, Freiheit und Wohlstand in Gerechtigkeit in Europa geleistet. Diesen Zielen weiß sich auch die GEKE verpflichtet. Sie möchte die Partnerschaften von Kirchen und Kirchengemeinden und die Solidarität unter ihnen quer durch Europa stärken. Gerade in dieser Zeit sind kirchliche Partnerschaften und ökumenische Zusammenarbeit von ganz besonderem Wert für das Miteinander in Europa, für Verständigung und Zusammenhalt inmitten der Krise. Die Herausforderungen des 21. Jahrhunderts – wie die Globalisierung, der Klimawandel, der demographische Wandel, die Veränderungen in der Weltwirtschaft, der politische Transformationsprozess in den Nachbarregionen Europas – verlangen nach einem freien und geeinten Europa, dessen Bereitschaft zur Solidarität nicht an den Grenzen einzelner Staaten endet und über die Grenzen Europas hinausreicht.

Florenz, 26.09.2012

## Anhang 3: Erklärung zur Situation von Christinnen und Christen im Nahen Osten

»Freiheit – das ist das Christentum« – Philipp Melanchthons Formulierung von 1521 ist zum Motto der evangelischen Kirchen in Europa geworden. Wo immer in der Welt Menschen nach Freiheit streben, können sie sich der Sympathie und Unterstützung der evangelischen Kirchen sicher sein.

Evangelische Christen in Europa haben den »Arabischen Frühling« in den verschiedenen Ländern des Nahen Ostens sehr begrüßt, weil sie in dieser Bewegung wahrnehmen, dass das Volk seinen berechtigten Freiheitsdrang zum Ausdruck bringt.

In den letzten Monaten wächst die Besorgnis der Gemeinschaft Evangelischer Kirchen in Europa angesichts vieler Berichte unserer Partner aus den Ländern des Nahen Ostens. Evangelische Kirchen in Europa sind auf vielfältige Weise mit den Kirchen und Christen des Nahen Ostens verbunden.

Die GEKE pflegt eine intensive Partnerschaft mit der »Fellowship of the Middle East Evangelical Churches«, einer Gemeinschaft von 17 zumeist evangelischen Kirchen in dieser Region.

Die Mitgliedskirchen der GEKE sind mit den Kirchen und Christen des Nahen Ostens durch Partnerschaften, diakonische Projekte und viele persönliche Beziehungen eng verbunden.

Als GEKE beobachten wir, dass die Christen im Nahen Osten das Interesse an und das Streben nach Freiheit mit ihren Mitbürgern verschiedener Glaubensrichtungen teilen. Jetzt aber sind sie besorgt über die verfassungsmäßigen, rechtlichen und politischen Entwicklungen in ihren Ländern, die ihre Teilhabe an der Gesellschaft und ihre religiöse Freiheit zu bedrohen scheinen.

Christen in Syrien sind im Besonderen tief beunruhigt über die Bedrohung grundlegender Menschenrechte und der Sicherheit während des Bürgerkrieges. Ebenso fürchten sie einen zunehmenden Verlust an kultureller und religiöser Pluralität in Syrien und den Verlust des Grundsatzes einer Teilhabe aller Gruppen an der Gesellschaft.

Als GEKE sind wir tief besorgt, weil in der Politik unserer Regierungen nur schwer erkennbar bleibt, dass ihnen das Leben unserer christlichen Schwestern und Brüder, ihre religiöse Freiheit sowie der Erhalt einer kulturellen und religiösen Diversität in Syrien ein Anliegen ist.

Wir bitten unsere Regierungen in Europa, ihr Eintreten für Rechtssicherheit, für volle Teilhabe an der Gesellschaft und für völlige religiöse Freiheit sowohl von Christen und Kirchen als auch von anderen religiösen Minderheiten im Nahen Osten zu verstärken.

Wir bitten unsere Mitgliedskirchen und alle Christen in Europa, die Öffentlichkeit über die sehr schwierige Situation der Christen in Syrien und an anderen Orten im Nahen Osten zu informieren, um so ein umfassenderes Bild über die Lage zu geben, als es in den Medien zu finden ist.

Wir bitten unsere Mitgliedskirchen und alle Christen in Europa um die volle Unterstützung der Christen im Nahen Osten und all jener, die unter Gewalt, Rechtsunsicherheit und Beschränkung ihrer Freiheit leiden.

Wir bitten insbesondere unsere Mitgliedskirchen und alle Christen in Europa, für unsere christlichen Schwestern und Brüder sowie für alle Menschen im Nahen Osten zu beten und Gott um seine Hilfe angesichts ihres Leidens und ihres Kampfes um Freiheit zu bitten.

# II

# Europäisches Forum »Kirchen Europas im Aufbruch«

*Martin Ernst Hirzel*

# Zwischen Hoffnungslücke und Aufbruchszuversicht

## Bericht zum World Café im Rahmen des Forums »Kirchen Europas im Aufbruch« vom 24. September 2012 in Florenz

### 1 Einleitung

Wenn man aus einem schönen Traum erwacht, dann versucht man oft, das unerwartet Neue darin oder die Leichtigkeit der traumhaften Existenz gedanklich festzuhalten. Das endet jedoch oft enttäuschend. Deshalb will ich mit diesem Bericht gar nicht erst versuchen, festzuhalten, was gestern alles erlebt, erzählt, visionär gesehen und gedacht wurde. Sie alle haben je ihre eigenen Erlebnisse mitgenommen, die Einsichten und wertvollen Gedanken über die Erneuerung und Reformation unserer Kirchen. Sie alle haben etwas mitgenommen von den erhellenden Gesprächen, von tiefen gegenseitigen Erlebnissen; etwas, das für *den* Ort seine Bedeutung hat, wo Gott Sie hingestellt hat. Sie alle haben etwas von der »einigenden Kraft des Heiligen Geistes« erfahren, an den wir glauben und der uns hilft, unser Zeugnis und unseren Dienst als Kirchengemeinschaft neu auszurichten und zu vertiefen. Diesen reichen Abend im Kloster Don Cuba, unter dem wolkenverhangenen und doch leuchtenden Himmel von Florenz, will ich nicht abzubilden versuchen. Bewahren Sie ihre persönlichen Eindrücke! Ich will im Folgenden lediglich aus einer allgemeinen Perspektive ein paar Schlaglichter auf den gestrigen Abend werfen. Dazu hat die Vorbereitungsgruppe gestern Nacht nochmals zusammengesessen und das zusammengetragen und systematisiert, was in den Tischgesprächen zur Sprache kam, jedoch ohne dass wir die Tischdecken im Detail auswerten konnten. Ich will also die Stücke jenes *gemeinsamen* Traumes sammeln, die hängengeblieben sind; jenes Traums, der unsere bereits existierende Kirchengemeinschaft weiterzubringen vermag. Ich tue dies in drei Schritten. Wenn ich dabei etwas zu oft normative Sätze formuliere, etwa, dass die Kirchen dies und die GEKE das tun sollten, dann weil die folgenden Gedanken am meisten geäußert wurden.

## 2 Allgemeine Impressionen zum Nachmittag

Am Nachmittag hörten wir in den Präsentationen eine Fülle von Antworten, wie Kirchen auf die Zeiten des Umbruchs reagieren und Erneuerung in den Kirchen bewirken wollen; entweder durch Projekte im Bereich der evangelistischen Glaubensweitergabe, der Diakonie, der Integration von Migrantinnen und Migranten, der Bildung oder der Milieuorientierung. Kirche soll näher bei den Menschen sein und gleichzeitig in ihren Handlungsfeldern steuerungsfähiger werden. Die Frage nach der Mitgliedschaft wurde intensiv diskutiert. Kirche soll neue Formen des Amtes entwickeln. Wichtige Stichworte waren auch »Familie«, »Wertevermittlung« und »überzeugende Persönlichkeiten sein«.

Eine Spannung, die nicht nur in den Präsentationen, sondern dann auch auf dem Podium manifest wurde, ist diejenige zwischen geistlicher Erneuerungsbemühung und strukturell-organisatorischer Reform. Dass es primär um das erste, um geistliche Erneuerung geht und nicht um die Parameter Wachstum und Größe, darüber herrschte Einigkeit. Die wichtige Frage danach, was Gott uns damit sagen will, wenn die Kirchen in Europa kleiner, ärmer und älter werden, wurde als wichtig erachtet, aber nicht beantwortet. Wie nun die Spannung auszuhalten ist, zwischen dem Hoffen auf die Reformation der Kirche und die geistliche Erneuerung der Botschaft der Kirche durch Gottes Geist auf der einen und der Suche nach den notwendigen Maßnahmen auf der andern Seite, darüber muss weiter nachgedacht werden. Einen Schritt dahin haben wir im World Café getan.

## 3 Gefundene Antworten

*Zur ersten Frage im World Café: Welche Reform- und Erneuerungsbestrebungen im evangelischen Kontext sind für Sie vorrangig?*
Wäre diese Frage uns auf einer Vollversammlung der GEKE vielleicht im Jahre 1982 gestellt worden, dann wären wahrscheinlich Stichworte gekommen wie Kirche in der Stadt, politischer Gottesdienst, Beitrag zu gesellschaftlichen Reformen, neues Berufsbild für die Pfarrerin/den Pfarrer (»der Pfarrer ist anders«), Kirche als gesellschaftliches Gegenmodell. Das meistgehörte Votum gestern aber war: Unsere Kirchen müssen sich

*geistlich* erneuern. Wir selber und unser Glaube müssen erneuert werden. Eine Konzentration auf das Wesentliche, den Kern tut not: Auf die Predigt, die Diakonie, die Bildung auf allen Stufen, die Entwicklung einer missionarischen und dialogischen Haltung. Die Wahrnehmung der Pfarrrolle trat dabei in den Vordergrund. Insbesondere wurde auf die Bedeutung der Bildung hingewiesen, weil sie zur Sprachfähigkeit im Glauben führt, damit den Glauben in die Öffentlichkeit und raus aus dem privaten Raum bringt. Es sind die klassischen Merkmale des Protestantismus, die genannt wurden: Predigt, Diakonie und Katechismus/Bildung.

Darum muss es bei der Erneuerung gehen, sprachfähiger zu werden, den »Added value« Gott ins Gespräch zu bringen, authentisch, verständlich, überzeugend, schnörkel- und floskellos. Wie wird die Kirche, wie werden kirchliche Mitarbeitende und Freiwillige, jeder Christenmensch, sprachfähiger? Kirche darf sich ihre Deutungskompetenz über die Frage, was der Mensch hoffen darf, nicht aus der Hand nehmen lassen.

Zunächst gilt es, hörende Kirche sein, hörend auf Gottes Wort. Die Erneuerung beginnt im Gebet und gottesdienstlichen Feiern. Ganz wichtig sodann beim Hören ist die Wahrnehmung der Fülle an Lebenserfahrungen, welche die Menschen der Bibel gemacht haben. Wie können wir wirklich die Fragen der Menschen verstehen und das Evangelium so formulieren, dass es verstanden wird? Vielleicht sind es ja auch neue Fragen, welche die Menschen heute stellen? Es geht deshalb darum, die Wahrnehmung für die Lebensfragen der Menschen heute zu schärfen. Lebensdeutungskonzepte vom Evangelium her entwickeln, war etwa ein Stichwort. Dazu muss sich die Kirche jedoch für andere Milieus öffnen. Die Fragen der Menschen zu ihrem Leben und ihrem Sein in der Welt muss man erst einmal hören, bevor vom Evangelium her ein Wort gesagt wird. Die Stimmen von den Rändern der Gesellschaften müssen gehört werden. Sie müssen die Verkündigung unserer Kirchen prägen, ihnen Glaubwürdigkeit geben. Wenn die Kirche eine weniger privilegierte oder sogar eine schwache Position vertritt, können ihre Worte und ihr Handeln Stärke gewinnen.

Im Zusammenhang mit dem »Kerngeschäft« der Kirche war oft auch von Qualitätssicherung die Rede, nicht im Sinne von Messbarkeit, vielmehr im Sinne theologischer Qualifizierung und Reflexion.

Ein oft genanntes Themengebiet war auch das Verhältnis von Kirche und Staat auf dem Hintergrund der Zwei-Reiche-Lehre. Nicht nur Kirchen im skandinavischen Raum stehen vor der Frage, wie sie ihr Kirchesein mit zunehmender Lockerung ihres Verhältnisses zum Staat gestalten sollen.

Deutlich wurde in der ersten Runde, dass Erneuerungsbewegung nicht gleich Reformbewegung ist. Viele Gesprächsteilnehmer äußerten Unbehangen gegenüber dem Begriff Reform. Ein Bild, das für eine Erwartungshaltung in den kirchlichen Erneuerungsbemühungen plädiert, ist dasjenige des Frühlings: Ich weiß, dass er kommt und was kommt, aber ich entdecke immer wieder etwas Neues.

Erstaunlicherweise wurde wenig die Wiederentdeckung des Priestertums aller Getauften und die Bedeutung ihrer Charismen für die Kirche genannt. Dabei wurde die Ebene der Gemeinde betont, wenn wir allgemein von Kirche sprechen.

*Zur zweiten Frage: Was kann die Kirchengemeinschaft darin bedeuten?*
Den Spitzenplatz unter den Antworten nimmt der Gedanke ein, dass die GEKE als »Convener« und Plattform dienen kann. Salopp formuliert: Sie bringt Kirchen zusammen und hilft, über den eigenen Tellerrand hinauszublicken.

Wozu eine Plattform? Die GEKE soll ermöglichen, den Reichtum evangelischen Kircheseins zu entdecken; wo gegenseitiges Aufeinanderhören möglich ist, insbesondere über die Erfahrungen mit der Kirche fernstehenden Menschen. Die GEKE soll aber auch den Vergleich zwischen den Kirchen ermöglichen – eine gesunde Konkurrenz sozusagen. Als Plattform soll die GEKE das gegenseitige Lernen fördern, aber auch gegenseitiger Kritik Raum geben. Die GEKE ermöglicht Konsultationen, bevor Kirchen wichtige Entscheidungen treffen. Der Erfahrungsaustausch soll möglich gemacht werden durch Partnerschaften von Kirchen und Gemeinden etwa, insbesondere auch mit den Minderheitskirchen in Süd und Ost; die Möglichkeit von Pfarreraustausch wurde erwähnt. Die GEKE wird als Kommunikationsdienstleister gesehen, der Kirchen in ihrer Zusammenarbeit unterstützt und fördert, etwa durch die Schaffung eines kirchlichen Social Networks. Im Weiteren wurde vorgeschlagen, dass die GEKE evangelische Grundgedanken so formuliert, dass die Arbeit der GEKE auch an der Basis Erneuerung bewirkt.

Dass der GEKE insgesamt eine nachgeordnete Bedeutung zukomme, wurde zwar seltener geäußert, muss der Vollständigkeit halber aber auch erwähnt werden.

*Zur dritten Frage: Welche Bedeutung hat der Ursprung in der Reformation für den Erneuerungsprozess?*

Zunächst kann man sagen, dass die Reformation fröhlich macht und positive Assoziationen auslöst; der Begriff besitzt nach wie vor identitätsstiftende Kraft. Reformation macht Mut zum eigenen Standpunkt und macht evangelische Kirche erkennbar, nicht zuletzt gegenüber der römisch-katholischen Kirche. Gleichzeitig war von der evangelischen Katholizität die Rede.

Bei dieser Frage wurde das Stichwort »Sprachfähigkeit« mit den Stichworten Bibelbezug ergänzt. Oft wurde darauf hingewiesen, wie sehr Luthers Sprachgewalt und wortmächtige Auslegung des Glaubens in der Bibel wurzelt. Die neue Sprache, welche die Erneuerung der Kirche braucht, wurzelt in der Bibel. In ihr stößt man auf die grundlegenden Fragen des Lebens und des Glaubens.

Erneut wurde bei dieser Frage auf die Bedeutung des Themas Bildung in der Reformation hingewiesen und der Bogen ins Heute geschlagen: Die Hinwendung zur Jugend setzt verstärkte Bemühungen im Bereich der Bildung voraus.

Die Bedeutung der Reformation und ihrer Theologie für die Erneuerungsprozesse war an den meisten Tischen unbestritten. Gewarnt wurde allerdings vor einer Formelsprache im Zusammenhang etwa mit der reformatorischen Kernbotschaft, den vier soli (sola scriptura, sola fide, sola gratia, solus Christus). Die Erarbeitung einer Perspektive auf die Reformation in ihrem frühen Stadium, vor der Aufteilung in verschiedene Konfessionen und Orthodoxien, wurde gewünscht. Die Reformation soll nicht nur als Erinnerungsaufgabe, vielmehr als gegenwärtige Aufgabe gesehen werden.

Es wurde aber auch von den Schatten der Reformation gesprochen; davon, dass sie bis heute zu Spaltungen auch innerhalb des Protestantismus führt.

Konkrete Vorschläge betrafen das reformatorische Liedgut, ja das Singen in den evangelischen Kirchen überhaupt. Es verbindet die Kirchen Europas miteinander über Zeiten und Grenzen hinweg. Es hat erneuernde Kraft.

Reformation wurde als produktive Unzufriedenheit gedeutet und gleichzeitig betont, dass sie sich nicht machen lässt. Dies bringt eine große Gelassenheit in alle Erneuerungsbemühungen hinein, ohne dass die Dringlichkeit der Lage der Kirchen verkannt wird. Reform durch Reformation. So lässt sich Frage 3 auf den Punkt bringen.

Dass in den Gesprächen bei dieser Frage der Begriff »Freiheit« kaum fiel, mag erstaunen. Einzig davon war die Rede, dass die von der Reformation wiederentdeckte Freiheit sich in ihrer neuzeitlichen Form gegen die Institution Kirche selber wendet. Die Freiheit des Individuums bleibt also eine zu klärende Aufgabe.

*Ich komme zur vierten und letzten Frage: Mit welchen konkreten Schritten kann die Kirchengemeinschaft auf das Jahr 2017 und das 500-jährige Reformationsjubiläum zugehen, um es gemeinsam zu feiern?*
»Die GEKE kann nicht viel beitragen«. Dieser Satz fand sich an erster Stelle auf meinem Notizzettel. Ich hoffe doch sehr, dass es sich hier um ein Minderheitsvotum handelt! Oder doch eher dasjenige einer Person mit Realitätssinn? Mein Eindruck jedenfalls war, dass an den Tischen einige ziemlich originelle Ideen geäußert wurden: Sie reichen vom reformatorischen Fackellauf durch Europa nach Wittenberg bis zur Reformationsfeier auf dem Petersplatz in Rom. Dann wurde auch die Streichung einer Idee gewünscht: Nämlich die Ausschreibung einer Reformationshymne. Das ganze soll nicht »too churchy« sein!

Ernsthafter: Vorrang vor konkreten Vorschlägen hatte die Beschreibung der Haltung, mit der dem Thema begegnet werden soll, nämlich mit einer Haltung, welche die Spannung hält zwischen Freude und Stolz über die Reformation und ihre kirchlichen und gesellschaftlich-kulturellen Errungenschaften auf der einen Seite und dem Verzicht auf Triumphalismus auf der andern Seite.

Ferner wurde eine Gefahr benannt, welche die Vorbereitung von 2017 in einer Zeit der kirchlichen Erneuerungsprozesse in sich birgt, nämlich dass das Reformationsjubiläum dazu dient, sich angesichts von Bedeutungsverlust und schwindenden Zahlen im Glanz der Vergangenheit zu sonnen. Dieser Gefahr des Eskapismus und Schwelgens in vergangenen Zeiten kann man nur dadurch entgehen, dass es im Hinblick auf 2017 primär darum gehen muss, heute neu sprachfähig zu werden für das, was Reformation bedeutet. Damit sollte am besten heute schon begonnen werden und die fünf Jahre bis 2017 dafür genützt werden, sich im Hinblick auf die Kirchenreform produktiv mit der reformatorischen Tradition in ihrer Fülle auseinanderzusetzen.

Und bezüglich des Datums 2017 wurde festgehalten, dass zwar für viele evangelische Kirchen in Europa andere historische Kontexte und entsprechende Erinnerungsdaten im Vordergrund stünden, dass aber das Jahr 2017 als symbolisches Datum für alle evangelischen Kirchen in Europa und weltweit dienen soll. 2017 kann durch die GEKE stark gemacht werden. Es ist das Datum der Einheit der evangelischen Kirchen und kann überleiten zu weiteren Daten der Reformationserinnerung in den folgenden Jahren. Diese werden je ihre eigene Prägung und ihre eigene Ausstrahlung haben. So wird die Vielfalt der Reformation sichtbar werden.

Folgende Konkrete Schritte und Maßnahmen wurden vorgeschlagen: Die GEKE erarbeitet Predigtvorbereitungsmaterial fürs Jahr 2017; sie initiiert einen evangelischen Studienprozess zum wichtigsten Kirchenreformprozess der letzten vierzig Jahre, dem zweiten vatikanischen Konzil; die Schlüsseltexte der Reformation werden gesammelt und in diejenigen Sprachen übersetzt, in denen sie bisher nicht vorlagen; es werden grenzübergreifende Gottesdienste und Veranstaltungen zum Reformationsjubiläum organisiert; ein Kultur- und Musikfestival wird für 2017 vorbereitet, welches breite Kreise erreichen soll; die Bedeutung von Orten und Erfahrungsräumen für den Protestantismus wird erforscht; ein Text wird erarbeitet, welcher die Zerspaltung innerhalb des Protestantismus thematisiert; die Freikirchen und insbesondere Kirchen, die aus der radikalen Reformation hervorgegangen sind, werden in die Vorbereitungen einbezogen. In jedem Fall muss Reformation so erinnert werden, dass auch ihre weltweite Bedeutung sichtbar wird.

## 4 Zum Schluss

Es liegt eine große Chance darin, dass die innere Erneuerung unserer Kirchen, die nötig ist, mit der Vorbereitung von »500 Jahre Reformation« rund ums Jahr 2017 verbunden werden kann. Was ist die Botschaft, auf die wir hören sollen? – Auf diese Frage bietet uns das reformatorische Erbe vielerlei Antworten. Sie gilt es produktiv und kreativ aufzunehmen.

So wird die Reformdebatte zur inhaltlichen Debatte, zur Reformationsdebatte; wir werden direkt auf unsere Identität als evangelische Christinnen und Christen angesprochen und auf die Frage, was es im

21. Jahrhundert heißt, evangelische Christen zu sein. Durch die Wiederentdeckung des Evangeliums werden wir frei und in die Lage gesetzt, als Kirchen gelassen in die Zukunft zu blicken und die Reformen anzugehen, die unsere Kirchen nötig haben.

# III
# Arbeitsfelder der GEKE ab 2012

# Europa reformata: 500 Jahre Reformation in Europa

Skizze zu einem Projekt der GEKE

## Ausgangslage

Im Jahr 2017 und in den darauffolgenden Jahren wird die evangelische Christenheit das 500. Jubiläum der Reformation begehen. Die Reformation war ein kirchlich-gesellschaftlicher und geistiger Aufbruch mit weltweiter Ausstrahlung und Wirkungen bis heute. Die Person und das Werk Martin Luthers nehmen darin eine besondere Stellung ein. Mit seiner Kritik am Ablasswesen im Jahre 1517 und der Auseinandersetzung über seine 95 Thesen verband sich eine Bewegung von enormer Überzeugungskraft, welche die Erneuerung der Kirche beschleunigte, vertiefte und umfassend ausweitete. Die Reformation hat die Geschichte des europäischen Kontinents und der hier beheimateten Kirchen tief geprägt. Im Bemühen um die Erneuerung der einen Kirche Jesu Christi aus dem Evangelium der Rechtfertigung allein aus Glauben entstanden die evangelischen Kirchen.

Der GEKE kommt im Jubiläumsjahr 2017 neben den national ausgerichteten Initiativen in Deutschland und in anderen europäischen Ländern eine besondere Rolle zu. Sie ist berufen, die europäische Dimension der Reformation ins Blickfeld zu rücken und erfahrbar werden zu lassen. Und sie ist die einzige Organisation, die über die Möglichkeiten verfügt, das Reformationsjubiläum auf europäischer Ebene gestalten.

Die vom Rat der GEKE in der Vorbereitung auf die Vollversammlung entwickelte Initiative »Europa reformata: 500 Jahre Reformation in Europa« versteht sich als Ergänzung und Vernetzung der zahlreichen Aktivitäten in den einzelnen Mitgliedskirchen. Ein gutes Beispiel für die Würdigung der Reformation bietet die Evangelische Kirche in Deutschland.

*Das Ziel des Projekts »Europa reformata: 500 Jahre Reformation in Europa« besteht darin, die gesamteuropäische Dimension der Reformation sichtbar zu machen.*

Für die Umsetzung des Projektes gelten die Prinzipien der Subsidiarität und des »bottom-up-approach«. Die Mitgliedskirchen der GEKE werden je für sich das Reformationsgedenken nach Maßgabe der eigenen Möglichkeiten und Intentionen gestalten. Durch die GEKE erhalten sie die Möglichkeit, ihre Vorhaben auf europäischer Ebene zu vernetzen und zu präsentieren. Die GEKE richtet ergänzend eigene Projekte aus. So kann im Hinblick auf 2017 die »gemeinsame Stimme des Protestantismus in Europa« hörbar werden.

## Operative Massnahmen

### (a) Massnahmen hinsichtlich von Aktionen der Mitgliedskirchen

**Gemeinsames Logo.** Die GEKE lädt die Mitgliedskirchen ein, ihre Initiativen und Veranstaltungen zum Reformationsjubiläum 2017 unter das gemeinsame Logo »Europa reformata: 500 Jahre Reformation in Europa« zu stellen, und stellt einen entsprechenden Entwurf für eine Wort-Bild-Marke zur Verfügung.

**Städteprojekt.** Die Mitgliedskirchen der GEKE werden zugleich eingeladen, Reformationsstädte in ihrem Bereich für eine Mitgestaltung des Reformationsjubiläums zu gewinnen. Dazu soll die Wort-Bild-Marke »Reformationsstadt Europas« als verbindendes Identity Label unentgeltlich vergeben werden. Gedacht ist vor allem an solche Städte, die in besonderer Weise die Geschichte der Reformation geprägt haben und daran interessiert sind, ihre eigene Reformationsgeschichte in Zusammenarbeit mit den jeweiligen evangelischen Kirchen der Region zu würdigen. Bei der Anbahnung von Kontakten und Kooperationen wird die GEKE im Rahmen ihrer Möglichkeiten behilflich sein. Dieser Prozess sollte bis Ende 2013 abgeschlossen sein.

**Website.** Die GEKE richtet mit der Jahreswende 2015/16 eine eigene deutsch-, englisch- und französischsprachige Website ein (www.europaref2017.eu). Zentrale Inhalte sind:

- der Aufruf zum Reformationsjubiläum
- ein Kalender, auf dem die Mitgliedskirchen ihre verschiedenen Veranstaltungen veröffentlichen
- eine Übersicht über europäische Reformationsstädte und ihre Aktivitäten
- eine Veröffentlichung von Berichten und Bildern der einzelnen Veranstaltungen
- die Verlinkung mit anderen einschlägigen Seiten (z. B. www.refo500.com und www.luther2017.de u. a. m.)

**Zielgruppe** dieser Maßnahmen sind die Mitgliedskirchen. Die GEKE fungiert als Netzwerk und Plattform. Sie bietet Beratung und Kontaktpflege durch die Geschäftsstelle und ihren wissenschaftlichen Beirat zur Vorbereitung des Reformationsjubiläums. Sie sorgt für die öffentlich-mediale Wahrnehmung von »Europa reformata«. Dies wird in erster Linie durch Unterstützung der Öffentlichkeitsarbeit der Mitgliedskirchen geschehen.

### (b) Planung und Umsetzung einzelner operativer Massnahmen der GEKE

Die Programmplanung für das Projekt »Europa reformata: 500 Jahre Reformation in Europa« sieht neben den Aktionen der Mitgliedskirchen eine Reihe von Initiativen und Veranstaltungen vor, die von der GEKE selbst konzipiert, organisiert und durchgeführt werden. Das heißt: die GEKE richtet dort, wo es sinnvoll und möglich ist, ausgewählte Vorhaben (Tagungen, Konsultationen, Publikationen u. a.) als Meilensteine auf dem Weg zum Reformationsjubiläum 2017 ein.

Solche *Meilensteine auf dem Weg* können sein:

- Die GEKE schreibt einen europäischen Wettbewerb für ein *Reformationslied* 2017 aus.
- Die GEKE richtet eine *wissenschaftliche Tagung* zur Reformation in Europa aus, die mit einem Träger auf regionaler Ebene (z. B. A Lasco Bibliothek in Emden) in Drittmittelfinanzierung durchgeführt wird.
- Die GEKE organisiert eine *Begegnungstagung* des Rates mit Vertretern/innen des Europäischen Parlaments.

**Zielgruppe** dieser Maßnahmen sind die Organe und Einrichtungen der GEKE (Regionalgruppen, Rat, Lehrgesprächsgruppe u. a. m.). Die operative Durchführung liegt bei der Geschäftsstelle.

# Kirchengemeinschaft

Skizze zu einem Lehrgespräch der GEKE

## Ausgangslage

Nach dem Verständnis der Leuenberger Konkordie (LK) bedeutet Kirchengemeinschaft, »daß Kirchen verschiedenen Bekenntnisstandes aufgrund der gewonnenen Übereinstimmung im Verständnis des Evangeliums einander Gemeinschaft an Wort und Sakrament gewähren und eine möglichst große Gemeinsamkeit in Zeugnis und Dienst an der Welt erstreben.« (LK 29) Eine solche Erklärung von Kirchengemeinschaft zwischen bis dahin getrennten Kirchen wurde möglich durch die Überwindung der kirchentrennenden Lehrverurteilungen in der Abendmahlslehre, der Christologie und der Lehre von der Prädestination (LK 17–26; vgl. LK 34), die in der Leuenberger Konkordie der gemeinsamen Auslegung des Evangeliums von Gottes freier Gnade (LK 7–12) und der Sakramente (LK 13–16) folgt.

Die Erklärung von Kirchengemeinschaft auf Basis der Leuenberger Konkordie geschieht ausdrücklich in der Anerkennung der Unterschiede im Bekenntnisstand (vgl. LK 30 und 37) und der »beträchtliche(n) Unterschiede in der Gestaltung des Gottesdienstes, in den Ausprägungen der Frömmigkeit und in den kirchlichen Ordnungen« (LK 28). Entscheidend ist die Übereinstimmung in Wort und Sakrament, die nach reformatorischem Grundsatz für die Einheit der Kirche konstitutiv und hinreichend ist (vgl. CA VII[7]). Auf der Basis solcher Übereinstimmung können die beteiligten Kirchen anerkennen und erklären, »daß sie gemeinsam an der einen Kirche Jesu Christi teilhaben und

[7] Confessio Augustana VII. De ecclesia. In: Die Bekenntnisschriften der evangelisch-lutherischen Kirche, Göttingen 1930, 2. Aufl. 1952, 61.

daß der Herr sie zum gemeinsamen Dienst befreit und verpflichtet« (LK 34).

Zur gelebten Kirchengemeinschaft gehört nach dem Verständnis der Leuenberger Konkordie, dass die Kirchen im »Glauben an die einigende Kraft des Heiligen Geistes [...] ihr Zeugnis und ihren Dienst gemeinsam« ausrichten und »sich um die Stärkung und Vertiefung der gewonnenen Gemeinschaft« bemühen (LK 35). Kirchengemeinschaft erschöpft sich also nicht in der wechselseitigen Anerkennung und dem Beitritt zur GEKE, sondern zielt auf den Prozess ihrer Verwirklichung in gemeinsamem Zeugnis und Dienst (vgl. LK 29).

Die Verpflichtung zur Verwirklichung erklärter Kirchengemeinschaft in gemeinsamem Zeugnis und Dienst erwächst aus der Einsicht in Wesen und Auftrag der Kirche. Wie die Studie »Die Kirche Jesu Christi« (KJC) herausstellt, hat die sichtbare Kirche »den Auftrag, in ihrer Gestalt ihr ursprüngliches Wesen zu bezeugen« (KJC I, 2.2), also ihre durch ihren Ursprung gegebene Einheit, Heiligkeit, Katholizität und Apostolizität (vgl. dazu KJC I, 2.3). Wahrnehmbar wird das in diesen Eigenschaften beschriebene Wesen der geglaubten Kirche nach reformatorischem Verständnis in der reinen Predigt des Evangeliums und der stiftungsgemäßen Feier der Sakramente. Entsprechend ist es für die Kirchengemeinschaft der in der GEKE verbundenen Kirchen wichtig, die Übereinstimmung in der Predigt des Evangeliums und der Feier der Sakramente gemeinsam zu bezeugen und verbindlich zu leben. Darin verwirklichen sie die Gemeinschaft, die sie auf Basis der Leuenberger Konkordie erklärt haben.

Wie in der Studie »Die Kirche Jesu Christi« dargelegt, kommt ein »ökumenischer Dialog zwischen Kirchen [...] dann zum Ziel, wenn seine Ergebnisse von den beteiligten Kirchen rezipiert werden und dadurch einen *verbindlichen* und *verpflichtenden* Charakter für diese Kirchen erhalten. Dabei kann es sich nicht nur um eine formelle Rezeption handeln. Die *Rezeption* muß alle Ebenen des kirchlichen Lebens bestimmen und prägen.« (KJC III, 2.1)

Einen wichtigen Teil stellt dabei die theologische Weiterarbeit an den Lehrunterschieden dar (vgl. LK 37–41). Zuletzt sind in der GEKE Lehrgespräche zu »Schrift-Bekenntnis-Kirche« und »Amt-Ordination-Episkopé« geführt worden. Nimmt man die Studien »Zur Lehre und Praxis der Taufe«, »Zur Lehre und Praxis des Abendmahls« sowie »Die Kirche

Jesu Christi«[8] hinzu, so sind nunmehr die hermeneutischen, ekklesiologischen, sakramentstheologischen und amtstheologischen Fragestellungen und damit die klassischen ökumenetheologisch relevanten Themen Gegenstand von Lehrgesprächen geworden. Zwar waren und sind die in diesen Lehrgesprächen thematisierten Unterschiede für die Kirchen der GEKE nicht kirchentrennend. Doch damit ist noch nicht entschieden, welche Rolle sie für die koinonia der in der Kirchengemeinschaft verbundenen Kirchen spielen.

## Aufgabe

Mit der Verpflichtung zur Verwirklichung erklärter Kirchengemeinschaft stellt sich die Frage nach der Gestaltung verbindlicher Gemeinschaft und nach der Rolle der GEKE für das Zusammenleben der Kirchen. Dazu hat die Vollversammlung in Budapest das Lehrgespräch »Gestalt und Gestaltung« angenommen. Zur Weiterarbeit an diesen Themen fand unter dem Titel »Die GEKE als Gemeinschaft von Kirchen« im September 2010 eine Konsultation in Arnoldshain statt, die von der Evangelischen Kirche in Hessen und Nassau und der GEKE veranstaltet wurde. Diese Konsultation zeigte deutlich, dass ein Lehrgespräch zum Thema »Kirchengemeinschaft« für die Weiterentwicklung der GEKE wichtig und wünschenswert ist.[9] Der Ökumene-Fachkreis des Rates der GEKE empfiehlt dem Rat daher ein Lehrgespräch zu diesem Thema mit folgenden Fragestellungen:

1. Welche Bedeutung haben die Unterschiede im Bekenntnisstand, in Lehre und Praxis im Prozess der Verwirklichung der Kirchengemeinschaft? Inwiefern erweisen sie sich als produktive Bereicherung, wo hemmen sie die gemeinsame Ausrichtung in Zeugnis und Dienst?

2. Wie ist die Kirchengemeinschaft in Gestalt von Kanzel- und Sakramentsgemeinschaft einschließlich der Anerkennung der Ämter in der GEKE ekklesiologisch zu verstehen? Hat die GEKE als Gemeinschaft von

[8] Alle drei Texte angenommen auf der 4. Vollversammlung 1994; vgl. Leuenberger Texte 1 und 2.

[9] Vgl. epd Dokumentation Nr. 50/51, vom 14. 12. 2010, insbesondere die Empfehlung der Teilnehmerinnen und Teilnehmer S. 5.

Kirchen eine eigene ›ekklesiale Qualität‹? Ist sie »als Gemeinschaft ihrer Mitgliedskirchen selber eine sichtbare Gestalt der einen Kirche«[10]?

3. Wie kann die erklärte Übereinstimmung in Wort und Sakrament im Prozess der Verwirklichung der Kirchengemeinschaft erkennbarer gestaltet werden? Welche Formen der Verbindlichkeit sind hier nötig, um das Zeugnis der Katholizität der Kirche in der GEKE zu stärken?

4. Mit welchen Instrumenten und Strukturen kann die GEKE so gestärkt werden, dass sie ihre Mitgliedskirchen zu unterstützen vermag »in ihrer Aufgabe, zu einer intensiveren und konkreteren Gemeinschaft in Zeugnis und Dienst zu finden«[11]?

5. Welchen Stellenwert haben ethische Fragen für die Verbindlichkeit der Kirchengemeinschaft? Wo stellen sie die Übereinstimmung in Wort und Sakrament tatsächlich in Frage?

6. Wie verhält sich die GEKE als Kirchengemeinschaft zu den konfessionellen Weltbünden, zu ökumenischen Organisationen und zu anderen Kirchengemeinschaften, wie sie zum Beispiel mit der Amman-Erklärung im Nahen Osten geschlossen wurden?

## Ziel

Das Lehrgespräch sollte klären, wie die Kirchengemeinschaft auf allen Ebenen kirchlichen Lebens vertieft werden kann. Dabei sollten die oben genannten theologischen und praktischen Grundsatzfragen Berücksichtigung finden. Das Lehrgespräch sollte eine Verständigung herbeiführen darüber, welche Verbindlichkeit in Lehre und Leben für die Kirchengemeinschaft in ihrer ökumenischen Bestimmung nötig ist und welche Foren und Instrumente der Gestaltung solcher Verbindlichkeit möglich sind.

---

10 Vgl. das Statement der TeilnehmerInnen, a. a. O. 4–5, hier: 4, Punkt 1.

11 A. a. O., 4, Punkt 4.

# Pluralität der Religionen in evangelischer Sicht

## Skizze zu einem Lehrgespräch der GEKE

## 1 Herausforderungen

Je mehr außerchristliche Religionsgemeinschaften in den Ländern Europas nicht nur einen Gaststatus, sondern Heimatrecht beanspruchen, umso mehr stellen sich in den Gesellschaften Fragen der Integration und in den Kirchen Fragen der Bestimmung und Gestaltung der interreligiösen Beziehungen. Besonders die Beziehung zum Islam spielt dabei eine wichtige Rolle. Während die römisch-katholische Kirche zahlreiche Dokumente zu diesem Fragenkomplex hervorgebracht hat[1], tun sich die reformatorischen Kirchen in Europa schwer mit dem Thema.

Das hat zum einen praktische, zum anderen theologische Gründe. Die historisch-praktischen Gründe liegen in der Zentrierung des evangelischen Christentums auf die Länder Mittel- und Nordeuropas sowie die USA, die über Jahrhunderte nahezu vollständig vom Christentum geprägt waren. Die theologischen Gründe liegen u. a. in der reformatorischen Fokussierung auf Christus (»solus Christus«) und auf die Bibel (»sola scriptura«). Dadurch wurde die Partikularität der Offenbarung in Christus gegenüber dem universalen Handeln Gottes in der Schöpfung betont und das Wirken des Heiligen Geistes an das Wort gebunden. Vor allem in der lutherischen Theologie wurden die Beziehungen zu Judentum und Islam immer wieder über die Polarität von Gesetz und Evangelium bestimmt, was zu deren Etikettierung als Gesetzesreligionen führte.

1 Ernst Fürlinger (Hg): »Der Dialog muss weitergehen«. Ausgewählte vatikanische Dokumente zum interreligiösen Dialog (1964–2008), Freiburg/Br., Basel, Wien 2009; Christlich-islamische Begegnungs- und Dokumentationsstelle e. V. (Hg): Dokumente der katholischen Kirche zum Dialog mit dem Islam, zusammengestellt von Timo Güzelmansur, Regensburg 2009.

Mit ihrer Betonung von Gottes Souveränität und Gnadenwahl wäre den Reformierten möglicherweise mehr Aufgeschlossenheit gegenüber anderen Religionen möglich gewesen. Bis in die jüngere Vergangenheit hinein ist das aber kaum erkannt und in religionstheoretischer Richtung aufgenommen worden. – Die Notwendigkeit, dialogische Beziehungen zu den Anhängern anderer Religionen zu entwickeln, ergab sich somit weder aus den situativen Gegebenheiten noch aus theologischen Motiven.

Seit den 1960er Jahren sind auf dem Feld der interreligiösen Beziehungen und ihrer religionstheoretischen Abklärung markante Veränderungen zu beobachten Die Beziehungsform des *Dialogs* ist an die Seite oder gar an die Stelle apologetischer und missionarischer (auf Bekehrung zum christlichen Glauben hin orientierter) Einstellungen getreten. Damit stellen sich aber auch viele praktische und theologische Fragen, zu denen einzelne Kirchen und der Ökumenische Rat der Kirchen[2] Stellung genommen haben. Besonders die Stellungnahmen zu den theologischen Grundlegungsfragen des interreligiösen Dialogs haben innerhalb der Kirchen nicht selten heftige Debatten ausgelöst. Darin drückt sich der Klärungsbedarf aus.

Die beschriebenen Herausforderungen werden von den einzelnen Kirchen sehr unterschiedlich aufgenommen. Einige sind mit sich selbst und der Reform ihrer Strukturen so sehr beschäftigt, dass demgegenüber die praktische und theologische Bearbeitung der ›Außenbeziehungen‹ zurücktritt. Doch erstreckt sich der Auftrag der Kirche gerade auch auf dieses ›Außen‹. Die Neubestimmung der Beziehungen zu anderen Religionsgemeinschaften und ihre Ausgestaltung ist Teil ihres Zeugnisses in der Welt. Dazu sind grundlegende Klärungen notwendig.

2 Siehe dazu vor allem die »Leitlinien zum Dialog« (1983), die 30 Jahre später in neuer Fassung erschienen: »Ökumenische Erwägungen zum Dialog und zu den Beziehungen mit Menschen anderer Religionen. 30 Jahre Dialog und überarbeitete Leitlinien«, Genf 2003.

## 2 Notwendige Klärungen

Die GEKE hat noch keine Positionsbestimmung zu Dialog und Theologie der Religionen vorgenommen. Lediglich für das Verhältnis zum Judentum gibt es wichtige Stellungnahmen[3], die sich aber aufgrund der besonderen Beziehung zwischen der Kirche und Israel nicht ungebrochen auf andere Religionsgemeinschaften übertragen lassen. Klärungsbedarf besteht vor allem im Blick auf die Beziehung zum Islam. Dabei werden Fragen größerer theologischer Reichweite tangiert. Die Erörterung einzelner interreligiöser Beziehungen muss in einen umfassenden religionstheologischen Horizont gestellt werden. Wertvolle Erfahrungen können hier jene Kirchen einbringen, die schon lange in einer Situation religiöser Vielfalt leben, wie die Mitgliedskirchen der »Fellowship of Middle East Evangelical Churches« (FMEEC).

Das vorgesehene Lehrgespräch soll die *theologische* Klärung der Beziehungen zwischen dem christlichen Glauben und den nichtchristlichen Religionen zum Inhalt haben. Die Erarbeitung einer entsprechenden theologischen Grundlegung schließt biblische, historische und systematisch-theologische Aspekte ein. Das Lehrgespräch sollte um die folgenden Leitfragen kreisen:

1. Was bedeutet Evangelischsein in einer multireligiösen Gesellschaft?
2. Welche Formen der Kommunikation gegenüber anderen Religionsgemeinschaften ergeben sich aus dieser religionstheologischen Grundlegung?

Es geht in erster Linie um die theologische Klärung und nähere Bestimmung der Beziehungen zwischen dem christlichen Glauben und den nichtchristlichen Religionen aus der Sicht des christlichen Glaubens. Das ist eine Aufgabe von grundlegender Bedeutung. Die eher praktische Frage, wie diese Beziehungen konkret gestaltet und gelebt werden können, ist dem nach- und unterzuordnen und kann allenfalls exemplarische

[3] Siehe dazu vor allem die »Textsammlung zum Verhältnis der evangelischen Kirchen Europas zum Judentum« (Februar 2009), besonders: Leuenberger Texte Heft 6: Kirche und Israel. Ein Beitrag der reformatorischen Kirchen Europas zum Verhältnis von Christen und Juden, Im Auftrag des Exekutivausschusses für die Leuenberger Kirchengemeinschaft, herausgegeben von Helmut Schwier, Frankfurt/M. 2001.

Bedeutung haben. Sie ist bereits in zahlreichen kirchlichen Stellungnahmen behandelt worden.

Zur Leitfrage 1: Im Zentrum stehen hier die Christologie und die mit ihr verbundene Soteriologie. Dabei wird das Bekenntnis, dass in Jesus Christus eine heilshafte Beziehung des Menschen zu Gott, zu anderen Menschen, zur Welt und zu sich selbst vermittelt ist, vorausgesetzt. Dieses Bekenntnis ist grundlegend für den christlichen Glauben und steht außer Frage. Wohl aber kann gefragt werden, ob nicht die mit diesem Bekenntnis verbundene Behauptung zu modifizieren ist, dass das Heil *nur* in Christus erworben und vermittelt wird. Kann an der Einzigartigkeit, ja Einzigkeit und Universalität des Heils in Christus festgehalten werden oder muss dieser Anspruch modifiziert bzw. eingeschränkt werden, um auch anderen heilsvermittelnden Offenbarungen neben Christus die ihnen zustehende Anerkennung zu verschaffen? Das würde allerdings in eine deutliche Spannung zu den kirchlichen Bekenntnissen, vor allem zur Barmer Theologischen Erklärung, aber auch zur Leuenberger Konkordie geraten. Oder gibt es Denkwege, die es erlauben, an diesem Anspruch festzuhalten, ihn aber mit der Anerkennung der Wahrheits-, Offenbarungs- und Heilsvermittlungsansprüche anderer religiöser Traditionen so zu verknüpfen, dass aus der Exklusivität des Christusbekenntnisses nicht automatisch die Ausschließung der anderen (religionstheologischer Exklusivismus) folgen müsste?

Solche Denkwege könnten zum Beispiel bestehen

(a) in einer Reflexion auf das Wesen der Glaubensgewissheit. Die Wahrheit, um die es hier geht, ist (nach Luther) im Modus der *certitudo*, nicht der *securitas* erschlossen. Es handelt sich um eine relationale, personale und ereignishafte Wahrheit, die in propositionalen Wahrheitsaussagen mit ihrer logischen Ausschließlichkeit nicht aufgeht. Das »solus Christus« könnte dann als Ausdruck des christlichen Glaubensbekenntnisses, neben dem es andere Bekenntnisse geben kann, verstanden werden.

(b) in der betonten Einbindung des Christusbekenntnisses in die *trinitarische* Entfaltung des christlichen Glaubens. Der erste und dritte Glaubensartikel bieten enorme Universalitätspotenziale, die Religionsgrenzen überschreiten. Gott ist der Schöpfer aller Menschen in allen Religionen und Kulturen. Sein Geist ist eine kosmische Kraft, die versöhnt und heilt, Erkenntnis und Gemeinschaft stiftet, die Lebensorientierung der davon erfassten Menschen ausrichtet und die Schöpfung zur Vollendung führt. Das »solus Christus« würde dann auf das einzigartige Identitätszentrum dieser Kraft verweisen.

(c) aber auch in der Christologie selbst: in der Unterscheidung zwischen Göttlichem und Menschlichem, dem historischen Jesus und dem universalen Logos Gottes. Beide Dimensionen dürfen nicht getrennt, müssen aber auch voneinander unterschieden werden, wie es bereits die altkirchliche Zwei-Naturen-Lehre getan hat. Damit könnte der Grund des Heils in Christus im Heilswillen Gottes (Logos) verankert werden, die Heilsvermittlung dagegen bliebe mit der Menschwerdung dieses Wortes in Jesus verbunden. Auf diese Weise ließe sich sagen: Der Heilswille Gottes reicht weiter als die Wirkungsgeschichte des menschgewordenen Wortes. Das »solus Christus« wäre primär auf den Logos zu beziehen.

(d) in der Bindung des »solus Christus« an die eschatologische Vision des Paulus, dass am Ende sich auch der Sohn dem Vater unterwirft, »damit Gott sei alles in allem« (1 Kor 15,28). Gott handelt *in* oder *durch* Christus, der sein Werk Gott unterstellt. Das führt zu einer »Theozentrik« des Christusbekenntnisses.

Solche und weitere Punkte (wie die mögliche religionstheologische Bedeutung der Deus-absconditus-Lehre Luthers und der mit dem sog. Extra Calvinisticum verknüpften klassischen reformierten Christologie) sollten im Lehrgespräch zur Sprache kommen und kritisch-konstruktiv reflektiert werden.

Zu Leitfrage 2: Im Zentrum steht hier die Frage nach der Kommunikation mit Angehörigen anderer religiöser Traditionen und den damit verbunden grundlegenden Beziehungsmustern. Dafür sind mehrere Leitbegriffe im Gespräch, allen voran »Dialog« und »Mission«.[4] Es wäre zu erörtern, wie diese Beziehungsmuster je für sich und wie sie in ihrem

---

[4] Siehe dazu: GEKE: Evangelisch evangelisieren – Perspektiven für Kirchen in Europa. Entgegengenommen und zu Eigen gemacht von der 6. Vollversammlung der Gemeinschaft Evangelischer Kirchen in Europa in Budapest im September 2006. Herausgegeben im Auftrag des Rates der GEKE von Michael Bünker und Martin Friedrich.

Zusammenhang zu verstehen sind. Mit dem Begriff »Dialog« verbindet sich nicht selten die problematische Vorstellung, dass die Anerkennung des Dialogpartners mit der Preisgabe der eigenen Glaubensidentität verbunden ist. Solche und weitere Missverständnisse wären hier zu artikulieren und auszuräumen.

## 3 Zum konkreten Vorgehen

1. Ein (nicht zwangsläufig vollständiger) Überblick über die bisherige Sicht der Religionen in der evangelischen Theologie wird erstellt. Die in den Kirchen der GEKE bereits vorliegenden Stellungnahmen und theologischen Positionierungen sollten miteinbezogen werden. Die Sichtung der bestehenden kirchlichen Dokumente zum Verhältnis des christlichen Glaubens und den nichtchristlichen Religionen sollte durch eine theologische Konsultation der jungen Theologinnen und Theologen in der GEKE bearbeitet werden. Dies könnte Ende des Jahres 2013 oder Anfang des Jahres 2014 geschehen.

2. Das Lehrgespräch soll aber nicht nur eine Bestandsaufnahme leisten, sondern eine Positionsbestimmung entwickeln, die auch Alternativen Raum gibt. Dabei kann es nicht um die Festlegung eines allein gültigen Standpunktes, sondern um das Abstecken eines möglichen Rahmens gehen, innerhalb dessen sich die Kirchen verorten können. Wichtig ist die Erarbeitung einer religionstheologischen Perspektive, in der die Einsichten reformatorischer Theologie in den Kontexten der heutigen Erfahrungen mit religiöser Pluralität konstruktiv zur Sprache kommen. Es sollte herausgearbeitet werden, wie das in der Leuenberger Konkordie formulierte gemeinsame Verständnis des Evangeliums die interreligiöse Verständigung fördert.

3. Eine vom Rat der GEKE eingesetzte Lehrgesprächsgruppe formuliert einen ersten Textentwurf, der in einer Konsultation der Mitgliedskirchen der GEKE diskutiert wird.

4. Ein derart angereicherter Text wird den Kirchen zur Stellungnahme zugesandt. Der Entwurf wird anhand der Stellungnahmen überarbeitet.

5. Denkbar (aber nicht unbedingt notwendig) wäre eine Konsultation mit Dialogexperten außerchristlicher Religionen, um eine Rückmeldung von ihnen auf die theologische Grundlegung zu erhalten. Es gibt eine

Reihe von internationalen Dialoginstituten, die für solch eine Kooperation in Frage kämen. Dabei sollte aber nicht der Eindruck entstehen, dass nur solche Positionen in Frage kommen, die interreligiös konsensfähig seien. Es ginge eher darum, in Erfahrung zu bringen, ob die Position auch von Nichtchristen verstanden werden kann.

# Interkonfessionelle Dialoge der GEKE

Eine Skizze

## Hintergründe

Die Gemeinschaft Evangelischer Kirchen in Europa ist eine Gemeinschaft von Kirchen, die sich in besonderem Maße dem reformatorischen Erbe verpflichtet fühlen. Die Leuenberger Konkordie (LK) hat die volle gegenseitige Anerkennung und die Kanzel- und Abendmahlsgemeinschaft zwischen den Signatarkirchen ermöglicht. In der Unterzeichnung der Konkordie haben sich die Kirchen zur theologischen Weiterarbeit verpflichtet. Die Arbeit der Leuenberger Kirchengemeinschaft hat deshalb immer eine Blickrichtung nach innen, auf die innerprotestantische Zusammenarbeit. Deshalb liegt ein Hauptgewicht der Arbeit auf den Lehrgesprächen zwischen den Mitgliedskirchen.

Gleichzeitig ergibt sich aber aus der Leuenberger Konkordie auch die Verpflichtung, »der ökumenischen Gemeinschaft aller christlichen Kirchen zu dienen« (LK 46). Daraus folgt eine prinzipielle Offenheit für Beziehungen zu allen Kirchen. Die GEKE sucht das Gespräch mit anderen Kirchen und Traditionen, um das gemeinsame Zeugnis der christlichen Kirchen in Europa zu stärken. Deshalb hat sie seit vielen Jahren auch Kontakte und Gespräche mit anderen Kirchen geführt und eng mit anderen ökumenischen Akteuren im europäischen Raum zusammengearbeitet, wie etwa der Konferenz Europäischer Kirchen. Dies wird im Bericht des Präsidiums zu Beginn der Vollversammlung erläutert.

Offizielle ökumenische Dialoge werden kontinuierlich von den Weltbünden, im Rahmen des Ökumenischen Rats der Kirchen und auch bilateral im europäischen Raum geführt. Aber dort, wo die theologischen Auffassungen der Leuenberger Konkordie berührt sind, wird die GEKE die Initiative zu eigenen bi- und multilateralen Dialogen ergreifen. Diese können und sollen die Dialoge der Mitgliedskirchen nicht ersetzen, können sie aber ergänzen. Daher hat es im Verlauf der Jahre grundlegende bi- und multilaterale Gespräche und Konsultationen mit anderen Konfessionen gegeben. Es ist daher naheliegend, im Rahmen der Vollversammlung in Florenz 2012, über das ökumenische Engagement der GEKE nachzudenken: Was will die GEKE mit ihren ökumenischen Dialogen, und welche Prioritäten sollten in der Zukunft gesetzt werden?

## Ökumenische Gespräche nach Florenz

Im Folgenden soll erläutert werden, in welchen Bezügen die GEKE heute schon steht, was weitergeführt werden kann und soll und wo sich neue Herausforderungen ergeben können. Es besteht dabei ein grundsätzlicher Unterschied zwischen den Gesprächen mit Kirchen, bei denen eine zukünftige Mitgliedschaft möglich ist und auch wahrscheinlich sein könnte, und den kirchlichen Traditionen, mit denen die evangelischen Kirchen in Europa zusammenleben, aber eine völlige Einigung in grundlegenden dogmatischen Fragen in absehbarer Zeit nicht zu erwarten ist.

Die europäischen *Baptisten* sollten zunächst genannt werden, weil es mit ihnen schon eine formelle Vereinbarung gibt und weil auch in den Zielsetzungen eine weitgehende Übereinstimmung festgestellt werden konnte. Der GEKE sollte daran liegen, die eingegangene Vereinbarung mit der Europäischen Baptistischen Föderation immer mehr mit Leben zu füllen, denn eine Intensivierung des Austauschs und der Zusammenarbeit kommt den Kirchen und Gemeinden vor Ort zugute. Sie sollte sich aber zurückhalten, sich mit der Vereinbarung über die gegenseitige Anerkennung und Kooperation schon zufriedenzugeben. Das Ziel einer vollständigen Kirchengemeinschaft sollte nicht aus den Augen verloren werden. Darum wäre es zu bedenken, ob das theologische Gespräch wieder aufgenommen werden könnte. Zurzeit gibt es seitens der European Baptist Federation Zurückhaltung gegenüber einem theologischen Dialog mit dem direkten Ziel der Kirchengemeinschaft. Für die GEKE ist Kirchengemeinschaft Gemeinschaft in Wort **und** Sakrament; sie sollte deshalb ihr Interesse an einer gegenseitigen Anerkennung der Taufen weiterhin deutlich machen und alles fördern, was bei den Baptisten die Bereitschaft für Gespräche mit diesem Ziel erleichtern kann. Das könnte auch ein theologischer Dialog sein, der zunächst andere Themen, etwa die Ekklesiologie, in den Blick nimmt.

Mit den *anglikanischen Kirchen* gibt es ebenfalls, wie die Dialoge auf Weltebene und die Vereinbarungen von Meißen, Porvoo und Reuilly klar ergeben haben, eine Übereinstimmung im Verständnis des Evangeliums. Für die anglikanischen Kirchen ist Voraussetzung der Einheit nicht nur die Übereinstimmung im Evangelium, sondern auch die Übereinstimmung in Kirchenordnungsfragen, wie dem dreifach gegliederten Amt und dem historischen Episkopat. Also sind die Gespräche über Amt und Episkopé sowie über die theologischen Zielvorstellungen weiter zu führen. Sowohl das von der GEKE gerade geführte Lehrgespräch zum Amt als auch das zu beginnende Lehrgespräch über Kirchengemeinschaft können in der Zukunft hierfür wertvolle Impulse geben. Im »Memorandum of Agreement and Commitment« haben die GEKE und die anglikanischen Kirchen sich zu weiteren Gesprächen verpflichtet. Solche gemeinsame Weiterarbeit sollte nicht nur im Bereich des theologischen Austauschs, sondern insbesondere auch, wie im Memorandum unterstrichen, im Bereich von »Zeugnis und Dienst« und konkreter bilateraler Zusammenarbeit der Kirchen vor Ort unterstützt werden.

Gehen wir davon aus, dass die Übereinstimmung im Verständnis des Evangeliums ein wesentliches Kriterium ist, dann legt sich auch die Kontaktaufnahme zu solchen Konfessionen nahe, mit denen es schon substanzielle Gespräche auf internationaler und regionaler Ebene gegeben hat. Das sind etwa die *Mennoniten*, mit denen Lutheraner und Reformierte bereits Versöhnungsprozesse durch gemeinsame Vergangenheitsbewältigung hatten. Einen direkten Kontakt von Vertretern der GEKE mit dem Mennonitischen Weltbund oder einzelnen mennonitischen Kirchen hat es aber bislang nicht gegeben. Es sollte auch bedacht werden, mit welchen anderen Kirchen und Traditionen die Kirchen der GEKE hauptsächlich in ihren Kontexten zu tun haben. Die Mennoniten sind im europäischen Raum eine nur sehr kleine Bewegung. Die Kirchen der GEKE sollten ermuntert werden, den lokalen Kontakt mit diesen Gemeinden zu suchen. Die offiziellen bilateralen Gespräche der Weltbünde können dafür die Grundlage bilden.

Ähnlich ist die Situation gegenüber den weiteren Freikirchen und unabhängigen Kirchen. Die größte zahlenmäßige Bedeutung haben, inzwischen auch in vielen europäischen Ländern, die *pentekostalen und neopenteskostalen Kirchen und Gruppen.* Hier gibt es allerdings eine kaum überschaubare Vielfalt, von kaum strukturierten charismatischen Gruppen bis hin zu seit langem etablierten Kirchen. Manche sind kaum ökumenisch offen, andere durchaus an Kontakten und sogar theologischen Gesprächen mit klassischen Reformationskirchen interessiert. Dass es hier durchaus Ansatzpunkte für Gespräche über Kirchenverständnis und Einheitsvorstellungen geben kann, hat ein informelles Kontaktgespräch gezeigt, das der Fachkreis Ökumene im Herbst 2011 mit Vertretern einer rumänischen Pfingstkirche führen konnte.

Neue Statistiken zeigen, dass die Majorität der Weltchristenheit heute im globalen Süden zu finden ist und zum Großteil nicht in den traditionellen Kirchen beheimatet ist. Durch Globalisierung und Migration erfahren die Kirchen der GEKE, dass viele der neuen christlichen Gemeinden in ihrem Umfeld wenig oder keinen Bezug zur traditionellen Ökumene haben. Viele der Migrationsgemeinden haben ein pfingstlerisches oder charismatisches Profil; die meisten Gemeinden sind auf unterschiedliche Weise im Raum der protestantischen Tradition anzusiedeln. Es wird auch erfahren, dass Menschen mit unterschiedlichem Migrationshintergrund den Kontakt zu den Kirchen der GEKE suchen. Für die GEKE sollte es deshalb ein wichtiges gemeinsames Thema sein, wie die Kirchen und Gemeinden vor Ort sich dieser neuen Wirklichkeit gegenüber verhalten: Sind sie offen für Kontakt und Zusammenarbeit? Üben sie Gastfreundschaft aus, suchen sie die Zusammenarbeit, inwieweit erleben ihre Gemeinden diese Zuwanderung als eine positive Herausforderung und Bereicherung, inwieweit erleben sie sie als eine Bedrohung der eigenen Identität? Welche theologischen Fragen stellen sich in Bezug auf die Zusammenarbeit?

Die Konkordie verpflichtet die Signatarkirchen nicht nur zur Kanzel- und Abendmahlsgemeinschaft und weiteren theologischen Gesprächen, sondern auch zu gemeinsamen Zeugnis und Dienst. Der Dienst aneinander und füreinander ist nicht von der völligen Übereinstimmung in dogmatischen Fragen abhängig. Der Kontakt zu den Migrationsgemeinden und Christen und Christinnen mit Migrationshintergrund kann aufgrund der Eigenart und Vielgestaltigkeit des Gesprächspartners nicht im Sinne eines traditionellen Dialoges geführt werden. Hier liegt ein wichtiges Thema, das alle Mitgliedskirchen der GEKE berührt und sie als Gemeinschaft von Kirchen herausfordert. Es sollte deshalb nach geeigneten Formen der Weiterarbeit gesucht werden. In diesem Zusammenhang sollte der neue Rat erwägen, inwieweit ein *Studienprojekt »Migrationschristentum in Europa«* ein wichtiger Beitrag zur Beförderung unseres Auftrages zu gemeinsamen Zeugnis und Dienst sein könnte.

Eine wiederum andere Situation ergibt sich gegenüber den *orthodoxen Kirchen* Europas. Auf der einen Seite gibt es immer noch tiefgehende Differenzen im Verständnis zentraler theologischer Inhalte. An Kirchengemeinschaft ist mittelfristig sicher nicht zu denken. Auf der anderen Seite sind viele unserer Minderheitskirchen auf ein gutes Verhältnis zu den orthodoxen Mehrheitskirchen angewiesen und sehen dankbar, wie die GEKE ihnen Gesprächsmöglichkeiten eröffnet. Dies spricht dafür, gegenüber allen Ansätzen für ein weiteres Gespräch offen zu sein. Der Rat der GEKE hat 2009 zwar beschlossen, die Konsultationsreihe mit den Orthodoxen als zunächst abgeschlossen anzusehen. Ähnlich wie mit den Baptisten brauchen wir eine Phase, in der die konkreten Verabredungen, d.h. die Empfehlung zur gegenseitigen Anerkennung der Taufen, sich nun vor Ort durchsetzen und bewähren sollten. Konkrete neue Aspekte, die eine Wiederaufnahme des Dialogs nahelegen würden, sind derzeit nicht in Sicht. Auch muss abgewartet werden, wie die KEK zu einer neuen Struktur findet und wie sie ihre Arbeitsschwerpunkte definieren wird. Möglicherweise kann ein theologisches Gespräch zwischen Protestanten und Orthodoxen auch innerhalb der KEK geführt werden; möglicherweise muss aber auch die GEKE weiterhin eine aktive Rolle einnehmen.

Die Vollversammlung von 2006 erteilte den Auftrag für ein thematisch begrenztes Gespräch mit der *römisch-katholischen Kirche*: »Die Vollversammlung bittet den Rat, nach geeigneten Formen eines Gesprächs mit der römisch-katholischen Kirche über das Ökumene-Modell der GEKE zu suchen« (Schlussbericht, Nr. 3.5). Dieser Auftrag veranlasste das Präsidium der GEKE, Kontakte mit dem Einheitsrat aufzunehmen. 2010 machte Präsident Thomas Wipf gemeinsam mit Generalsekretär Bünker einen Abschiedsbesuch bei Kardinal Kasper, und im Oktober 2011 war das gesamte Präsidium mit Generalsekretär bei Kardinal Koch. Dabei wurde eine Konsultationsreihe zwischen dem Päpstlichen Rat für die Einheit der Christen und der GEKE verabredet. Ausgehend von der Studie

»Die Kirche Jesu Christi« wird sie Fragen der Ekklesiologie behandeln und dabei also genau das in Budapest erhoffte Gespräch über das Ökumene-Modell der GEKE aufnehmen. Im Herbst/Winter 2012/2013 findet der Auftakt zu dieser Konsultationsreihe statt.

# IV
# Berichte und Vorträge

*Michael Beintker, Stephanie Dietrich, Thomas Wipf*

# Frei für die Zukunft

## Bericht des Präsidiums

## Inhalt



## 1 Gelebte Kirchengemeinschaft

»Kirchengemeinschaft« im Sinne der Leuenberger Konkordie (LK) bedeutet, »dass Kirchen verschiedenen Bekenntnisstandes aufgrund der gewonnenen Übereinstimmung im Verständnis des Evangeliums einander Gemeinschaft an Wort und Sakrament gewähren und eine möglichst große Gemeinsamkeit in Zeugnis und Dienst an der Welt erstreben« (LK 29). »Die GEKE dient der Verwirklichung der Kirchengemeinschaft«, heißt es bekräftigend im 2006 in Budapest verabschiedeten Statut der Gemeinschaft der Evangelischen Kirchen in Europa« (Statut § 1,1). Alles, was in der GEKE geschieht, ist an dieser Zielstellung zu messen. Die Förderung, Ausgestaltung und weitere Vertiefung der zwischen den Mitgliedskirchen bestehenden Gemeinschaft besitzt oberste Priorität. Präsidium, Rat und Geschäftsstelle haben in den vergangenen sechs Jahren alles in ihren Kräften Stehende unternommen, um dieser Aufgabe gerecht zu werden.

Dabei wird die GEKE in ihrer betont schlanken organisatorischen Gestalt in erster Linie Impulse setzen. Unser Statut betrachtet – ekklesiologisch präzise – die einzelnen Kirchen als Subjekte der Erklärung und

Verwirklichung von Kirchengemeinschaft; es formuliert mit Bedacht, dass die GEKE dieser Verwirklichung dient (vgl. Statut § 1,1). Die GEKE kann ohne ihre Mitgliedskirchen nicht gedacht werden. Der organisatorische Rahmen, den sie bieten kann, will die den Mitgliedskirchen aufgetragene »gemeinsame Ausrichtung von Zeugnis und Dienst« (ebd.) erleichtern. Kirchengemeinschaft wird immer *konkret* gelebt und erfahren, sie »verwirklicht sich im Leben der Kirchen und Gemeinden im Glauben an die einigende Kraft des Heiligen Geistes« (LK 35).

Wo Methodisten und Presbyterianer in Irland gemeinsam Gottesdienst feiern, wo ein lutherischer Pfarrer in Ungarn seinen reformierten Kollegen bei den Amtshandlungen vertritt, wo der Schweizerische Evangelische Kirchenbund sich mit Partnerkirchen über seine Stellungnahme zur Globalisierung abstimmt, da wird bereits die Kirchengemeinschaft verwirklicht, ohne dass Organe der GEKE in direkter Weise beteiligt wären. Rat und Geschäftsstelle können hier koordinieren und Anregungen geben. Aber sie können die im Miteinander von konkreten Gemeinden und Kirchen gelebte Kirchengemeinschaft nicht ersetzen.

Kirchengemeinschaft lebt in der GEKE als Gemeinschaft des Gottesdienstes, als Gemeinschaft des Lehrens und Lernens und als Gemeinschaft des Dienens.

Die sichtbare Gemeinschaft der Kirchen zeigt sich am dichtesten in den gemeinsam gefeierten Gottesdiensten. Kirchengemeinschaft wird zuerst als Begegnung zwischen den Menschen und dem Evangelium erfahren. Deshalb versteht sich die GEKE im Kern als Gottesdienstgemeinschaft. Der mit Wort und Sakrament gemeinsam gefeierte Gottesdienst bildet den Herzschlag der Kirchengemeinschaft.

Kirchengemeinschaft ist sodann eine Gemeinschaft des Lehrens und Lernens. In der Leuenberger Konkordie haben sich die Unterzeichnerkirchen zu kontinuierlichen Lehrgesprächen verpflichtet: »Das gemeinsame Verständnis des Evangeliums, auf dem die Kirchengemeinschaft beruht, muss weiter vertieft, am Zeugnis der Heiligen Schrift geprüft und ständig aktualisiert werden.« (LK 38). In den Jahrzehnten nach 1973 beherrschte die Lehrgesprächsarbeit nahezu exklusiv alle Aktivitäten der Gemeinschaft. Im Laufe der beiden letzten Jahrzehnte sind dann weitere umfangreiche Arbeitsfelder dazugekommen. Gleichwohl hat die Vollversammlung von Budapest an der tragenden Bedeutung dieses Arbeitsbereichs auch für die Gegenwart uneingeschränkt festgehalten: »In

Lehrgesprächen vergewissert sich die Gemeinschaft ihres Grundes, werden alte und neue Differenzen bearbeitet und neue Perspektiven für die Gemeinschaft gewonnen« (Schlussbericht, 4.2.2). Demgemäß sind in Budapest zwei Lehrgespräche beschlossen worden, die nicht bloß Lehrunterschiede zwischen Lutheranern und Reformierten behandeln, sondern darüber hinaus auch die ökumenische Verständigung mit anderen Kirchen vor Augen haben.

Das Lehrgespräch »Amt, Ordination, Episkopé«, dessen Ergebnisse dieser Vollversammlung vorliegen, galt einem Kernthema des heutigen ökumenischen Gesprächs. Der Bedarf an theologischer Klärung war bereits in der Leuenberger Konkordie angesprochen worden. Wie die Thesen von Neuendettelsau (1982/86) und Tampere (1986) sowie die Studie »Die Kirche Jesu Christi« (1994) zeigen, war das Themenfeld immer wieder Gegenstand gemeinsamer theologischer Arbeit. Die Lehrgesprächsgruppe stand vor der Aufgabe, den erreichten Konsens zu vertiefen und im Horizont der heutigen Herausforderungen weiterzuentwickeln. Dabei sollten möglichst umfassend die Ergebnisse der ökumenischen Dialoge auf Weltebene – insbesondere zwischen Lutherischem Weltbund und Reformiertem Weltbund – und die Dokumente von Meißen, Porvoo und Reuilly, an denen GEKE-Kirchen beteiligt gewesen sind, berücksichtigt werden. Der Vollversammlung liegt nun ein Text vor, in dem die Kirchen der GEKE ihre genuin evangelische und zugleich ökumenisch offene Sicht auf das Verständnis von Amt, Ordination und Episkopé darlegen.

Mit dem Lehrgespräch »Schrift, Bekenntnis, Kirche« wurde eine Aufgabe in Angriff genommen, die bei den in der Konkordie aufgeführten Lehrgesprächsthemen an erster Stelle genannt worden war. Dass die dem »sola scriptura« verpflichteten Kirchen der Reformation hier vor einer besonderen Herausforderung stehen, war schon 1973 nicht zu übersehen. Seitdem haben die Fragen der Schrift- und Bekenntnishermeneutik weiter an Gewicht gewonnen. Das Problem der Schriftbegründung theologischer Aussagen hat sich zugespitzt – einerseits durch die Relativierungs- und Distanzierungseffekte des historisch geschulten Blicks auf die Schrift, andererseits durch fundamentalistische Gegenreaktionen. Auch wird die Lehrverantwortung der Kirchen nicht dadurch erleichtert, dass die Bedeutung der Bekenntnisse für die Auslegung der Heiligen Schrift in den Kirchen unterschiedlich bestimmt wird. Die Vollversammlung wird nun einen Text beschließen, in dem die evangelischen Kirchen ihr Verständnis der Schrift als Zeugnis des Redens Gottes und ihre gemeinsame Sicht auf die Rolle der Bekenntnisse sowie auf ihre hermeneutischen Prinzipien zum Ausdruck bringen.

Bei der Einsetzung der Lehrgesprächsgruppen hat der Rat die Empfehlung der Budapester Vollversammlung beachtet, die bisherige Praxis der Zusammensetzung zu überdenken und eine neue Arbeitsmethodik zu entwickeln. So hat er zunächst kleine Gruppen von fünf bis sieben Personen berufen, die einen ersten Textentwurf zu entwickeln hatten. In einer zweiten Phase wurde der Kreis erweitert; einmal durch eine allgemein ausgeschriebene Konsultation, an der sich über 40 Delegierte beteiligten, im anderen Fall durch die Einladung von repräsentativ ausgewählten Kirchen, Vertreter in eine 20-köpfige Lehrgesprächsgruppe zu entsenden. Auf diese Weise sind die Mitgliedskirchen in die Textarbeit einbezogen worden. Die weitere Textarbeit übernahmen dann wieder kleinere Redaktionsgruppen. Anschließend erhielten die Mitgliedskirchen sowie die beteiligten Kirchen und unsere weiteren Partner die Gelegenheit zu Stellungnahmen, auf deren Grundlage die Endredaktion erfolgte. Der Rat hat die Erarbeitung in allen Phasen begleitet. Dieses differenzierte Vorgehen hat sich nach unserer Beobachtung bewährt und sollte dem neuen Rat auch für die künftigen Lehrgespräche empfohlen werden.

Neben den Lehrgesprächen gab es weitere wichtige Studienprojekte. Sie werden, ihren Themen entsprechend, an anderen Stellen dieses Berichts zur Sprache kommen. An dieser Stelle sei jedoch noch auf das Dokument »Die Ausbildung zum ordinationsgebundenen Amt in der Gemeinschaft evangelischer Kirchen in Europa« hingewiesen. Es kann als das Ergebnis von zwei großen GEKE-Konsultationen in den Jahren 2008 und 2010 betrachtet werden. Der endgültige Text ist dann von einer kleineren Redaktionsgruppe formuliert worden, die bei ihrer Arbeit auch die zahlreichen Stellungnahmen aus den Kirchen berücksichtigt hat. Indem das Dokument ein gemeinsames Verständnis guter theologischer Ausbildung beschreibt, fördert es ein Ausbildungskonzept, an dem sich die Kirchen, aber auch die Universitäten orientieren können, um den Austausch von Pfarrerinnen und Pfarrern in der GEKE voranzubringen und auch auf diesem Weg den Zusammenhalt unter den Kirchen zu vertiefen und die Kirchengemeinschaft zu stärken.

Die Lehrgesprächs- und Studienarbeit ist durch viele weitere Initiativen zur Förderung der Kirchengemeinschaft ergänzt worden. Beispielhaft dafür war die Begegnung von Synodalen aus den Mitgliedskirchen der GEKE, die im Januar 2012 auf Einladung der württembergischen Landeskirche in Bad Boll stattfand. Die Teilnehmenden waren größtenteils keine Theologen, sondern Gemeindeglieder, die in der Regel von den Aktivitäten der GEKE nur wenig erreicht werden. Es wurde eindrucksvoll deutlich, welch großes Potenzial an Interesse und Engagement in diesem Personenkreis vorhanden ist. In der Abschlusserklärung wurde ausdrücklich die Fortsetzung solcher Begegnungen zur Vertiefung der Kirchengemeinschaft auf synodaler Ebene gewünscht. Die Synodalen möchten aktiv bei der Gestaltung der Kirchengemeinschaft auf europäischer Ebene mitwirken und ihren Beitrag zur besseren Hörbarkeit der evangelischen Stimme in Europa leisten. Die Zusammenarbeit auf der Ebene der Synoden stärke auch das ökumenische Engagement, zu dem sich die Kirchen Europas in der Charta Oecumenica verpflichtet haben.

Solche Begegnungen zeigen, wie wichtig die Überlegungen zur Vertiefung der bestehenden Formen gelebter Gemeinschaft sind. Der Austausch unter den Kirchen muss auf allen denkbaren Ebenen weiter ausgebaut werden. Neben den Austausch von Erfahrungen sollte auch der Austausch von Diensten treten. Analog zu den Partnerschaften auf politisch-kommunaler Ebene sollten GEKE-Partnerschaften von Gemeinden, Kirchenkreisen und Bistümern quer durch Europa angestrebt werden. Dabei kann an die wertvollen Erfahrungen der Arbeit der bestehenden Regionalgruppen angeknüpft werden. Auch wenn die unmittelbaren Voraussetzungen für die Bildung einer Leuenberg-Synode bis auf weiteres nicht gegeben sein werden, sollten doch die immer wieder in diese Richtung zielenden Vorschläge so aufgenommen werden, dass die GEKE die konziliaren Elemente ihrer Vollversammlungen weiterentwickelt.

Eine lebendige Kirchengemeinschaft wächst – nach außen und nach innen. Sie kann und soll sich vergrößern. So hat die Vollversammlung in Budapest den Rat gebeten, »weiterhin Gespräche mit den Kirchen lutherischer und reformierter Tradition in Europa zu führen, die die Leuenberger Konkordie nicht unterschrieben haben« (Schlussbericht, 3.1). Präsidium und Generalsekretär haben deshalb im Juni 2010 die lutherischen Kirchen in Finnland und in Schweden besucht. Die Gespräche haben zwar die Zurückhaltung gegenüber der Unterzeichnung der Leuenberger Konkordie nicht verändert, aber die bisherige Zusammenarbeit in vollem Umfang bekräftigt. Wir freuen uns, dass sich die Evangelisch-Lutherische

Kirche Finnlands und die Schwedische Kirche weiterhin ohne Einschränkungen an der Lehrgesprächs- und Projektarbeit beteiligen, zum Haushalt der GEKE beitragen und natürlich auch hier auf der Vollversammlung vertreten sind. Auch die Schwedische Missionskirche wurde besucht. Sie ist mittlerweile in einer Union mit den Baptisten und den Methodisten aufgegangen. Ob sich die neue Kirche mit dem Namen »Gemensam Framtid« (Gemeinsame Zukunft) der GEKE anschließen will, wird noch zu klären sein.

Die Verabschiedung des Statuts der GEKE hat allen Beteiligten verdeutlicht, dass es zur Begründung der Mitgliedschaft in der GEKE eines geordneten Verfahrens bedarf. Bis zur Budapester Vollversammlung hatte die Regel gegolten, dass eine beitrittswillige Kirche lediglich die Leuenberger Konkordie unterzeichnen und die Unterschrift bei der Kommission für Glauben und Kirchenverfassung (Faith and Order) des Ökumenischen Rates der Kirchen hinterlegen müsse, um als Mitglied der GEKE zu gelten. Bis zur Verabschiedung des Statuts und der damit verbundenen rechtlichen Ausprägung einer Organisationsgestalt der GEKE war das ausreichend. Aber da jetzt mit einem Beitritt zur GEKE definitiv bestimmte Rechte und Pflichten begründet werden, hat der Rat Leitlinien zur Begründung der Mitgliedschaft in der GEKE beschlossen.[1] Die Leitlinien halten fest, dass Kirchengemeinschaft im theologischen Sinn mit der Unterzeichnung der Konkordie hergestellt wird, dass aber darüber hinaus für den Beitritt zur GEKE eine besondere Vereinbarung abzuschließen ist. Mit dem Beitritt der Selbständigen Evangelisch-Reformierten Wallonisch-Niederländischen Kirche zu Hanau ist dieses neue Verfahren erstmals erfolgreich praktiziert worden.

Dem Wachstum nach außen korrespondiert ein Wachstum nach innen. Die intensivste Form der Kirchengemeinschaft, die in der GEKE anzutreffen ist, ist der Zusammenschluß bekenntnisverschiedener Kirchen zu einer Kirche. Das führt dann im Ergebnis dazu, dass sich die Zahl der Mitgliedskirchen wieder verringert. Die Leuenberger Konkordie hat die Vereinigung von Kirchen ermöglicht, die noch vor einer Generation für undenkbar gehalten worden sind, und damit wertvolle ökumenische Schrittmacherdienste geleistet. So ist 2004 die Protestantische Kirche in

---

[1] Sie sind im vorliegenden Band S. 197–199 dokumentiert, Anm. der Hgg.

den Niederlanden entstanden, 2009 die Evangelische Kirche in Mitteldeutschland, im März 2012 die Vereinigte Protestantische Kirche in Frankreich und am Pfingstfest 2012 die Evangelisch-Lutherische Kirche in Norddeutschland. In all diesen Vereinigungen sind unter dem gemeinsamen Verständnis des Evangeliums lutherische, reformierte und unierte Bekenntnistraditionen zusammengewachsen.

Eine besondere Beziehung ist in den letzten Jahren zur Gemeinschaft Evangelischer Kirchen im Mittleren Osten (Fellowship of Middle East Evangelical Churches, FMEEC) gewachsen, deren Generalsekretärin Rosangela Jarjour schon Gast der letzten Vollversammlung war. Besonders die Amman-Erklärung zur Kirchengemeinschaft zwischen den lutherischen und reformierten Kirchen disponiert die FMEEC zur Schwestergemeinschaft der GEKE. Präsident Wipf und Generalsekretär Bünker nahmen 2010 an der Vollversammlung der FMEEC in Beirut teil. Ferner war die GEKE durch Thomas Wipf und Jochen Kramm im September 2010 an einer Nahostreise des Schweizerischen Evangelischen Kirchenbunds beteiligt, die ebenfalls zu einer Begegnung mit der FMEEC genutzt wurde. Im Februar 2012 nahm Präsident Wipf an der Tagung »Evangelical and Christian Presence in the Middle East« in Beirut teil.

Die Beziehung zu den kleinen evangelischen Kirchen im Nahen Osten gibt der GEKE nicht nur für ihre theologische und gesellschaftspolitische Arbeit wertvolle Impulse. Sie nötigt auch dazu, über unser Modell von Kirchengemeinschaft weiter nachzudenken und es sowohl im Hinblick auf die uns geschenkte Einheit, Gemeinschaft und Katholizität als auch im Blick auf den ökumenischen Dialog mit anderen christlichen Konfessionen fortzuentwickeln. So war ein Vertreter der FMEEC, sodann jeweils ein Vertreter der Kirchen des Formula of Agreement aus den USA sowie von Kirchen aus Südafrika und Brasilien an einer Konsultation beteiligt, die die GEKE in Zusammenarbeit mit der Evangelischen Kirche in Hessen und Nassau im September 2010 veranstaltet hat. Unter dem Thema »Die GEKE als Gemeinschaft von Kirchen« tagten in Arnoldshain 36 Experten. Dabei wurde erneut deutlich, dass die GEKE zwar von ihrem Kontext her auf Europa bezogen ist, aber das »Modell Kirchengemeinschaft« nicht auf Europa beschränkt ist. Aus dieser Konsultation (vgl. auch epd Dokumentation 50/51–2010) ist die Projektskizze für ein Lehrgespräch zum Thema Kirchengemeinschaft erwachsen, das der Rat dieser Vollversammlung für die nächste Arbeitsperiode empfehlen wird.

Lebendige Kirchengemeinschaft lebt von der Gemeinsamkeit des Dienens. Aus diesem Grund ist die GEKE in eine (vorerst befristete) Kooperation mit der Arbeitsgemeinschaft evangelischer Diasporawerke (AGDE) in Europa eingetreten. Die Arbeitsgemeinschaft stellt eine Plattform dar, die von den Gustav Adolf-Werken in Europa zusammen mit Hilfswerken aus der Schweiz gebildet worden ist, um gemeinsame Hilfsaktionen zu koordinieren. Auf ihrer Jahrestagung 2009 in Berekfürdö (Ungarn) hat sich die AGDE intensiv mit »Skizzen einer zukünftigen protestantischen Solidaritätsarchitektur in Europa« beschäftigt. Die zum Teil langjährigen Partnerschaften, das Erfahrungswissen in den Hilfswerken und die Spenderbindung für die Anliegen von Gemeindeaufbau, Bildung und Diakonie bieten ein nicht zu überschätzendes Kapital und die Basis für eine mögliche Weiterentwicklung von zukunftsfähigen Solidaritätsstrukturen in Europa. Die Zusammenarbeit zwischen GEKE und AGDE ist ein beredter Ausdruck der Einheit von Zeugnis und Dienst, zu der die Leuenberger Konkordie verpflichtet: »Das Evangelium befreit und verbindet die Kirchen zum gemeinsamen Dienst. Als Dienst der Liebe gilt er dem Menschen in seinen Nöten und sucht deren Ursachen zu beheben.« (LK 36). Die Frage nach geeigneten Wegen, auf denen die Gemeinschaft im Dienst noch deutlicher verwirklicht werden kann, betrachten wir als eine besondere Herausforderung für die Zukunft.

## 2 Kirchengemeinschaft im Dialog

Die Leuenberger Konkordie hat die »Verpflichtung …, der ökumenischen Gemeinschaft aller christlichen Kirchen zu dienen« hervorgehoben (LK 46) und den »ihnen konfessionell verwandten Kirchen in Europa und in anderen Kontinenten« angeboten, »mit ihnen zusammen die Möglichkeit von Kirchengemeinschaft zu erwägen« (LK 47). Der Kontakt und die Zusammenarbeit mit anderen kirchlichen Traditionen und der Dialog über gemeinsame Anliegen und divergierende theologische Standpunkte waren ein natürlicher Teil des Wirkungsfeldes der GEKE und sollten es weiter sein. Das Dokument »Die Kirche Jesu Christi« hat in vielen der interkonfessionellen Gespräche der vergangenen Ratsperiode eine zentrale Rolle gespielt. Sein Schlusskapitel beschreibt unter der Überschrift »Die Leuenberger Konkordie als ökumenisches Einheitsmodell«, wie das Verständnis von Kirchengemeinschaft dazu treibt, das Gespräch mit anderen Kirchen zu suchen.

Ein wichtiges Arbeitsfeld der vergangenen Jahre waren deshalb die interkonfessionellen Dialoge. Die Arbeit der GEKE ist nicht auf die innerprotestantische Zusammenarbeit beschränkt – die GEKE tritt auch als Akteur im ökumenischen Gespräch auf. Die Frage kann gestellt werden: Warum ist die GEKE im interkonfessionellen Dialog aktiv? Was ist das Proprium der GEKE im ökumenischen Gespräch mit anderen Traditionen, wo liegen ihr besonderes Anliegen und ihr besonderer Auftrag, der nur von ihr wahrgenommen werden kann? Auf welche Weise können die Dialoge auf globaler Ebene und die bilateralen Dialoge der Mitgliedskirchen und die Dialoge der GEKE sich sinnvoll ergänzen, ohne sich zu überschneiden?

Die ökumenischen Gespräche der GEKE haben ein Hauptanliegen darin, spezifische Fragen der evangelischen Kirchen im europäischen Raum mit den anderen Kirchen ins Gespräch zu bringen. In den Dialogen mit ihnen und ihren Traditionen geht es weitgehend um die Klärung von Themen, die für Kirchengemeinschaft nach evangelischem Verständnis wichtig sind. Im GEKE-Zusammenhang wird dieses Kirchenverständnis oft mit dem Modell von Einheit in versöhnter Verschiedenheit assoziiert. Das Kernthema aller Dialoge ist deshalb die Frage nach dem Verständnis und der Gestalt von Kirchengemeinschaft. In diesem Sinne haben wir erfahren, dass die GEKE als evangelischer ökumenischer Gesprächspartner in Europa wahrgenommen, wenn auch nicht immer von allen Seiten anerkannt, wird.

Um die interkonfessionellen Aktivitäten der GEKE zu begleiten und an der Verdeutlichung des Modells der Kirchengemeinschaft zu arbeiten, berief der Rat der GEKE Anfang 2009 den »Fachkreis Ökumene«. Zur Mitarbeit konnten Expertinnen und Experten gewonnen werden, die größtenteils auch als Berater hier bei der Vollversammlung sind.

In der Ratsperiode seit Budapest 2006 hat die GEKE Gespräche mit verschiedenen Partnern geführt: Viele Mitgliedskirchen der GEKE pflegen durch die Vereinbarungen von Meißen, Porvoo und Reuilly enge Beziehungen mit den *anglikanischen Kirchen in Großbritannien und Irland.* In vielen verschiedenen Ländern Europas gibt es eine lokale ökumenische Kooperation mit anglikanischen Gemeinden vor Ort. In diesem Sinne haben sich 2008 und 2011 Kirchenleitende und ökumenische Fachleute beider Seiten zu Konsultationen auf Einladung des Ökumenischen Instituts Straßburg in Klingenthal (Elsass) getroffen, um ekklesiologische Zugänge zu diskutieren und sich über Erfahrungen und Entwicklungen auszutauschen. Auf der Grundlage dieser Gespräche ist ein »Memorandum of Agreement and Commitment« entworfen worden, in dem Anglikaner und GEKE viele Gemeinsamkeiten feststellen, aber auch offene Fragen verdeutlichen und Wege zeichnen, wie die begonnene Arbeit weitergeführt werden kann. Dabei werden besonders die Möglichkeiten der Zusammenarbeit in Zeugnis und Dienst betont. Das Memorandum bestätigt, dass sowohl die Kirchen der GEKE als auch die anglikanischen Kirchen in Großbritannien und Irland auf vielfältige Weise miteinander verbunden sind, theologische Grundeinsichten teilen, es aber auch weiterhin noch Unterschiede in bestimmten theologischen Fragen gibt, an deren Weiterarbeit beide Seiten interessiert sind. Für die anglikanischen Kirchen ist Voraussetzung der Einheit nicht nur die Übereinstimmung im Evangelium, sondern auch die Übereinstimmung in Kirchenordnungsfragen, wie dem dreifach gegliederten Amt und dem historischen Episkopat. Also sind die Gespräche über Amt und Episkopé sowie über die theologischen Zielvorstellungen weiterzuführen. Sowohl das von der GEKE gerade abgeschlossene Lehrgespräch zum Amt als auch das zu beginnende Lehrgespräch über Kirchengemeinschaft können in der Zukunft hierfür wertvolle Impulse geben. Der Rat der GEKE hält das Memorandum für einen wichtigen Schritt auf dem Weg der weiteren ökumenischen Annäherung der involvierten Kirchen und hat es in diesem Sinne einstimmig angenommen. Das Memorandum wird im Laufe dieser Generalversammlung noch erläutert und offiziell unterzeichnet werden.

Auf der Grundlage der Gespräche mit der *Europäischen Baptistischen Föderation (EBF)*, die vor Budapest 2006 geführt worden waren, konnte 2010 eine Kooperationsvereinbarung zwischen GEKE und EBF unterzeichnet werden, durch die beide sich verpflichtet haben, die bisherigen Kontakte und Beteiligungen an der gegenseitigen Arbeit auszubauen, unter anderem durch Weiterführung des theologischen Austausches, regelmäßige Stabstreffen und gegenseitige Beteiligung an gewissen Arbeitsbereichen, wie etwa dem Fachkreis Ethik. Außerdem wurden unsere Kirchen und Gemeinden dazu ermutigt, Möglichkeiten der Zusammenarbeit vor Ort zu suchen. Für die GEKE ist Kirchengemeinschaft Gemeinschaft in Wort und Sakrament; sie sollte deshalb ihr Interesse an einer gegenseitigen Anerkennung der Taufe weiterhin deutlich machen und alles fördern, was bei den Baptisten die Bereitschaft für Gespräche mit diesem Ziel erleichtern kann.

Die Gespräche mit den *orthodoxen Kirchen*, die von 2002 bis 2008 geführt wurden, sollen besonders hervorgehoben werden. Die Initiative ging von den in der Konferenz Europäischer Kirchen zusammengeschlossenen orthodoxen Kirchen aus. Die Ergebnisse der Gespräche sind in der Reihe der Leuenberger Texte (8 und 11) publiziert worden. Seit 2006 konzentrierte sich der Dialog auf die Taufe, und mit der vierten Konsultation im November 2008 in Wien (Leuenberger Texte 12) konnte ein Durchbruch erreicht werden. Ermutigt durch den im letzten Jahr verstorbenen Metropoliten von Österreich und Ungarn, Michael Staikos, rief die Konsultation die orthodoxen und evangelischen Kirchen auf, jeweils vor Ort Vereinbarungen zur gegenseitigen Anerkennung der Taufe abzuschließen. In diesen Gesprächen mündeten die Diskussionen über das jeweils zugrundeliegende Kirchenverständnis in die konkrete Empfehlung einer gegenseitigen Taufanerkennung. Sie kann besonders für die GEKE-Mitgliedskirchen in orthodoxen Majoritätskontexten wichtig werden.

Als Präsidium der GEKE ist es uns ein besonderes Anliegen, dass die Mitgliedskirchen das Thema der Taufanerkennung als ein zentrales Thema weiterverfolgen und sich die Resultate des Dialoges zunutze machen. Die Konsultation empfahl die Fortsetzung des Gespräches: »Angesichts der bestehenden Unterschiede ist uns bewusst, dass mit einem grundsätzlichen Einverständnis über die Taufe und ihre gegenseitige Anerkennung ekklesiologische Konsequenzen verbunden sind, die die theologische Weiterarbeit erfordern.« (Kommuniqué 2008, Punkt 7) Deshalb sollte in den kommenden Jahren erwogen werden, wie und auf welche Weise das Gespräch mit den orthodoxen Kirchen fortgesetzt werden kann.

Die *römisch-katholische Kirche* stand lange Zeit nicht im Focus der ökumenischen Arbeit der GEKE. Das hat nicht nur theologische Gründe, sondern auch strukturelle: Die römisch-katholische Kirche ist eine Weltkirche, und ihr Einheitsrat führt Dialoge mit konfessionellen Weltbünden, aber nicht mit regionalen Gemeinschaften wie der GEKE. Die europäischen Akteure in der römisch-katholischen Kirche, Consilium Conferentiarum Episcoporum Europae und Commisso Episcopatuum Communitatis Europensis, die eng mit der Konferenz Europäischer Kirchen zusammenarbeiten, sind wiederum nicht für theologische Grundsatzfragen zuständig. Für die GEKE ist es wichtig, die Dialogarbeit der Weltbünde und anderer Akteure nicht zu verdoppeln. Die Vollversammlung von 2006 erteilte aber den Auftrag für ein thematisch begrenztes Gespräch: »Die Vollversammlung bittet den Rat, nach geeigneten Formen eines Gesprächs mit der römisch-katholischen Kirche über das Ökumene-Modell der GEKE zu suchen« (Schlussbericht, Nr. 3.5). Dieser Auftrag hat das Präsidium der GEKE bewogen, Kontakte mit dem Päpstlichen Rat zur Förderung der Einheit der Christen aufzunehmen, sowohl durch einen Abschiedsbesuch bei Kardinal Kasper im Oktober 2010 als auch durch einen Antrittsbesuch bei Kardinal Koch im September 2011, bei dem die Aufnahme einer Konsultationsreihe verabredet werden konnte. Ausgehend von der Studie »Die Kirche Jesu Christi« wird sie Fragen der Ekklesiologie behandeln und dabei das in Budapest angeregte Gespräch über das Ökumene-Modell der GEKE aufnehmen. Die Konsultationsreihe wird im Frühjahr 2013 starten. Da von offizieller römisch-katholischer Seite in den vergangenen Jahren immer wieder heftige Kritik am Kirchen- und Einheitsverständnis der GEKE vorgebracht worden ist, können wir die Möglichkeit, mit der römisch-katholischen Kirche über diese ekklesiologischen Fragen zu sprechen, nur begrüßen.

Auch die Lehrgespräche sind gemäß der Leuenberger Konkordie »in diesen weiteren Horizont zu stellen« (LK 49), nämlich die Gemeinschaft der evangelischen Kirchen als einen Teil der Gemeinschaft der Kirche Jesu Christi auf Erden zu betrachten. Das hat einen doppelten Aspekt. Einerseits haben wir die Möglichkeit, Repräsentanten und Repräsentantinnen anderer Traditionen zu den Lehrgesprächen einzuladen. Auch für die Lehrgespräche, die der Rat für die neue Periode vorschlägt, sieht er eine interkonfessionelle Beteiligung vor. Andererseits sind die vorliegenden Lehrgesprächsergebnisse ökumenisch fruchtbar zu machen. Mit »Schrift, Bekenntnis, Kirche« und mit »Amt, Ordination, Episkopé« haben wir Klärungen herbeigeführt, die jetzt in die interkonfessionellen Gespräche eingebracht werden können.

Die bisherigen Erwägungen haben sich weitgehend auf die innerchristliche, interkonfessionelle Ökumene und die traditionellen Dialoge zwischen den großen etablierten Bekenntnistraditionen bezogen.

Die Vollversammlung in Budapest 2006 hatte bereits im Blick, dass die Pluralisierungsbewegungen in Europa unsere Kirchengemeinschaft in einer neuen Weise herausfordern würden. Allerdings konnte die damit anstehende Aufgabe noch nicht so beschrieben werden, dass daraus ein konkreter Arbeitsauftrag erwachsen wäre. Aber aufgrund von verschiedenen Anregungen ist die GEKE in den zurückliegenden Jahren auf drei Themenfeldern aktiv geworden, die mit dem Thema »Pluralisierung in Europa« aufs Engste verbunden sind.

1. Sie hat sich zum interkulturellen Dialog geäußert. Die Beschäftigung mit dem interkulturellen Dialog war eine Vorgabe aus den europäischen Institutionen, auf welche die GEKE reagiert hat.

2. Sie hat sich mit der Migration und ihren Auswirkungen auf die Kirchengemeinschaft befasst. Hierzu hat die GEKE mit der Kommission der Kirchen für Migranten in Europa zusammengearbeitet.

3. Sie hat ihre Position zum Judentum, wie sie im Leuenberger Text »Kirche und Israel« niedergelegt ist, erneut bedacht und daran erinnernd bekräftigt.

Daneben ist die Frage, wie sich die Kirchengemeinschaft zur Religion des Islam verhält, von ständig wachsender Bedeutung. Auch durch die vertieften Kontakte zur Schwestergemeinschaft, der Fellowship of Middle East Evangelical Churches, stellt sich die Frage nach der evangelischen Position zum Islam. Das Thema beschäftigt die Mitgliedskirchen, ohne dass es bisher zu einer ausführlichen Behandlung auf der Ebene der Kirchengemeinschaft kam.

Je mehr außerchristliche Religionsgemeinschaften in den Ländern Europas nicht nur einen Gaststatus, sondern Heimatrecht beanspruchen, desto mehr stellen sich in den Gesellschaften Fragen der Integration und in den Kirchen Fragen der Bestimmung und Gestaltung der interreligiösen Beziehungen. Die GEKE hat bisher keine Positionsbestimmung zu Dialog und Theologie der Religionen vorgenommen. Wo wir als Kirchen in der gemeinsamen Verpflichtung für Zeugnis und Dienst stehen, ist es jedoch unumgänglich, dass sich die GEKE in den kommenden Jahren auf eine evangelische Sicht auf die Pluralität der Religionen, insbesondere im europäischen Kontext besinnt.

An dieser Stelle muss auch die Begegnung zwischen Christen und Christinnen unterschiedlicher Herkunft in Europa beachtet werden und in diesem Zusammenhang der große Zuwachs an Gemeinden und Kirchen von Menschen mit einem Migrationshintergrund. Es wird auch immer wieder erfahren, dass Menschen mit unterschiedlichem Migrationshintergrund den Kontakt zu den Kirchen der GEKE suchen. Diese Kirchen sind oft in ihrer Grundstruktur und Theologie von der Reformation geprägt, aber nicht notwendigerweise den großen Weltkirchen und ihren Traditionen und Weltbünden zugehörig. Durch Globalisierung und Migration erfahren die Kirchen der GEKE, dass viele der neuen christlichen Gemeinden in ihrem Umfeld wenig oder keinen Bezug zur traditionellen Ökumene haben. Viele Migrationsgemeinden haben ein pfingstliches oder charismatisches Profil. Für die GEKE sollte es deshalb ein wichtiges Thema sein, wie die Kirchen und Gemeinden vor Ort sich dieser neuen Entwicklung gegenüber verhalten: Sind sie offen für Kontakt und Zusammenarbeit? Üben sie Gastfreundschaft aus, suchen sie die Zusammenarbeit, inwieweit erleben ihre Gemeinden diese Zuwanderung als eine positive Herausforderung und Bereicherung, inwieweit erleben sie sie als eine Bedrohung der eigenen Identität? Welche theologischen Fragen stellen sich in Bezug auf die Zusammenarbeit?

Die Konkordie verpflichtet die Signatarkirchen nicht nur zur Kanzel- und Abendmahlsgemeinschaft und weiteren theologischen Gesprächen, sondern auch zu gemeinsamen Zeugnis und Dienst (LK 35). Der Dienst aneinander und füreinander ist nicht von der völligen Übereinstimmung in dogmatischen Fragen abhängig. Der Kontakt zu den Migrationsgemeinden und Christen und Christinnen mit Migrationshintergrund kann aufgrund der Eigenart und Vielgestaltigkeit der Gesprächspartner nicht im Sinne eines traditionellen Dialoges geführt werden. Hier liegt ein wichtiges Thema, das alle Mitgliedskirchen der GEKE berührt und sie als Gemeinschaft von Kirchen herausfordert. Es sollte deshalb nach geeigneten Formen der Weiterarbeit gesucht werden. In diesem Zusammenhang sollte der neue Rat erwägen, inwieweit ein Studienprojekt »Migrationschristentum in Europa« ein wichtiger Beitrag zur Beförderung unseres Auftrages zum gemeinsamen Zeugnis und Dienst sein könnte.

In den vergangenen Jahren hat uns der interkonfessionelle Dialog immer wieder herausgefordert und angeregt, über unser Kirchenverständnis und Einheitsmodell nachzudenken und dessen Stärken und Schwächen zu überdenken.

Das ökumenische Leitbild der Einheit in versöhnter Verschiedenheit prägt unsere Kirchengemeinschaft. Wir wertschätzen es. Dieses Leitbild hat sich bewährt, aber es darf uns nicht davon abhalten, zuversichtlich nach Lebensformen einer immer sichtbarer werdenden Einheit zu fragen. Auf jeden Fall verdient der Gedanke der *Einheit* in der versöhnten Verschiedenheit eine entschlossenere Betonung. Die sichtbar gewordene und sichtbar werdende Einheit braucht Stärkung und Festigung. Von ausschlaggebender Bedeutung ist hierbei die Frage, wie wir die bestehenden Formen gelebter Gemeinschaft weiter vertiefen können.

In diesem Sinne empfehlen wir der GEKE auch in Zukunft, den Dialog nach außen zu suchen und zu pflegen, zur Stärkung einer immer sichtbarer werdenden Einheit und um des Zeugnisses und Dienstes an den Menschen willen. Solcher Dialog fördert eine selbstbewusste und deutlich erkennbare Gemeinschaft unserer Kirchen und trägt gleichzeitig dazu bei, Selbsterhöhung und Selbstisolierung zu verhindern.

## 3 Evangelische Stimme in Europa

Auf den beiden letzten Vollversammlungen von Belfast 2001 und Budapest 2006 wurde entsprechend den Grundsätzen der Leuenberger Konkordie zum gemeinsamen Zeugnis und Dienst an der Welt beschlossen, dass »die theologischen und ethischen Aspekte und die humanitären Konsequenzen politischer Entscheidungen aus der Sicht des Evangeliums gemeinsam zu erörtern, in grundlegenden Fragen die protestantischen Stimmen zu bündeln und sie in der europäischen Öffentlichkeit zur Sprache und Gehör zu bringen« seien (Versöhnte Verschiedenheit – der Auftrag der evangelischen Kirchen in Europa – Abschlussbericht der 5. Vollversammlung Belfast 2001, 385). Die Vollversammlung von Budapest bekräftigte diesen Beschluss für die Arbeit der evangelischen Kirchen Europas auf dem Feld politischer, sozialer und ökonomischer Themen, auch in Zusammenarbeit mit der Konferenz Europäischer Kirchen.

Dieser Ansatz und diese Beschlüsse haben sich auf dem Weg von Budapest nach Florenz bewährt. Die GEKE hat sich mit grundlegenden Arbeiten und Verlautbarungen zu sozialethischen und europapolitischen Themen geäußert und damit das gemeinsame evangelische Profil gestärkt.

Die Studie »Tretet ein für Gerechtigkeit – Ethische Urteilsbildung und soziales Engagement der evangelischen Kirchen in Europa« geht auf den

Beschluss von Budapest zurück »nach geeigneten Wegen zur Bearbeitung des Themas ›Die evangelischen Kirchen vor neuen Herausforderungen sozialer Gerechtigkeit‹ zu suchen«. Der Rat der GEKE betraute mit dieser Studie eine Gruppe junger Theologinnen und Theologen und Vertreter anderer Wissenschaftsbereiche, die von den Mitgliedskirchen delegiert wurden. Die vorliegende Studie dokumentiert in welch vielfältiger Weise die evangelischen Kirchen in Europa sich mit sozialen und gesellschaftspolitischen Fragen befasst haben. An die 150 Dokumente und Stellungnahmen unserer Mitgliedskirchen aus den letzten Jahren wurden hierzu ausgewertet mit dem Ziel, die Grundstrukturen der Positionen der evangelischen Kirchen in Europa zu sozialethischen Fragen zu untersuchen. Die Studie ist ein grundlegendes Dokument für die weitere Arbeit der GEKE in diesem Bereich.

»Leben hat seine Zeit, und Sterben hat seine Zeit« heißt die Orientierungshilfe des Rates der GEKE zu lebensverkürzenden Maßnahmen und zur Sorge um Sterbende. Die Studie ist das Ergebnis eines intensiven Konsultationsprozesses in den Mitgliedskirchen auf der Grundlage eines Textes des Fachkreises Ethik. Sie dokumentiert einerseits die unterschiedlichen Positionen der Kirchen in diesem politisch und gesellschaftlich aktuellen Thema und bietet andererseits einen theologisch und seelsorglich sensiblen Zugang zu den medizinethischen Fragestellungen wie etwa das Aussetzen lebensverlängernder Maßnahmen, die Palliativpflege, die Sterbehilfe und Suizidhilfe.

Der intensive Prozess und die nun vorliegende Orientierungshilfe sind ein exemplarischer Beitrag einer evangelischen europäischen Selbstverständigung, die zugleich weit über den kirchlichen Raum hinaus wahrgenommen wird. Die Nachfrage nach dem Dokument, das schon in etliche Sprachen übersetzt worden ist, belegt seine Bedeutung für die weitere Diskussion und zeigt überdies auf, dass unterschiedliche ethische Entscheidungen im Protestantismus oft weniger durch theologische oder gar konfessionelle Grundentscheidungen begründet sind als vielmehr durch geschichtliche und kulturelle Prägungen.

Durch den Fachkreis Ethik und das Präsidium war die GEKE prägend beteiligt an der ökumenisch virulenten und teilweise auch umstrittenen Frage der Menschenrechte. 2008 veröffentlichte die Russisch-Orthodoxe Kirche eine von ihrer Heiligen Synode verabschiedete Stellungnahme »Die Grundlagen der Lehre der Russisch-Orthodoxen Kirche über die

Würde, die Freiheit und die Menschenrechte«. Darin tritt sie für ein Menschenrechtsverständnis ein, das einerseits mit den eigenen biblischen und kirchlichen Positionen übereinstimmt und andererseits die Vorrangstellung nationaler kultureller Traditionen berücksichtigt. Menschenwürde ist in diesem Dokument nicht eine von Gott dem Menschen zugesprochene, unverlierbare und unverletzliche Gabe, sondern wird je nach moralischem Verhalten des Einzelnen gemehrt oder vermindert. Der Begriff der Menschenwürde wird in der Stellungnahme der Russisch-Orthodoxen Kirche in eine moralische Kategorie transformiert und kann so nicht als Begründung eines unbedingten Schutzes gegen menschliche Übergriffe verstanden werden.

In ihrer Stellungnahme lud die Russisch-Orthodoxe Kirche andere christliche Kirchen ein, ihre Auffassung zu studieren und zu diskutieren. Diese Einladung nahm die GEKE an und veröffentlichte daher 2009 eine Antwort des Rates auf die Erklärung der Russisch-Orthodoxen Kirche unter dem Titel »Menschenrechte und christliche Moral«. Darin wird aus evangelischer Sicht eine andere Begründung von Menschenwürde und Menschenrechten skizziert. Menschenrechte sind nach evangelischem Verständnis solche Rechte, die allen Menschen aufgrund ihrer von Gott gegebenen Würde zukommen. Die Gottesebenbildlichkeit des Menschen ist der zentrale Punkt für die Begründung dieser einzigartigen Würde. Wie sie durch keine innerweltliche Instanz verliehen wird, so kann sie auch von keiner Instanz abgesprochen werden; sie sind unantastbar, unveräußerlich und unteilbar.

2011 wurde der Dialog an einer gemeinsamen Tagung in der Evangelischen Akademie Bad Boll intensiviert, welche auch von der Konferenz Europäischer Kirchen mit veranstaltet wurde. Diese dialogisch angelegte Tagung brachte Annäherungen im gegenseitigen Verständnis, arbeitete aber auch die Unterschiede heraus. Vor allem zeigte sich auch hier, wie stark die jeweilige Interpretation der Menschenrechte durch die unterschiedlichen kulturellen Kontexte geprägt ist. Diese Diskussion ist von großer ökumenischer und gesellschaftspolitischer Bedeutung. Mit der Frage der Stellung der Menschenwürde und Menschenrechte steht auch das Selbstverständnis der Kirchen auf dem Spiel. Den Stimmen in einem säkularisierten Europa, die immer wieder besagen, dass die Menschenrechte gegen die Kirchen erarbeitet und erkämpft wurden, muss differenziert entgegnet werden können, und dies im Sinne des protestantischen Menschenbildes, das ein eigenes, originelles und positives Verhältnis zu Menschenwürde und Menschenrechte begründet.

Der Rat und das Präsidium haben sich seit 2006 gemäß ihrem Auftrag immer wieder zu grundsätzlichen europäischen und europapolitischen Themen geäußert. Erinnert sei beispielsweise an die Stellungnahme über die Zukunft des EU-Verfassungsvertrages aus evangelischer Sicht im Jahre 2007, worin insbesondere begrüßt wurde, dass im Verfassungsentwurf die fundamentalen Werte wie Menschenwürde, Freiheit und Solidarität, Gerechtigkeit und Versöhnung, Gleichheit und gegenseitiger Respekt als Grundlage europäischer Politik definiert werden.

In einem Votum zum »Europäischen Jahr des interkulturellen Dialogs« und zum »Weißbuch« des Europarates 2008 unterstrich der Rat die Bedeutung der Religionen für diesen Dialog: »Wir sind überzeugt, dass die Gewissheit über die eigene religiöse Identität und das Verständnis für die Glaubensüberzeugungen und Weltanschauungen anderer wichtige Elemente im interkulturellen Dialog sind«.

Anlässlich des Inkrafttretens des EU-Lissabon-Vertrages 2009 wurde in einer Stellungnahme darauf hingewiesen, wie wichtig die gemeinsame Wertegrundlage für die Weiterentwicklung der Gemeinschaft ist. Seit mehr als 35 Jahren lebten und arbeiteten die Kirchen der GEKE nach dem Prinzip der Einheit in versöhnter Verschiedenheit zusammen. Die evangelischen Kirchen hätten für die wachsende europäische Einheit Wesentliches beizutragen und seien auch dazu bereit. Hingewiesen wurde aber auch auf das nach wie vor bestehende Demokratiedefizit in der Europäischen Union und auf die unumgängliche Notwendigkeit, die Menschen zu hören und einzubeziehen.

»Der Krise entgegentreten« lautete die Überschrift einer Erklärung des Präsidiums am Vorabend des EU-Gipfels in Brüssel im Dezember 2011 zur Finanz- und Schuldenkrise. Ausgehend von der tiefen Verunsicherung vieler Menschen und dem Verlust des Vertrauens wurde auf die grundsätzlichen Aspekte hingewiesen. Staatliches und gesellschaftliches Leben auf scheinbar unbegrenzten Kredit habe seine Grenze erreicht. Hinter der Schulden- und Haushaltkrise, der eine Finanz- und Bankenkrise vorausgegangen war, komme eine massive Ungerechtigkeit zum Vorschein, indem Gewinne privatisiert, Verluste und Risiken aber sozialisiert würden. »Es ist eine tiefgegründete christliche Überzeugung, dass eine Krise auch einen Ruf zur Umkehr und zur Neubesinnung beinhaltet.«

Für die Erarbeitung solcher Stellungnahmen zu europäischen und gesellschaftsethischen Fragen konnte sich das Präsidium auf den Fachkreis Ethik stützen, dessen Einrichtung sich sehr bewährt hat.

Ebenso bewährt hat sich die Entsendung eines Mitarbeitenden im GEKE-Stab in die Kommission für Kirche und Gesellschaft der Konferenz Europäischer Kirchen nach Brüssel. Dadurch konnten wichtige europapolitische und gesellschaftliche Entwicklungen frühzeitig beobachtet werden. Außerdem förderte die GEKE innerhalb der Kommission für Kirche und Gesellschaft den evangelischen Beitrag in den sozialethischen Diskussionen. Der Rat hofft, dass die gute und intensive Zusammenarbeit auch nach dem Revisionsprozess der Konferenz Europäischer Kirchen verlässlich weitergeht. Allerdings wird auch dann in Zukunft zu überlegen sein, wie die evangelische Stimme in Brüssel in ökumenischer Verbundenheit profiliert und sichtbar präsent sein kann.

## 4 Aufbruch zu 2017: Reform und Reformation

Seit der letzten Vollversammlung hat das Thema »Kirchenreform« ständig an Bedeutung gewonnen. Die Gründe dafür liegen auf der Hand: Europa wird in vielen seiner Regionen wieder zu einem Missionsgebiet. Die Kirchen stehen vor der Frage, wie sie mit einer Situation umgehen, in der die tragenden Überlieferungen des christlichen Glaubens von vielen Menschen nicht mehr verstanden werden. Die Gemeinden werden kleiner, und damit verringern sich auch die personellen und finanziellen Spielräume. Die Kirchen brauchen eine Erneuerung, wenn sie den sich ihnen im 21. Jahrhundert stellenden Aufgaben gewachsen sein wollen. Darüber herrscht in den Kirchen der GEKE ein erfreulicher Konsens. Andererseits wird das Bemühen um Erneuerung als enorme Herausforderung an das Selbstverständnis als Kirche erlebt. In den Debatten um die Erneuerung der Kirche stellt sich ausgesprochen oder unausgesprochen immer auch die Frage nach ihrer Identität.

So wird gefragt:

- Was bedeutet es für die Kirchen, die ihrem Selbstverständnis nach in der Tradition der Reformation stehen, wenn sie sich erneuern?

- Lässt sich in den Erneuerungsprozessen der Kirchen erkennen, ob und inwieweit Impulse aus der reformatorischen Tradition fruchtbar werden?
- Spielt der Gedanke, dass Erneuerung eine fortdauernde Aufgabe der evangelischen Kirchen sei, in den Erneuerungsprozessen eine Rolle?

Der Aufgabe, die Erneuerung der Kirche in Beziehung zum evangelischen Kirchenverständnis zu setzen und sie ekklesiologisch zu reflektieren, wurde vom Rat der GEKE in der Arbeitsperiode nach Budapest ein besonderes Gewicht eingeräumt. 2009 gab er eine Studie in Auftrag, in der die in den Mitgliedskirchen laufenden Reformprozesse analysiert und bewertet werden sollten. Diese Aufgabe wurde bewusst jungen, ökumenisch engagierten Männern und Frauen aus unseren Kirchen anvertraut. Die von ihnen erarbeitete Studie »Ecclesia semper reformanda« liegt nun der Vollversammlung zur Beratung vor.

Der Studienprozess wurde nach besonderen Gesichtspunkten gestaltet. Die Mitwirkung der Mitgliedskirchen war schon in der Startphase erwünscht, denn sie sollten ihre Konzepte und Ergebnisse zu den laufenden Erneuerungsprozessen zur Verfügung stellen und Delegierte für die Mitarbeit benennen, die nicht älter als 35 Jahre sein durften. Der Rat hatte die Bitte der Vollversammlung in Budapest vor Augen, verstärkt die jüngere Generation in die Projektarbeit der GEKE einzubeziehen, und hat dieser Bitte gerne entsprochen, darin bestärkt durch die außerordentlich positiven Erfahrungen mit der ähnlich jungen Projektgruppe, die zuvor das Dokument »Tretet ein für Gerechtigkeit« erarbeitet hat. Die GEKE soll jünger werden! Man kann ohne Übertreibung sagen, dass sie in der jungen Generation gut ankommt.

In Ergänzung zum Studienprozess zu »Ecclesia semper reformanda« hat der Rat das Projekt »Kirchen Europas im Aufbruch« auf den Weg gebracht. 2010 ist die Evangelische Kirche in Deutschland (EKD) mit der Anregung an die GEKE herangetreten, im Rahmen der Vollversammlung 2012 eine europäische Konferenz zu Fragen der Kirchenreform zu veranstalten. Wir haben diese Anregung gerne aufgenommen und werden nun zwei halbe Tage der vor uns liegenden Vollversammlung diesem Thema widmen. Das Forum »Kirchen Europas im Aufbruch«, das in enger Zusammenarbeit von Vertretern der GEKE und Mitarbeitern aus dem Projektbüro der EKD für den Reformprozess vorbereitet wurde, wird nun zum ersten Mal ein Gespräch auf europäischer Ebene über die Erneuerungsprozesse in den evangelischen Kirchen ermöglichen.

Hier in Florenz soll anhand einiger Beispiele, die zugleich die konfessionelle Diversität der evangelischen Kirchen in Europa repräsentieren, nach dem spezifisch Evangelischen in den Erneuerungsbemühungen gefragt und eine gemeinsame Bewertung der Erneuerungsprozesse angeregt werden. In einem weiteren Schritt soll überlegt werden, wie sich in den Veränderungsprozessen, die die evangelischen Kirchen durchlaufen, neue Perspektiven, Denkweisen und Handlungsoptionen für ihre Entwicklung gewinnen lassen. Wir sind eingeladen, uns überraschen zu lassen und Neues zu entdecken, das richtungweisend für unser kirchliches Handeln wird und uns aus der Gefährdung durch Ermüdung und Lethargie befreien hilft.

Vom Forum »Europas Kirchen im Aufbruch« fällt das Schlaglicht auf das Reformationsfest, das im Jahr 2017 anlässlich der 500. Wiederkehr des Beginns der Reformation in Wittenberg ein herausragendes Ereignis zu werden verspricht. Mit Martin Luthers Kritik am Ablasswesen im Jahre 1517 und der Auseinandersetzung über seine 95 Thesen entstand eine Bewegung von enormer Überzeugungskraft, welche die damals anstehende Erneuerung der Kirche beschleunigte, vertiefte und umfassend ausweitete. Die Reformation hat die Geschichte des europäischen Kontinents und der hier beheimateten Kirchen tief geprägt. Im Bemühen um die Erneuerung der *einen* Kirche Jesu Christi aus dem Evangelium der Rechtfertigung allein aus Glauben sind die evangelischen Kirchen entstanden.

Der GEKE kommt im Jubiläumsjahr 2017 neben den national ausgerichteten Initiativen in Deutschland und in anderen europäischen Ländern eine besondere Verantwortung zu. Nur sie ist in der Lage, die europäische Dimension der Reformation ins Blickfeld zu rücken und erfahrbar werden zu lassen. Und ist sie die einzige Organisation, die über die Möglichkeiten verfügt, das Reformationsjubiläum auf europäischer Ebene zu gestalten. Mit Aufmerksamkeit und großer Freude sehen wir, wie sorgfältig sich die Kirchen in Deutschland auf das Jubiläum vorbereiten. Die EKD gibt mit ihren Vorbereitungen den evangelischen Kirchen in anderen europäischen Ländern ein gutes Beispiel für ähnliche Planungen.

Der Rat der GEKE hat sich in den zurückliegenden Jahren bereits eingehend mit der Frage beschäftigt, wie das Reformationsjubiläum auf europäischer Ebene angemessen gewürdigt werden kann. Wir werden dieser Vollversammlung das Projekt »Europa reformata: 500 Jahre Reformation« vorstellen, das als eines der künftigen Arbeitsfelder vorgeschlagen werden wird. Wir hoffen auf Anregungen der Vollversammlung, wie wir als GEKE der europäischen Öffentlichkeit die Bedeutung der Reformation verdeutlichen und das Reformationsgedenken 2017 vorbereiten und würdig begehen können. Dabei kann es nicht um Reformationsnostalgie oder -folklore gehen, auch nicht um protestantische Selbstprofilierung auf Kosten der anderen. Wir werden der Vielschichtigkeit und Vielseitigkeit der Reformation Rechnung zu tragen haben und können uns nicht nur mit Martin Luther und der von Wittenberg ausgehenden Reformation beschäftigen. Die Reformation ist nach Ansicht der heutigen Forschung als ein großer geschichtlicher Prozess zu betrachten, ein Modernisierungsschub im 16. Jahrhundert mit einer Vielzahl an Erneuerungsbestrebungen im kirchlichen wie auch gesellschaftlichen und politischen Leben, in zahlreichen Städten und Landstrichen, in ganz Europa. Es gilt, den »vorreformatorischen« Bewegungen nachzugehen, die im zweiten Viertel des 16. Jahrhunderts fast gleichzeitig in Zürich und Wittenberg und dann in Genf sich ereignenden Vorgänge ins Blickfeld zu rücken und den weiteren Entwicklungsprozess der europäischen Reformation mit seinen vielfältigen religiös-konfessionellen Formationen zu beleuchten.

Da wir nicht bei den geschichtlichen Erinnerungen stehenbleiben können, müssen wir fragen, welche Impulse aus der Reformation unter den Bedingungen unserer Gegenwart aufzunehmen und zur Geltung zu bringen sind. Im Zentrum allen kirchlichen Handelns steht die befreiende Kraft des Evangeliums. Aus ihr wächst die christliche Kirche. Aus ihr empfängt sie immer wieder die Impulse zu ihrer Erneuerung. Im Zeugnis des Evangeliums sind die Kirchen der Reformation trotz der zwischen ihnen bestehenden Unterschiede und Gegensätze immer verbunden gewesen. Daraus ist die Kirchengemeinschaft erwachsen, die sie sich im Jahr 1973 mit der Konkordie reformatorischer Kirchen in Europa erklärt haben, in der sie sich zu gemeinsamem Zeugnis und gemeinsamem Dienst in der Welt von heute berufen wissen und die uns hier zu dieser 7. Vollversammlung in Florenz zusammengeführt hat.

## 5 Ausblick und Dank

Der Rat und das Präsidium haben viel Energie darauf verwendet, die Zusammenarbeit in der GEKE zu stärken und Stellung der GEKE in Europa zu festigen. Wir dürfen feststellen, dass die GEKE für die theologische Arbeit der Mitgliedskirchen an Bedeutung gewonnen und die Zusammenarbeit in der Kirchengemeinschaft sich intensiviert hat. Das theologisch fundierte ökumenische Modell der »Einheit in versöhnter Verschiedenheit« hat sich als Basis wachsender Zusammengehörigkeit bewährt und ist für die gesamte Ökumene eine weiterführende Herausforderung. Die GEKE ist zu einem bedeutenden ökumenischen Gesprächspartner geworden und die interessierte Öffentlichkeit nimmt sie wahr als eine vernehmbare Stimme des europäischen Protestantismus.

Die GEKE ist ein Netzwerk von Menschen und Kirchen, die in vielfältiger Weise beitragen zur vielfältigen lebendigen Gemeinschaft unserer Kirchen. Wir danken den Mitgliedskirchen für ihre eigenen Initiativen, welche das Bewusstsein der Zusammengehörigkeit im europäischen Protestantismus vertieft haben. Wir danken für die finanzielle Unterstützung, für die Entsendung von Mitarbeiterinnen und Mitarbeitern, ohne die die ohnehin in ihren Ressourcen beschränkte Geschäftsstelle in Wien ihre Arbeit nicht hätte leisten können. Es wird eine der zukünftigen Aufgaben des neuen Rates sein, die Finanzierung der GEKE längerfristig zu sichern, besonders durch das Mittragen aller Mitgliedskirchen, die dazu in der Lage sind.

Wir danken vielen engagierten Menschen, welche in den Regionalgruppen, den Lehrgesprächs- und Arbeitsgruppen und an Tagungen und Konferenzen das Leben und die Arbeit der GEKE wesentlich mitgeprägt haben. Wir danken dem Generalsekretär, Bischof Dr. Michael Bünker und dem Team der Geschäftsstelle für die weitsichtige und kompetente Arbeit. Der Umzug der Geschäftsstelle von Berlin nach Wien hat sich sehr bewährt. Die Evangelische Kirche A. B., ihre Kirchenleitung und ihr Kirchenamt bieten der GEKE hervorragende Arbeitsbedingungen und wir sind sehr dankbar für diese bewährte Zusammenarbeit. Immer wieder spürten wir die sprichwörtliche Wiener Gastfreundschaft, den Charme und auch die liebenswürdige Gelassenheit, welche uns in unserer gemeinsamen Arbeit motiviert und erfreut hat.

Dem Präsidium ist es ein Anliegen, am Schluss auch ganz besonders den Mitgliedern des Rates zu danken für die freundschaftliche und engagierte Zusammenarbeit. Die Geschwisterlichkeit und die menschliche Nähe, die wir in der Arbeit des Rates erfahren haben, waren inspirierend und stärkend. Sie hat uns immer wieder eindrucksvoll vor Augen geführt, dass Kirchengemeinschaft in der engagierten, dem Evangelium verpflichteten Zusammenarbeit von Menschen ein wichtiges Bewährungsfeld hat.

*Michael Bünker*

# Möglichkeitssinn und Wirklichkeitssinn

Bericht des Generalsekretärs

## Einleitung

Meine sehr geehrten Damen und Herren,
liebe Schwestern und Brüder,
Österreich ist – so sagt man gern – das Land des Konjunktivs. Wären wir jetzt (erster Konjunktiv) in Wien, würde mein Bericht (zweiter Konjunktiv) wahrscheinlich mit folgenden Sätzen beginnen:

*»Der Generalsekretär wäre jetzt bereit und könnte mit seinem Bericht beginnen, den Sie sich geduldig anhören würden und da und dort auch Ihre erhöhte Aufmerksamkeit finden würde, weil der Bericht das eine oder andere ansprechen würde, das Ihr gesteigertes Interesse finden könnte.«*

Bloß eine sprachliche Marotte? Ein Phänomen der sprachlichen Flucht aus der Realität von mehr als 700 Jahren Habsburgerherrschaft, der sich nicht nur der Protestantismus, sondern auch Florenz vom 16. Jahrhundert bis 1861 unterwerfen musste? Oder das Produkt der Unmöglichkeit eines ethnisch, kulturell und religiös vielfältigen Großstaates in Europa, trotz seiner offenkundigen Realität? Sie könnten verstehen, wenn ich das so deute, dass hier die österreichische Erfahrung – möglicherweise! - ein Stück weit die europäische von heute vorwegnimmt. Lieber in der Möglichkeitsform bleiben, als von den handfesten Wirklichkeiten auf die Unmöglichkeiten gestoßen zu werden.

Wovor uns der Mann ohne Eigenschaften auch nachdrücklich warnt, ist die Parallelaktion. Daher haben wir die Berichte streng geteilt, das Präsidium nimmt sich die strategischen Aufgaben vor, ich habe über das Operative zu berichten. Beides lässt sich in einer Organisation unterscheiden, aber nicht immer trennen. Daher bitte ich um Verständnis, wenn mancher Name, manches Stichwort, mancher Sachverhalt jetzt noch einmal angesprochen wird, auch wenn er im Bericht des Präsidiums schon genannt wurde.

## Von Berlin nach Wien

Mit dem Beginn des Jahres 2007 übersiedelte die Geschäftsstelle der GEKE von Berlin nach Wien. Mit dieser Übersiedlung ist eine Ära zu Ende gegangen, in der 19 Jahre lang die Arbeit des Sekretariats der GEKE insbesondere in die Hände ihres langjährigen Sekretärs, des Präsidenten des Kirchenamtes der Union Evangelischer Kirchen, Dr. Wilhelm Hüffmeier gelegt war. An seiner Seite arbeiteten Pfarrerin Dr. Christine-Ruth Müller und als vielsprachige Auslandskorrespondentin Hera Moon. Der Studiensekretär der GEKE, Prof. Dr. Martin Friedrich, Pfarrer der Evangelischen Kirche von Westfalen, ist von Berlin nach Wien übergesiedelt und konnte für Kontinuität in der Zeit des Übergangs sorgen. Im Gepäck hatte er nicht nur die bisherige Arbeit der GEKE, sondern zugleich die gezählten 29 Arbeitsaufträge, die die Vollversammlung in Budapest für Rat und Geschäftsstelle beschlossen hatte.

Die Übersiedlung nach Wien hatte unmittelbare Auswirkungen auf die drei GEKE-Mitgliedskirchen in Österreich. Die Evangelische Kirche A.B., die Evangelische Kirche H. B. und die Evangelisch-methodistische Kirche konnten ihre Zusammenarbeit in den letzten Jahren bis hin zum problemlosen Austausch von Amtsträgern deutlich vertiefen und haben sowohl in der Ökumene als auch in der Öffentlichkeit eine größere Aufmerksamkeit gefunden, was für Minderheitskirchen von besonderer Bedeutung ist. Dass die erste Sitzung des Rates im Januar 2007 mit einem Empfang der Stadt Wien beim Heurigen (wo sonst?) ausklingen konnte, mag ein Hinweis dafür sein. Es bewahrheitet sich, was die Leuenberger Konkordie (LK) festhält: »Die Kirchengemeinschaft verwirklicht sich im Leben der Kirchen und Gemeinden« (LK 35). Insofern – ich sage das als Bischof der Evangelischen Kirche A. B. – ist es für eine Mitgliedskirche ein Glücksfall, die GEKE beheimaten zu können. Ob das auch umgekehrt gilt? Karl Kraus (1874–1936) hat einmal gemeint, Österreich sei die »Versuchsstation des Weltuntergangs« und viele historische Ereignisse geben ihm Recht. Aber daneben steht ein Diktum Friedrich Hebbels (1813–1863), demzufolge ist Österreich »eine kleine Welt, in der die große ihre Probe hält«. Wessen Wort mag über der Bilanz der Tätigkeit der GEKE von Wien aus stehen? Entgegen jedem Lokalpatriotismus richtet sich meine Hoffnung nicht auf den urösterreichischen, weil aus Böhmen stammenden Karl Kraus, sondern auf den aus dem Norden Deutschlands zugewanderten Friedrich Hebbel.

## Statut und Mitgliedschaft

Mit dem Beschluss eines Statuts für die GEKE durch die Budapester Vollversammlung war eine neue Grundlage für die Weiterarbeit gelegt. In organisatorischer Hinsicht war damit ein großer Schritt von einer Signatargemeinschaft hin zu einer europäischen Organisation mit geregelten Mitgliedschaftskriterien getan. Diese Beschlüsse wurden in den Geschäftsordnungen für den Rat und die Geschäftsstelle umgesetzt und konnten anlässlich zweier Anträge zur Mitgliedschaft auf ihre Umsetzbarkeit erprobt werden. Nachdem der Rat Leitlinien für die Mitgliedschaft erarbeitet hatte, war es möglich, dass die Selbständige Evangelisch-Reformierte Wallonisch-Niederländische Kirche zu Hanau seit 2012 ihre Mitgliedschaft selbständig wahrnimmt und die Evangelisch-Lutherische Kirche Ecuadors als neues Mitglied aufgenommen wurde. Dass die Zahl der Mitgliedskirchen dennoch nicht gestiegen, sondern im Gegenteil gesunken ist, mutet paradox an. Der Grund dafür liegt in den in den letzten Jahren vermehrt durchgeführten Vereinigungen von ehemals selbständigen Kirchen, ich erinnere an die Entwicklungen in Elsass-Lothringen, in den Niederlanden, in Frankreich, in Argentinien und in Mittel- und Norddeutschland. Da diese Vereinigungen auf der Basis der Leuenberger Konkordie durchgeführt werden konnten, sind sie als erfreuliche Konsequenzen der Kirchengemeinschaft zu begrüßen. Zur Mitgliedschaft gehört auch, dass von jeder Kirche ein wenn auch geringer aber doch verbindlicher Beitrag zur Arbeit der GEKE erwartet wird.

## Finanzen

Der Haushalt der GEKE ist, was die Quantität betrifft, überschaubar. Dennoch stellt die *financial governance* der Kirchengemeinschaft eine komplexe Aufgabe dar, die von der Büroleiterin der Geschäftsstelle, Evelyn Martin neben vielen weiteren organisatorischen Aufgaben wahrgenommen wird. Die Komplexität, die durch die aktuelle Entwicklung des Finanz- und Bankwesens in Europa zusätzlich verstärkt wird, ergibt sich im Wesentlichen aus den unterschiedlichen Finanzquellen. Die in Zahlen umgerechnet bei weitem größte Ressource sind jene Mitarbeiterinnen und Mitarbeiter der Geschäftsstelle, die von ihren Kirchen meist auf bestimmte Zeit zur Verfügung gestellt werden. Derzeit sind das fünf Personen. Die Summe der Einnahmen ist seit dem Jahr 2007 von 204.870,- € auf 225.400,- € - das sind etwa 10% - gestiegen und speist sich im Wesentlichen aus den Mitgliedsbeiträgen und Zuwendungen, die von einzelnen Kirchen geleistet werden. Der Löwenanteil davon wird von der Union Evangelischer Kirchen zur Verfügung gestellt. Die laufenden Einnahmen ermöglichen die Übernahme weiterer Personalkosten und die Finanzierung der laufenden Arbeit. Das interne Controlling wird durch einen Finanzbeirat ausgeübt, dem Helen Gucker-Vontobel (Zürich), Doris Damke (Bielefeld) und der Rechtsbeauftragte des Rates der GEKE, Dr. Joachim Christoph (Hannover) angehören. Die korrekte Verwendung der Mittel wird durch die jährliche Prüfung des Jahresabschlusses durch eine unabhängige österreichische Wirtschaftsprüfungskanzlei nachgewiesen.

## Jugendbeteiligung

Der Budapester Vollversammlung war es ein Anliegen, dass jüngere Menschen an der Arbeit der GEKE beteiligt werden und sich junge Theologinnen und Theologen mit ihren Erfahrungen und Kompetenzen einbringen können. Als Ergebnisse liegen dieser Vollversammlung die beiden Studien »Stand up for justice« und »Ecclesia semper reformanda« vor, einige der Verfasserinnen und Verfasser sind anwesend. Erstmalig konnte hier in Florenz durch eine zweckgebundene Zuwendung der Kirche von Norwegen ein reguläres Stewardprogramm eingerichtet werden, das in enger Kooperation mit dem Centro Melantone durchgeführt wird. Ermöglicht wird dies nicht zuletzt durch die Tätigkeit junger Vikarinnen und Vikare und Pfarrerinnen und Pfarrer, die zumeist für ein Jahr das Team der Geschäftsstelle unterstützen. Sie übernahmen und übernehmen unter anderem die aufwändige Präsenz der GEKE auf den Deutschen Evangelischen Kirchentagen, der 3. Europäischen Ökumenischen Versammlung (2007 Sibiu/ Hermannstadt) und in regionalem Rahmen bei den Christlichen Begegnungstagen (2011 Dresden, 2014 Wroclaw/Breslau). Kristina Michaela Herbold und Paul Henke von der Evangelisch-Lutherischen Landeskirche Hannover, Dr. Florian Herrmann aus der Evangelisch-Lutherischen Kirche in Bayern und Mario Fischer von der Evangelischen Kirche in Hessen und Nassau haben so Erfahrungen sammeln können, die ihnen in ihrer Tätigkeit als Pfarrer und damit auch den entsendenden Kirchen gewiss zugutekommen.

## Europa

Die Budapester Vollversammlung hat den Rat gebeten, die Zusammenarbeit mit der Konferenz Europäischer Kirchen insbesondere zu sozialethischen und europapolitischen Fragen zu vertiefen. Damals – im September 2006 – hatte die GEKE die Federführung des Projekts »Healing of Memories«, das auf der Basis der Charta Oecumenica in Rumänien durchgeführt wurde. Nach der 3. Europäischen Ökumenischen Versammlung 2007 ist das Projekt wieder in die Verantwortung der Konferenz Europäischer Kirchen – zukünftig KEK genannt - übergegangen und wurde letztlich den beteiligten Kirchen in Rumänien, die dafür eine Stiftung gegründet haben, anvertraut. Zur Vorbereitung der KEK-Vollversammlung in Lyon 2009 hat die Geschäftsstelle im April 2009 eine Vorkonferenz für die protestantischen Kirchen in Wien organisiert. Auch für die im Juli 2013 stattfindende außerordentliche Vollversammlung der KEK in Budapest, die sich in erster Linie mit dem in Lyon beschlossenen Strukturreformprozess beschäftigen wird, lädt die GEKE im April 2013 zu einer Vorkonferenz nach Wien ein. Die personellen Verbindungen zwischen KEK und GEKE sind intensiv. So dürfen wir unter uns den neuen Generalsekretär der KEK, Dr. Guy Liagre begrüßen, der sich für Florenz noch als stellvertretendes Mitglied des Rates der GEKE und als

Delegierter seiner Kirche angemeldet hatte. Institutionalisiert ist die Verbindung durch einen Mitarbeiter der GEKE im Stab der Kommission für Kirche und Gesellschaft der KEK in Brüssel. Diese Aufgabe hat der Pfarrer der Evangelischen Landeskirche in Württemberg, Dr. Dieter Heidtmann von 2004 bis 2010 wahrgenommen, seit 2011 ist der von der Evangelischen Kirche im Rheinland entsandte Pfarrer Frank-Dieter Fischbach »unser Mann in Brüssel«.

Die GEKE hat seit der 5. Vollversammlung 2001 in Belfast den Auftrag, die gemeinsame Stimme des Protestantismus wahrzunehmen. Als Beispiel aus jüngerer Zeit erwähne ich die Stellungnahme »Der Krise entgegentreten«, die vom Präsidium am 7. Dezember 2011, einem Vorabend der zahlreichen Krisentreffen des EU-Rates, verabschiedet wurde. Das Präsidium nimmt damit die im Statut der GEKE (§ 3.4) genannte Aufgabe wahr, gemeinsam die GEKE nach außen zu vertreten. Dass zur Erarbeitung sozialethischer Stellungnahmen ein Fachkreis ausgewiesener Experten bereitsteht, erleichtert die kompetente Arbeit an grundlegenden Orientierungshilfen wie »Zeit zu Leben, Zeit zu Sterben«, und die eher kurzfristige Erarbeitung aktueller Stellungnahmen. An dieser Stelle sei erwähnt, dass diesem »Fachkreis Ethik« auf der Basis der Vereinbarung zwischen GEKE und der European Baptist Federation mit Dr. Parush Parushev ein baptistischer Vertreter angehört.

## Öffentlichkeit

Die Öffentlichkeitsarbeit der GEKE konnte in den letzten Jahren stark verbessert werden. Dies ist nach entsprechenden Beschlussfassungen im Rat und mit starker Unterstützung durch das Präsidium in professioneller Weise von Thomas Flügge umgesetzt worden. Er hat bis Anfang 2011 als Pressesprecher der GEKE in teilzeitlicher Beschäftigung gearbeitet und dabei neue Kommunikationsformen wie das Magazin *focus* entwickelt bzw. bestehende wie den Internetauftritt erneuert und den heutigen Anforderungen angepasst. Zusätzlich setzte er das Projekt einer europäischen Nachrichtenseite um (»European Protestant News Network - epnn«), die auch über Twitter kommuniziert. Seit Frühjahr 2011 kooperiert Thomas Flügge mit der GEKE auf der Basis einer Vereinbarung. Seine Nachfolge für die Öffentlichkeitsarbeit übernahm im Juni 2011

Ingrid Monjencs, die sich mit der Vorbereitung und Begleitung der Vollversammlung gleich vor eine besondere Herausforderung stellen ließ. Bedauerlicherweise musste der Otto Lembeck Verlag in Frankfurt/Main, der seit Jahren die Publikationen der GEKE herausgebracht hatte, Konkurs anmelden und seinen Betrieb einstellen. In die Nachfolge ist die Evangelische Verlagsanstalt Leipzig (EVA) getreten. Das erste Ergebnis der erfreulich anlaufenden Kooperation zwischen GEKE und EVA, die Neuauflage von »Die Kirche Jesu Christi«, dem ersten Band der mittlerweile auf zwölf Bände angewachsenen Reihe der Leuenberger Texte (LT), liegt Ihnen vor. Weitere Bände, in erster Linie der Berichtsband unserer aktuellen Versammlung, folgen – wie ich zusagen kann – bald.

## Gottesdienst

»Die GEKE ist vor allem gottesdienstliche Gemeinschaft« – so setzt der Bericht der Präsidentin und der Präsidenten vor der Vollversammlung in Budapest ein und lenkt damit gleich von Anfang an den Fokus auf die Grundbestimmung der Kirchengemeinschaft, wie sie die Konkordie beschreibt: »Kirchengemeinschaft im Sinne dieser Konkordie bedeutet, daß Kirchen verschiedenen Bekenntnisstandes aufgrund der gewonnenen Übereinstimmung im Verständnis des Evangeliums einander Gemeinschaft an Wort und Sakrament gewähren und eine möglichst große Gemeinsamkeit in Zeugnis und Dienst an der Welt erstreben.« (LK 29) In der Tat hat die gottesdienstliche Dimension der Kirchengemeinschaft einen deutlichen Schwerpunkt der Arbeit in den vergangenen Jahren gebildet. Von Rat und Geschäftsstelle wurde dies wahrgenommen durch den Liturgiebeauftragten Dr. Peter Bukowski und unterstützend im Stab bis August 2010 durch Pfarrer Dr. Florian Herrmann und seither durch Pfarrerin Adel David aus der Evangelisch-Lutherischen Kirche in Ungarn. Ihre Tätigkeit in der Geschäftsstelle wird durch die Evangelisch-Lutherische Landeskirche in Bayern finanziert. Seit dem Frühjahr 2011 nimmt die GEKE an der Liturgischen Konferenz der Evangelischen Kirche Deutschlands und am Projekt der Perikopenrevision von Evangelischer Kirche in Deutschland, Union Evangelischer Kirchen und Vereinigter Evangelisch-Lutherische Kirche in Deutschland teil. Die Geschäftsstelle gestaltete einen GEKE-Gottesdienst im Rahmen des 2. Ökumenischen

Kirchentages 2010 in München und den Gottesdienst anlässlich »20 Jahre Grenzöffnung« im Juli 2009 in Sopron. Ein besonderes Anliegen war uns, die Erfahrbarkeit der Kirchengemeinschaft im Gottesdienst auch als zentrales Gestaltungselement dieser Vollversammlung vorzusehen. Erfreulicherweise haben sich drei Regionalgruppen mit dem Thema des Gottesdienstes beschäftigt, die Nordwestgruppe im Februar 2010 zur »Qualität des Gottesdienstes«, die Südosteuropagruppe in einem mehrjährigen Studienprojekt, dessen Ergebnis »Bleibe in der Zeit« der Vollversammlung vorliegt und die im Entstehen begriffene Nordgruppe im Rahmen einer Konsultation im Jahr 2010.

## Regionalgruppen

Die Arbeit der Regionalgruppen stellt eine wichtige Form der Verwirklichung der Kirchengemeinschaft dar. Sie sind mehr als Vernetzungen, Konferenzen oder Plattformen des Austausches und Foren gemeinsamer Arbeit, sondern als Kirchengemeinschaft im regionalen Kontext selbst von ekklesialer Qualität. Die Regionalgruppen haben sich in den letzten Jahren sehr erfreulich entwickelt. Die Budapester Vollversammlung beschloss dafür als Vorgabe eine klare Abstimmung in Form einer Vereinbarung mit dem Rat. Zu den bereits 2006 bestehenden Regionalgruppen, der schon erwähnten Südosteuropagruppe und der Nordwestgruppe, kam als dritte die Konferenz der Kirchen am Rhein, die sich im Jahr 2008 als Regionalgruppe konstituierte und eine Vereinbarung mit dem Rat abschloss. Im Entstehungsprozess befindet sich weiter eine Nordgruppe. In ihr sollen einmal jene Kirchen zusammenkommen, die sowohl in der Kirchengemeinschaft von Porvoo als auch in jener der GEKE leben. Dann wäre die Nordgruppe auch das geeignete Begegnungsforum für die GEKE Mitgliedskirchen der britischen Inseln. Dann würden sich aller Voraussicht nach die evangelischen Kirchen Schwedens und Finnlands, die die Konkordie nicht unterzeichnet haben, an ihr beteiligen. Impulse und Unterstützung darf man sich für eine solche Regionalgruppe auch von der im Mai 2012 gegründeten Evangelisch-Lutherischen Kirche in Norddeutschland erwarten.

Besonders erfreulich ist der Entschluss der Conférence des Eglises protestantes des Pays latins d'Europe, sich als Regionalgruppe der GEKE konstituieren zu wollen. Die entsprechende Vereinbarung ist weitgehend ausgehandelt und reif zur Unterschrift. Damit kann den zahlenmäßig sehr kleinen Diasporakirchen der romanisch sprechenden Länder eine stärkere Gemeinschaft untereinander und eine intensivere Anbindung an den Protestantismus in ganz Europa geboten werden. Die Regionalgruppen werden von der Geschäftsstelle aus begleitet, was vom zuständigen Referenten für Kirchenbeziehungen wahrgenommen wird. Von 2008 bis 2011 hat dies Pfarrer Dr. Jochen Kramm von der Evangelischen Kirche in Hessen und Nassau wahrgenommen. Ab Juli 2011 verstärkt Pfarrer Dr. Bernd Jaeger von der inzwischen fusionierten Nordelbischen Evangelisch-Lutherischen Kirche die Geschäftsstelle und hält den Kontakt zu und zwischen den Regionalgruppen.

## Konsultation Bildung

Konsultationen dienen der Verständigung und Meinungsbildung unter den Mitgliedskirchen. Sie sollen die vielfältigen Stimmen des europäischen Protestantismus bündeln und nach Möglichkeit gemeinsame Positionen erarbeiten. Dies ist seit 2006 mehrfach geschehen. Beispielhaft greife ich den Themenbereich »Bildung« heraus, zu dem die Budapester Vollversammlung einen Grundsatzbeschluss gefasst hat. Der Rat hat beschlossen, dass dieser Beschluss auf zweifache Weise umgesetzt wird: Einmal durch eine eigene Buchpublikation, in der aus verschiedenen konfessionellen und regionalen Zugängen die Verbundenheit des Protestantismus mit dem Programm einer umfassenden Bildung deutlich wird. Diese Publikation wird in den nächsten Tagen vorgestellt werden. Zum anderen wurde im September 2011 in Kooperation mit der Evangelischen Akademie Tutzing eine Konsultation durchgeführt, bei der die GEKE mit den Bildungsverantwortlichen von Mitgliedskirchen und europäischen evangelischen Bildungsinstitutionen in Meinungsaustausch treten konnte. Es hat sich gezeigt, dass das Anliegen der Bildung für die Weiterarbeit von großer Bedeutung ist, weil gerade im Bildungsbereich, etwa durch die evangelischen Schulen, der Protestantismus einen wesentlichen Beitrag für das Europa von morgen leistet. Der neu zu wählende Rat wird zu entscheiden haben, wie dieses Anliegen in den kommenden Jahren umgesetzt werden kann.

## Zeugnis und Dienst

Ein neues Arbeitsfeld hat sich für die GEKE auf Initiative des Gustav-Adolf-Werkes durch die Übernahme der Geschäftsführung der AGDE, der Arbeitsgemeinschaft für Diasporahilfswerke in Europa ergeben. Diese Arbeitsgemeinschaft ist vor allem in den Ländern des südostmitteleuropäischen Raumes tätig und vereinigt eine große Zahl von Diasporakirchen bzw. deren Hilfswerke. Mit diesem Tätigkeitsfeld wäre die Möglichkeit gegeben, den Dienstcharakter der Kirchengemeinschaft zu entwickeln und zu stärken. Die Zukunftsfähigkeit wird von den beteiligten Kirchen abhängen. Seit März 2011 hat Dr. Andreas Hess, der langjährige Osteuropareferent des Hilfswerks der Evangelischen Kirche Schweiz, auf ehrenamtlicher Basis für die GEKE die Begleitung der Arbeitsgemeinschaft der Gustav-Adolf-Werke und der Diaspora-Werke in Brasilien und Europa übernommen. Es ist vereinbart, dass im Jahr 2013 nach einem Prozess der Evaluierung dem Rat entsprechende Vorschläge zur Entscheidung über die weitere Arbeit vorgelegt werden.

## Arbeitsweise

Die Arbeitsweise der GEKE hat sich in den letzten Jahren deutlich entwickelt. Vielfältige Kooperationen, neue ökumenische Dialoge und eine verstärkte öffentliche Wahrnehmung sprechen dafür. Mit Rat und Präsidium sind kompetente und arbeitsfähige Entscheidungsgremien am Werk; die Fachkreise für Ethik und Ökumene sowie die Beauftragten des Rates sorgen für die Qualitätssicherung der Arbeit. Die Vollversammlung ist hinsichtlich der Delegiertenzahl, wie in Budapest beschlossen, verschlankt und setzt neue Formen der Tagungsdidaktik um. Noch nie war die Präsenz der Mitgliedskirchen so hoch wie bei dieser Vollversammlung. Hier ist der Ort, um einen besonderen Dank an Dr. Jochen Kramm auszusprechen, der seit dem letzten Jahr mit der Vorbereitung der Vollversammlung mehr als zeitfüllend beschäftigt war. Aber es bleibt einiges zu tun: Die Öffentlichkeitsarbeit wird zu verstärken sein und die finanzielle Basis für die Zukunft zu sichern. Offen ist die Frage der Nachbesetzung ausscheidender Mitarbeitender ab Januar 2013. Hier ist die Geschäftsstelle auf die Unterstützung der Mitgliedskirchen angewiesen, für die ich im Interesse des zu bestellenden Generalsekretärs jetzt schon herzlich werben möchte. Generell ist die GEKE das, was ihre Mitgliedskirchen aus ihr machen wollen und machen können. Dass das Modell der Kirchengemeinschaft gelebte Wirklichkeit ist und aufgrund seiner theologischen Grundlegung noch viel an unausgeschöpftem Potenzial in sich trägt, sollte ein guter Grund sein, dass sich die evangelischen Kirchen Europas verstärkt in und für die GEKE engagieren.

## Schluss

Ulrich, der Mann ohne Eigenschaften und Hauptfigur im Jahrhundertroman Robert Musils, hat ein besonderes Verhältnis zur Religion. Sie merken schon, ich kehre zum Beginn zurück und würde damit gerne meinen Bericht beenden wollen. Der Mann ohne Eigenschaften ist nämlich ein »gläubiger Mensch, der bloß nichts glaubt«. Er ist der *homo optionalis*, der in den Möglichkeiten stecken bleibt und deshalb nicht einmal in der Lage ist, seine Wohnung einzurichten. Es könnte ja immer auch anders sein! Musil hat einen sehr modernen, zeitgenössischen Charakter entworfen. Er ist religiös, aber im Kern ohne Glauben. Als bloßer »Möglichkeitsmensch« entspricht er den »noch nicht erwachten Absichten Gottes«. Was ihm fehlt, ist das Evangelium, das in einem tieferen Sinn wirklich ist, wirklicher als alle empirisch erfassbare Realität. Ich halte es für ein besonderes Geschenk, dass wir all den *homines optionales*, die sich im Europa von heute einen Verständnisweg und einen Entscheidungsweg suchen, von diesem Evangelium sagen können und sagen sollen. In aller Verschiedenheit unserer Kirchen sind wir eins in diesem Auftrag, die Botschaft der Versöhnung mit Gott zu verkünden.

*Michael Beintker*

# Frei für die Zukunft

## Die evangelischen Kirchen zwischen Reform und Reformation

### I Wie frei sind wir für die Zukunft?

»Frei für die Zukunft«: So lautet das Thema dieser 7. Vollversammlung. »Frei für die Zukunft«: Das klingt entschlossen und mutig. Denn wer von uns kann ohne Weiteres von sich behaupten, dass er frei für die Zukunft sei? Es ist doch schon nicht selbstverständlich, dass man frei für die Gegenwart ist. Wie schnell verfehlt man das Heute und lebt an ihm vorbei! Und nun wird auch noch die Freiheit für die Zukunft behauptet.

Wer mit dem Eindruck nach Florenz gekommen ist, dass dieses Thema nicht nur Chancen in sich birgt, sondern ebenso voller Risiken steckt, und dass wir mit ihm mehr sagen, als wir eigentlich sagen dürften, spürt etwas Richtiges. Zukunft ist ein gewagtes Thema. Die Zukunft kommt als große Unbekannte auf uns zu, auch die Zukunft, die wir nach menschlichem Ermessen abschätzen können. Von welcher Zukunft reden wir überhaupt? Reden wir von 2014, angetrieben von der Unruhe, ob die Europäer im kommenden Jahr einen gangbaren Weg aus ihren finanzpolitischen Krisen gefunden haben werden? Denken wir an 2017, inspiriert von der Idee eines großartigen Reformationsjubiläums? Stellen wir uns das Jahr 2073 vor, in dem die Leuenberger Konkordie 100 Jahre alt werden wird? Oder versetzen wir uns gedanklich in das Jahr 2112, um uns zu fragen, ob es in hundert Jahren noch eine Erinnerung an unsere Vollversammlung geben wird?

2014, 2017, 2073 oder 2112 – wir könnten dieses Spiel mit beziehungsreichen Jahreszahlen nach allen Richtungen fortsetzen. Gemessen an den Intervallen geschichtlicher Verläufe und an der epochalen Zeitmatrix der Psalmen, nach der tausend Jahre vor Gott wie der Tag sind, der gestern vergangen ist (vgl. Ps 90,4), sind wir bei den genannten Daten eher zurückhaltend. Wir bleiben bei temporaler Überschaubarkeit.

Und doch weiß jeder, dass gerade diese Überschaubarkeit ein erhebliches Bündel an Sorgen in sich birgt. Nicht die Freiheit, sondern die Sorge ist nach Martin Heidegger der Modus, in dem sich der Mensch zur Zukunft verhält. Er sorgt für die Zukunft, und er sorgt sich um die Zukunft. Seine Sorge lebt in vielen Variationen: im Vorsorgen, Fürsorgen, Besorgen, aber immer auch im Sich-Sorgen und Sich-Sorgen-Machen. Jesus hat dem sein markantes »Sorget nicht!« entgegengesetzt (vgl. Mt 6,25–34), es reiche, dass jeder Tag seine eigene Plage habe (Mt 6,34).

Wenn uns die Sorgen gefangen nehmen und wir sie plötzlich nicht mehr beherrschen, kommt Angst auf und lähmt uns. Dann können wir im Blick auf die Zukunft genau das Gegenteil von Freiheit erleben – nicht mehr den lebensoffenen Mut zur Zukunft, an dem man die Freiheit für die Zukunft erkennen soll, sondern die furchtsame Flucht vor der Zukunft. Man vermeidet nach Möglichkeit jeden Gedanken an das Morgen, man träumt sich lieber in das Gestern, in eine anscheinend bessere Vergangenheit, zurück in die Sicherheit versprechenden Traditionen, die einem fast wie ein Paradies erscheinen, aus dem man gerade vertrieben wurde. Dann kann man sich an seine Traditionen wie an einen Anker klammern, etwa an die Traditionen seiner Gottesdienste, etwa an die Traditionen seiner Kirchenverfassungen und Ämterstrukturen oder auch an die Traditionen seiner Dogmatik und seiner Ethik. Angesichts der verstörenden Undurchsichtigkeit der Zukunft stellen die Maßstäbe der Vergangenheit einen beruhigenden Halt in Aussicht. Die christlichen Kirchen könnten manches Lied davon singen.

Es ist schon eine Kostbarkeit, *frei* zu sein und die Freiheit zu leben, zu der man im Glauben befreit worden ist. Erst recht ist es ein großes Geschenk, frei für die Zukunft zu sein. Niemand kann von sich aus frei für die Zukunft sein. Man denke nur daran, wie die Menschen alljährlich das neue Jahr begrüßen. Wie auf Knopfdruck breitet sich überall eine irgendwie programmierte und darin künstlich anmutende Heiterkeit aus, Albträume verschwinden für einen Augenblick hinter den Kaskaden des Feuerwerks und der Champagner erschwingt den sorgenfreien Übergang vom alten zum neuen Jahr. Nichts gegen Heiterkeit, Feuerwerk und Champagner! Man soll die Feste feiern, wie sie fallen. Aber niemand wird durch Feuerwerk und Champagner frei für die Zukunft. Wie man es auch nicht durch das entschlossene »Vorwärts!« derjenigen geschafft hat, die uns vor noch nicht allzu langer Zeit von besseren Zeiten schwärmten und dann vom Fall des Eisernen Vorhangs aus ihren Illusionen aufgeschreckt wurden.

Niemand ist von sich aus frei für die Zukunft. Die vor uns liegende Zeit erleben wir als den Inbegriff des Undurchschaubaren. Das Undurchschaubare ist das Unheimliche. Wenn es sich aus naheliegenden Gründen auch noch mit der Angst verbündet, ist es um die Freiheit geschehen. Aus diesem Grund möchte kaum jemand exakt wissen, was ihm die Zukunft bringen wird.

Die christliche Gemeinde weiß allerdings um den weiten Horizont, in dem man die Freiheit für die Zukunft spüren und sich zur Freiheit für die Zukunft befreien lassen kann. Das ist der Horizont, der uns durch Ostern, durch die Auferweckung des gekreuzigten Jesus Christus geöffnet wird.

Ein besonders wichtiges Zeugnis dieser Horizonterweiterung bieten die Reden, die Jesus nach dem Bericht des Johannes vor seiner Gefangennahme im Kreis der Jünger gehalten hat (vgl. Joh 14–16). Es hat sich eingebürgert, diese Reden als »Abschiedsreden« zu bezeichnen. In Wirklichkeit sind es *Zukunfts*reden. Denn Jesus zeigt den Jüngern, die nicht wissen, wie sie die Zeit ohne ihn bestehen können und alles andere als frei für die Zukunft sind, wie sie die Zukunft meistern werden. Er verspricht ihnen den *Parakleten*, den Heiligen Geist, der sie lehrt, erinnert, mahnt und tröstet: »... er wird euch alles lehren und euch an alles erinnern, was ich euch gesagt habe« (Joh 14,26). Er gibt ihnen das Gebot der Liebe: »Das ist mein Gebot, dass ihr euch untereinander liebt, wie ich euch liebe.« (Joh 15,12). Er verheißt ihnen die innigste Beziehung, die zwischen ihm und ihnen denkbar ist: »Bleibt in mir und ich in euch ... Wenn ihr in mir bleibt und meine Worte in euch bleiben, werdet ihr bitten, was ihr wollt, und es wird euch widerfahren« (Joh 15,4a.7). Ihr Weg wird nicht ohne Anfechtungen, nicht ohne Schmerzen, nicht ohne den Hass der Welt verlaufen (vgl. Joh 15,18–27; 16,20–33). Aber es ist der Weg der Freiheit. Sie werden traurig sein, doch ihre Traurigkeit wird in Freude verwandelt werden (vgl. Joh 16,20). Freude, in der alles ganz leicht wird, ist ein untrügliches Kennzeichen der Freiheit.

Drei Dinge werden in diesen Zukunftsreden besonders hervorgehoben: die enge Verbundenheit mit Jesus Christus, das Vertrauen auf das Kommen des Geistes und die Praxis der Liebe. Man könnte auch sagen: Die christliche Gemeinde wird frei für die Zukunft, wenn sie den Gekreuzigten und Auferstandenen als ihren Lebensgrund begreift, wenn sie um das Kommen des Heiligen Geistes bittet und wenn ihre Lebensäußerungen von den Energien der Liebe durchdrungen sind. Christusbindung, Geistverheißung und Liebesgebot sind die elementarsten Zukunftsprinzipien der Kirche Jesu Christi. Mehr wäre nach dem vierten Evangelium nicht nötig. *Satis est.*

Ein *Satis est,* das wissen wir aus den Reaktionen auf den siebten Artikel der Confessio Augustana, weckt Skepsis. Ob das nicht schon zu anspruchsvoll gedacht ist, vor allem im Blick auf die Erwartungen an den Geist und die Liebe, ob mit diesen Grundsätzen die Tücken des Alltags erfasst werden oder ob diese Grundsätze in ihrer simplen Richtigkeit nicht auf theologische Banalitäten hinauslaufen – solche und ähnliche Einwände liegen auf der Hand. Lassen wir uns davon nicht gleich verunsichern. Das Anspruchsvolle, das Prinzipielle und das Einfache können durchaus miteinander koalieren. Wir bleiben dabei: Frei für die Zukunft werden wir mit Christus, durch den Heiligen Geist, in der Liebe. Alles andere kann dazukommen. Aber ohne diese drei Momente kann alles andere nicht zur Zukunft befreien.

Die Christusbindung ist die tragende Größe, die Wurzel jeder Zukunftsfreiheit. Wenn Jesus sich mit dem Weinstock und uns mit den Reben vergleicht (vgl. Joh 15,1–8), dann sieht man, dass die Freiheit für die Zukunft aus Christus wächst und von ihm gespeist wird. Der uns vertraute ekklesiologische Gedanke, dass der Herr der Kirche der Grund der Kirche ist und dass deshalb die Kirche Jesu Christi als sein Leib verstanden werden darf, kann sich auf Jesu Bitte stützen: »Bleibt in mir und ich in euch. Wie die Rebe keine Frucht bringen kann aus sich selbst, wenn sie nicht am Weinstock bleibt, so auch ihr nicht, wenn ihr nicht in mir bleibt.« (Joh 15,4) Ekklesiologie und Christologie gehören untrennbar zusammen. Das merkt man auch hier.

Wir können freilich noch einen Schritt weitergehen. Wir können auch die Zukunft, für die wir mit Christus, durch den Heiligen Geist, in der Liebe frei werden, in das Christusbekenntnis einzeichnen. Die Zukunft steht seit Ostern unter der Verheißung seines Kommens. Der auf uns zukommende Herr nimmt die auf uns zukommende Zeit gewissermaßen in seine Hände und bindet sie an sich. Er ist bei uns »alle Tage bis an der Welt Ende« (Mt 28,20) und erst recht danach, erst recht im Sterben, erst recht im Gericht und erst recht in der Herrlichkeit des Reiches Gottes.

Damit ist das Diktat der Vergänglichkeit und des Todes, dem die Zukunft ohne Christus ausgeliefert wäre, um seine Macht gebracht. Und die Rätsel, von denen unsere Zukunftsgedanken so massiv gestört werden, verlieren ihre Bedrohlichkeit. Denn im eigentlichen und tiefsten Sinne trägt die Zukunft nun den Namen Jesu Christi. Es gibt keine Zukunft ohne seinen Advent. Sein Advent ist unsere Zukunft. So werden wir frei für die Zukunft, weil der kommende Christus unsere Zukunft ist, das Alpha und das Omega, »der Erste und der Letzte und der Lebendige« (Apk 1,8.17–18).

## 2 Ungeborgenheit: einige Bemerkungen zur Säkularität Europas

Mit der Verheißung seines Kommens macht Christus seine Gemeinde frei für die Zukunft. Das können wir uns nicht oft genug sagen lassen. Wenn wir uns umsehen, bemerken wir, dass das Kommen Jesu Christi vielen Menschen nichts bedeutet und keinen Einfluss auf ihre Haltung zur Zukunft hat. Das Evangelium ist für sie verstummt. Man sagt sogar, dass sie bereits vergessen haben, dass sie Gott vergessen haben (Wolf Krötke). Jedenfalls ist das in vielen Regionen Europas so. Das heutige Europa ist derjenige Kontinent, auf dem sich Religionslosigkeit zu einem Massenphänomen entwickelt hat. Wir stehen ratlos vor einer Entwicklung, von der fast alle großen Kirchen in Europa betroffen sind, keineswegs nur die Protestanten, denen mancher nachsagt, dass sie mit ihrer fröhlichen Respektlosigkeit gegenüber klerikalen Hierarchien und Zwängen großen Anteil an ihr gehabt hätten. Man hat den Vorgang als »Säkularisierung« beschrieben und als Ergebnis der europäischen Aufklärung des 18. Jahrhunderts gedeutet. Die damit verbundene Diagnose besagt, dass die Welt, in der wir leben, immer weltlicher werde und sich mit mentalitätsgeschichtlicher Gesetzmäßigkeit von religiöser Autorität und Beeinflussung abkehre.

Doch reicht eine solche Charakterisierung aus? Ihr Vorzug, einen epochalen geistigen Umbruch möglichst wertneutral und schmerzarm zur Kenntnis zu nehmen, könnte auch ihr Nachteil sein. Die Irritationen, die damit verbunden sind, die Anfechtung, dass die Gemeinde Jesu Christi entgegen dem Sendungsauftrag ihres Herrn (vgl. Mt 28,19 f; Act

1,8) immer kleiner wird, geraten aus dem Blick. Die geistliche Frage, was Gott uns zeigen will, wenn er uns in diesem Europa gewissermaßen durch eine Wüste schickt, die in religiöser und weltanschaulicher Hinsicht an vielen Stellen so gut wie ausgetrocknet ist, und was er in dieser Situation von uns erwartet, braucht nicht mehr gestellt zu werden. Und es bleibt unklar, was der Mensch verloren hat, dem das Evangelium nichts mehr bedeutet und der Christusbezug seiner Zukunft abhanden gekommen ist. Eine solche Unklarheit ist in theologischer Hinsicht verhängnisvoll. Wenn man nicht mehr sehen kann, welche Folgen der Verlust des Glaubens für die von ihm betroffenen Menschen hat, kann man auch nicht mehr wahrnehmen, was man ihnen vorenthält, wenn man ihnen das Christuszeugnis schuldig bleibt. Man hat sie dann als künftige Geschwister im Glauben faktisch schon aufgegeben.

Der Verlust des Glaubens hat viele Facetten. Im Blick auf die menschliche Selbsterfahrung lässt er sich am treffendsten als Ungeborgenheit charakterisieren. Darauf war schon der Philosoph Karl Jaspers aufmerksam geworden, der in einer im Jahre 1931 veröffentlichten kritischen Zeitanalyse[1] die Situation des modernen Menschen als Situation der Ungeborgenheit charakterisiert hat. »Der *ungeborgene Mensch* gibt dem Zeitalter die Physiognomie«[2], so lautet einer der entscheidenden Sätze seines Buches »Die geistige Situation der Zeit«. Die Beobachtung dieses durchaus kirchenkritischen Denkers ist brennend aktuell geblieben.

Jeder Mensch verträgt in einem begrenzten Ausmaß Ungeborgenheit und muss sie vertragen können. Sie ist ein Merkmal seiner Mündigkeit. Der mündige Mensch ist der Geborgenheit gewährenden Beheimatung im Elternhaus entwachsen. Von ihm erwartet man, dass er die Kraft zum Daseinsmut, zur Eigenständigkeit und damit auch zur Ungeborgenheit aufzubringen vermag. Aber eine Ungeborgenheit als solche, eine Situation absoluter Ungeborgenheit, ist nicht lebbar. Die Ungeborgenheit muss immer von einer noch größeren und stärkeren Geborgenheit umfasst und begrenzt werden. Sonst würde man von der Ungeborgenheit zerstört werden.

---

[1] K. Jaspers, Die geistige Situation der Zeit [[1]1931]. Achter Abdruck der im Sommer 1932 bearbeiteten 5. Auflage, Berlin/New York 1979.

[2] A. a. O. 134.

Für die Bibel ist Glaube das Wort für die Gewissheit, inmitten der größten Ungeborgenheit eine noch größere Geborgenheit erfahren zu dürfen. »Von allen Seiten umgibst du mich und hältst deine Hand über mir« (Ps 139,5): In der Gewissheit, buchstäblich von allen Seiten von der Gegenwart des lebendigen Gottes umschlossen zu sein, gründet der Daseinsmut, der sich in einzigartiger Weise in diesem Psalm mitteilt. Mag kommen was will, und sei es der Tod als Zumutung der Ungeborgenheit schlechthin, »so würde auch dort deine Hand mich führen und deine Rechte mich halten« (Ps 139,10). Der so in Gottes Gegenwart geborgene Mensch weiß sich in allen Anfechtungen gehalten. Er empfängt den Mut, der Verzweiflung zu widerstehen und den Leiden standzuhalten. Ja, auch im Leiden noch erfährt er sich getröstet und von Gott gehalten. Wir begegnen solchen Menschen auch heute. Mancher erinnert sich vielleicht an einen Besuch auf der Krebsstation. Angstvoll und niedergeschlagen ist er an das Bett des Sterbenskranken getreten. Und dann gab es ein Gespräch, das den Besucher in unerwarteter Weise aufrichtete. Er selber wurde getröstet, obwohl er doch eigentlich gekommen war, um dem kranken Freund ein wenig Zuversicht zu vermitteln. In solchen Situationen behauptet sich eine Geborgenheit, die dem Weg zum Sterben deutlich überlegen ist.

Eine derartige Situation hatte Jaspers freilich nicht vor Augen, als er den ungeborgenen Menschen, der dem Zeitalter die Physiognomie gebe, zu porträtieren suchte. Der von Jaspers anvisierte Zeitgenosse weiß sich gerade nicht mehr in Gott geborgen. Er ist seiner Daseinsangst hilflos ausgeliefert, weil er den Kontakt zu Gott und damit zur Quelle seines Daseins verloren hat. Jaspers hat das sehr markant formuliert: »Der *ungeborgene Mensch* gibt dem Zeitalter die Physiognomie, sei es in der Auflehnung des Trotzes, sei es in der Verzweiflung des Nihilismus, sei es in der Hilflosigkeit der vielen Unerfüllten, sei es im irrenden Suchen, das endlichen Halt verschmäht und harmonisierenden Lockungen widersteht. Es gibt keinen Gott, ist der anschwellende Ruf der Massen; damit wird auch der Mensch wertlos, in beliebiger Zahl hingemordet, weil er nichts ist.«[3]

Gewiss würde man das heute anders, vorsichtiger, dezenter ausdrü-

3 Ebd.

cken. Auch die Erscheinungsformen der Ungeborgenheit lassen sich variieren und weniger dramatisch darstellen. Aber das ändert nicht das Mindeste an der Dramatik des Vorgangs selbst. Wer Gott preisgibt, der gibt sich selber preis. Die Entwertung Gottes führt zur Preisgabe des Menschen. Das sind Aussagen, die wir eher von einem Propheten als von einem Philosophen erwarten. Es ist auch durchaus zweifelhaft, ob Jaspers im Jahr 1930, als er diese Sätze niederschrieb, an den nahenden Nationalsozialismus dachte, der sich dann ja tatsächlich anschickte, den Menschen in beliebiger Zahl hinzumorden. Der weitere Verlauf des 20. Jahrhunderts hat jedenfalls in unheimlicher Weise die Jaspersche Diagnose bestätigt, dass der ungeborgene Mensch zum Anstifter von Unheil geradezu prädestiniert ist. Und was wir in diesem neuen Jahrhundert schon alles erleben mussten, trägt nicht gerade zur Beruhigung bei.

Natürlich lassen sich noch andere Erklärungen finden. Es wäre jedoch kurzschlüssig, wenn wir den Zusammenhang zwischen der Unberechenbarkeit des seines Haltes an Gott beraubten Menschen und den humanitären Katastrophen der Zeit übersehen oder gar bewusst ignorieren würden. Der ungeborgene Mensch wird auf sich selbst zurückgeworfen. Er verliert das Gespür für Transzendenz, für jene Dimension also, aus der er stammt, für die er bestimmt ist und auf die er hingeht, verliert das Gespür für den Daseinssinn, für seinen Ursprung und seine Bestimmung. Er verhält sich wie ein Radar ohne Koordinaten.

Einen ganz frischen Hinweis auf die dramatischen Folgen der Ungeborgenheit bietet ein Interview, das der Sozialwissenschaftler und Zukunftsexperte Meinhard Miegel im August dieses Jahres einer großen deutschen Tageszeitung gegeben hat.[4] Darin ging es um die Zukunft des in die Krise geratenen Europas. Miegel warnte vor illusionären Strategien und immer größeren Rettungsschirmen; mit der Krise klinge eine lange historische Periode aus, der unvermeidlich etwas Neues, verbunden auch mit neuen Chancen, folgen werde. Im Verlauf des Gesprächs kam er darauf zu sprechen, dass die heutigen Menschen vor einer Fülle von Lebensoptionen stehen, die viele vollkommen überfordern, weil ihnen ein

[4] Das System ist am Ende, aber das Leben geht weiter [Gespräch mit Meinhard Miegel], Frankfurter Allgemeine Zeitung vom 11. August 2012, 33.

»Mindestmaß an gesellschaftlicher Orientierung und damit an Geborgenheit« fehle.[5]

Die nun schon systemische Überforderung sei ein Phänomen unserer Zeit. »Wenn junge Menschen erklären: Eine dauerhafte Beziehung oder gar ein Kind, das trauen wir uns nicht zu, dann stimmt etwas nicht bei ihnen und im gesellschaftlichen Gefüge.«[6] »Wir trauen uns das nicht zu« – das ist die Sprache der gesteigerten Ungewissheit, die sich spiegelbildlich zu einem Sicherheitsverlangen verhält, das schon wegen der Unwägbarkeiten der Zukunft niemals erfüllbar ist. Der die Fragen stellende Journalist kam auf die heute existierende mittelständische Industrie zu sprechen, die Coaching und Therapien anbiete und bis zu den Schamanen alles im Angebot habe. Miegel sah darin eine Bestätigung seiner Diagnose. Der moderne Mensch brauche »zahllose Krücken«, antwortete er, »weil er keine eigene Verankerung mehr hat«[7]. Die Frage, die sich hier aufdrängt (und die Miegel nur durchscheinen ließ), lautet: Wie werden die Menschen in Europa, die sich in einer Welt des anscheinend unbegrenzten ökonomischen Wachstums eingerichtet haben, mit den Einschränkungen und politischen Zumutungen zurechtkommen, die sie zu verkraften haben werden, wenn sich die finanziellen Rettungsschirme als Spekulationsblasen der offiziellen Politik erweisen sollten?

Die Ungeborgenheit, die den Menschen nach der Verabschiedung Gottes erwartet, ist nicht auszuhalten: »Eine nie gewesene Öde des Daseins wird fühlbar«[8] – hieß es bei Jaspers –, gegen sie müssen alle Register der Beruhigung und der Zerstreuung gezogen werden. Die Glaubenslosigkeit des modernen Menschen in der Welt seiner technischen Apparatur betrachtete er als eine »Anklage« an die Adresse der Philosophie (und gewiss auch der Theologie)[9]. Der Fortschritt sei mit der »seelische[n] Verkümmerung Unzähliger«[10] erkauft worden. Man sei in eine Lage geraten, in der sich »allein der blinde Wille zum Anderswerden der Zu-

5 Ebd.

6 Ebd.

7 Ebd.

8 Jaspers, a. a. O. 21.

9 Vgl. a. a. O. 129.

10 Ebd.

stände und seiner selbst [behauptet]. Die Bereitschaft wächst; denn der Mensch ist nicht fähig, nicht zu glauben«.[11]

Die Beobachtung, dass der Mensch nicht fähig ist, *nicht* zu glauben, widerstreitet einer gängigen Auffassung von Säkularisierung und Entkirchlichung, nach der die Menschen den Verlust ihres Glaubens an Gott folgenlos verschmerzen. Das geht eben nicht spurlos an ihnen vorüber. Die vakant gewordene Position des Glaubens muss irgendwie neu besetzt werden. Das ist die große Stunde der Glaubenssurrogate: der Ideologien und Weltanschauungen mit ihren Heilsversprechen oder Orientierungsangeboten, des Körperkults und des Lifestyle-Designs, der Tourismusbranchen und der Freizeitindustrien und nicht zuletzt der Esoterik. Sie alle suggerieren Geborgenheit: in der Masse der Fans, im beseligenden Gefühl, dieser oder jener Bewegung anzugehören oder auch in der bewusst gewählten Einsamkeit des Mega-Kicks am Bungee-Seil, das mich im jagenden Adrenalinstoß des höchsten Glaubens an mich selbst versichert.

Menschen, die sich in der Geborgenheit des Glaubens an Gott wahrnehmen, leben von der großen Hoffnung, dass Gott die Verheißungen wahr macht, die er den Menschen zugesagt hat: den Advent Jesu Christi, den neuen Himmel und die neue Erde, das Kommen des Gottesreichs. Sie wissen: Das Beste kommt erst noch, der Himmel ist gewissermaßen vor uns; ihn erwarten wir als Realisierung eines Auferstehungsfestes für die immer noch vom Tod gezeichnete Schöpfung. Und weil das Beste erst noch kommt, können diese Menschen gegenüber den Unbilden des Lebens und der Zeit Geduld entwickeln, Standfestigkeit und jenen Humor, der auch am Leiden gereift und durch die Anfechtung gegangen ist. Im heutigen Europa werden solche Menschen dringender gebraucht als je zuvor.

## 3 Reform und Reformation

Was können die evangelischen Kirchen in Europa in dieser Situation tun? Was können sie – und dies auch gemeinsam mit ihren ökumenischen Geschwistern – unternehmen, um Wege zu öffnen, die aus der

---

[11] A. a. O. 130.

Ungeborgenheit in die Geborgenheit des Glaubens führen? Was heißt es, im Europa des 21. Jahrhunderts in Zeugnis und Dienst für das Evangelium einzutreten?

Die Kirchen der GEKE sind von diesen Fragen bewegt und umgetrieben. Bei näherem Hinsehen handelt es sich um die Fragen einer ganzen Epoche. In den vergangenen 100 Jahren hat es so gut wie kein Jahrzehnt gegeben, in dem die evangelischen Kirchen nicht immer wieder intensiv über Veränderungen in ihren Denkweisen, in ihrer Organisation, in ihren Gemeindestrukturen und in ihrer Zeugnispraxis nachgedacht hätten. Die Aufgaben der Erneuerung und der Reform haben sich auf diese Weise zu einem evangelischen Dauerthema entwickelt, das uns in regelmäßig wiederkehrenden Abständen beschäftigt. Können wir darauf stolz sein? Kommt darin zum Ausdruck, dass Reformen essenziell zum Wesen einer reformatorischen Kirche gehören? Immerhin gibt es einen engen etymologischen Zusammenhang zwischen Reform und Reformation. Oder müssen wir hinter den Reformanstrengungen eher angespannte Nervosität vermuten? Denn es fällt nicht selten unangenehm auf, dass der Gang der Dinge den Wirkungen, die man mit einer Reform zu erreichen bemüht war, mit Riesenschritten davongeeilt war.

Zwischen Reformpathos und Reformpotenzial besteht jedenfalls ein Unterschied. Die Ergebnisse einer Reform weichen zumeist nicht unbeträchtlich von den Reformzielen ab. Hinzu kommt der semantische Verschleiß, den das Wort »Reform« inzwischen erlitten hat. Dafür sind freilich nicht so sehr die Kirchen, als vielmehr die politischen Akteure verantwortlich, die das Wort »Reform« zu den beliebtesten Begriffen ihrer Sprache gemacht haben. Politisches Handeln möchte sich in der modernen, freiheitlich-demokratisch verfassten Gesellschaft vor allem als Wille zur Reform präsentieren: zur Reform des Arbeitsmarktes, zur Reform der öffentlichen Finanzen, zur Reform der Sozialsysteme oder zur Reform des Bildungswesens. Reformversprechen entscheiden über den Ausgang von Wahlen.

Hinterher kommt die Ernüchterung. Es wurde reformiert, aber die Verhältnisse wurden nicht besser. Sie wurden nur anders und blieben auf eine eigentümliche Weise weiter reformbedürftig. Es kamen neue Politiker und Politikerinnen, und diese reformierten weiter. Die Kosten für das offensichtlich wenig erfolgreiche Reformieren tragen die steuerzahlenden Bürger. Angesichts solcher Verhältnisse dürften nicht wenige

Menschen das Wort »Reform« in öffentlichen Reden nur noch mit Skepsis hören. Sie fragen sich: Warum muss jede Veränderung, die durch den Gang der Dinge erzwungen wird, gleich als *Reform* bezeichnet werden? Die öffentlichen Einnahmen sinken und haben drastische Einschnitte zur Folge. Man spricht aber nicht vom Abbau von Arbeitsplätzen oder von Sparmaßnahmen im Bildungsbereich, sondern von Maßnahmen zur Reform des Arbeitsmarktes im Zeitalter der Globalisierung oder von einer neuen Stufe der Hochschulreform – und praktiziert damit eine elegante Form der Problemverschleierung.

Es ist sehr zu wünschen, dass in den Kirchen der Reformation, die einen erheblichen Anteil an der produktiven Wortgeschichte und modernen Karriere des Reformbegriffs haben, anders – und das heißt: nachdenklicher, besonnener und vor allem ehrlicher – von Reformen gesprochen wird. Der Impuls zu *echten* Reformen und damit zur wirksamen Erneuerung bei der Wahrnehmung ihres Auftrags ist ihnen von Anfang an mit auf den Weg gegeben.

Im Schlussteil von Martin Luthers Erläuterungen zu den 95 Thesen findet sich der Satz: »Die Kirche bedarf der Reformation.«[12] Es handelt sich hier freilich nicht um eine unmittelbare Gestaltungsdirektive, sondern um eine *theologische* Aussage. Reformation, so erläutert Luther, sei nämlich nicht Sache eines einzelnen Menschen, des Papstes, auch nicht vieler Kardinäle, »sondern Sache des ganzen Erdkreises, nein Gottes allein. Die Zeit aber dieser Reformation weiß allein der, der die Zeiten geschaffen hat«.[13] Das bezog sich auf die damals überall in der Luft liegende Forderung nach einer Erneuerung der Kirche an Haupt und Gliedern. In dieser Situation hat Luther nicht unmittelbar auf das geschaut, was Menschen zur Erneuerung der Kirche tun können. Er hat die Erneuerung zuerst und zuletzt als *Gottes* Sache betrachtet. Er wollte damit bewusst machen: Wer hier gestalten und umgestalten möchte, kann das nicht tun, ohne sich durch die Heilige Schrift belehren zu lassen, ohne zu beten und ohne theologisch nachzudenken. Eine Reformation der Kirche kann man nicht *machen*. Sie ist ein Geschehen, das Gott zum Urheber hat.

---

[12] WA 1, 627.

[13] Ebd.

Luthers Betrachtungsweise regt dazu an, das Wesen der Reformation so genau wie möglich theologisch zu bestimmen. Wir hatten vor dem Hintergrund von Joh 14–16 Christusbindung, Geistverheißung und Liebesgebot als die elementarsten Zukunftsprinzipien der Kirche betrachtet. Die Reben leben von ihrer festen Bindung zum Weinstock. Sie können sich aber auch vom Weinstock lösen. Dann verdorren sie (vgl. Joh 16,4.6). Damit ist gesagt, dass die Christusbindung der Kirche vital sein kann, aber auch, dass sie sich abschwächen und abreißen kann. Dann ist das Vertrauen auf Christus verflogen; die Kirche ist gezwungen, die Kraft für Zeugnis und Dienst ausschließlich aus ihren eigenen Fähigkeiten zu ziehen. Das wiederum hat zur Folge, dass jede Menge fremder Geister einwandern – die Palette reicht vom Geist der Identitätskrise bis zu allen möglichen Spielarten des Zeitgeistes –, während sich Gottes guter Geist abwendet und aus der Kirche auszieht. Dann aber versiegen die Energien der Liebe. Zwar wird viel von Nächstenliebe, Mitmenschlichkeit und Diakonie gesprochen. Man kann sich bei der Gestaltung karitativer und sozialer Programme sogar übertreffen, aber jeder spürt, dass darauf kein rechter Segen liegt.

In einer solchen Situation ist Reformation die Bewegung der Umkehr zu Jesus Christus als dem wahren Weinstock. Sie ist die Umkehrbewegung, in der die Kirche aus ihrer Christusvergesslichkeit, aus ihrer Geistlosigkeit und aus ihrer zur Routine erstarrten Liebe befreit wird. Sie ist gewissermaßen die »Reformatierung« der Kirche im Christusgeschehen, sie ist ihre Befreiung zur Zukunft. Sie ist die Wende von einer Situation, in der die Kirche ängstlich, aber durchaus auch feierlich, zuerst an sich selbst interessiert ist, hin zu einer Situation, in der sie sich als Leib Christi erkennt und sich ganz als sein Eigentum versteht. Nur diejenige Kirche, die in dieser Weise zu Christus umkehren kann und tatsächlich auch umkehrt, ist frei für die Zukunft. Es geht um die Wiederherstellung eines Zustands, in dem eine von ihrer Christusbindung entfremdete Kirche wieder ganz bei Jesus Christus als ihrem Grund und Ursprung ist.

Ein prominentes Beispiel für eine solche Umkehrbewegung in der jüngeren Geschichte der evangelischen Christenheit ist die Barmer Theologische Erklärung von 1934, in der die Synodalen der Bekennenden Kirche in Deutschland in einer Situation höchster kirchlicher Selbstentfremdung die entschlossene Umkehr zum Ursprung der Kirche vollziehen wollten – zu Jesus Christus als dem *einen* Wort Gottes, »das wir zu hören, dem wir im Leben und im Sterben zu vertrauen und zu gehorchen haben«[14]. Die Kirche, die immer wieder im Begriff ist, von ihrer genuinen Form, von ihrer Authentizität als Kirche Jesu Christi, abzuweichen oder abzufallen, soll durch Reformation zu ihrem Ursprung zurückgeführt und aus ihrem Ursprung in Jesus Christus heraus ihre Authentizität zurückerhalten.

Die in diesem Sinne verstandene Reformation ist bei Weitem mehr als ein geschichtliches Phänomen des 16. Jahrhunderts, an das wir uns anlässlich seines bevorstehenden Jubiläums lediglich ehrfürchtig erinnern könnten. Sie ist kein konfessionelles Privileg der evangelischen Konfessionsfamilie, kein den Protestanten vorbehaltenes Erbgut. Sie will vielmehr als der Urimpuls für die Bewegung verstanden werden, in der die Kirche Jesu Christi jeweils neu an den wahren Weinstock gebunden wird. Diese Bewegung hat die Kirche durch alle Epochen hindurch begleitet. Man kann vielleicht sagen, dass es den Evangelischen im 16. Jahrhundert in besonders dramatischer Weise beschieden war, die heilsame Kraft dieser Umkehrbewegung zu erfahren. Aber Reformation – theologisch als Umkehrbewegung verstanden – ist alles andere als ein protestantisches Sondergut – sie ist der entscheidende Schritt, der Grundrhythmus der Hinwendung der Kirche zu ihrem Herrn. So ist Reformation von vornherein eine ökumenische Kategorie. Sie darf nicht konfessionell verengt, sie muss transkonfessionell verstanden werden. Sie will aus dem Weg räumen, was zwischen den Christen und Christus steht. Sie spaltet nicht, sie dient vielmehr der Einheit, indem die getrennten Kirchen in der Hinwendung zu Jesus Christus zusammengeführt werden. Wir übersehen das oft, weil unseren Ekklesiologien das Kapitel *De ecclesiae reformatione* fehlt und wir die Erneuerungsbedürftigkeit der Kirche aus den Augen verlieren, wenn wir Wesen und Auftrag der Kirche reflektieren.

Dabei wird zwischen Reformation und Reform zu unterscheiden sein. Trotz der Wortverwandtschaft und einer sich kreuzenden Wortgeschichte besteht zwischen ihnen ein Unterschied. Reformation zielt auf die Ge-

---

[14] These 1 der Theologische[n] Erklärung zur gegenwärtigen Lage der Deutschen Evangelischen Kirche, zitiert nach: Die Barmer Theologische Erklärung. Einführung und Dokumentation, hg. von Martin Heimbucher und Rudolf Weth, Neukirchen-Vluyn $^{7}$2009, 37.

staltwerdung der Christusbeziehung und damit auf die Erneuerung des Wesenskerns der Kirche. Reformen zielen auf die erneuernde Gestaltung des kirchlichen Lebens – auf Änderungen in Organisation, Praxis und Struktur. Sie dürfen einen Zug ins Pragmatische haben. Während es bei der Reformation einer Kirche tatsächlich um einen tiefgreifenden Vorgang der Erneuerung geht, haben es Reformen eher mit dem Vorletzten zu tun, mit den alltäglichen Gestaltungs- und Organisationsformen des kirchlichen Lebens, die etwa für neue Herausforderungen und aktuelle Entwicklungen geöffnet und geändert werden müssen. Keine Reform ist so anspruchsvoll wie eine Reformation, und man tut gut daran, Reformen nicht wie reformatorische Aktionen zu behandeln. Aber auch für Reformen gilt, dass man sie nicht ohne Belehrung durch die Heilige Schrift, ohne Gebet und ohne theologische Orientierung angehen kann. Insofern sind gelingende Reformen auf lebendige reformatorische Impulse angewiesen und unmittelbar von ihnen abhängig. Wir können sogar sagen, dass solche Impulse die bedeutendste Inspirationsquelle für gelingende Reformen sind. Auf jeden Fall verhindern sie die sich häufig einstellende Tendenz zur Verselbständigung des Pragmatischen, zum Eigenleben des Organisatorischen und zur Abkopplung von geistlicher oder theologischer Orientierung.

## 4 Zeugnis und Dienst in der Freiheit für die Zukunft

Die Kirchen der Reformation »gingen aus von einer neuen, befreienden und gewissmachenden Erfahrung des Evangeliums«, heißt es in der Leuenberger Konkordie (LK 4). Und weiter: »Übereinstimmend haben sie deshalb bekannt, dass Leben und Lehre an der ursprünglichen und reinen Bezeugung des Evangeliums in der Schrift zu messen sei. Übereinstimmend haben sie die freie und bedingungslose Gnade Gottes im Leben, Sterben und Auferstehen Jesu Christi für jeden, der dieser Verheißung glaubt, bezeugt. Übereinstimmend haben sie bekannt, dass Handeln und Gestalt der Kirche allein von dem Auftrag her zu bestimmen sind, dieses Zeugnis in der Welt aufzurichten, und dass das Wort des Herrn jeder menschlichen Gestaltung der christlichen Gemeinde überlegen bleibt.« (ebd.)

Das Evangelium kommt freilich nicht in zeitlosen Sätzen auf uns zu, die wie die mathematischen Formeln keine Rücksicht auf unser Befinden nehmen. Es kommt als konkrete Anrede zu konkreten Menschen in ganz bestimmten Situationen. Es zeichnet sich durch seelsorgliche Zuwendung aus. So sieht die Konkordie auch einen Unterschied zwischen dem grundlegenden Zeugnis der reformatorischen Bekenntnisse und »ihren geschichtlich bedingten Denkformen« (LK 5). »Weil die Bekenntnisse das Evangelium als das lebendige Wort Gottes in Jesus Christus bezeugen, schließen sie den Weg zu dessen verbindlicher Weiterbezeugung nicht ab, sondern eröffnen ihn und fordern auf, ihn in der Freiheit des Glaubens zu gehen.« (ebd.) Man kann auch sagen: Jesus Christus als das lebendige Wort Gottes eröffnet den Weg zur verbindlichen Weiterbezeugung des Evangeliums in der Freiheit des Glaubens.

Oft wird behauptet, dass die Grundfrage der Reformation nach Gottes Gnade nicht mehr das Problem des heutigen Menschen sei. Daran ist richtig, dass der heutige Mensch so in der Regel nicht fragt, jedenfalls in Mitteleuropa nicht. Die Angst, nicht von Gott geliebt zu werden, keine Vergebung zu erfahren und das Heil zu verlieren, scheint ihn nicht mehr zu quälen. Aber ist das so? Die Angst jedenfalls ist noch da, auch wenn es »nur« die Angst vor den Unwägbarkeiten der Zukunft ist.

Und das Trauma der Ungeborgenheit hat sich, wenn wir Jaspers folgen, gegenüber der Situation des 16. Jahrhunderts noch verschärft, so dass sich Ungeborgenheit zur Epochensignatur eignet. Die Angst vor dem Verlust des Heils manifestiert sich in neuen Formen und Varianten: Bin ich überhaupt wichtig? Hat mein Leben einen Sinn? Werde ich geliebt? Kann ich überhaupt Liebe geben? Wem kann ich noch vertrauen? Was gilt noch? Wo finde ich meine Freiheit? Heilsangst wäre dann die Angst vor der eigenen Bedeutungslosigkeit, wäre die Angst vor der entzogenen Aufmerksamkeit, wäre die Angst vor der verweigerten Anerkennung, wäre die Angst vor der Unfähigkeit zu lieben, wäre die Angst vor der Zerstörung allen Vertrauens, wäre die Angst vor dem grenzenlosen Relativismus, der alles (und damit auch mich selbst) beliebig werden lässt – wäre am Ende die Angst vor dem absoluten Nichts.

Es wird uns oft zur Anfechtung, dass wir ausgerechnet in den Kontexten des Glaubensverlusts das Evangelium bezeugen sollen. Die Angst vor der Bedeutungslosigkeit, die so viele Menschen umtreibt, kann auch die christlichen Kirchen ergreifen. Aber beachten wir: Christus ist nicht bedeutungslos. Also können es auch nicht die Kirchen sein, die das Evangelium in Zeugnis und Dienst verkündigen. Und auch diejenigen Menschen sind nicht bedeutungslos, die sich deshalb für bedeutungslos halten, weil sie jeden Glauben verloren haben. Denn gerade sie werden von Jesus Christus geliebt und gesucht. Und wir sind diejenigen, die dazu berufen sind, sich an dieser Suche zu beteiligen. Zur Befreiung zur Zukunft gehört die Überwindung der Anfechtung, dass das Evangelium seine Kraft als Trost verloren habe. Es ist die Befreiung der Kirchen aus dem Sog der Banalität und Selbstbanalisierung. Es ist die Befreiung zur Wiederentdeckung der Kraft des Evangeliums, dessen man sich nicht zu schämen braucht (vgl. Röm 1,16).

Die Freiheit für die Zukunft schließt die Freiheit für die Ökumene ein. Wir reden nicht evangelischen Sonderwegen das Wort, wenn wir den Zukunftsreden Jesu mit der Christusbindung, der Geistverheißung und dem Liebesgebot die elementarsten Zukunftsprinzipien seiner Kirche entnehmen. In der Hinwendung zu Christus, in der Bitte um das Kommen des Geistes und in der Hingabe der Liebe werden die Christen aller Konfessionen zusammengeführt. Der eigentliche Dienst der Einheit besteht darin, diesen drei Schritten über alle Konfessionsgrenzen hinweg soviel Raum wie nur möglich zu verschaffen. Theologische Dialoge sind äußerst wichtig. Aber es muss uns beunruhigen, dass sich diese Dialoge heute in erster Linie auf Fragen fixiert haben, bei denen sich die Kirchen so gut wie ausschließlich mit sich selbst beschäftigen, nämlich mit ihren Ekklesiologien und mit ihren Amtsauffassungen. Eines ist ganz gewiss: Die Reben des wahren Weinstocks können nur gemeinsam wachsen. Dann werden sie Frucht bringen. Sie würden sich aber um ihr Wachstum bringen, wenn sie sich ihre unterschiedlichen Formen zum Vorwurf werden ließen oder sich gar gegenseitig ihr Daseinsrecht am Weinstock streitig machten.

Bleiben wir zuversichtlich: Die Wege der abendländischen Christenheit, die im 16. Jahrhundert auseinandergingen, haben sich im Laufe der letzten Jahrzehnte in hoffnungsvoller Weise einander angenähert, berührt und verknüpft. Die konfessionelle Polyphonie christlichen Zeugnisses und Dienstes muss heute nicht mehr als eine geschichtliche Fehlentwicklung betrachtet werden, deren vormaliger Zustand wiederherzustellen wäre. Man kann sie auch als Ausdruck der Gabenvielfalt des *einen* Leibes Christi verstehen, zu dem die einzelnen Kirchen und Gemeinden als lebendige Glieder immer schon gehören. Dann darf man hoffen und sich dafür einsetzen, dass die heute erfahrbare Geschwisterlichkeit des einen, unteilbaren Christusleibes auch immer deutlicher zu ihrer sichtbaren Einheit gelangt.

*Cristina Comencini*

# Donne e Chiese

Sono molto contenta di essere qui con voi. Non so se sarò capace di essere all'altezza di tutto quello che voi sapete. Ma credo che due cose posso dire ed è importante. Io sono stata educata cattolica fino ai 30 anni e poi ho aderito invece alla chiesa di mio padre che è la chiesa valdese. Dunque nella mia storia si legano due esperienze che penso siano importanti, perché il rapporto tra le chiese, secondo me, tra chiese diverse, è molto importante. Dirò che il mio passaggio alla chiesa valdese è avvenuto in un momento molto importante della mia vita, tragico, e la chiesa mi ha molto aiutato. Dunque questo poi lo dirò, magari anche, quando vi leggerò questa mia relazione che riguarda il rapporto delle donne con le chiese. Allora comincio.

Lo scorso anno è nato in Italia un nuovo, forte movimento delle donne. L'Italia, che aveva dato un'immagine di sé al mondo sconsolante, orrenda: un paese in cui dalla cronaca dei giornali veniva fuori un rapporto tra donne e potere degradato, si è riscattata e ha aperto una nuova stagione del movimento delle donne con la grande manifestazione del 13 febraio 2011. Un piccolo gruppo di donne, di cui faccio parte, ha lanciato un'appello a tutto il paese e ha organizzato una mobilitazione nazionale di più di un milione e mezzo di donne e uomini, che sono scesi in tutte le città e i paesi. La più grande manifestazione della nostra storia, senza bandiere politiche, per rivendicare una cosa antica e molto moderna: la dignità delle donne.

Nei mesi precedenti la mobilitazione molti articoli venivano scritti sui rapporti torbidi tra sesso e potere, ma nessuno - pochissimi gli uomini – si chiedevano come fosse possibile che in un paese moderno e democratico l'immagine delle donne fosse così ridotta e banalizzata. Come mai, allo stesso tempo, la libertà che le donne avevano conquistato nel grande movimento femminista degli anni Settanta venisse usata dalle donne stesse in un modo che ci riportava indietro a un logoro rapporto tra uomini e donne.

»E allora noi usiamo il nostro corpo a specchio con il loro desiderio, poca relazione, seduzione basata su clichè, essere giovane, pronte ad ogni gusto, maneggevoli, non impegnative: a questo è servita la nostra liberta?«

Questa battuta viene da un testo che ho scritto sul tema della libertà delle donne, mezz'ora di teatro politico che ho dato gratuitamente a chiunque volesse metterlo in scena e discuterne. In questo testo una donna della mia generazione ed una ragazza parlano sui temi della libertà delle donne e sull'incompiuto accesso della differenza delle donne nella società. La ragazza esprime alla donna più adulta proprio questa grande delusione. Dice così:

»Ci avete educate alla libertà, al rispetto di noi stesse. Siamo andate nel mondo piene delle vostre aspettative, solo che fuori non ne sapevano niente e tutto andava nel solito vecchio modo.«

Il testo teatrale era frutto di un'analisi politica e culturale di un piccolo gruppo che s'interrogava sull'involuzione delle condizioni di vita delle donne e che partiva proprio dal giudizio sulla parola 'libere', la stessa parola che fa pate del titolo di questo vostro incontro. Nell'analizzare il decadimento della rappresentazione della condizione di vita delle donne in questo documento che precedeva il pezzo di teatro noi scrivevamo:

»La difficoltà che abbiamo provato noi stesse a giudicare in modo lineare fatti, persone e comportamenti (se condanniamo non cadiamo nel moralismo, nel puritanesimo? Se ci appelliamo alla libertà non dimentichiamo quanto di oppressivo c'è nello scambio sesso-denaro-potere? Di quale libertà stiamo parlando?) ci pare nascere invece dal fatto che viviamo in un mondo segnato in profondità dal femminismo. Non solo perché è definitivamente tramontata l'idea di una naturale subordinazione delle donne. Le nostre società occidentali si sono ormai organizzate sul presupposto dell'uguaglianza dei sessi. Ma perché la coscienza che hanno di sé le giovani e meno giovani donne italiane (anche quelle che si mettono in vendita) non è più quella di vittime deboli e indifese. Si percepiscono libere e padrone di sé. Ed è sicuramente vero. Ma basta allargare un po' lo sguardo per rendersi conto che questa non è tutta la storia. La mutata coscienza delle donne non è in grado di controllare né le condizioni della loro esistenza e riproduzione, né i modi con cui vengono rappresente nei media e nelle istituzioni; e neppure ci si prova seriamente. Il controllo, ovvero per chiamare le cose col loro nome, il potere continua a stare nelle vecchie mani maschili, logore e miserabili quanto si vuole, ma ancora ben strette attorno alle leve del comando.«

L'altro dato, questa volta mondiale, che indica come l'accesso nella società della forza e della differenza feminili sia incompiuto e faccia paura, è l'aumento vertiginoso della violenza fisica sulle donne. 90 donne sono starte uccise in Italia solo dall'inizio dell'anno per mano di compagni, mariti, conviventi. Nel mondo circa la metà delle donne in età tra i 14 e i 65 anni hanno subito nell'arco della loro vita ricatti sessuali sul lavoro o molestie. I dati sulla violenza contro le donne coinvolgono paesi civili e paritari come i paesi scandinavi e indicano che il problema è nel simbolico profondo della nostra cultura, nel modo in cui gli uomini e le donne si guardano, si amano, vivono insieme nelle case e nella società. Scrive nel 2000 Elizabeth Green, pastora battista e teologa femminista in un testo sulla violenza sulle donne e cristianesimo:

»Poiché il cristanesimo ha declinato il rapporto tra l'essere umano e Dio padre in termini di ubbidienza e sottomissione, insegnando al contempo l'ubbidienza e la sottomissione ad ogni tipo di autorità paterna (ossia patriarcale), esso ha contribuito enormemente a mantenere le donne in una posizione subalterna. Possiamo dire di più: fenomeni aberranti ed endemici come la violenza sulle donne sono stati tollerati e talvolta istigati da un disordine simbolico imperniato sulla figura di Dio padre.«

La maggioranza delle donne uccise aveva deciso di troncare una relazione, aveva dunque deciso di usare la 'libertà' che anche qui credevano di avere conquistato. Ci si deve interrogare profondamente sui modelli maschili che rendono insoportabile per gli uomini l'abbandono di una donna, la possessività che c'è dietro la violenza, la subalternità femminile che in alcuni casi la supporta. E' lungo e travagliato il percorso che porta ad un vero cambiamento culturale e umano, interessa i luoghi sociali e religiosi dove le persone s'incontrano, condividono esperienze insieme, possono aprirsi senza paura e rivelare a chi sta accanto segreti e paure.

L'analisi di una rivoluzione incompiuta non coinvolge solo l'Italia e non solo la società civile e politica. E questo nuovo movimento delle donne non è solo italiano.

La primavera araba ha mostrato giovani donne che sono scese in piazza per rivendicare la libertà insieme ai loro compagni. E poi questa estate hanno dovuto manifestare di nuovo per impedire che nella nuova costituzione venisse scritto - dai loro stessi compagni di lotta - che la donna è »complementare« all'uomo.

> »Il nostro obbiettivo - spiega una delle manifestanti - è di mostrare che le donne tunisine non sono affatto complementari all'uomo. La donna non è la metà dell'uomo, è uguale a lui. Siamo qui per dimostrare questo e le donne sono tantissime come potete vedere. Le donne lavorano come gli uomini, hanno un ruolo attivo nella società. Non accetteremo mai di essere complementari«.

La libertà delle donne è veramente una conquista che fa paura.

Per arrivare alle chiese, vorrei citare anche il nuovo movimento delle suore americane che stanno conducendo un braccio di ferro con il Vaticano, un vero confronto culturale, che potrebbe avere enormi conseguenze, negli Stati Uniti ovviamente ma non solo.

900 delegate di questa organizzazione che rappresenta l'80% delle suore statunitensi, 57mila religiose, ha infatti accettato di confrontarsi e dialogare con i tre vescovi incaricati della Congregazione per la Dottrina della Fede di ricondurle nell'ortodossia dottrinaria.

C'è secondo me un'onda nuova delle donne nel mondo che pensa qualcosa di totalmente inaudito. Di questo nuovo pensiero e sentimento delle donne vorrei parlarvi, un sentimento che sale dalla società e che le chiese protestanti, forse più di tutte le altre chiese, dovrebbero ascoltare e accogliere. Più di tutte perché sono state le prime a porre la parità delle donne come dato della Riforma. E ancora prima della Riforma, il movimento valdese nel XII secolo ha dato la parola alle donne insieme agli uomini e ha sperimentato la libertà dell'Evangelo per tutti. Sappiamo il prezzo che queste comunità e le donne in particolare hanno dovuto pagare, le persecuzioni, la fine di fatto delle predicazioni femminili, che erano allora una regola e non un'eccezione.

> »Il mutamento religioso e sociale determinato dalla Riforma protestante contribuì in modo rilevante a cambiare il posto delle donne nelle chiese, ma anche a dare loro una nuova consapevolezza che produrrà altri cambiamenti nelle famiglie e nella società: un percorso lungo, definito efficacemente come

una 'traversata nel deserto'. Il nuovo messaggio di libertà che si espanderà in tutta Europa portò a un nuovo protagonismo sociale femminile. Le donne ebbero il coraggio di sfidare le autorità religiose e politiche e di affermare la loro individualità. Tra di esse inoltre non mancarono predicatrici e scrittici.« Lo scrivono Laura Ronchi e Debora Spini nella presentazione di un incontro su questo tema al Centro Culturale Protestante di Milano nel 2010.

E potremmo, allargando questo concetto all'intera società, dire che laddove si è sviluppato di più il protestantesimo non soltanto le donne sono andate avanti, ma tutta la società dietro di loro. Come ci fosse, lo abbiamo vìsto nel movimento italiano di questi ultimi anni, una corrispondenza tra crisi economica, politica e di valori di una società e posizione arretrata delle donne.

Cito alcune frasi di queste scrittrici e predicatrici, che per prime hanno segnato con le loro parole 'la traversata nel deserto' delle donne nel mondo religioso protestante.

> »E benchè non ci sia permesso di predicare nelle assemblee, nelle chiese pubbliche, tuttavia non ci è vietato di scrivere … Abbiamo forse dunque due evangeli? L'uno per gli uomini e l'altro per le donne?« (Marie Dentière, 1538)
> »… Padre nostro che sei nei cieli … non è chiamato giudice, ma padre … Si potrebbe pure paragonare ad una madre che ha conosciuto le doglie del parto e la gioia dell'allattamento …« (Katharina Schultz Zell, 1524)

Desiderio di predicazione, di scrittura e d'interpretazione del vangelo e allo stesso tempo la necessità simbolica di essere rappresentate nella differenza del corpo femminile. Concetti e sentimenti cancellati per secoli, come la maternità non idealizzata che le chiese - quella cattolica in primis - ha poi sempre negato alle donne.

E la stessa scrive:

> »… non voglio usurpare la funzione di pastore e di apostolo, ma sono soltanto come la cara Maria Maddalena che, senza alcuna pretesa di essere un apostolo, venne a dire ai discepoli che aveva incontrato il Signore.«

La »cara Maria Maddalena«, figura simbolica centrale per tutte le donne cristiane … così si chiamava mia nonna, la valdese …

Non voglio ripercorrere qui tutte le tappe che dal movimento suffragista fino al movimento femminista degli anni Settanta hanno coinvolto il mondo protestante, sia nell'analisi nuova dei vangeli, che nella presenza effettiva delle donne in ruoli sempre più importanti, fino all'accesso delle donne al pastorato. Cito solo alcune frasi che hanno segnato l'apertura di porte profonde chiuse da sempre dentro ognuna e ognuno di noi:

»Qualsiasi sia il tipo di teoria sulla dipendenza della donna dall'uomo, nei momenti supremi della vita di lei, lui non può portarne il fardello. Sola lei va fino alla porta della morte per dare la vita ad ogni uomo, nessuno può condividere i suoi terrori né alleviare i suoi dolori, e se la sua sofferenza è più forte di quel che lei possa sopportare va da sola alle porte del grande ignoto. Tale è la vita individuale. Chi, vi chiedo, può prendere, può usare e prendere su di sé i diritti e i doveri, la responsabilità di un'altra anima umana?« Lo scrive nel 1892 Elizabeth Cadi Stanton, l'autrice di The Woman's Bible).
»E' doloroso quando scoppiano le cose vecchie alle quali siamo affezionati, eppure, ci ricorda Gesù, 'il vino nuovo va messo in otri nuovi'. Le donne, vasaie di vecchia data, stanno fabbricando degli otri nuovi. Solo in questo modo possiamo invitare donne e uomini a bere del vino nuovo i cui effetti nelle mani di Dio sono imprevedibili.«

E' bella questa immagine sempre della pastora Elizabeth Green. Bella nell'invito nuovo rivolto agli uomini e alle donne a bere un vino nuovo in otri nuovi. Forme, contenuto, linguaggio devono rinnovarsi per fare posto alle donne. Non si tratta solo di ammetterle alla tavola degli uomini. Bisogna essere disposti a cambiare profondamente ad accogliere la ricchezza della loro diversità.

Per inciso vorrei notare che le conquiste della 'traversata del deserto' delle donne sono molto recenti . Bisogna sempre ricordarcelo, perché tutto può tornare indietro in poco tempo, come ho detto all'inizio, anche se a noi che siano state educate nella libertà sembrano conquiste di sempre. Come se la coscienza della libertà fosse qualcosa di eterno nell'essere umano e la sua conquista lunga e difficile.

Mi sono chiesta due cose. La prima: quanto queste antiche e nuove richieste politiche, culturali e spirituali siano recepite oggi dalle chiese protestanti, e più in generale quanta strada ancora dovranno fare le donne nei luoghi di fede, in cui viene pronunciata la Parola che prima di tutto ha segnato anche per loro l'idea di libertà di vita e di cambiamento. La seconda domanda: Quanto le chiese possono contribuire ai cambiamenti necessari del ruolo delle donne nella società, nella famiglia, nei luoghi di lavoro, alla trasformazione della cultura e del pensiero a cui ancora oggi sono minoritarie. A risentire di questa cancellazione della differenza femminile non sono solo le donne, come spesso si è letto e pensato, ma il mondo tutto quanto. Questa è forse la nuova strada da intraprendere: collegare l'asssenza delle donne alla mancanza di tutti non solo delle donne.

Una società, e al suo interno una chiesa, fondate su una storia a cui manca la metà dello sguardo, non può pensare al suo futuro senza ripensarsi. Non si tratta solo di aprire le porte e far entrare chi non si sentiva completamente a casa, bisogna trasformare la casa, perché gli occhi che erano fuori della società e delle chiese, non per questo non guardavano, non conoscevano, non amavano, non dissentivano, non si chiudevano, ma lo facevano senza essere guardati, senza una loro rappresentazione, senza un racconto umano e divino disponibile per tutti, anche se con quelle visioni non viste di donne cresceva il bambino, futuro protagonista del racconto, mentre la bambina diventava adulta senza quasi mai leggere di sé stessa.

Nella mia esperienza infantile e giovanile nella chiesa cattolica, molto hanno pesato le storie delle sante, i loro scritti, il culto di Maria. Quand'ero bambina leggevo le loro vite, e m'identificavo con loro. Più con loro che con Maria, anche se i volti rotondi delle madonne e bambine che allattavano mi commovevano.

La prima volta che sono entrata nella chiesa di mia nonna e di mio padre mi ha colpito l'assenza delle immagini di donne a cui ero abituata. Come dice sempre Elizabeth Green:

> »Sembra che le chiese (intese come edifici) spoglie del protestantesimo additino un Dio spoglio da qualsiasi allusione femminile, un maschio come si deve, per così dire.«

Eppure nelle chiese nate dalla Riforma, come abbiamo detto, le donne accedono al ministero pastorale e occupano cariche molto importanti, come se la parte che riguarda l'emancipazione fosse stata paradosalmente favorita dall'allontanamento da »qualsiasi allusione al femminile«. Come se l'allontanamento da sé, del proprio corpo differente, facilitasse lì accesso paritario, una scissione tra corpo e mente di cui parleremo tra poco.

Quello che è successo a me, entrando già adulta nel vuoto d'immagini e di volti della chiesa di mia nonna, è di sentirmi e pensarmi direttamente collegata alla parola di Gesù. Come se la cancellazione dei volti bellissimi delle sante e di Maria mi avesse fatto allo stesso tempo soffrire e poi liberato da quegli stessi modelli. Mi sono sentita libera di ripensare me stessa in contatto con l'evangelo.

Sappiamo che nelle prime comunità cristiane le donne avevano una grande importanza. C'è sempre un gruppo di donne intorno a Gesù che lo segue anche se i vangeli non fanno che alcuni nomi di queste donne. Quando ero ragazza, come penso sia successo a molte, m'impressionava molto il racconto di Marta e Maria nel Vangelo di Luca. Da un lato mi sembrava formidabile vedere Gesù che entrava nella casa, in un'ambientazione domestica, e che una donna gli sedeva ai piedi e lo ascoltava. Sappiamo quanto sia importante, nelle letture giovanili, l'identificazione con i personaggi di un racconto. Non ci sono tantissime donne nel vangelo rispetto agli uomini. E io cercavo nelle pieghe del racconto, nei silenzi di Gesù e del testo, nelle sue parole di comprensione massima per le creature che aveva intorno, che il suo sguardo si posasse anche sul mio essere donna, ragazza. Maria le siede ai piedi e Marta si dà da fare e vorrebbe attenzione per questo suo lavoro. Ma è l'ascolto di Maria che segna la strada di una nuova via. Ero turbata, perché sentivo che il richiamo di Gesù era lo stesso di quando esortava a non affannarsi per la vita materiale e a guardare gli uccelli del cielo. Dall'altro mi dicevo che quel richiamo aveva una specificità dura e impegnativa per le donne costrette dal loro ruolo sociale umano ad avere cura della casa e degli altri. Questa contraddizione mi affascinava e mi affascina ancora ora.

Le donne così presenti nelle prime comunità cristiane sono poi state da un lato sottomesse nella pratica della fede, dall'altro a poco a poco escluse dalla leadership apostolica, nel processo di formazione del canone e costruzione dualistica di ortodossia ed eresia. Soprattutto è stato oscurato il personaggio fondamentale di Maria di Magdala, come scrive Elisabeth Schüssel Fiorenza:

»I vangeli canonici fanno riferimento a Maria Maddalena e alle altre come a donne che seguivano Gesù, mentre il Vangelo di Pietro riferisce di Maria di Magdala 'discepola'. Gli gnostici e altri gruppi si rifacevano alle tradizioni dei vangeli allorchè rivendicavano per le donne discepole l'autorità di apostole

> nella ricezione della rivelazione e d'insegnamenti segreti. Di contro il cristianesimo patristico tentò di sminuire l'importanza delle donne discepole e della loro leader, Maria di Magdala, concentrando la loro attenzione su figure apostoliche quali Pietro, Paolo e i dodici. Maria di Magdala viene menzionata in tutti e quattro i vangeli canonici quale principale testimone della Resurrezione. Tuttavia, il Vangelo di Luca tenta già di ridimensionarne il ruolo di principale testimone enfatizzando, da una parte, che il Signore risorto è apparso a Pietro e, dall'altra, omettendo una manifestazione della resurrezione alle donne discepole. Il terzo evangelista sottolinea anche che »le parole delle donne sembrarono ai dodici un vaneggiare ed essi non credettero loro«.

Io credo che sia venuto proprio il momento di credere nel vaneggiare delle donne, nelle parole con cui hanno dato annuncio di una nuova vita per tutti. Il mio incontro con la chiesa valdese è avvenuto attraverso una donna. In un momento della mia vita molto grave – la mia famiglia ha perso un ragazzo molto giovane – e in quel momento mia sorella, che era educata anche lei cattolica, ha chiesto di avere la pastore Maria Bonafede della chiesa di Piazza Cavour. Perché quella era la persone che sentiva dovesse venire. E' arrivata Maria Bonafede, e ha trovato mia sorella senza parole, senza più lacrime. E Maria Bonafede non ha detto niente. E' stata in silenzio accanto a lei per tutto il tempo necessario. Credo che questo senso di cura di non invadere e di immedesimazione nel dolore della madre, beh, io penso sia una cosa che la pastora ha saputo fare molto bene. In questo senso anche il silenzio delle donne oltre che il »vaneggiare« delle donne andrebbe ascoltato secondo me. Quella è stata la porta che si è aperta nella mia vita e mi ha fatto scegliere la chiesa di mio padre.

Credere fino in fondo nelle donne e nelle loro parole all'interno delle chiese, promuovere lo studio, l'interpretazione del evangelo delle donne e le figure femminili, rendere queste cose note a tutti e a tutte e non solo patrimonio delle teologhe.

Accogliere nelle chiese la differenza della storia dei pensieri, dei valori del mondo femminile. Gli uomini sono fondamentali per questo rinnovamento. Gli uomini finalmente accanto alle donne, come ha mostrato la grande manifestazione del 13 febbraio, in cui sono scesi in piazza con le donne rivendicando per tutti la loro dignità.

Il nuovo movimento non si contrappone più agli uomini e pone la maternità, che giustamente il femminismo degli anno Settanta rifiutava come un destino obbligato, al centro della propria esperienza e anche delle difficoltà d'inserimento delle donne a pieno titolo nella società. La maternità, il corpo che le ha escluse non deve essere più scisso dalle menti. Il corpo cancellato e anche colpito dalla violenza. Non c'è libertà senza la libertà delle donne. Non c'è libertà delle donne senza l'accettazione del loro corpo e della loro differenza.

Commentando la rappresentazione indegna del corpo delle donne che circolava in Italia Fabbrizia Giuliani, filosofa del linguaggio, una delle fondatrici insieme a noi del movimento »Se non ora quando?« scrive:

> »Nella scissione potente esibita da queste immagini si coglie la negazione più esplicita dell'idea/forza avanzata dalla riflessione femminista, l'impossibilità di separare la mente dal corpo o se si preferisce, l'idea che la libertà delle donne si compie solo se viene meno il ricatto implicito nella scissione e il corpo fa ingresso nella polis. Solo così si realizza il congedo di un modello di emancipazione costruito sull'inclusione che lascia sempre fuori qualcosa, accogliendo solo menti disincarnate o la pura corporeità irriflessa.«

Le donne, attraverso la maternità, sono in contatto con una storia millenaria. La gravidenza, il parto, il latte, il bambino, la cura. Il rapporto tra antico e moderno è una contraddizione ricchissima per le donne e per la società. Le donne hanno tutte, chi diventa madre e chi no, l'idea di essere le possibili portatrici di un altro, che la vita è essere in relazione con un altro da sé.

Il pensiero, l'intelligenza, la differenza femminile, secondo me, si formano nelle fantasie sull'altro di cui il corpo femminile può essere portatore. E' un'idea concreta che abita nell'infanzia delle bambine, nel gioco e che poi si realizzi o no nell'età adulta, è patrimonio di tutte le donne.

L'idea dell'altro come modo di pensare, di ragionare, di sentire, pone alle donne anche il limite al dominio incontrastato sulla natura, e sui propri simili. Un limite naturale e culturale che non è ancora entrato nella riflessione collettiva su un'idea nuova di libertà, fondata sulla coscienza primaria del rapporto con l'altro.

Il filosofo Emmanuel Lévinas, che riduce tutto il suo pensiero sulla presenza dell'Altro, sulla rivelazione del volto dell'Altro che per prima realizza l'essere umano, definisce così questa relazione tra il mondo e l'altro da sé:

> »Il nostro rapporto col mondo, prima ancora di essere un rapporto con le cose, è un rapporto con l'Altro. E' un rapporto prioritario che la tradizione metafisica occidentale ha occultato, cercando di assorbire e identificare l'altro a sé, spogliandolo della sua alterità.«

La libertà delle chiese, il futuro, passa attraverso questo limite che è fonte di una vera libertà: l'incontro con l'Altro, con il prossimo. Primo insegnamento di Gesù che le donne testimoniano nella loro vita e portano inciso nella loro storia e nel loro corpo.
Grazie.

# V
# Grussworte

## *Präsident Metropolit Emmanuel Adamakis*

Konferenz Europäischer Kirchen

Cher(e)s délégué(e)s à cette Assemblée Générale,
Chers membres de la Communion d'Églises Protestantes en Europe,
Cher(e)s frères et sœurs,

C'est avec un esprit de foi et des sentiments de joie chrétienne que, en présence de notre vice-présidente OKR Cordelia Kopsch et de notre Secrétaire Général le docteur et pasteur Guy Liagre, ainsi que des représentants des commissions de la Conférence des Èglises Européennes (CEC), je vous salue au nom de la Conférence des Églises Européennes.

Vous vous trouvez réunis pour vous pencher sur les thèmes préoccupant les Églises protestantes en Europe en ce début du 3éme millénaire, à l'écoute de la Parole de vie que Dieu nous a confiée, pour que nous l'annoncions avec courage et conviction.

Je souhaite vous féliciter pour avoir choisi un thème important et délicat : « Libres pour l'avenir ».

L'importance d'un tel sujet, ainsi la centralité dans la vie et la mission de l'Églises et dans l'identité chrétienne même, n'échappe à personne. En effet, la vie et la mission de l'Église se fondent sur la parole de Dieu, en sont nourries et l'expriment, car celle est l'âme de la théologie et, avec elle, l'inspiratrice de toute l'existence chrétienne.

Cette Parole de Dieu, étant destinée à tous les croyants, demande vénération particulière et obéissance. Ce n'est pas dans un milieu protestant que je dois le souligner.

Paul dit, « nous sommes ambassadeurs ».

Etre ambassadeurs, est bien plus qu'être un représentant, c'est être investi de la puissance de Celui qui vous envoie. C'est d'être un représentant plénipotentiaire !

Seul celui qui est familier de la Parole de Dieu peut devenir son annonciateur crédible et seul qui la vit dans un engagement concret de croissance peut comprendre ce qu'écrit Saint Paul aux chrétiens de Corinthe : « Oui, malheur à moi si je n'annonçais pas l'Évangile ! » (1 Cor 9, 16)

Ce cri de Saint Paul résonne aujourd'hui de façon urgente et devient pour tous les chrétiens un appel au service de l'Évangile pour le monde entier.

Deux demi-journées de cette Assemblée Générale seront consacrées à un forum européen « Les Eglises européennes en mutation ».

La Conférence des Églises Européennes, représentant aussi beaucoup d'églises membres de la communion d'églises protestantes en Europe, est particulièrement concernée et interpellée par ce sujet.

Notre Conférence est en pleine restructuration et le processus de réorientation est en cours. Elle réfléchit, comme vous, dans un cadre œcuménique, à la compréhension de la pluralisation croissante en Europe et est ouverte à la rencontre avec les représentants d'autres religions et conceptions du monde en organisant entre autres des rencontres avec des organisations sœurs dans d'autres continents.

Tout particulièrement je tiens à vous remercier pour les liens intensifs que la Communion d'Eglises Protestantes en Europe a établis avec la CEC, par le biais de notre bureau Bruxelles.

En effet, l'engagement chrétien et la présence chrétienne à l'intérieur de notre société in certaine et inquiète sont crucials. La CEC est consciente que les défis dans notre société sont d'abord d'ordre culturel, spirituel éducatif. Pour cela il est nécessaire, et même vital de relier la Révélation chrétienne de Dieu à l'affirmation et à la défense de la dignité humaine.

Jésus adresse à Simon-Pierre (Luc 5.4), une parole percutante : »Avance en eau profonde » ou « Va au large ! »

J'aime cette double traduction qui implique deux mouvements ou deux engagements inséparables : aller aux sources de la Tradition chrétienne et oser la nouveauté chrétienne aussi bien du côté de l'homme et de sa dignité que de Dieu et de sa vérité.

Aller aux sources de la Tradition, ce n'est pas un retour en arrière, c'est une façon de comprendre que la foi et l'Église n'en finissent pas de commencer. Alors que nous pensons parfois en termes de survie, nous avons à penser notre existence et notre présence chrétiennes à la manière des premières générations chrétiennes.

Être ainsi situés au milieu de tous et service de tous, voilà une conviction et un engagement qui ne passent pas. Voilà ce qui empêche, ce qui nous empêche aujourd'hui de nous réduire nous-mêmes à une minorité en voie d'extinction : c'est la logique de la semence qui germe ou de sel mêlé à la nourriture ou de la lumière brillant dans l'obscurité qui est la logique intime de la présence chrétienne.

Voilà selon notre vision, en tant que Conférence Œcuménique des Églises en Europe, le cœur de la réalité chrétienne au sein de notre société !

Et nous savons tous que cette révélation du cœur de l'homme fait partie de notre existence ordinaire, et aussi de ce que nous appelons la pastorale ordinaire, qui passe par des visages, par des présences, par des actes de don que nous n'en finissons pas de reconnaître !

À nous d'être ainsi chrétiens ou plutôt de devenir plus radicalement chrétiens dans la société actuelle !

Je vous souhaite une Assemblée fructueuse semée de germes d'espérance.

Que le Dieu trois fois Saint vous bénisse et vous garde.

## *Moderator Eugenio Bernardini*

Evangelische Waldenser Kirche

Sehr verehrte Teilnehmer an dieser Vollversammlung, Mitglieder des Präsidiums, Herr Generalsekretär, Herr Bischof Bünker, liebe Brüder und Schwestern,
mit Freude heiße ich Sie hier herzlich willkommen und überbringe Ihnen die Grüße der Waldenser Kirchengemeinden in Italien, sowie deren Kirchenleitung, der Tavola Valdese.

Die Waldenser Kirche war und ist immer noch eine kleine Minderheit in diesem Land. Sie hat in ihrer Geschichte nicht nur überlebt, sondern auch nach dem Evangelium gelebt. Sie hat versucht, das Zeugnis der Frohen Botschaft nach dem evangelischen Verständnis ins Leben zu übertragen dank der Unterstützung des europäischen Protestantismus. In jüngster Zeit ist das protestantische Europa unsere geistliche Heimat geworden, unser erster ökumenischer Partner, unsere Quelle der Inspiration und, ich wage es zu sagen, auch unserer Kraft.

Seit 1973 bestimmt die Leuenberger Konkordie den lehrmäßigen Rahmen dieser Gemeinschaft. Manche nennen diese einen »Minimalkonsens«. Für uns ist es die Basis einer Gemeinschaft, in der wir unsere Zukunft sehen. Nicht nur, weil wir klein sind und unsere christliche Existenz in einen weiteren Rahmen stellen müssen. Nicht nur, weil Europa ein gemeinsames evangelisches Zeugnis im Kontext seiner multikulturellen Gesellschaft braucht. Sondern auch und vor allem, weil wir die Zukunft der Kirche in einer Form der Einheit sehen, die fähig ist, die Vielfalt von Traditionen, Theologien und Wahrnehmungen des Amtes zu artikulieren. Die ökumenische Bewegung hatte und hat es schwer, Wege zu finden, um der geistlichen Einheit der Kirche Strukturen und sichtbaren Ausdruck zu verleihen. Die Waldensische Kirche in Italien glaubt, dass die Gemeinschaft der Evangelischen Kirchen in Europa ein Modell ist, in der eine vollkommene Einheit in Lehre und Praxis von unterschiedlichen Kirchen Gestalt annimmt.

Sie werden zwei Themen diskutieren, die, meiner Meinung nach, sehr eng mit dem evangelischen Verständnis der Einheit in Verbindung stehen. Im ersten geht es um »Amt, Ordination und Episkopé«. Das ist eine gewaltige Herausforderung für unsere protestantischen Kirchen, auch für die Kirche, die ich vertrete. Manchmal ist es für uns Protestanten, die in einem katholischen Umfeld leben, einfach zu behaupten, dass *andere* Verständnisse dessen, was oft das »Amt der Einheit« in der Kirche genannt wird, problematisch sind. Aber dieser Standpunkt bürdet uns die Verantwortung auf, klar zu definieren, was *unser* Verständnis vom Amt des Wortes und der Einheit der Kirche ist und zwar vor Ort sowie in einem weiteren Kontext.

Das zweite Thema lautet »Schrift, Bekenntnis und Kirche«. Wenn ich das richtig verstehe, bedeutet das die Herausforderung für die evangelischen Kirchen, eine *katholische* Vielfalt vorzuleben: einander zuzuhören, für einander verantwortlich zu sein, versuchen miteinander zu sprechen, da wir gemeinsam glauben und beten. Das ist nicht leicht. Aus vielen Gründen ist das für die großen etablierten Kirchen schwierig und aus anderen Gründen, und nicht weniger gefährlichen, ist es dies auch für die Minderheitskirchen. Unsere italienischen Kirchen werden Ihre Diskussionen und deren Resultate nicht nur mit Interesse, sondern auch mit Hoffnung verfolgen.

Wir wollen, genau wie Sie, frei für die Zukunft sein. Das ist möglich, wenn wir nur zusammenhalten.

Wir sind hoch erfreut, dass Sie diese Vollversammlung in unserem Land abhalten. Als evangelische Kirchen sind wir glücklich darüber, weil Ihre Präsenz hier uns hilft, in unserem Zeugnis und unserem Bemühen, auch in Italien, den Reichtum der christlichen Pluralität klar zu zeigen. Als Italiener sind wir glücklich, dass Italien und Europa ein Teil des Ganzen sind, was im Moment nicht so selbstverständlich erscheint.

Und wir sind glücklich als Europäer. Dies sind schwere Monate für die Vision der europäischen Einheit. Auch wenn wir bescheiden bleiben wollen, so tendieren wir doch dazu, stolz zu sein, dass unsere Kirchen fähig sind, sich in dieser Richtung zu engagieren.

Unsere evangelischen Kirchen sind auf dem Weg zu den Feierlichkeiten von 2017. Wir wollen uns an den 500. Jahrestag der Reformation erinnern, als einen Impuls, lediglich das Evangelium in unseren Gesellschaften zu predigen, nicht gegen andere, sondern zusammen mit anderen. Und wir glauben, dass die Wiederentdeckung des Evangeliums durch die Reformation auch heute ein wichtiger Beitrag für die Mission und Aufgabe der ganzen Kirche Jesu Christi sein kann.

Man sagt uns, eine Sünde kann man nicht feiern, soll heißen die Sünde der Spaltung. Wir sind uns dessen bewusst, dass die Kirchen der Reformation gelitten haben, nicht nur aufgrund der Trennung von Rom, sondern auch durch die Teilungen untereinander. Nun kommen wir als unterschiedliche, aber niemals gespaltene Kirchen zusammen. Wir kommen als Gemeinschaft zusammen. Die Botschaft der Reformation, nämlich das Evangelium selbst, ist für uns das Zeichen der Einheit. Wir wissen es alle nur zu gut: Dies ist nicht das Ergebnis unserer armseligen Bemühungen. – Dies ist ein Geschenk, das Geschenk Gottes, der Einheit schafft, wo wir Trennung und Verwirrung säen. Im Jahr 2017 wollen wir dieses Geschenk feiern. Ich kann es jetzt schon vor meinen Augen sehen: Ich sehe es immer in einer menschlichen, in der Geschichte eingebundenen, begrenzten und schwachen Form. Aber ich sehe, wie es menschliche Gestalt annimmt, durch Frauen und Männer. Wir danken Ihnen, Brüder und Schwestern, für dieses Zeugnis, für Ihr Zeugnis.

## *Reverend Dr Jonathan Gibbs*

Kirche von England

Meine Damen und Herren,
ich danke Ihnen recht herzlich für Ihre Einladung und bin sehr froh, an dieser wichtigen Versammlung teilzunehmen. Ich begrüße Sie sehr freundlich im Namen der Kirche von England.

Seit langer Zeit haben unsere Kirchen zusammengearbeitet, mit dem Ziel, die Einheit der Kirche zu verstärken und sichtbar zu machen. Dieses Memorandum ist ein neues und wichtiges Zeichen von dieser Mitarbeit und auch von unserer Partnerschaft im Evangelium unseres Herrn Jesus Christus. Wir freuen uns auf die Erstarkung unserer Beziehung in der folgenden Zeit. Die anglikanischen Kirchen in Großbritannien bestätigen durch dieses Memorandum ihre Verpflichtung, mit Ihnen in der Mission der Kirche und für alle Leute Europas zu arbeiten. Die wichtigsten Verpflichtungen dieses Memorandums sind theologische Ideen zu teilen und an Missionsprojekten und Untersuchungen zusammen teilzunehmen. Alle verstehen, dass es noch bedeutsame Unterschiede zwischen unseren Kirchen gibt, aber dieser Prozess bietet uns die Möglichkeit, einander besser kennenzulernen und durch unsere Zusammenarbeit eine tiefere Einheit zu finden.

Vielen Dank für Ihre Freundlichkeit und für die Gemeinschaft in unserem Herrn Jesus Christus. Wir beten um Gottes Segen für unsere Kirchen und für diesen neuen Weg, den wir heute betreten haben.

## *Generalsekretärin Rosangela Jarjour*

Fellowship of Middle East Evangelical Churches

Herr Pfarrer Dr. Thomas Wipf, Präsident der GEKE,
Bischof Dr. Michael Bünker, Generalsekretär der GEKE,
liebe Brüder und Schwestern, verehrte Delegierte der 107 Lutherischen, Reformierten, Unierten und Methodistischen Kirchen dieser Vollversammlung!
Bereits zum zweiten Mal erteilen Sie mir die Ehre und das Privileg, an Ihrer Vollversammlung teilzunehmen. Dafür möchte ich Ihnen danken.

Ich grüße Sie im Namen der Gemeinschaft der Evangelischen Kirchen im Mittleren Osten – Fellowship of the Middle East Evangelical Churches (FMEEC), im Namen unseres Präsidenten Pfarrer Dr. Andrea Zaki, unseres Vizepräsidenten Pfarrer Dr. Habib Badr und der Mitglieder des Exekutivausschuss.

Die FMEEC umfasst 17 Mitgliedskirchen, Synoden, Kirchenräte und Unionen in Ägypten, Syrien, dem Libanon, Jordanien, Palästina, dem Sudan, dem Irak, dem Iran, Algerien, Tunesien, Kuwait und der Golfregion. Die Anzahl aller Gemeindeglieder wird auf 1,5 bis 2 Millionen geschätzt.

Wenn ich diese wunderbare Versammlung hier sehe, so werde ich an das Loblied Davids in Psalm 133, 1–3 erinnert: »Siehe doch, wie gut und schön ist es, wenn Brüder miteinander in Eintracht wohnen. [...] Denn dort spendet der Herr Segen und Leben in Ewigkeit.«

In der FMEEC freuen wir uns sehr über die Gemeinschaft mit der GEKE, die formal im Jahr 2006 begann, als die »Vereinbarung der vollen gegenseitigen Anerkennung zwischen den Lutherischen und den Reformierten Kirchen im Mittleren Osten und in Nordafrika« unterschrieben wurde. Damit traten wir ein in eine Partnerschaft mit den Kirchen der Leuenberger Konkordie auf der ganzen Welt. Die Arbeit an diesem wertvollen Dokument begann bereits 2003 mit Hilfe von Herrn Prof. André Birmelé, der vom Ökumenischen Institut in Straßburg abgestellt und von der GEKE beauftragt wurde. Unmittelbar danach lud uns die GEKE zur Vollversammlung in Budapest im September 2006 ein und wir luden die GEKE zu unserer im Jahr 2010 ein. So haben Pfarrer Dr. Thomas Wipf und Bischof Dr. Michael Bünker daran teilgenommen. Im Februar 2012 luden wir die GEKE zu unserer internationalen Konferenz über »Die evangelische und christliche Präsenz im Mittleren Osten« ein. Zu diesem Zeitpunkt haben Sie einen sehr guten Schritt unternommen und eine öffentliche Erklärung der GEKE-Synoden in Europa herausgegeben, die ins Arabische übersetzt und uns durch unseren lieben Bruder Thomas anlässlich der dem allgemeinen Publikum zugänglichen Eröffnung dieser wichtigen Konferenz vermittelt worden ist.

Diese Botschaft brachte Sorge, Mitgefühl, Ermutigung, Unterstützung und Hoffnung zum Ausdruck, was unsere Menschen von unseren Schwestern und Brüdern in der Welt dringend hören mussten. Die Botschaft hat zu Recht und in aufrichtiger Weise den Brief des Paulus an die Korinther zitiert: »Wenn darum ein Glied leidet, leiden alle Glieder mit; wenn ein Glied geehrt wird, freuen sich alle anderen mit ihm« (1Kor. 12,26).

Diese Gemeinschaft mit der GEKE wächst immer mehr in die Tiefe. Im letzten Mai wurde Pfarrer Wipf von der GEKE beauftragt, an der internationalen Delegation der FMEEC teilzunehmen und den Iran und unsere dortigen Mitgliedskirchen zu besuchen. Diese müssen weiterhin mit großen Herausforderungen kämpfen. Die Delegation nahm auch an christlich-muslimischen Dialogen teil. Mit seiner langjährigen Erfahrung und den dadurch erlangten Fähigkeiten hat Pfarrer Wipf keine Gelegenheit vorübergehen lassen, die Wahrheit zum Ausdruck zu bringen, selbst und besonders dann, wenn die meisten von uns diese nicht sagen konnten oder wollten, aus Furcht, unsere muslimischen Partner zu verletzen. An solchen Punkten pflegte er zu sagen: »Und jetzt erlauben Sie mir als Schweizer zu sprechen.« Dann sprach er weiter und sagte in äußerst diplomatischer aber ehrlicher Weise, was gesagt werden sollte!

Für uns in der FMEEC ist es klar, dass die GEKE ihre ökumenische Gemeinschaft und noch wichtiger ihre Partnerschaft mit uns ernst nimmt und auch, dass der höchste Wert eines jeden unterzeichneten Abkommens tatsächlich an den realen Situationen und an der Basis gemessen wird. Es ist unsere Hoffnung und unser Gebet, dass unsere Gemeinschaft und unsere Partnerschaft weiter bestehen und tiefer werden.

In dieser Hinsicht begrüße ich den Bericht des Präsidiums, in dem nicht nur die segensreichen Ereignisse bis zu diesem Zeitpunkt aufgezählt, sondern in dem auch die vielen Möglichkeiten für die zukünftige Zusammenarbeit zwischen GEKE und FMEEC herausgestrichen werden. Als Beispiele erwähne ich: Die Einheit der Kirchen, die laufenden Diskussionen über »Amt, Ordination und Episkopé«, über religiöse Freiheit, über Beziehungen zum und Dialoge mit dem Islam und mehr ...

*Der Kontext der Region: Auswirkungen und potenzielle Bedrohung des jüngsten »arabischen Aufstandes«*

Beim ersten Aufflackern dessen, was nun als Arabischer Frühling bezeichnet wird, wurde dieser von den meisten Arabern als Erlösung von den autoritären Regimes empfunden, die seit Jahrzehnten die arabischen Staaten beherrschen. Aber entspricht dies auch der Wahrheit? Von Tunesien bis Libyen und von Ägypten bis zum Jemen hat sich nun das islamistische Herrschaftsmuster herauskristallisiert. Die neuen Regierungen halten immer mehr an religiös fundierten Regelungen fest, was Zivilstatus, Erbrecht, Frauenfragen betrifft und haben unauffällig begonnen, Kommissionen zu bilden »um das Gute zu befehlen und das Böse zu verbieten«.

Da die Islamisten die Idee eines Zivilstaates missbilligen und schon jeden Hinweis auf einen säkularen Staat verwerfen, haben ihre Regimes das türkische Beispiel nur in der Außenpolitik übernommen. Mit den Vereinigten Staaten und Europa haben sie scheinbar enge Bündnisse geschlossen, sich aber hartnäckig auf die Islamisierung von bislang säkularen Gesetzen und Verordnungen konzentriert, siehe Ägypten und Tunesien.

Die Christen im Mittleren Osten haben sich niemals in ihrer Existenz in dieser Region in solch einer Katastrophe und in solch einem Chaos vorgefunden wie seit dem so genannten Arabischen Frühling. Dies hat ihr gegenwärtiges Leben bereits tief beeinträchtigt und wird sich wohl auch auf ihre Zukunft negativ auswirken.

Die bittere Realität sieht so aus, dass die Christen im Irak, in Palästina, im Libanon und jetzt auch in Ägypten und Syrien aus ihren Ländern fliehen, um Frieden, Sicherheit, persönliche Freiheiten, Religionsfreiheit, Freiheit für Gottesdienste und Freiheit der Meinungsäußerung zu suchen. Christen hatten diese Werte und Rechte vor dem Arabischen Frühling zum Großteil genossen, jetzt aber bekommen sie das Gefühl, dass ihnen diese Rechte schrittweise genommen werden. Allein in Ägypten verließen seit dem Beginn der Revolution im Januar 2011 mehr als 50.000 Menschen das Land. In Syrien wurde beinahe die gesamte christliche Bevölkerung von 80.000 (darunter meine Mutter, mein Bruder und die Familie meiner Schwester) von den bewaffneten Rebellen gezwungen, meine Heimatstadt Homs und die Nachbarstädte Qusiar und Rableh zu verlassen. Somit haben die Christen dort ihre Häuser, Geschäfte und Kirchen verloren. – Diese wurden alle geplündert, zerstört und niedergebrannt.[1]

Das Leben wurde schrecklich, als die jetzigen harten Sanktionen dem syrischen Volk auferlegt wurden. Ein Großteil der christlichen Bevölkerung wurde vertrieben und lebt nun nach Jahrzehnten der Stabilität, der Sicherheit, des friedlichen Zusammenlebens und eines ziemlich komfortablen Lebensstils in Angst und ist auf Hilfe von außen angewiesen.

Um die Situation noch mehr zu verkomplizieren, tauchte plötzlich der Film über den Propheten Mohammed auf und löste Gewalt gegen US-amerikanische und einige andere westliche Botschaften quer durch die Region und in der ganzen Welt aus.

Der jüngste Besuch seiner Heiligkeit Papst Benedikt im Libanon geschah mit der Absicht, eine Botschaft des Friedens, der Liebe und des Dialoges unter den verschiedenen Religionen zu bringen. Er versuchte, einen Funken von Hoffnung in das von Furcht und Unsicherheit geprägte Leben der Christen hineinzutragen und ihre Ängste vor dem Aufstreben der islamistischen Extremisten im Mittleren Osten zu lindern. Mit Nachdruck rief er die Menschen aller Glaubensrichtungen auf, Frieden und Versöhnung zu suchen und religiösen Fundamentalismus abzulehnen. Den Waffenimport nach Syrien beschrieb der Papst, und hier zitiere ich, »als schwere Sünde«. (Übrigens wurde dies in den Medien als »schwerer Fehler« übersetzt!)

Trotz allem, was geschieht, bleiben wir das Volk der Hoffnung; und die Worte des Psalms 27 bleiben für uns eine Quelle der Kraft und der Hoffnung: »Nur eines erbitte ich vom Herrn, danach verlangt mich: [...] die Freundlichkeit des Herrn zu schauen und nachzusinnen in seinem Tempel. Denn er birgt mich in seinem Haus am Tage des Unheils; er beschirmt mich im Schutz seines Zeltes, er hebt mich auf einen Felsen empor. [...] Mein Herz denkt an dein Wort:« Sucht mein Angesicht!«. Dein Angesicht, Herr, will ich suchen.«

---

[1] An dieser Stelle ihres Grußworts zeigte Rosangela Jarjour Fotos zerstörter Kirchen in Homs/Syrien, Anm. der Hgg.

*Unsere zukünftigen Aufgaben*

Inmitten all dieser Entwicklungen stehen die Präsenz und das Zeugnis der Evangelischen Christen im Mittleren Osten auf dem Spiel. Und diese zu bestärken, liegt nicht nur alleine in unserer Verantwortung. Es ist ein gemeinsames Anliegen aller Menschen in der ganzen Welt, die guten Willens sind und besonders der Kirchen der Reformation, mit denen wir einen gemeinsamen Glauben und eine gemeinsame Geschichte teilen.

Deshalb nehme ich diese historische Gelegenheit wahr, die GEKE-Vollversammlung aufzurufen und Sie im Namen Christi zu bitten, unter dessen Namen wir uns heute versammeln, für uns zu beten, uns zu unterstützen und zu begleiten, wenn wir versuchen das Folgende zu tun:

- In unserem Kontext prophetisch und in Einheit zu sprechen und Wege zu suchen, den Frieden zu fördern, der auf Gerechtigkeit, Freiheit, Respekt und Bewahrung der Menschenrechte beruht.
- Aufgabe und Zeugnis der Kirche zu identifizieren (oder Zeugnis und Dienst – wie es in Ihren Dokumenten heißt) und der Herausforderung gerecht zu werden, die Kirche für die heutige Zeit relevant werden zu lassen.
- Unsere Kirchen mit all ihren besonderen Bedürfnissen auf allen Ebenen zu unterstützen, besonders jene in Syrien, im Iran und im Irak (in der Diskussion gestern wurde bereits begonnen, auf dieses Gebiet zu reagieren!).
- Unsere regionalen und internationalen Partner und Freunde dafür zu gewinnen, eine umfassende Untersuchung durchzuführen, damit die Wahrheit aufgedeckt wird über das, was im Mittleren Osten geschieht und darauf entsprechend und verantwortungsvoll zu reagieren und dies im Geist unserer biblischen Prinzipien, auf denen die evangelische Reformation vor Jahrhunderten gestellt worden ist.
- Unsere Jugend in jeder möglichen Art zu unterstützen, damit sie die Hoffnung nicht aufgibt und nicht auswandert, trotz aller Herausforderungen, die vor ihr liegen, damit sie treu am Glauben ihrer Vorfahren festhält und in ihrer Heimat und in ihrem Heimatland verwurzelt bleibt.
- Unsere muslimischen Landsleute zu ermutigen und aufzurufen, besonders jene (in den Behörden), die jetzt an der Macht sind, für den Aufbau von Zivilstaaten in der Region zu arbeiten; für Staaten, die auf einem modernen und richtigen Verständnis von Demokratie gegründet sind, das sich nicht nur auf Zahlen und Stimmzählungen stützt, son-

dern viel mehr auf die Gleichheit der Rechte für alle, auf das Recht für gleichwertige Staatsbürgerschaft in einem gerechten Rechtsstaat; für Staaten, die allen Einwohnern des Mittleren Ostens ohne Diskriminierung die gleichen Arbeitsmöglichkeiten und den gleichen Wohlstand bieten. Nur in solch einem Mittleren Osten werden alle Gemeinschaften, die evangelischen und die nicht-evangelischen, Sicherheit und Wohlergehen genießen und nur dann werden sie nicht mehr in Frustration und Angst leben und somit der Versuchung der Emigration ausgesetzt sein.

Zum Abschluss möchte ich, liebe Brüder und Schwestern, meine aufrechte Hoffnung und mein Gebet zum Ausdruck bringen, dass diese Vollversammlung in dieser Zeit der steigenden Gewalt und Spaltungen in dieser Welt eine Zeit des Kräfteauftankens, der Gemeinschaft und der wiedergewonnenen Hoffnung wird.

Der ökumenische Geist und das Engagement für Gerechtigkeit und Frieden der GEKE geben uns allen Hoffnung und Inspiration.

Möge Gott Sie und die GEKE segnen.

## *Generalsekretär Martin Junge*

Lutherischer Weltbund

Sehr geehrtes Präsidium, verehrte Delegierte,
meine sehr geehrten Damen und Herren,
es ist mir eine große Freude, der Vollversammlung der Gemeinschaft Evangelischer Kirchen in Europa die herzlichen Grüße des Lutherischen Weltbundes überbringen zu dürfen! Wir wünschen Ihrer Vollversammlung einen fruchtbaren und gesegneten Verlauf!

Unsere Kirchen stehen vor einer doppelten Aufgabe: Es ist unsere Aufgabe, Menschen dabei zu helfen, dass sie eine Gottesbeziehung bekommen bzw. lebendig halten können. Es stellt eine wichtige reformatorische Einsicht dar, dass Gott sich nicht nur an besonderen Orten erfahren lässt, sondern auch an dem Ort, an dem wir sind, im Alltag der Welt. Wir dienen ihm in dem Beruf, den wir ausüben. So verbindet sich der Glaube mit unserer Beheimatung in unserer jeweiligen Welt.

Wer das Ja Gottes erfahren hat, der ist innerlich und äußerlich frei, sich dem Anderen, dem Fremden zuzuwenden und sich auf dessen Bedürfnisse einzulassen. Für uns als lutherische Weltgemeinschaft ist die Erfahrung der Weltdienstarbeit eine sehr wichtige, nämlich uns den Nöten der Mitmenschen zu stellen, wie es der Samariter mit dem unter die Räuber Gefallenen auf dem Weg nach Jericho tat.

Die Kirchen in Europa haben eine besondere Verantwortung. Der Kontinent, der für die Verkündigung des Evangeliums von Jesus Christus eine besondere Rolle spielte, ist zugleich der Kontinent, der Unterdrückungsstrukturen und zwei Weltkriege mit sich brachte. Die wechselseitige Anerkennung reformatorischer Kirchen in Europa ist ein wichtiges Hoffnungszeichen der Versöhnung. Es ist eine grundlegende Einsicht des reformatorischen Christentums, dass es nicht auf monolithische Strukturen und Herrschaft zielt, sondern Gemeinschaft der Verschiedenen ermöglicht.

Wenn lutherische, reformierte, waldensische und methodistische Kirchen in Europa sich am Tisch des Herrn Gemeinschaft gewähren und von dort her eine umfassende Gemeinschaft pflegen, obwohl sie unterschiedlich geprägt sind, so ist das ein wegweisender Schritt.

Gemeinschaft der Verschiedenen, das lässt Raum für Freiheit, für konkrete Prägung. Die Ökumene lebt von dieser Gemeinschaft in wechselseitigem Respekt. So haben die konfessionellen Weltbünde und die multilaterale Ökumene wichtige, sich ergänzende Aufgaben.

Für den Verlauf der Versammlung wünsche ich Gottes Segen.

## *Dekan Holger Milkau*

Evangelisch-Lutherische Kirche in Italien

Die Evangelisch-Lutherische Kirche in Italien grüßt Sie, verehrter Herr Präsident, Herr Generalsekretär, sehr geehrte Mitglieder des Präsidiums, liebe Schwestern und Brüder der Mitgliedskirchen der GEKE, liebe Gäste.

Wir freuen uns sehr, dass die GEKE-Vollversammlung 2012 in Italien stattfindet, umso mehr, als damit erstmals eine internationale protestantische Organisation von besonderer Bedeutung für unsere eigene Geschichte hier bei uns präsent ist.

Eigentlich hängen wir Evangelischen ja nicht so sehr an Zeichen und Riten; gleichwohl ist die international qualifizierte Versammlung eine Geste, die der Präsenz der Protestanten in Italien ein besonderes Gewicht verleiht. Im Konzert der christlichen Kirchen eine Minderheit zu sein – diese Erfahrung teilen wir mit vielen von Ihnen. Eine anerkannte Minderheit fühlt sich aber besser; und wenn sie dabei für kurze Zeit Nähe, Zuspruch und Bedeutsamkeit in einem internationalen Kontext abgebildet sehen kann, ist das schon etwas Großes. Somit danke ich Ihnen allen für die Mühe der Reise und für Ihr Hiersein und wünsche Ihnen für die Dauer Ihres Aufenthaltes Gottes Segen, Freude und Erfolg bei den Beratungen.

Unsere evangelisch-lutherische Kirche, deren allererste Anfänge tatsächlich in der Zeit der Reformation liegen, und zwar in Venedig, war lange Zeit ein lockerer Verband aus eigenständigen Gemeinden vorwiegend deutscher Provenienz. Die Wirtschafts- und Kulturzentren des Landes, zu denen auch Florenz gehört, haben vor allem in der ersten Hälfte des 19. Jahrhunderts ihre Anerkennung erreichen und durch Kirchbauten und Gemeindegründungen die Bedeutung ihres Vorhandenseins manifestieren können. Nachdem der Lutherische Weltbund dann 1949 Geburtshilfe geleistet hat, die Gründungssynode unserer Kirche war ebenfalls in Florenz, ist die Evangelisch-Lutherische Kirche in Italien unterdessen 63 Jahre alt geworden. Das ist nicht viel für eine Kirche; immerhin ist sie damit sagen wir eine Generation älter als die GEKE.

Generationen wachsen heute sehr schnell heran und unsere Gesellschaft ist zugleich vor das Problem des raschen Wandels wie auch der weit nach oben verlängerten Dauer des Lebens gestellt. Historisch gewachsenes und Neues und die Vermittlung von Ansichten, Deutungsmustern und konkreter Lebenserfahrung – das sind Aspekte, die uns bestimmen. Zugleich spielt die Integration unserer beiden Kulturen italienisch – deutsch eine besondere Rolle. Der Evangelisch-Lutherischen Kirche in Italien fällt darin durchaus eine Mittlerrolle zu, die in der Kontaktpflege und der Weitergabe von Inhalten und Wissen besteht.

Eine institutionelle Konkretion dieser Faktoren ist das von der GEKE ausdrücklich geförderte und geforderte Ökumenische Studienzentrum

Filippo Melantone in Rom. Gemeinsam mit der Evangelischen Waldenserfakultät Rom hat die Evangelisch-Lutherische Kirche in Italien seit 2002 den ökumenischen Studienaustausch im Melanchthonzentrum zu einer ihrer wichtigen Aufgaben gemacht, seit 2007 haben wir eine konkrete Rechtsform als Verein. Als derzeitiger Präsident des Centro bin ich ebenso wie Vizepräsident Professor Fulvio Ferrario und der Studienleiter Michael Jonas gern bereit, vertiefende Fragen von Ihrer Seite zu beantworten.

So wie die Studierenden des Centro Melantone, von denen Ihnen einige auf der Vollversammlung begegnen können, stellen alle Menschen Fragen nach den Grundsätzen für ihr Leben, für ihre Entwicklung, und fragen dabei nach Alternativen zum Gewohnten. In Zeiten, da das Leben von vielen Seiten bedroht oder in Frage gestellt wird, haben die Kirchen erneut eine wichtige Rolle, nämlich die der Sinnvermittlung und der Bestimmung von Zielen. Klarheit und Orientierungsangebote: das sind Merkmale, in denen sich diese Aufgabe verwirklichen kann. Dabei ist es eine gemeinsame Aufgabe der evangelischen Kirchen, der geistlichen und moralischen Monopolisierung durch die starke römisch-katholische Kirche zu begegnen. Dabei gilt es zugleich, den Aspekt des partnerschaftlichen ökumenischen Dialoges im Blick zu behalten. Die Einheit in versöhnter Verschiedenheit gelingt mal mehr mal weniger; die Bestimmung der Kräfteverhältnisse überwiegt doch öfter als man möchte die sachliche und theologische Debatte; auch innerhalb des protestantischen Lagers, in dem die Evangelisch-Lutherische Kirche in Italien wirklich eine sehr kleine Minderheit darstellt.

Gleichwohl ist die Evangelisch-Lutherische Kirche in Italien eine wachsende Kirche. In den vergangenen Jahren, etwa seit der letzten Vollversammlung der GEKE in Budapest, haben wir zwei neue Gemeindegründungen erlebt (in Verona Gardone und Turin) und zwei Projekterrichtungen mit dem gleichen Ziel, in Cagliari auf Sardinien und in Bari Apulien. Wir erleben ein Interesse an unserer Kirche und an der Gestalt der lutherischen Theologie und Kirchlichkeit. Die Botschaft Luthers von der Freiheit des Christenmenschen hat allem Anschein nach im Land des Papstes fast 500 Jahre nach der Reformation eine gewisse Anziehungskraft. Durch das interessante Beteiligungsmodell der italienischen Gesellschaft an kirchlicher und religiöser Wirklichkeit, bekannt als »otto per mille«[1], welches eine konfessionell unverbindliche und zugleich anonyme finanzielle Förderung erlaubt, »bekennen« sich ca. 40.000 Steuerzahler jährlich zu unserer Arbeit und unserem Auftrag. Neben solchen Formen der Interessensbekundung gibt es ebenso die konkrete Annäherung an unsere Gemeinden und den Beitritt als Mitglied.

Anziehend ist dabei vielleicht auch, dass die Evangelisch-Lutherischen Kirche in Italien neben ihrer kleinen nationalen Gestalt als Stimme des weltweiten Luthertums und Teil der lutherischen Konfessionsfamilie verstanden und gehört wird. Dieser Tatsache tragen wir als kleine nationale lutherische Kirche durch unsere Beziehungen und Partnerschaften mit angrenzenden mitteleuropäischen Kirchen in Slowenien, Österreich und Ungarn Rechnung. Ein Beziehungsnetz, das über die GEKE-Plattform der Süd-Osteuropa-Konferenz gewachsen ist.

Einbindung in die europäische und internationale Realität der evangelischen Kirchen, Einbindung in ein solidarisches Gefüge innerhalb des Protestantismus in Italien, Beteiligung an der Gemeinschaftspflege im Gemeindekontext und Verkündigung im lokalen und ökumenischen Kontext, das ist der Rahmen, innerhalb dessen unsere kleine Evangelisch-Lutherische Kirche in Italien funktioniert.

Ich wünsche Ihnen, liebe Schwestern und Brüder, dass Sie während der Zeit Ihres Aufenthaltes bei uns ein wenig vom Wesen und der Besonderheit dieser Stadt mit ihrem evangelischen Gesicht kennen und lieben lernen.

---

[1] Gemeint ist die Mandatssteuer in Italien, die Religionsgemeinschaften oder sozialen, kulturellen und humanitären Zwecken zugutekommt. Dabei kann der Steuerpflichtige selbst entscheiden, an welche Einrichtung die Steuer fließt. In Italien wird sie allgemein »otto per mille« genannt (acht Promille, bezogen auf die Bruttoeinkommenssteuer), Anm. der Hgg.

## *Generalsekretär Anthony Peck*

Europäische Baptistische Föderation

Brüder und Schwestern in Christo der GEKE,
zunächst überbringe ich Ihnen die herzlichen Grüße der Baptistenunionen und Kirchengemeinden, die in der Europäischen Baptistischen Föderation zusammengefasst sind. Dies sind 55 Mitgliedsunionen in fast allen Ländern Europas, Zentralasiens und des Nahen und Mittleren Ostens. Gemeinsam grüßen wir Sie und beten, dass Sie eine erfolgreiche Vollversammlung haben mögen, eine, die die protestantischen Kirchen in Europa in ihrem gemeinsamen Zeugnis für das Evangelium wahrhaft inspirieren möge.

Ich persönlich freue mich sehr, dass ich heute vor Ihnen die Europäische Baptistische Föderation vertrete, die nun eine Vereinbarung der gegenseitigen Zusammenarbeit (Agreement of Mutual Cooperation) mit der GEKE unterzeichnet hat.

In diesem wird die reiche Erfahrung der *koinonia* und des gemeinsamen Zeugnisses anerkannt, die viele Baptisten mit den Lutheranern, Reformierten und Methodistischen Kirchen Europas sammeln konnten, alles ja Kirchen der »Kirchengemeinschaft« der GEKE. Ich freue mich, hier an dieser Konferenz zusammen mit Rafaele Volpe, der Präsidentin der Italienischen Baptistenunion, anwesend zu sein, die in solch enger Kooperation mit den Waldenser- und Methodistenkirchen arbeitet, die auch Teil der GEKE sind. In Schweden sind die Baptisten in eine ganz neue »Kirche der gemeinsamen Zukunft« eingetreten, zusammen mit den Methodisten und der Mission Covenant Church. – Ich persönlich hoffe, dass diese neue Kirche in irgendeiner Form eine gute Beziehung mit der GEKE aufbaut.

Die Reise bis zur Erreichung der Vereinbarung zur gegenseitigen Zusammenarbeit bescherte uns auf beiden Seiten Ermutigungen, aber auch ihre Schwierigkeiten und Rückschläge. Die europäischen Baptisten wurden durch den Dialog, den wir vor zehn Jahren mit der GEKE hatten, sehr bereichert, was unser Verständnis des Evangeliums und der Taufe betrifft. Es gab so vieles, das wir gemeinsam bejahen konnten. Und trotzdem ermöglichte unser jeweils unterschiedliches theologisches Verständnis der Taufe es uns nicht, in eine volle Kirchengemeinschaft mit der

GEKE einzutreten. Das enttäuschte uns, und doch respektieren wir den Standpunkt der GEKE in Bezug auf eine Verständigung über die Sakramente voll und ganz. Dies erinnert uns jedoch daran, dass die Einheit, für die Jesus gebetet hatte, noch immer unvollkommen ist. Diese unterliegt unseren eigenen Teilverständnissen, mit denen wir an manchen Punkten jemanden, der anders als wir ist, einerseits mit einbeziehen und doch wieder irgendwo ausschließen können. Das ist die Realität, in der wir leben, die wir aber doch auf unserer ökumenischen Reise zu überwinden suchen.

Deshalb waren wir uns in der Europäischen Baptistischen Föderation nach der letzten GEKE-Vollversammlung in Budapest nicht sicher, ob es richtig wäre, unseren Dialog und unser Engagement mit der GEKE fortzusetzen. Unserem Gefühl nach waren wir vielleicht schon bis zum äußersten uns möglichen Punkt vorgedrungen. Aber hier muss ich Ihrem Generalsekretär Bischof Michael Bünker meinen persönlichen Dank aussprechen. Dazu auch Herrn Professor Martin Friedrich für deren Barmherzigkeit und Geduld mit uns sowie für deren eigene Entschlossenheit, einen Weg durch die Schwierigkeiten auf beiden Seiten hindurchzufinden, damit eine Vereinbarung zustande kommen konnte. Ich denke, wir haben uns seit der letzten Vollversammlung beinahe jedes Jahr getroffen, und was ist geschehen: Unser Verständnis und unsere Wertschätzung füreinander, und am wichtigsten, unser gegenseitiges Vertrauen und unsere Erfahrung von *koinonia* sind gewachsen. Wir haben gesehen, wie sowohl die europäischen Baptisten als auch die Kirchen der GEKE durch eine Partnerschaft miteinander bereichert werden können.

Und so war es eine Freude für uns, anlässlich unseres Rates der Europäischen Baptistischen Föderation in Rom, Bischof Michael bei uns zu haben, um die Partnerschaftsvereinbarung zu unterzeichnen, die Gebiete beschreibt, in denen wir zusammen arbeiten können: weiterer theologischer Dialog, Teilnahme an der Arbeit der GEKE und der EBF und an der Stärkung unseres gemeinsamen Zeugnisses für das Evangelium im heutigen Europa. Weiterhin haben wir uns verpflichtet, uns einmal pro Jahr als Leitungsteams zu treffen. Die Vereinbarung war schwer erkämpft worden, ist aber nun deshalb umso bedeutungsvoller.

In diesem Jahr, in dem die Baptisten den 400. Jahrestag der ersten Englischen Baptistenkirche feiern, die 1612 in London gegründet wurde, ist es gut, über unsere Geschichte der Baptisten und unsere Identität nachzudenken. Mindestens teilweise sind wir die geistlichen Kinder der Anabaptisten, des radikalen linken Flügels der Reformation. Diese verpflichteten sich zu einer radikalen Nachfolge, Friedensstiftung, Gemeindeethik, einem gemeinsamen Lesen der Schrift, Religionsfreiheit für alle und die unbedingte Trennung von Kirche und Staat. Diese Verpflichtungen werden unter uns Baptisten erneut studiert und erweisen sich auch heute als relevant. Werden diese auch ein Teil des 500. Jahrestages der Reformation sein, das frage ich mich?

Wir sahen es als hilfreichen und hochgeschätzten Schritt an, dass der Lutherische Weltbund eine Erklärung der Entschuldigung und des Bedauerns gegenüber den Mennoniten abgeben hat, was die Verurteilung, die Verfolgung und das Märtyrertum der Anabaptisten in den frühen Jahren der Reformation betrifft. Das war ein wichtiges ökumenisches Signal auch für die europäischen Baptisten. Wir tragen vergangene Konflikte nicht nach, aber wir sind doch alle von unserer Geschichte geprägt. Ich vertraue darauf, dass wir Baptisten dieselbe Bereitschaft zeigen, jene Ereignisse in unserer eigenen Geschichte mit Christen anderer Traditionen offen aufzuzeigen, wo auch wir Buße zeigen müssen.

Ich fasse es so auf, dass die GEKE mit der Vereinbarung der gegenseitigen Zusammenarbeit uns Baptisten einen Raum eröffnen wollte. Im Namen der europäischen Baptisten danke ich Ihnen dafür. Auch für den großzügigen Geist, der dahinter steht. Ich bete, dass dies nur ein Anfang eines weiteren Zusammenwachsens ist. Unser theologischer Dialog zeigte klar, das wir eins sind, was das Wesen des Evangeliums und was die gegenwärtigen missionarischen Aufgaben betrifft. Und für uns Baptisten ist dies das allerwichtigste. Auf dieser Basis können wir uns wahrhaftig gegenseitig als Brüder und Schwestern in Christo anerkennen und auch unsere Kirchen als solche, die die Merkmale von wahren Kirchen Jesu Christi tragen.

In diesem Jahr gedenken wir auch des 400. Jahrestages der Veröffentlichung eines Buches des frühesten englischen Baptistenführers Thomas Helwys. In der Mitte des Buches steht ein beachtenswerter Aufruf an die regierenden Mächte, d. h. an den englischen König James, allen Religionsfreiheit zu gewähren, selbst jenen, mit denen Helwys heftigste Meinungsverschiedenheiten hatte. Dabei erwähnte er nicht nur andere Christen, sondern auch jene, die er als Häretiker bezeichnete, sowie auch Juden und Türken (Muslime).

Dieser Aufruf für Religionsfreiheit für alle, der erste, der jemals in englischer Sprache geschrieben worden ist, war und ist immer noch ein zentraler Wert, der die baptistische Identität seither geprägt hat. Baptisten haben sich für Religionsfreiheit und die damit einhergehenden Menschenrechte für alle eingesetzt; für eine Vision von einer Gesellschaft, in der keine Religion oder religiöse Glaubensgemeinschaft Privilegien oder einen Machtstatus genießt, der über anderen steht, sondern wo Menschen aller religiösen Glaubensrichtungen und auch solche, die keinen Glauben haben, zusammen kommen können, weil sie nach einem friedvollen Zusammenleben und nach einem Gemeinwohl der Gesellschaft streben. Wir glauben, dass solch eine Vision niemals wichtiger war als im gegenwärtigen Europa, wo sich intoleranter Nationalismus und Rassismus manchmal hinter Religion verstecken, um so ihre Hassparolen zu verbreiten.

Dies sind die Anliegen und Perspektiven, die wir in Ihre laufenden Diskussionen über Kirche und Gesellschaft im heutigen Europa einbringen. Ich hoffe, dass wir europäische Baptisten, während wir unseren Überzeugungen treu bleiben, uns öffnen können, um unsere Freundschaft, unsere Unterstützung, unser aktives Engagement und unsere Gebete anbieten zu können in allem, was die GEKE anstrebt, um die Stimmen der Protestanten in Europa deutlich hörbar zu machen. Vor allem aber hoffen wir, dass durch die Vereinbarung der gegenseitigen Zusammenarbeit an Ort und Stelle, auf nationaler und lokaler Ebene nachgedacht wird – so wie das in Italien geschieht –, damit unsere baptistischen Kirchen ermutigt werden, sich für den Dialog und die Zusammenarbeit mit den protestantischen Brüdern und Schwestern in Christo zu öffnen und umgekehrt. Deshalb geht nochmals mein Dank an Sie in der GEKE!

Und ich schließe mit einer weiteren reformatorischen Losung: *Soli Deo Gloria!*

## *Präsidentin Alessandra Trotta*

Evangelisch-Methodistische Kirche in Italien

Liebe Brüder und Schwestern, verehrte Mitglieder der Vollversammlung, verehrte Gäste,
mit großer Freude heiße ich Sie hier alle in Florenz herzlich willkommen – auch seitens der Methodistischen Kirchen in Italien. Diese sind aus der Leidenschaft für das Evangelium und der Liebe zur Freiheit entstanden. Beides bezeugten methodistische Missionare, sowohl aus England als auch aus Amerika, vor 150 Jahren in der Zeit vor und auch unmittelbar nach der Gründung des italienischen Staates.

Diese Vollversammlung wird heute am 20. September an einem für unser Land historischen Tag eröffnet. An diesen gedenken die italienischen protestantischen Kirchen seither mit besonderen Gefühlen. Es war im Jahr 1870, als die Armee des italienischen Königreiches die Macht über Rom übernahm. Das bedeutete das Ende der weltlichen Macht des römischen Papstes, die Vereinigung von Nord- und Süditalien und den Beginn einer politischen Ära (natürlich auch mit ihren Widersprüchen und Begrenzungen), der es möglich war, ein beträchtliches Maß an Religionsfreiheit zu garantieren. Allerdings wurde diese später vom Faschismus und der neuen Allianz zwischen »Thron und Altar« im Konkordat von 1929 mit der Römisch-Katholischen Kirche dramatisch erstickt.

Jener 20. September 1870 bedeutete, dass die kleinen protestantischen Kirchen im Land nun dafür verantwortlich waren, ihre eigene Rolle und Mission eben als diese protestantischen Kirchen genau zu definieren. Sofort sahen sich die methodistischen Kirchen selbst (obwohl aus fremdländischen Missionen hervorgegangen) nicht als eine »religiöse Minderheit«, sondern als aktiven Bestandteil der italienischen Gesellschaft, aufmerksam und bereit zum Dialog, mit ihrem Zeugnis tief verwurzelt in den sozialen, kulturellen, politischen und religiösen Fragen des Lebens in diesem Land. Sie waren empfänglich für den Kampf um Würde und Gleichberechtigung der Armen und auch darauf bedacht, in immer noch stärkerer Zusammenarbeit mit allen anderen Ausdrucksformen des Protestantismus die Herausforderungen zu meistern.

In demselben Geist schauen wir nun zusammen auf Europa und auf das Engagement und die Verpflichtung des gemeinsamen Zeugnisses der protestantischen Kirchen, es mit all den Herausforderungen aufzunehmen, wie sie zu Recht im Dokument »Tretet ein für Gerechtigkeit« dargestellt werden.

Dies ist eine wahrhaft grundlegende Verantwortung für die europäischen Protestanten, denn gerade als solche sind wir Teil des Projektes für Einheit, Frieden, Solidarität und Versöhnung (ein Projekt, das an sich schon eine Herausforderung darstellt!), aufgebaut auf der Erfahrung der Ruinen aus schrecklichen Kriegen und Verfolgungen, darunter auch religiösen (auch von und durch Christen). Wir alle kennen die zerstörerische Macht der Angst, des Hasses, des Zorns und der Gewalt, geschürt durch Situationen des Ausgeschlossenseins. So werden Menschen angreifbar und verführbar durch Ideologien der Macht und des religiösen Fundamentalismus – darunter auch christlicher Art. Angesichts dieser haben wir uns unserer Berufung, die wir erhalten haben, nicht immer würdig erwiesen.

Wenn ich nun die schrecklichen Schlagzeilen über die aufgebrachten Menschenmengen in der arabischen Welt lese, die töten, um eine religiöse Identität zu verteidigen, die sie durch einen Film und durch Karikaturen verletzt sehen, dann gehen meine Gedanken zu den vielen Städten in vielen italienischen Regionen, wie den Abruzzen oder Sizilien (wo ich herkomme), wo es vor nicht allzu vielen Jahrzehnten ganz plötzlich Unruhen und gewaltsame Übergriffe auf Pfarrer und friedfertige Kirchenmitglieder gab. Wo Kirchen zum Geschrei von »Tod den Protestanten« niedergebrannt wurden, wo der öffentliche Gottesdienst manchmal von den Behörden verboten wurde, weil er die religiöse Sensibilität der katholischen Mehrheit verletzte. Wo das Katholische als fundamentaler Bestandteil der öffentlichen Identität und Einheit angesehen wurde. Da gab es Zeiten, in der Bibeln verboten und sogar verbrannt wurden, da man der Meinung war, dass diese, wenn ohne richtige Auslegung gelesen, gefährlich waren.

Das heutige Europa ist weit davon entfernt, gegen die Krankheiten der Vergangenheit immun zu sein. Ganz bestimmt braucht es die Stimme des Teils der Christenheit, den wir als protestantische Kirchen vertreten. Europa braucht die kritische Fähigkeit, zu unterscheiden, die Fähigkeit, mit komplexen Fragen umzugehen, es braucht eine starke Verteidigung der Grundrechte aller Menschen und nicht zuletzt eine nicht-konfessionelle Einstellung der öffentlichen Einrichtungen.

Mit den Worten einer Erklärung der Synode der Kirchenunion der Methodisten und Waldenser vor einigen Jahren (2007) denke ich, dass es nicht die unwichtigste Aufgabe der heutigen Christenheit ist, als Gläubige erneut Folgendes zu bestätigen:

»Die Politik hat nicht die Rolle, die ›Wahrheit‹ auszuführen, sondern Lösungen zu finden, die die Menschen so gleichberechtigt wie möglich behandeln, d.h. Lösungen, die Rechte und Freiheiten für jede und jeden gewährleisten und die die Einzelnen darin unterstützen, verantwortungsvolle Entscheidungen angesichts von komplexen Problemen zu treffen, die keine Ideologie vereinfachen kann.«

Wir schätzen auch – aus einem besonderen, internen Grund – all die Beiträge aus den Lehrgesprächen in den weiteren wichtigen Dokumenten, über die die Vollversammlung diskutieren wird.

Unsere Ortskirchen in Italien befinden sich heute in einem unglaublichen Wandlungs- und Erneuerungsprozess aufgrund der bewussten Entscheidung, es als unsere eigene besondere Berufung anzusehen, eine Politik der vollen Integration von zahlreichen Migrantenbrüdern und -schwestern (oft aktive Mitglieder der Methodistischen oder Reformierten Kirchen in ihren eigenen Ländern) aus allen Teilen der Erde zu verfolgen. Dieser Prozess bringt reichen Segen, aber in diesem Fall erweist er sich auch als zutiefst komplex. Gestützt auf der Idee der dynamischen Identitäten, offen zu sein für gegenseitige Verwandlung und Bereicherung, auch als Protestanten, braucht dieser Prozess ein neues und gemeinsames Nachdenken darüber, was wahrhaft wesentlich ist in dem besonderen Beitrag des Glaubens, der Gedanken und des lebendigen Zeugnisses, den wir uns bewahren und den wir weitergeben möchten.

So werden wir sicher viel empfangen aufgrund der Bemühungen und der Freude des Teilens, das uns in den nächsten Tagen erwartet. Zusammen mit den Vertretern der anderen italienischen Kirchen hoffen wir, unseren Beitrag zu leisten. Wir bringen auch unsere Erfahrung einer weiteren und tieferen Zusammenarbeit mit den Baptistischen Kirchen ein, sowie Erfahrungen innerhalb des wertvollen Rahmens des Aufbauens von Einheit und gemeinsamen Diensten in der Föderation der Protestantischen Kirchen in Italien.

Möge der überraschende Atem des Heiligen Geistes über die Arbeit dieser Vollversammlung kommen, der Geist, der uns alleine in eine wahrhafte und tiefe Gemeinschaft führen kann. Diese ist das starke Zeugnis für die Macht der Einheit in Jesus Christus über alle Grenzen und menschliche Schranken hinweg.

## *Monsignore Dr. Matthias Türk*

Päpstlicher Rat zur Förderung der Einheit der Christen

Sehr geehrter Herr Präsident Wipf,
sehr geehrter Herr Generalsekretär Bünker,
sehr geehrte Damen und Herrn, liebe Schwestern und Brüder im Herrn,
ganz herzlich darf ich Sie alle als Vertreter des Päpstlichen Rates zur Förderung der Einheit der Christen von unserem Präsidenten, Kardinal Kurt Koch, sowie von allen unseren Mitarbeiterinnen und Mitarbeitern grüßen!

Wenn wir heute unser Augenmerk auf das Miteinander zwischen katholischen und evangelischen Christen richten, kommt eine Vielzahl von Inhalten und Beziehungen in den Blick.

Nach nahezu 50 Jahren ökumenischen Dialogs sind wir zu der Überzeugung gelangt, dass uns mehr miteinander verbindet, als uns trennt: allem voran der gemeinsame Glaube an den dreieinigen Gott und seine Offenbarung in Jesus Christus, die Übereinstimmung in grundlegenden Wahrheiten der Rechtfertigungslehre, der zentralen Frage nach der Erlösung des Menschen durch Gott, und vieles andere mehr.

Aber nicht nur die Erfolgsgeschichte wiedergewonnener Einheit, sondern auch nahezu 500 Jahre Trennungsgeschichte liegen zwischen katholischen und evangelischen Christen, worauf uns ebenso das Reformationsgedenken 2017 hinweist. Dieses Datum fordert Katholiken und evangelische Christen dazu auf, die Anliegen der Reformation, also den bleibenden Auftrag einer »Ecclesia semper reformanda«, im geschwisterlichen Dialog neu miteinander zu diskutieren.

Daher möchte ich als Leitsatz dieses Grußwortes formulieren: »Wir können die negativen Folgen der Kirchenspaltung dadurch zu heilen versuchen, dass wir als katholische und evangelische Christen die positiven Anliegen der Reformation in unserer Zeit gemeinsam zum Tragen bringen.«

Gerade auch aus katholischer Sicht bedarf die Kirche einer ständigen Erneuerung, weil ihre Glieder immer in der Gefahr stehen und dieser immer wieder verfallen sind, sich mehr um sich selbst, als um ihre Berufung von Christus her zu kümmern. In diesem Punkt der bleibenden Bedrohung der Christen durch die Sünde befinden sich Katholiken wie evangelische Christen in derselben Lage. Wenn sie aber in der Bedrohung eins sind, dann sind sie es auch in ihrer Hinordnung auf die Gemeinschaft mit Christus. Und darin liegt die gesuchte Einheit der Christen, die gleichermaßen Grund und Ziel für uns alle darstellt.

Ich bin mir sicher, dass es einen großen Konsens zwischen Katholiken und evangelischen Christen gibt, wenn sie das reformatorische Anliegen in seinem Grund als eine Neuausrichtung auf Christus hin gemeinsam erkennen und formulieren.

Daraus folgen nun weitere Gemeinsamkeiten. Zunächst kommt das Schuldbekenntnis, die Bitte an den Herrn um Vergebung für alle Rede und Tun in den Blick, alles, was von Christus weggeführt hat, und wodurch wir einander Unrecht und Leid zugefügt haben. Aus einem solchen aufrichtigen Eingeständnis der angehäuften Schuld mag eine neue Begeisterung dafür erwachsen, den Weg in Richtung einer größeren Gemeinschaft miteinander zu gehen und neue Wege zu suchen, gemeinsam die frohe Botschaft des Evangeliums einer Welt zu verkünden, die sie in vielerlei Hinsicht so bitter nötig hat.

In der Vorbereitung auf das Gedenken 2017 hat im Juli dieses Jahres die Lutherisch-katholische Kommission für die Einheit ein Dokument mit dem Titel »Vom Konflikt zur Gemeinschaft: Gemeinsames lutherisch-katholisches Reformationsgedenken im Jahr 2017« verabschiedet. Hier geht es darum, was Lutheraner und Katholiken aufgrund des bisherigen ökumenischen Konsenses heute an Gemeinsamkeiten erreicht haben und was ihnen von daher eine neue Sicht der Reformation und ihrer Anliegen ermöglicht. All diese Schritte auf größere Einheit hin machen Mut zum Weitergehen. Im Licht des dann 50-jährigen offiziellen ökumenischen Dialogs zwischen dem Lutherischen Weltbund und der katholischen Kirche, der erstmals 1967 seine Arbeit aufgenommen hat, kann das Reformationsgedenken 2017 in seiner ökumenischen und internationalen Dimension in ganz neuer Weise begangen werden.

In diesem Zusammenhang ist es für unseren Päpstlichen Rat auch eine große Freude, dass wir bei einem offiziellen Besuch des Präsidiums der GEKE im vergangenen Jahr die Aufnahme einer Reihe von Gesprächen vereinbaren konnten. Inhalt der Konsultationsreihe sollen vor allem die ekklesiologischen Grundlagen evangelischer Kirche sein, die mit der Confessio Augustana VII und dem Lehrdokument »Die Kirche Jesu Christi« von 1994 gegeben sind. Themen wie Kirchenverständnis und Einheitsvorstellungen in der Ökumene werden dabei im Mittelpunkt stehen. Sowohl die katholische Kirche wie auch die GEKE betreten mit diesen Gesprächen Neuland. Für unseren Einheitsrat soll die Konsultationsreihe nicht in Konkurrenz zu den bestehenden bilateralen Dialogen gesehen werden, sondern zur weiteren Verständigung und Vernetzung der diskutierten Inhalte beitragen. Allen an diesen Konsultationen Beteiligten wünsche ich von dieser Stelle aus einen guten Start im Februar nächsten Jahres und gutes Gelingen.

Wenn beim Ökumenemodell der GEKE zwischen Grund und Gestalt der Kirche zu unterscheiden ist, so bedeutet die Ausrichtung auf den Grund, auf Christus, den Herrn und Erlöser, nicht eine Gestaltlosigkeit der im Glauben an ihn zur Nachfolge gekommenen Gemeinschaft der Christen. Vielmehr gewinnt die Gestalt des Kircheseins immer mehr an Kontur und Konkretion, je stärker sich das Leben der Gläubigen auf ihren Grund, auf den Herrn selbst, ausrichtet. Das Gespräch über die Unterscheidung von nötiger und möglicher Gestalt des Kircheseins wird an dieser Stelle zu führen sein.

Auch den Beratungen dieser 7. Vollversammlung der GEKE wünsche ich viel Erfolg und Gottes Segen. Mögen sie dazu beitragen, die Gemeinsamkeiten der evangelischen Kirchen Europas stärker zum Ausdruck zu bringen, wie es in den Lehrgesprächen und Arbeitsfeldern mit ihrer vielfältigen Thematik angeregt worden ist. Ich denke, dass, je mehr Gemeinsamkeit und Einheit nach innen gegeben ist, umso mehr Einheit nach außen mit den ökumenischen Partnern für die Anliegen der Welt von heute im von uns geforderten gemeinsamen Zeugnis gegeben sein wird.

So wäre ein »Europa reformata« auch immer ein »Europa reformanda«, ein immerwährendes reformatorisches und ökumenisches Anliegen, das evangelische Christen mit ihren ökumenischen Partnern zusammen angehen könnten in der erneuerten und erneuernden Ausrichtung auf Christus. Katholizität, Apostolizität und Sakramentalität sind dabei Gestaltungsformen aus dem Grund heraus, die nicht nur von katholischer Seite allein bereichernd im Blick auf eine wachsende Verbindlichkeit des Christusereignisses eingebracht werden können und eine unverzichtbare Hilfe bei der Frage, was es heißt, in communio zu sein, darzustellen vermögen.

Mit herzlichen Grüßen und besten Segenswünschen für die Tage der Vollversammlung darf ich noch einmal formulieren: »Wir können die negativen Folgen der Kirchenspaltung dadurch zu heilen versuchen, dass wir als katholische und evangelische Christen die positiven Anliegen der Reformation in unserer Zeit gemeinsam zum Tragen bringen.«

Danke für Ihre freundliche Aufmerksamkeit.

## *Generalsekretär Dr. Olav Fykse Tveit*

Ökumenischer Rat der Kirchen

Liebe Schwestern und Brüder, liebe Kolleginnen, Kollegen und Freunde! Mit besonderer Freude bringe ich Ihnen Grüße vom Ökumenischen Rat der Kirchen – einer weltweiten Gemeinschaft von Kirchen, zu der viele Ihrer Kirchen gehören. Als Mitglied des Exekutivausschusses der Leuenberger Kirchengemeinschaft in den Jahren 1994–2001 konnte ich viele unter Ihnen, viele Ihrer Kirchen, Ihrer Herausforderungen und Ihren – und unseren – gemeinsamen Auftrag kennenlernen. Die solide, theologisch fundierte Gemeinschaft der europäischen protestantischen Kirchen – vereint in Kanzel- und Abendmahlsgemeinschaft – war und ist ein wichtiger Beitrag zur weiteren globalen ökumenischen Gemeinschaft, die ich heute hier vertrete.

### *Krise und Versöhnung – ein Aufruf an die Kirchen Europas*

In Ihrem Konzept der Einheit legen Sie die Betonung auf Versöhnung. Das heutige Europa ruft die Kirchen zu Zeichen der Versöhnung auf. Vor weniger als einem Monat trafen sich einige von uns in der letzten Sitzung des Zentralkomitees vor der Vollversammlung 2013 in Busan, Republik Korea. Sie fand in der Orthodoxen Akademie von Kreta nahe Chania statt. Das Thema der Vollversammlung: »Gott des Lebens, führe uns zu Gerechtigkeit und Frieden« bestimmte unsere Gebete, unsere Bibelarbeiten, unser Nachdenken und unsere Betrachtungen. Dieses Thema führt uns zur Versöhnung in Gebet und Zeugnis, fundiert auf einen theologischen Brennpunkt und auf theologischen Reflexionen. Das entspricht sehr wohl der Vision der Gemeinschaft Evangelischer Kirchen in Europa.

Es war natürlich unmöglich, sich auf der Insel Kreta zu treffen, ohne die gegenwärtige Finanz- und Wirtschaftskrise anzusprechen, die Griechenland so hart trifft, die die Arbeitslosenrate besonders unter jungen Menschen nach oben treibt und die die Menschen in Armut und Verzweiflung nach unten drückt. Das Zentralkomitee zeigte die Konsequenzen nicht nur für Griechenland sondern auch für Italien, Spanien und andere europäische Länder wie Portugal und Irland auf und warnte davor, dass ein Versagen des Euros eine weitere weltweite Panik und Krise nach sich ziehen könnte, wahrscheinlich noch schlimmer als die von 2008. Wir könnten Gründe sehen, eine Süd-Nord Spaltung Europas zu befürchten, wobei diese durch die Grenzen der konfessionellen Spaltung des Kontinentes bestärkt werden könnte. Dies alles zusätzlich zu den wachsenden Spannungen, die aufgrund der Migration und dem zunehmenden religiösen Pluralismus in vielen Ländern entstehen.

Die gegenwärtige Krise hat auch sehr tiefe politische und moralische Dimensionen, die den Fortschritt in Europa, der auf dem Gebiet der Versöhnung und der größeren Integration des Kontinentes erzielt worden ist, zu unterminieren drohen. Alte Feindbilder und Klischeevorstellungen kommen wieder zum Vorschein, vergiften das Denken der Menschen und lähmen den öffentlichen Diskurs.

Das Zentralkomitee des Ökumenischen Rats der Kirchen forderte »die Kirchen in Europa auf, zusammenzustehen und für gemeinsame europäische Lösungen der Finanz- und Sozialkrise einzutreten, die helfen, das Projekt der europäischen Einheit als ein Projekt des gerechten Friedens auf dem Kontinent zu vertiefen«.

Vor einer Woche hatte ich die Gelegenheit zu kurzen Gesprächen mit dem italienischen Premierminister Mario Monti, mit dem Präsidenten des Europäischen Rates Herman Van Rompuy und anderen. Dort konnte ich die Frage nach der Rolle der Kirchen in Europa in Zeiten wie diesen aufwerfen. Was können die Kirchen an alternativen Diskursen in versöhnten Beziehungen beitragen? Wo sind die Kirchen, die so viel zu Versöhnung und Frieden in Europa beigetragen haben, wenn nun neue Spannungen das Wiederauftauchen von Feindbildern nähren, die jetzt auf der finanziellen Krise beruhen? Wo sind die Kirchen, die die Fähigkeit gezeigt haben, den öffentlichen Diskurs zu verändern und den Politikern und Gesellschaften Türen zu öffnen, in dem sie zur Versöhnung und zum Aufbau neuer Beziehungen nach dem Zweiten Weltkrieg und über den Eisernen Vorhang hinweg aufgerufen haben?

Diese führenden europäischen Politiker reagierten und versprachen Unterstützung für das, was die Kirchen tun könnten, um einen weiteren Diskurs und weitere Entwicklungen zur Überwindung der Krise zu fördern.

*Christus befreit, versöhnt und vereint*

Diese Vollversammlung der Gemeinschaft der Evangelischen Kirchen in Europa trifft sich hier in Florenz unter dem Thema: Frei für die Zukunft! Das beschreibt tatsächlich den Geist, der notwendig ist, um die Chance dieses Moments in der Geschichte zu ergreifen.

Die Tiefe der christlichen Freiheit kommt am deutlichsten in Römer 8,31 zum Ausdruck: »Ist Gott für uns, wer ist dann gegen uns?«

Wir sind zu einer anderen Zukunft aufgerufen, zu einer Zukunft, in der wir nicht von Furcht beherrscht werden. Ohne Angst können wir eine Vergangenheit voller Feindschaft und Verzweiflung überwinden. Wir sind mit Gott versöhnt durch den Tod Christi. Alles, sogar Hass und Tod, sieht durch die Liebe Christi anders aus, selbst wenn diese Mächte nicht verschwinden. Die Gnade Gottes, die Rechtfertigung der Sünder, führt uns zu Umkehr, befreit uns, unsere Feindbilder aufzugeben und befähigt uns, nach einer anderen Zukunft für unser gemeinsames Leben zu streben. Denn Gott liebt auch jene, die uns als Feinde ansehen könnten. Wir sind befreit, das Kreuz Christi unter allen Umständen zu tragen – mit Glauben, Hoffnung und Liebe. Nicht für Kreuzzüge, sondern in Solidarität mit der leidenden Welt.

Gerechtfertigt durch Gott durch das Kreuz Christi sind wir frei, frei für eine Zukunft der Solidarität und ein gemeinsames Leben sowohl der Gesellschaften als auch der Kirchen in Europa. Deshalb, lassen Sie sich inspirieren vom Thema dieser Vollversammlung:

- damit Ihre Stimme in Solidarität mit den verletzbaren und leidenden Menschen Europas gehört wird – und mit jenen Menschen, die nach Europa kommen – zusammen mit den Kirchen anderer Traditionen in Europa;

- und damit das Zeugnis der Guten Nachricht erneuert wird, dass Christus frei macht, versöhnt und vereint - Menschen wie Kirchen!

Christus befreit, versöhnt und vereint! Wir sind aufgerufen, unser gemeinsames Zeugnis, unseren Auftrag und unser Engagement für die sichtbare Einheit der Kirche zu erneuern, um das Beste, das wir haben, für die gemeinsame Zukunft der Menschen und Nationen in Europa anzubieten!

*Bereit für einen entschiedenen, sichtbaren und ambitionierten Schritt auf eine gemeinsame Zukunft hin*

Ich bin froh, dass die neue Missionserklärung des Ökumenischen Rats der Kirchen, das vom letzten Zentralkomitee verabschiedet wurde, Mission von den Rändern her definiert. Also nicht von einem Missionszentrum her, wie dies in den vergangenen Jahrhunderten geschehen ist. Sie weist auf eine lebensbejahende Mission hin und nimmt die Erfahrungen der an den Rand Gedrängten, ihre Freude und ihr Leid ernst, wo immer sie sich befinden. Wir sind alle dazu aufgerufen, das Evangelium mit dem Anderen zu teilen und das Kreuz Christi in christlicher Solidarität mit der Welt zu tragen. Die Kirchen begeben sich auf den Weg, eine Vision der Solidarität und des gemeinsamen Lebens anzubieten. Sie verkünden das Verständnis einer ganzheitlichen Mission, wie wir sie auch in Europa so dringend brauchen. Die Kirchen sind dazu berufen, den befreienden Glauben an Jesus Christus weiterzugeben, den so viele nicht kennen in einem Europa, in dem so viele Menschen darum kämpfen, Hoffnung und Lebenssinn zu finden. Unsere Mission besteht auch darin, gute Beziehungen aufzubauen als gute Nachbarn von Muslimen, Juden und anderen Gruppen wie die Roma - wobei sich einige darunter vielleicht nicht sicher auf diesem Kontinent fühlen.

Ein neuer Text, der nach langen Studien- und Konsultationsprozessen in der Kommission für Glauben und Kirchenverfassung entstanden ist, trägt den Titel: »Die Kirche: Auf dem Weg zu einer gemeinsamen Vision« und sieht die Suche nach der sichtbaren Einheit und das gemeinsame Zeugnis der Kirchen in ihrem Auftrag in der Welt eng beieinander. Wir haben uns da unter anderem auch auf die Arbeiten über Ekklesiologie der Leuenberger Texte gestützt, besonders auf die Studie »Die Kirche Jesu Christi« aus den 1990er Jahren.

Wir befinden uns auf der Zielgeraden zur Feier des 500. Jahrestages der Wiederentdeckung des Evangeliums und der kritischen Überprüfung des Lebens und Lehrens der Kirche durch Martin Luther und andere. Dies führte zu dem, was später Reformation genannt wurde. Es liegt in Ihrer und unserer gemeinsamen Verantwortung, dass dies 2017 zu einem wahrhaft ökumenischen und weltweiten Ereignis wird, indem wir es zu einem vereinten, demütigen und fröhlichen Feiern des Evangeliums gestalten. In diesem Jahr erinnern wir uns auch an den 50. Jahrestag des Zweiten Vatikanischen Konzils als bedeutungsvolle Inspiration für die ökumenischen, theologischen Dialoge zwischen einigen Kirchen in Europa.

Wir haben damit begonnen, eine neue Einheitserklärung für die Vollversammlung in Busan zu erarbeiten, in der klar zum Ausdruck kommt, dass die Suche nach Einheit der Kirche eine Antwort auf Gottes Absicht nicht nur für die Menschheit, sondern für die ganze Schöpfung ist. Gott erschafft Leben in Einheit und für die Einheit. Die Einheit ist wesentlich für den Einsatz der Kirchen für Leben, Gerechtigkeit und Frieden. Für alles, was wir hier in Europa tun, müssen wir vor den Menschen in diesem Kontinent und anderen volle Verantwortung übernehmen, ob dies nun christliche Schwestern und Brüder sind oder Menschen mit anderer Religion oder mit anderem Glauben. Sie alle werden davon profitieren, wenn sie sehen, wie die Kirchen in Europa ihren Auftrag erneuern mit dem Ziel auf ein Leben in Gerechtigkeit und Frieden - als Antwort auf ihre eigenen Aufrufe und als ein Beitrag zur weltweiten Gemeinschaft der Kirchen, wie sie im Ökumenischen Rat der Kirchen zum Ausdruck kommt.

Im letzten Jahrhundert zeigten die Kirchen in Europa ein starkes Engagement für die ökumenische Bewegung und Gemeinschaft in Europa und mit Kirchen vieler Konfessionen und Kirchenfamilien auf anderen Kontinenten. Das hat die realen Gegebenheiten in Europa verändert. Das hat viele Früchte auf anderen Kontinenten gebracht. Das kann und soll wieder geschehen.

Diese Vollversammlung der GEKE kann zu einem Beitrag für die Zukunft Europas werden, wenn Sie die Zeiten und den Kontext erkennen, in denen wir leben. So auch wenn Sie zum Ausdruck bringen, was der Beitrag des Evangeliums für Einheit, Gerechtigkeit und Frieden im heutigen Europa anzubieten hat. Wir alle brauchen Ihr Zeugnis und Ihre Arbeit, um der wahren Freiheit zu dienen. Möge Gott Sie und die Früchte Ihrer Überlegungen segnen!

## *Geschäftsführer Dr. Douwe Visser*

Weltgemeinschaft Reformierter Kirchen

Im Namen des Generalsekretärs Setri Nyomi überbringe ich Ihnen Grüße von der Weltgemeinschaft der Reformierten Kirchen. Wir danken Ihnen für die Einladung, an Ihrer Versammlung teilzunehmen.

Die Weltgemeinschaft Reformierter Kirchen ist eine globale Organisation, aber mit einer sehr starken traditionellen Mitgliedschaft in Europa. Durch unseren Regionalrat, der Weltgemeinschaft Reformierter Kirchen in Europa, haben die Reformierten und Presbyterianischen Kirchen eine organisierte Präsenz in Europa. Viele dieser Kirchen sind tatsächlich Unierte Kirchen und so fühlen wir uns in vollkommener Übereinstimmung mit der Gemeinschaft der Evangelischen Kirchen in Europa.

Wie wir uns alle bewusst sind, geht Europa in vielerlei Hinsicht durch eine Krise. Die Wirtschafts- und Finanzkrise steht an vorderster Stelle. Manche Länder haben eine hohe Arbeitslosenrate und eine ganze Generation junger Menschen wird möglicherweise ihr Leben lang deren negative Auswirkungen spüren. Einige der stärkeren europäischen Volkswirtschaften, die den Menschen das Gefühl gegeben haben, ihre finanzielle Zukunft sei Zeit ihres Lebens abgesichert, können diese Sicherheit nicht mehr gewährleisten. Man könnte sich nun vorstellen, dass in solchen Zeiten voller Chaos und Unsicherheit die Kirchen mit einer Botschaft der Hoffnung reagieren. Aber dieser Satz ist oft nicht viel mehr als ein Klischee, da so viele Kirchen in Europa um ihr eigenes Überleben kämpfen müssen und oft nicht so sehr davon überzeugt sind, dass sie Schätze in ihren Traditionen hüten. Inmitten einer solch weit verbreiteten Säkularisierung und manchmal sogar Opposition gegen die Existenz der Kirchen, geraten Christen in Versuchung, zu schweigen.

Dieses Beisammensein als Gemeinschaft Evangelischer Kirchen in Europa in diesen Tagen kann, so bete ich, eine Inspiration sein, Wege zu finden, um präsent zu sein, um in einen Kontext hineinzusprechen, der mindestens ein Verlangen nach Worten der Hoffnung und des Vertrauens in die Zukunft hat.

Im Jahr 1948 zog die Presbyterianische Weltallianz, die Vorgängerin des Reformierten Weltbundes und somit auch der Weltgemeinschaft Reformierter Kirchen von Edinburgh nach Genf, da sie nicht in einen Denominationalismus zurückfallen, sondern so weit wie möglich Teil der ökumenischen Bewegung sein wollte. Diese ökumenische Zielstrebigkeit vermissen wir nun tatsächlich manchmal in unseren eigenen Reihen. Aber Sie als Gemeinschaft Evangelischer Kirchen in Europa sind – wie ich hoffe – ein Symbol dafür, die Grenzen des Denominationalismus überwunden zu haben. Ich hoffe und vertraue darauf, dass Sie weiterhin Teil einer Bewegung bleiben, die die protestantische Identität nicht als etwas ansieht, was durch eine Art Isolation geschützt werden muss.

Ich bete, dass Ihre Sitzungen erfolgreich verlaufen und dass der Heilige Geist Sie leite.

# VI
# Predigten

*Fulvio Ferrario*

# Predigt im Eröffnungsgottesdienst am 20. 9. 2012 im Konferenzsaal des Convitto della Calza über Röm 8, 20–28

Paulus, ja Gott, geht es hier um die ganze Schöpfung: um diese der Eitelkeit, nämlich der Angst, der Vergänglichkeit und dem Tod unterworfene Schöpfung. Paulus, ja Gott, geht es um die natürliche, kosmische Dimension der Schöpfung, die Gott als ein Zuhause für uns geschaffen hat, und die von Zerstörung bedroht ist; und um ihre menschlich-geschichtliche Dimension, in der Frauen und Männer leben, hoffen und lieben möchten (eben: frei für die Zukunft sein möchten), in der aber der Gedanke der Zukunft mit dunklen, verhängnisvollen Vorstellungen assoziiert ist.

Eine typische italienische Geschichte der letzten Wochen kann diese Konstellation allzu gut illustrieren. In Taranto, Süd-Italien, gibt's ein übergroßes Stahlwerk, das für die Wirtschaft der Region und des Landes sehr wichtig ist. Tausende Einwohner der Stadt erkrankten an Krebs, und sehr viele starben, wegen der Vergiftung der Luft, die der Betrieb jahrzehntelang verursachte. Im August wurde aus diesem Grund die Schließung der Fabrik gerichtlich beschlossen. Ergebnis: mitten in der schrecklichsten Krise der Nachkriegszeit, riskiert praktisch die ganze Stadt die völlige Arbeitslosigkeit. Krebs akzeptieren, um Brot verdienen zu dürfen? Arbeitslos bleiben, um das eigene Leben zu retten? Aber was für ein Leben ist damit gerettet? Taranto: ein Gleichnis der Eitelkeit der Schöpfung.

Wir sind aber die Kirche Christi und wir haben, sagt Paulus, die Erstlinge des Geistes. Wir wagen es, von Freiheit für die Zukunft zu reden. Hier kommt aber eine nicht zu kleine Überraschung: diese Erstlinge des Geistes bestehen, nach dem Apostel, in keiner ideologisch – religiösen Sicherheit, in keinem hochmütig großtönenden Ratschlag einer besserwissenden Kirche für die arme entchristlichte Welt, sondern in einem Sehnen und in einem Warten: wir sehnen uns nach der Kindschaft und warten auf unseres Leibes Erlösung. Dieses Sehnen und dieses Warten, fährt Paulus fort, heißen, christlich gesprochen, Hoffnung, sie sind der höchste Segen, sie machen selig. Aber was für eine gefährliche, unbequeme Seligkeit! Wir, wie die anderen, sehen Taranto, und sehnen uns nach Freiheit. Wir leben in dieser Spannung und leiden darunter, nicht trotz des Geistes, sondern durch ihn.

Die von den Erstlingen des Geistes lebende Kirche weiß sich solidarisch mit der Eitelkeit der Schöpfung. Diese Solidarität in der Schwachheit wird vom Text drastisch beschrieben: die, die die Erstlinge des Geistes als Quelle der Hoffnung in die Zukunft Gottes bekommen, sind hier und jetzt so ratlos, dass sie sich sogar nicht in der Lage befinden, ihren als Kirche angeblichen Job zu tun, nämlich zu beten; auch darin sind sie auf den Geist angewiesen, der für sie und für die Schöpfung stellvertretend bittet. Dieser Kirche, uns, wird von Paulus, ja von Gott, ein Wort anvertraut, das angesichts der Eitelkeit der Schöpfung buchstäblich unglaublich ist: denen, die Gott lieben, dienen alle Dinge zum besten. Alle Dinge? Auch der Krebs und die Arbeitslosigkeit von Taranto? Auch die wirtschaftliche Verzweiflung heute von Griechenland, morgen von Spanien, übermorgen Italiens? Gerade die, die die Erstlinge des Geistes bekommen, wissen wohl, dass das ratlose Seufzen diesen Fragen gegenüber, der Hoffnung des Glaubens nicht widerspricht, sondern zu ihr gehört. Es ist das Seufzen derer, die noch nicht sehen können, was sie hoffen; die nicht in der Lage sind, richtig zu beten; es ist das Seufzen des Glaubens, dem bewusst ist, auf billige religiöse Parole verzichten zu müssen; es ist das Seufzen der teuren christlichen Hoffnung.

Die Freiheit des Evangeliums, die die Reformation wiederentdeckt hat, ist Freiheit für diese Hoffnung und für diese Zukunft. Wir sind hergekommen, um sie uns gegenseitig zu bezeugen. Eigentlich, das gebe ich zu, findet man Taranto und die unzähligen Tragödien der Zeit unter unserer Agenda nicht. Es wird hier von Kirche und gegenseitiger Anerkennung, von Amt, Synodalität, Schrift und Lehre die Rede sein. Typisch innerkirchliche Themen, könnte man sagen. Die Behauptung ist natürlich nicht falsch und auch ihr kritischer Unterton soll ernst genommen werden. Die platte Feststellung, einige Kirchen kommen zusammen, um kirchliche Sachen zu besprechen, ist aber unvollständig und, so mindestens hoffe ich, auch unangemessen.

Erstens, wir wollen uns nicht damit begnügen, über Freiheit und Zukunft zu reden: wir wollen auch und vor allem als europäische Kirchen (ich wäre sogar dazu geneigt, zu sagen: als europäische Kirch*e*) um Freiheit und Zukunft beten. Beten als die, die nicht beten können: das heißt aber eben, christlich beten.

Zweitens, wir reden von unseren »kirchlichen« Sachen im Angesicht von Taranto und von der Eitelkeit der Schöpfung. Wir versuchen, dieses redlich zu machen, also ohne Illusionen über unsere Fähigkeit, hervorragend prophetisch sein zu können. Redlichkeit und Bescheidenheit haben eigentlich mit der Hoffnung zu tun, die noch nicht sehen kann. In unserem Reden aber, sind wir von der Hoffnung geführt, ein Wort hören zu dürfen, das nicht unseres ist, das wir nicht als unseres ausgeben wollen, das uns aber versprochen und zugesprochen wird. Unser kirchliches Reden über kirchliche Dinge will von einer Hoffnung geführt sein: dass wir dieses Wort, diese versprochene und zugesprochene Gabe, als Aufgabe bekommen. Für uns, und für die Eitelkeit der Schöpfung, in der Hoffnung des Glaubens, der die Herrlichkeit der Kinder Gottes erwartet. Amen.

*Rosemarie Wenner*

# Predigt im Sonntagsgottesdienst am 23.9.2012 in der Evangelischen Waldenserkirche in Florenz über Psalm 100

Jubel kann schön sein, ansteckend und völkerverbindend. Das haben wir im August bei den Olympischen Spielen in London erlebt. Menschen aus aller Welt waren fröhlich und friedlich zusammen, um die Athleten anzufeuern. Nicht immer ist es so positiv, wenn Massen Freudengesänge anstimmen. Wir kennen auch das inszenierte Spektakel, mit dem sich Diktatoren ihrer Macht versichern.

Nun sind wir heute eingeladen, Gott zuzujubeln. »Jauchzt dem Herrn, alle Welt!« ruft Psalm 100 uns zu. Keine Angst, hier geht es nicht um verordnete Begeisterung. Gott, der Schöpfer der Welt, setzt auf Freiwilligkeit. Gleichzeitig lässt Psalm 100 keinen Zweifel daran: Gott will alle Menschen zu allen Zeiten einladen, sich Gott zuzuwenden, sich an Gott zu freuen und Gott die Ehre zu geben.

Wir – Gott – alle Welt – unter diesen drei Stichworten möchte ich Psalm 100 zu uns reden lassen in diesem festlichen Gottesdienst.

## Wir

Menschen finden sich ein vor den Toren Jerusalems. Sie werden ins Heiligtum einziehen und freuen sich auf das Gotteslob in Gemeinschaft mit anderen Pilgern. Die Beterinnen und Beter gehören dem Volk Israel an, jener kleinen Nation, die der Schöpfer des Himmels und der Erde erwählte, sein Volk zu sein und mit Gott im Bunde zu leben. »Jauchzt dem HERRN!« singen die Pilger. »Dient JHWH mit Freuden!« »Kommt vor sein Angesicht mit Frohlocken!«

Unzählige Menschen nahmen dieses Lied auf. Bis heute gehört es zur Liturgie des Synagogengottesdienstes. Und die Christenheit betet mit Israel Psalm 100 in ihrem Morgenlob. Die Gruppe, die diesen Psalm singt, ist kein abgeschlossener Zirkel. Im Gegenteil! Der Psalm richtet sich ausdrücklich an alle. »Jauchzt dem Herrn, alle Welt!« »Erkennt, dass der Herr Gott ist!« »Er hat uns gemacht, sein Volk sind wir!« Da werden wir einbezogen. Wir, die Menschen des 21. Jahrhunderts, wir, die Evangelischen Europas. Vieles unterscheidet uns. Die Sprachen, in denen wir natürlicherweise beten. Die kirchlichen Traditionen, in denen wir beheimatet sind als Lutheraner, Reformierte, Unierte, Waldenser, Baptisten, Methodisten oder wer immer wir sind. Die theologischen Einsichten und ethischen Überzeugungen. Indem wir heute miteinander Gottesdienst feiern, sind wir verbunden. Wir sind Teil der Menschheit, die eingeladen ist, sich an Gott zu freuen. Da entsteht Gemeinschaft, die Verschiedenheit schätzt und Menschen Raum gibt, ihre je eigene Stimme laut werden zu lassen im Chor derer, die sich in Gottes Volk einbeziehen lassen.

### Gott

Wer ist Gott, dem wir zujubeln? Es ist der Gott Israels! Lasst es uns nie vergessen, wem wir die Psalmen verdanken. Ja, wir sind in Christus zum Mitbeten eingeladen. Doch es gilt demütig anzuerkennen, dass uns das Gebetbuch der Psalmen nicht »gehört«. Wir stehen an der Seite Israels, wenn wir es dankbar nutzen. Und Israel weiß, dass Gott alle Welt gehört. In Psalm 100 wird ausdrücklich »alle Welt« eingeladen, Gott als Gott anzuerkennen und sich mit hineinnehmen zu lassen in Gottes Herde. JHWH wird als Schöpfer allen Lebens gepriesen, als Hirte, der für die Seinen sorgt und als Quelle der Güte, die ewig währt und alles umfasst. Wer diesem Gott zujubelt, erkennt sich selbst im Gegenüber zu Gott: Von Gott gemacht und zu Gott gehörig. Und damit in Beziehungen hineingestellt, niemals mehr wert als andere, immer auf Mitmenschen und auf Mutter Erde angewiesen, niemals berechtigt, selbst Gott spielen zu wollen. Wir kennen Luthers Bekenntnis aus seinem kleinen Katechismus: »Ich glaube, dass mich Gott geschaffen hat samt allen Kreaturen, mir Leib und Seele, Augen, Ohren und alle Glieder, Vernunft und alle Sinne gegeben hat und noch erhält [...] und das alles aus lauter väterlicher, göttlicher Güte und Barmherzigkeit, ohn all mein Verdienst und Würdigkeit: für all das ich ihm zu danken und zu loben und dafür zu dienen und gehorsam zu sein schuldig bin. Das ist gewisslich wahr.« »Gott hat uns gemacht«. Lasst uns dies nicht nur bekennen, sondern diesem Bekenntnis in unserem Leben Ausdruck verleihen. Denn Gott feiern geschieht nicht nur im Gottesdienst.

Alle Welt!
Psalm 100 bringt es zum Ausdruck: Gott geht es um »alle Welt«. Gottes Güte und Treue gelten allen, sie umfassen alles und sie erschöpfen sich nie. In dieser Perspektive erklingt unser Lob. Und erst mitten in der Welt wird es wirklich zum Gotteslob. Irenäus von Lyon, im 3. Jahrhundert Bischof in Lyon, sagte: »Gloria Dei vivens homo« – »Die Ehre Gottes ist der Mensch, der lebt.« Und Dietrich Bonhoeffer brachte es für seine Zeit treffend auf den Punkt: »Nur wer für die Juden schreit, darf auch gregorianisch singen!«

Was mag das für uns heute bedeuten? Wir wissen um die Situationen, in denen es vielen Zeitgenossen nicht zum Feiern zumute ist, wir haben mindestens gehört von Jugendarbeitslosigkeit, Flüchtlingselend und der tiefen Kluft zwischen Arm und Reich, die Arme vom Leben abschneidet. Aber lassen wir uns auf die Menschen ein? Hören wir ihnen zu? Klagen wir mit ihnen? Schreien wir für sie, wenn sie zu verstummen drohen? Geben wir so Gott die Ehre? Unsere gastgebende Kirche kann uns den Weg weisen. In vielen evangelischen Gemeinden in Italien versammeln sich Menschen aus aller Welt. Wenn Italiener, Ghanaer, Philippinos und Nigerianer miteinander singen und beten, dann ist dies nicht nur in sprachlicher Hinsicht eine Herausforderung. Da begegnen sich Menschen aus verschiedenen Welten. Alteingesessen und gut situiert die einen; gezeichnet von traumatischen Erlebnissen einer langen Reise, die im Auffanglager auf Lampedusa zu enden drohte, die anderen; und dazwischen solche, die sich in der Fremde ein Stück Wohlstand erarbeitet haben. Nun ist man miteinander Kirche - »Essere chiesa insieme« – »Gemeinsam Kirche sein«, unter diesem Motto wird »Inklusion« gelebt. Man weiß sich zusammengestellt als »Schafe seiner Herde«, als Gemeinde Jesu Christi. Das ist spannungsvoll. Doch das Gotteslob wird nicht nur vielstimmiger, sondern auch ansteckender in einer Kirche, die Fremden Freundschaft gewährt.

Jubeln kann schön sein, ansteckend, verbindend! Gott, den Schöpfer des Lebens und den Erlöser der Welt feiern wir an der Seite Israels. Das kann alle Welt hören. Dazu sind alle Menschen eingeladen. »Denn der Herr ist freundlich und seine Gnade währet ewig und seine Wahrheit für und für!« Amen.

*Friedrich Weber*

# Predigt im Abendmahlsgottesdienst mit Einführung des neuen Rats der GEKE am 26.9.2012 in der Klosterkirche des Convitto della Calza über 1. Könige 19,1–9

Liebe Schwestern und Brüder,
vor 39 Jahren wurde auf dem Leuenberg bei Basel der Text der Konkordie reformatorischer Kirchen in Europa erarbeitet. Die seitdem mögliche und stetig wachsende Kirchengemeinschaft bedeutet, dass es zu einem gemeinsamen Verständnis des Evangeliums gekommen ist, dass die in den Bekenntnisschriften ausgesprochenen Lehrverurteilungen nicht mehr den heutigen Stand der Lehre der zustimmenden Kirchen betreffen und dass Kanzel- und Abendmahlsgemeinschaft unter Einschluss der gegenseitigen Anerkennung der Ordination gegeben sind.

Ich habe seit meiner Dienstzeit als Vikar in einer reformierten Gemeinde, aus der unierten rheinischen Kirche stammend, die in Leuenberg 1973 gewonnene »Einheit in versöhnter Verschiedenheit« als die Form eines neuen ökumenischen Miteinanders der reformatorischen Kirchen verstanden, die nicht nur zeitgemäß, sondern vor allem evangeliumsgemäß ist. Sie ist für mich auch in meinem bischöflichen Amt richtungweisend. Und ich will gestehen, dass ich nie nachvollziehen konnte, dass sich evangelische Kirchen gegenseitig das Kirche-Sein absprachen und nicht einander Teil gaben an den besonderen Ausgestaltungen des jeweiligen Bekenntnisses, der Konfession also. Konfession ist also – recht verstanden – kein Synonym für Abschottung und Missachtung anderer. Mit der Frage nach der »Konfession«, dem Bekenntnis, macht die jeweilige Kirche vielmehr deutlich, was sie als ihren Glauben bekennt.

Es ist gut, dass dieses Verständnis in der Ökumene tragend geworden ist. Indem von »Einheit in Vielfalt« die Rede ist, wird zwar der Schaden der Kirchenspaltung nicht geschönt, aber die genannten Begriffe lassen deutlich werden, dass das Verbindende gesucht und immer wieder gefunden wird. Die Identität der je anderen verdient höchsten Respekt, gerade sie ermöglicht das Gespräch.

Das uns Christen verbindende Grundbekenntnis lautet: »HERR ist CHRISTUS!« Damit wird Ernst gemacht mit dem im 1. Korinther 3,11 bestimmten Grund der Kirche: »Einen anderen Grund kann niemand legen, außer dem, der gelegt ist, CHRISTUS.« Mein eigenes Bekenntnis gründet im Bekenntnis Gottes zu mir. Ich antworte mit meinem Bekenntnis auf das Angebot der Liebe Gottes. Natürlich ist mein Bekenntnis immer auch von der geschichtlichen Situation, in der es geschieht, bestimmt. Luther sagt: »Tota nostra operatio confessio est«, das heißt, all unser Tun ist Bekennen.

Der Satz »CHRISTUS ist der HERR« will also aktualisiert werden in sich ändernden Zeitläufen meines Lebens: Geld, Gewalt, Krieg, das Verhältnis von Männer zu Frauen, ungerechte Verteilung der Güter dieser Erde etc. – all dies erfordert aktuelles Bekennen. So verstehe ich auch das Statement dieser Vollversammlung zur Situation der Christen im Mittleren Osten als ein Ausdruck dieses Bekennens.

Solches Bekennen aber können wir nur glaubwürdig gemeinsam tun. Dies gilt auch für unsere Gemeinschaft mit den katholischen Geschwistern. Wir sehen zunehmend schärfer das, was uns verbindet und weniger das, was uns trennt.

Nur wenige Momente seien genannt: die Taufe, die Bibel als gemeinsame Quelle der Erkenntnis, der Glaube an denselben Geist Gottes, der sein Volk begleitet, die gemeinsame Frage danach, was wir auf der Erde tun können, das gemeinsame Bild vom Volk Gottes als wanderndes Gottesvolk, der Glaube an Jesus Christus. Das Verbindende wächst, wenn es wichtiger wird als das Trennende. Darum möchte ich unsere Kirchen ermuntern, einander an dem Reichtum und der Schönheit der je eigenen Ausgestaltung des Glaubens anteilzugeben. Vor allem aber, miteinander öffentlich und entschieden in unserer Zeit das Bekenntnis zu Jesus Christus als dem Herrn zu leben.

Es gelingt viel: Theologische Übereinstimmung wird umgesetzt in konkrete Situationen mit ihren liturgischen, spirituellen, praktischen und organisatorischen Konsequenzen.

Aber nicht selten wird die Freude am Gelingen auch von Erfahrungen überlagert, die in den Satz des Elias einstimmen lassen: »Es ist genug Herr, so nimm nun meine Seele, ich bin nicht besser als meine Väter« (1Kön 19,4).

»Eliasmüdigkeit« nennt Traugott Schall diese Niedergeschlagenheit.

Sie hat unter anderem zu tun mit der veränderten Sicht und Wirklichkeit von Kirche und Gemeinde in unserer Gesellschaft. Sie hat mit dem Plausibilitätsverlust von Glauben und Religion zu tun, der sich in dem noch immer anhaltenden stillen Auszug aus der Kirche niederschlägt. Sie hat mit Enttäuschung zu tun, weil starkes persönliches und berufliches Engagement und hohe Erwartungen durch die Erfahrung begrenzter Kompetenz und scheinbar sichtbar werdender Misserfolge relativiert wurden. Sie hat mit Überlastung zu tun und in allem nicht zuletzt mit der immer wieder aufbrechenden Frage nach der eigenen Religiosität, nach der eigenen Frömmigkeit, nach der Zukunft unserer Kirchen. Wie kann ich - verkürzt formuliert - im Alltag der Welt lebend, Raum und Zeit finden, um die Botschaft von der Versöhnung der Welt mit Gott zu entdecken und aus ihr zu leben? Wie kann das »Herr ist Christus« in meinem Leben, in meiner Kirche Raum gewinnen?

Elia macht es erst einmal richtig. Er schläft. Übrigens hat schon Thomas von Aquin den Schlaf als Heilmittel gegen die Melancholie gepriesen. Also Schlaf, Ruhe, Stille können auch uns nicht schaden; und als Elia erwacht, findet er zu seinem Haupt Brot und einen Krug Wasser.

Es ist als würde der Engel sagen wollen: Schlaf dich erst mal aus. Iss erst mal was! Und so isst und trinkt er und schläft erneut. Ein zweites Mal wird er geweckt, darf sich noch einmal stärken und dann kommt der Befehl: »Steh auf …! Denn du hast noch einen weiten Weg vor dir!«

Engel sind nötig. Für mich sind sie eine Chiffre dafür, dass wir Menschen auf der Erde, auf dem Weg durch unsere Lebens- und Kirchengeschichte nicht allein bleiben werden, sondern besucht und begleitet, gestützt und gehalten werden, ganz real. Sie helfen uns, auf die sich verändernde Lage einzustellen. Sie bewahren uns vor der Versuchung, vor dem kommenden Neuen die Augen zu verschließen. Sie haben ein Gespür dafür, dass uns Neues in unserem Leben häufig überfordert und erschreckt. Das »Fürchte dich nicht«, mit dem sie ihre Botschaft oft einleiten, zeugt von diesem Gespür. Engel sind Boten Gottes. In ihnen wendet Gott sich den Menschen zu, durch sie kümmert er sich um jemanden von uns besonders.

Ob wir diese Erfahrung nicht auch noch heute machen? Ja, es gibt Engel, viele in sehr menschlicher Gestalt, und auch hier in unserer Mitte sind Menschen, die anderen zum Engel wurden. Und nicht selten habe ich den Eindruck, dass wir auch in unserer Kirchengemeinschaft einander zu Engeln werden, die im Auftrage Gottes einander nähren, ermutigen und im Namen Gottes mit Hoffnung beseelen. Bonhoeffer hat das, was ich meine, wunderbar mit seinem uns allen bekannten Gedicht getroffen:

»Von guten Mächten wunderbar geborgen, erwarten wir getrost, was kommen mag. Gott ist mit uns am Abend und am Morgen und ganz gewiss an jedem neuen Tag.«

Von »wunderbaren Mächten« sind wir geborgen. In jenen Mächten begegnet uns das Walten Gottes in der Welt. Dieses Wissen um unser Geborgen-Sein in Gott macht uns nicht gedankenlos oder gar gleichgültig gegen das, was in unserer Welt, in Europa geschieht. Terror und Hunger, Arbeitslosigkeit – all dies ist eine Frage an uns, an unseren Beitrag für eine humane Welt.

Elia macht sich auf den Weg. Instinktiv, unbewusst zieht es ihn dahin, wo alles begonnen hat. Zu dem Ort, an dem sich Gott offenbart hat: »Ich bin der Herr, dein Gott«. Er ist lange unterwegs, um zu Gott zu kommen und verkriecht sich erneut in einer Höhle. Und wieder wird er gerufen: »Was machst du hier, Elia? Du willst dich doch wohl nicht zurückziehen?! Steh auf …!« Wir wissen wie es weitergeht: Elia begegnet Gott, im stillen, sanften Sausen. Und er wird erneut in die Welt geschickt.

Das ist auch die Botschaft unseres Textes. Es wird immer wieder dieses »todmüde« in unserem Leben geben, aber eben auch die Botschaft: »Steh auf. Du hast noch einen weiten Weg vor dir«. Nicht den Kopf hängen lassen, sich selbst zur Passivität verdammen. Sondern: »Steh auf!« Das ist unsere Berufung als Gemeinschaft Evangelischer Kirchen in Europa. Denn es gilt nicht nur: »Mitten wir im Leben sind vom Tod umfangen«, sondern eben auch: »Mitten im Tod sind wir vom Leben umfangen.«

Gott sei Dank! Amen.

# VII
# Strukturierte Zusammenarbeit 2006–2012

# Leitlinien zur Begründung der Mitgliedschaft in der GEKE

Auf der Grundlage der Leuenberger Konkordie (LK) und des Statuts der GEKE von 2006 beschließt der Rat der GEKE die folgenden Leitlinien zur Begründung der Mitgliedschaft in der GEKE.

1. Die Mitgliedschaft in der GEKE ist eine Konsequenz und eine Ausdrucksform der erklärten Kirchengemeinschaft. Eine Erklärung von Kirchengemeinschaft steht nicht im Belieben der Kirchen, sondern sie »gewähren sich etwas ihnen bereits Vorgegebenes« (Die Kirche Jesu Christi, 1994, III.1.2, S. 56).
2. LK 2 benennt die theologischen Voraussetzungen für die Erklärung von Kirchengemeinschaft. Kirchengemeinschaft ist zu erklären und kann nicht verweigert werden, sofern ein gemeinsames Verständnis des Evangeliums einschließlich der Übereinstimmung über die stiftungsgemäße Verwaltung der Sakramente festgestellt ist und die evtl. vorhandenen Lehrverurteilungen als nicht mehr den gegenwärtigen Stand der anderen Beteiligten treffend erkannt worden sind.
3. Kirchengemeinschaft ist ihrem Wesen nach ein Geschehen, das auf Wechselseitigkeit zielt. Die in der GEKE vereinigten Kirchen verwirklichen untereinander Kirchengemeinschaft und laden andere Kirchen ein, sich dieser Gemeinschaft anzuschließen, sofern die Voraussetzungen gegeben sind oder erfüllt werden können. Die GEKE (als Organisation bzw. Körperschaft des Kirchenrechts) dient der Verwirklichung der Kirchengemeinschaft.
4. Die Begründung der Mitgliedschaft in der GEKE ist an ein geordnetes Verfahren gebunden. Grundsätzlich gilt seit der Verabschiedung des Statuts der GEKE auf der Vollversammlung im September 2006 laut § 1 Absatz 2, dass für einen Beitritt zur GEKE ergänzend zur Erklärung von Kirchengemeinschaft eine besondere Vereinbarung erforderlich ist. Beitrittswillige Kirchen nehmen Kontakt mit der Geschäftsstelle auf, die mit ihnen klären wird, wie die Erklärung von Kirchengemeinschaft vollzogen werden kann und was Gegenstand der besonderen

Vereinbarung sein soll. Die Geschäftsstelle führt diese Gespräche im Auftrag des Rates, in Abstimmung mit dem Präsidium.

5. Gegenstand der Vereinbarung muss – neben organisatorischen Fragen (Delegiertenzahl, Mitgliedsbeiträge, Teilnahme an Regionalgruppen u. ä.) – immer auch eine Bewertung der nach 1973 durchgeführten Lehrgespräche sein. Deren Ergebnisse sind zwar nicht in gleicher Weise bindend wie die Leuenberger Konkordie, denn sie behandeln Fragen, bei denen verbleibende Differenzen nicht in sich kirchentrennend sind. Aber die teilweise erreichten Übereinstimmungen tragen zur Vertiefung der Kirchengemeinschaft bei. Es ist zu klären, ob eine beitrittswillige Kirche sich im Widerspruch zum Ergebnis eines Lehrgesprächs sieht, das eine GEKE-Vollversammlung sich zu eigen gemacht hat. In diesem Fall ist die Konsequenz dieser Haltung für einen möglichen Beitritt mit der betreffenden Kirche zu erörtern. Aufgrund des Berichtes über das erfolgte Gespräch entscheidet der Rat der GEKE über den Beitritt.
6. Mit LK 33 verpflichten sich die Unterzeichnerkirchen zur gegenseitigen Anerkennung der Ordination, was die Anerkennung der von fast allen GEKE-Kirchen praktizierten Ordination von Frauen einschließt. Dies ist in späteren Lehrgesprächen ausdrücklich unterstrichen worden (vgl. Neuendettelsau-Thesen II. 5). Deshalb ist sicherzustellen, dass beitrittswillige Kirchen die Ordination und den Dienst der Pfarrerinnen anderer GEKE-Kirchen anerkennen. Diese Anerkennung ist Teil der Beitrittsvereinbarung.
7. Hinsichtlich des Verfahrens sind drei Kategorien von potenziellen Beitrittskirchen zu unterscheiden:
   a) *Europäische Kirchen aus vorreformatorischer und reformatorischer Herkunft (d. h. die im ersten Satz der LK genannten Kirchen).* Grundlage für die Erklärung von Kirchengemeinschaft mit den anderen reformatorischen Kirchen ist wie bislang eine Unterzeichnung der Leuenberger Konkordie. Auf der Grundlage einer Vereinbarung nimmt der Rat der GEKE die Kirche auf.
   b) *Kirchen aus vorreformatorischer und reformatorischer Herkunft, die nicht in Europa beheimatet sind, aber sich auf eine europäische Identität berufen.* Auch sie können Kirchengemeinschaft durch eine Unterzeichnung der Leuenberger Konkordie erklären. In den Beitrittsgesprächen ist zusätzlich zu klären, was das Motiv des Beitrittswun-

sches ist und wie die Kirchengemeinschaft mit den europäischen Kirchen verwirklicht werden soll. Vorrang sollte das Bemühen um eine regionale Verwirklichung von Kirchengemeinschaft haben. Auf der Grundlage einer Vereinbarung kann der Rat der GEKE in besonderen Fällen und nach Klärung der oben genannten Fragen die Kirche aufnehmen.

c) *Kirchen, die nicht unmittelbar aus der reformatorischen Tradition stammen.* Mit ihnen müssen Lehrgespräche erkunden, inwieweit die Kriterien für Kirchengemeinschaft erfüllt sind. Auf dieser Grundlage ist, wie im Falle der europäischen Methodisten 1994, ein Dokument zur Erklärung der Kirchengemeinschaft vorzubereiten. Der Rat der GEKE führt die Verhandlung, aber nur die VV kann in diesen Fällen über die Erklärung von Kirchengemeinschaft und damit die Mitgliedschaft in der GEKE entscheiden.

Frankfurt/Main, 12. 2. 2011

# Vereinbarung zwischen der GEKE und dem Melanchthon-Zentrum Rom

Zwischen der Gemeinschaft Evangelischer Kirchen in Europa (GEKE) – Leuenberger Kirchengemeinschaft und der Associazione Centro Filippo Melantone, Centro Protestante di Studi Ecumenici (Verein Philipp Melanchthon-Zentrum, Protestantisches Zentrum für Ökumenische Studien) in Rom, im Folgenden »Melanchthon-Zentrum« genannt, wird folgende Vereinbarung geschlossen:

## § 1<br>Grundlage der Vereinbarung

(1) Die GEKE betrachtet es im Rahmen ihrer Möglichkeiten als ihre Aufgabe, einen Beitrag zu leisten für
   a) die Förderung der theologischen Zusammenarbeit und Forschung innerhalb der GEKE und unter den evangelischen Kirchen auf europäischer Ebene,
   b) die Nachwuchsförderung protestantischer Theologinnen und Theologen mit besonderem Schwerpunkt auf der Ökumene,
   c) den ökumenischen Dialog mit anderen christlichen Traditionen.

(2) Das Melanchthon-Zentrum verfolgt die genannten Aufgaben im Rahme seiner Statuten. Es ist bereit, dies mit der GEKE als eine gemeinsame Aufgabenstellung zu verfolgen.

(3) Die GEKE ist zur Unterstützung des gemeinsamen Anliegens Fördermitglied des Melanchthon-Zentrums geworden. Diese Vereinbarung regelt die Bedingungen der diesbezüglichen Kooperation zwischen den Partnern.

## § 2
## Vereinbarungsinhalte

(1) Die GEKE verpflichtet sich,

a) das Melanchthon-Zentrum bei ihrer Öffentlichkeitsarbeit in Europa zu unterstützen;

b) Informationen über das Programm des Melanchthon-Zentrums über ihr Netzwerk an Kirchen und theologische Fakultäten in Europa, insbesondere innerhalb der Regionalgruppen der GEKE und im nicht-deutschsprachigen Raum, weiterzugeben;

c) das Melanchthon-Zentrum bei der Vermittlung von Stipendien und bei der theologisch-ökumenischen Nachwuchsförderung zu unterstützen;

d) nach Möglichkeit das Melanchthon-Zentrum punktuell in ihre theologische und ökumenische Arbeit einzubeziehen;

e) insbesondere im Bereich von Projekten und Initiativen der GEKE, an der junge Ökumenikerinnen und Ökumeniker beteiligt sind, mit dem Melanchthon-Zentrum zusammenzuarbeiten;

f) einen Förderbeitrag von jährlich 50,– Euro zu zahlen;

g) eine fachlich ausgewiesene Person in den wissenschaftlichen Beirat des Melanchthon-Zentrums zu entsenden;

h) zur inhaltlich-strategischen und strukturellen Beratung des Melanchthon-Zentrums einen Vertreter/eine Vertreterin der GEKE an die Generalversammlung zu entsenden;

i) einen Vertreter/eine Vertreterin des Melanchthon-Zentrums als Beobachter zur Vollversammlung der GEKE einzuladen.

(2) Die GEKE erlaubt
dem Melanchthon-Zentrum, in seinen Statuten und bei seinem Öffentlichkeitsauftritt zur Kenntlichmachung seiner ökumenisch-theologischen Ausrichtung und der kirchlichen Basis seiner Aktivitäten darauf hinzuweisen, dass es mit der GEKE eng zusammenarbeitet.

(3) Das Melanchthon-Zentrum verpflichtet sich

a) zur regelmäßigen Berichterstattung über seine Arbeit gemäß seiner Ziele (vgl. § 3);

b) zur Berufung einer von der GEKE benannten Person in die Generalversammlung des Melanchthon-Zentrums;
c) zur Berufung eines von der GEKE benannten Mitglieds in den wissenschaftlichen Beirat des Melanchthon-Zentrums.

## § 3
## BERICHT ÜBER DIE ARBEIT DES MELANCHTHON-ZENTRUMS

(1) Das Melanchthon-Zentrum unterrichtet die GEKE einmal jährlich in geeigneter Weise schriftlich und soweit erforderlich auch mündlich über die bisher geleistete Arbeit und den geplanten Fortgang der Arbeit.
(2) Sofern die GEKE im Zusammenhang mit dieser Vereinbarung schriftlich unter Angabe des Grundes beim Vorsitzenden des Leitungsrats dies beantragt, wird auf die Tagesordnung der nächsten Vorstandssitzung der erbetene Tagesordnungspunkt aufgenommen und in Anwesenheit des Vertreters oder der Vertreterin der GEKE verhandelt, sofern dies der Antrag vorsieht.
(3) Zu ökumenischen Tagungen in Rom wird die GEKE eingeladen und durch die Übersendung geeigneter Unterlagen und Protokolle informiert.

## § 4
## KÜNDIGUNG

GEKE und das Melanchthon-Zentrum können die Vereinbarung innerhalb einer Frist von sechs Monaten zum Jahresende kündigen.

## § 5
## ÄNDERUNGEN, ERGÄNZUNGEN

(1) Die Vereinbarung enthält alle getroffenen Verabredungen. Weitere schriftliche oder mündliche Nebenabreden bestehen nicht.
(2) Soweit diese Vereinbarung keine ausdrücklichen Regelungen enthält, gelten die Bestimmungen der GEKE.

Im übrigen ist auf diese Vereinbarung das Recht der Republik Österreich anwendbar.

(3) Die Nichtigkeit oder Unwirksamkeit einzelner Bestimmungen dieser Vereinbarung berührt die Gültigkeit der übrigen Bestimmungen nicht. Die GEKE und das Melanchthon-Zentrum sind dann verpflichtet, die mangelhafte Bestimmung durch eine solche zu ersetzen, deren juristischer Sinn dem der mangelhaften Bestimmung möglichst nahe kommt. Dasselbe gilt, sofern sich bei der Durchführung dieser Vereinbarung eine regelungsbedürftige Lücke ergibt.

# Vereinbarung zwischen der GEKE und der Stiftung Johannes a Lasco Bibliothek Emden

Zwischen der Gemeinschaft Evangelischer Kirchen in Europa (GEKE) – Leuenberger Kirchengemeinschaft und der Stiftung Johannes a Lasco Bibliothek in Emden (JALB) wird folgende Vereinbarung geschlossen:

## § 1
## Grundlage der Vereinbarung

(1) Die GEKE betrachtet es im Rahmen ihrer Möglichkeiten als ihre Aufgabe, einen Beitrag zu leisten für
   a) die Förderung der theologischen Zusammenarbeit und Forschung innerhalb der GEKE und unter den evangelischen Kirchen auf europäischer Ebene,
   b) die Nachwuchsförderung protestantischer Theologinnen und Theologen mit besonderem Schwerpunkt auf der Ökumene,
   c) den ökumenischen Dialog mit anderen christlichen Traditionen.

(2) Die JALB verfolgt die genannten Aufgaben im Rahmen ihrer Satzung. Sie ist bereit, dies mit der GEKE als eine gemeinsame Aufgabenstellung zu verfolgen.

(3) Die GEKE wird zur Unterstützung des gemeinsamen Anliegens in die Arbeit der JALB eingebunden. Diese Vereinbarung regelt die Bedingungen der diesbezüglichen Kooperation zwischen den Partnern.

## § 2
## Vereinbarungsinhalte

(1) Die GEKE verpflichtet sich,
   a) die JALB bei ihrer Öffentlichkeitsarbeit in Europa zu unterstützen,
   b) Informationen über das Programm der JALB über ihr Netzwerk an Kirchen und theologische Fakultäten in Europa, insbesondere in-

nerhalb der Regionalgruppen der GEKE und im nicht-deutschsprachigen Raum, weiterzugeben,

c) die JALB bei der Vermittlung von Stipendien, der theologisch-ökumenischen Nachwuchsförderung und in ihrer Arbeit als Forschungsstätte des reformierten Protestantismus in Europa zu unterstützen,
d) nach Möglichkeit die JALB punktuell in ihre theologische und ökumenische Arbeit einzubeziehen,
e) insbesondere im Bereich von Projekten und Initiativen der GEKE, in denen Themen der reformierten Theologie, insbesondere in ihrer Bedeutung für die Ökumene und die Kirchengemeinschaft in der GEKE behandelt werden, mit der JALB zusammenzuarbeiten,
f) eine fachlich ausgewiesene Person für die Berufung in den wissenschaftlichen Beirat der JALB vorzuschlagen,
g) einen Vertreter/eine Vertreterin der JALB als Beobachter zur Vollversammlung der GEKE einzuladen,
h) die JALB als Ort für Tagungen und Sitzungen der GEKE zu berücksichtigen,
i) eine Person für die Berufung in das Kuratorium vorzuschlagen (damit wird den Bestimmungen in § 9 Abs. 2 Zif. 6 der Satzung der Stiftung Johannes a Lasco Bibliothek Große Kirche Emden entsprochen).

(2) Die GEKE erlaubt
der JALB, in ihren Statuten und bei ihrem Öffentlichkeitsauftritt zur Kenntlichmachung ihrer ökumenisch-theologischen Ausrichtung und der kirchlichen Basis ihrer Aktivitäten darauf hinzuweisen, dass sie mit der GEKE eng zusammenarbeitet.

(3) Die JALB verpflichtet sich
a) zur regelmäßigen Berichterstattung über ihre Arbeit gemäß ihrer Ziele (vgl. § 3),
b) zur Berufung eines von der GEKE benannten Mitglieds in den wissenschaftlichen Beirat der JALB.

## § 3
## Bericht über die Arbeit der JALB

(1) Die JALB unterrichtet die GEKE einmal jährlich in geeigneter Weise schriftlich und soweit erforderlich auch mündlich über die im Rahmen dieser Vereinbarung geleistete Arbeit und deren geplanten Fortgang.
(2) Sofern die GEKE im Zusammenhang mit dieser Vereinbarung schriftlich unter Angabe des Grundes beim Vorsitzenden des Kuratoriums dies beantragt, wird auf die Tagesordnung der nächsten Kuratoriumssitzung der erbetene Tagesordnungspunkt aufgenommen und in Anwesenheit des Vertreters oder der Vertreterin der GEKE verhandelt, sofern dies der Antrag vorsieht.
(3) Zu ökumenisch orientierten Tagungen in der JALB wird die GEKE eingeladen und durch die Übersendung geeigneter Unterlagen und Protokolle informiert.

## § 4
## Kündigung

GEKE und die JALB können die Vereinbarung innerhalb einer Frist von sechs Monaten zum Jahresende kündigen.

## § 5
## Änderungen, Ergänzungen

(1) Die Vereinbarung enthält alle getroffenen Verabredungen. Weitere schriftliche oder mündliche Nebenabreden bestehen nicht.
(2) Soweit diese Vereinbarung keine ausdrücklichen Regelungen enthält, gelten die Bestimmungen der GEKE und die Satzung der JALB sinngemäß.
Im Übrigen ist auf diese Vereinbarung das Recht der Republik Österreich anwendbar.
(3) Die Nichtigkeit oder Unwirksamkeit einzelner Bestimmungen dieser Vereinbarung berührt die Gültigkeit der übrigen Bestimmungen nicht. Die GEKE und die JALB sind dann verpflichtet, die mangelhafte

Bestimmung durch eine solche zu ersetzen, deren juristischer Sinn dem der mangelhaften Bestimmung möglichst nahe kommt. Dasselbe gilt, sofern sich bei der Durchführung dieser Vereinbarung eine regelungsbedürftige Lücke ergibt.

# Vereinbarung zwischen der Europäischen Baptistischen Föderation (EBF) und der GEKE, miteinander kooperierende Körperschaften zu werden

## Präambel

### I Die Situation

1. Die EBF, die derzeit 51 baptistische Gemeindebünde (Unionen) aus Europa sowie dem Nahen und Mittleren Osten umfasst, ist eine Dachorganisation, die dazu dient, ihre Mitglieder in Zeugnis und gemeinsamer Verantwortung zu stärken und zu inspirieren. Die Gemeinschaft Evangelischer Kirchen in Europa (GEKE) verbindet 105 lutherische, reformierte, unierte und methodistische Kirchen in Europa und Südamerika, die danach streben, Kirchengemeinschaft auf der Grundlage der Leuenberger Konkordie (LK) von 1973 zu verwirklichen, insbesondere durch die größtmögliche Gemeinsamkeit in Zeugnis und Dienst an der Welt.
2. Nach einer Reihe von Gesprächen veröffentlichten EBF und GEKE 2004 das Dokument »Der Anfang des christlichen Lebens und das Wesen der Kirche«. Es stellte zwischen baptistischen Kirchen und Kirchen der GEKE ein großes Maß an gemeinsamen Überzeugungen fest. Vor allem wurde deutlich, dass die Baptisten das gemeinsame Verständnis des Evangeliums teilen, wie es in der LK 7–12 ausgedrückt ist. Es war sogar möglich, über wichtige Fragen des Verständnisses und der Praxis der Taufe einen Konsens zu erzielen (auch wenn dieser Konsens nicht vollständig ist).
3. Das Dokument ergab die gemeinsame Empfehlung, »eine größtmögliche Gemeinschaft in Zeugnis und Dienst zu erstreben« und »in jeder verantwortbaren Form zusammen zu arbeiten, um unseren missionarischen Auftrag zu erfüllen«. Diese Empfehlung wurde von der Vollversammlung der GEKE im Jahr 2006 aufgenommen, die die Ergebnisse des Dialogs mit Dankbarkeit entgegennahm. Sie beauftragte den

Rat, die Stellungnahmen der Mitgliedskirchen auszuwerten und auf deren Hintergrund Vorschläge für eine engere Kooperation auszuarbeiten und ermutigte die Mitgliedskirchen, auf lokaler und nationaler Ebene den Dialog mit den Baptisten weiterzuführen bzw. zu intensivieren. Auch die zuständigen Gremien der EBF begrüßten das Dokument. Der Exekutivausschuss der EBF sprach bei seinem Treffen im April 2004 den Wunsch aus, »die guten Beziehungen zur GEKE fortzuführen und auf Gebieten zu kooperieren, die unserem beiderseitigen Anliegen dienen, Gottes Mission im gegenwärtigen Europa zu fördern«. Der Wunsch nach Kooperation wurde vom Rat der EBF im September 2004 bekräftigt.

4. In vielen Ländern gibt es gute formelle und informelle Beziehungen zwischen Kirchen der GEKE und Baptistenbünden. In Italien besteht sogar eine Erklärung von Kirchengemeinschaft zwischen der Kirche der Waldenser und Methodisten einerseits und dem Baptistenbund andererseits. Weitere formelle Initiativen (die Liste ist nicht erschöpfend):

| | |
|---|---|
| *Schweden* | Viele vereinigte Ortsgemeinden mit den Methodisten und der Missionskirche [Svenska Missionskyrkan, engl. Mission Covenant Church in Sweden, einer reformierten Kirche]. Derzeit Vorbereitung einer vollständig vereinigten Kirche aus diesen drei Denominationen.<br>Laufender bilateraler Dialog zwischen dem Baptistenbund von Schweden und der Schwedischen Kirche (Lutherisch). |
| *England* | Seit 40 Jahren viele »Local Ecumenical Partnerships« (LEPs) mit Gemeinden der Methodistischen Kirche und der Vereinigten Reformierten Kirche.<br>Seit langem schon Vereinbarungen über die Taufpraxis in LEPs mit diesen beiden Kirchen.<br>Ein »Joint Baptist/Methodist/United Reformed Public Issues Team« (JPIT) spricht für alle drei Kirchen. |
| *Österreich* | Dialog zwischen dem Bund der Baptistengemeinden und der lutherischen, reformierten und methodistischen Kirche 2004–2007, der mit einem Kommuniqué endete. |
| *Norwegen* | Bilateraler Dialog zwischen der Kirche von Norwegen und dem Baptistenbund von Norwegen, 1989. |

| | |
|---|---|
| | Bilaterale Gespräche zwischen der Vereinigten Methodistischen Kirche in Norwegen und dem Baptistenbund von Norwegen 2004. |
| *Frankreich* | Dialog »Die Schrift, die Kirche und die Taufe«, zwischen dem Conseil Permanent Luthéro Réformé (CPLR, Ständiger Lutherisch-Reformierter Rat) und der Fédération des Eglises Evangéliques Baptistes de France (FEEBF, Französische Föderation evangelischer baptistischer Gemeinden) 2001–2007. |
| *Bayern* | Bayerische Lutherisch-Baptistische Arbeitsgruppe (BALUBAG) mit der Verabschiedung eines Konvergenzdokuments: Voneinander lernen – miteinander glauben (2009). |
| *Tschechische Republik* | Einladung einer lutherischen Kirche an den Tschechischen Baptistenbund zu einem Dialog auf der Grundlage des bayerischen Dokuments (2010). |

Zu bemerken ist, dass fast alle oben genannten Initiativen ohne offizielle Beteiligung der GEKE blieben, auch wenn manche von ihnen die Ergebnisse des GEKE/EBF-Dialogs für ihre Diskussionen hilfreich fanden.

## II Grundlagen der Vereinbarung aus Sicht der GEKE

5. Die vorgeschlagene Vereinbarung basiert auf der Voraussetzung, dass eine Erklärung von Kirchengemeinschaft (im Verständnis der Leuenberger Konkordie) noch nicht möglich ist. Das Dokument von 2004 erreichte noch keinen vollständigen Konsens über die richtige Verwaltung der Sakramente (obwohl mögliche Wege dahin diskutiert wurden).
6. Nichtsdestoweniger haben die Kirchen der GEKE – mit der Anerkennung eines gemeinsamen Verständnisses des Evangeliums – die Kirche Jesu Christi in den baptistischen Gemeinden faktisch anerkannt. Nach ihrem Verständnis von kirchlicher Einheit folgt aus dieser Anerkennung, dass »konkrete Schritte getan werden [müssen], um die möglich gewordene Kirchengemeinschaft zu erklären und zu verwirklichen« (vgl. Die Kirche Jesu Christi, III.1.4).
7. Auch praktische Erwägungen sprechen für eine Intensivierung der Kooperation mit der EBF. Neben dem Wunsch, die Beziehungen der

Mitgliedskirchen der GEKE zu ihren baptistischen Gegenübern zu stärken (insbesondere dort, wo die Beziehungen durch die Last der Geschichte oder gegenseitiges Misstrauen belastet sind), ist der Bereich von Politik und Gesellschaft besonders wichtig. Die Vollversammlung der GEKE in Belfast 2001 beschloss, »in grundlegenden Fragen die protestantischen Stimmen zu bündeln und sie in der europäischen Öffentlichkeit zur Sprache und zu Gehör zu bringen« und so »profilierter und zeitnaher als bisher in aktuellen wichtigen Fragen der Politik, der Gesellschaft und der Ökumene ein deutliches evangelisches Zeugnis abzulegen«. Dies geschieht durch öffentliche Stellungnahmen des Rates oder des Präsidiums der GEKE, meistens vorbereitet durch den Fachkreis Ethik. Mit dem Anspruch, die »evangelische Stimme in Europa« zur Sprache zu bringen, übernahm die GEKE die Verantwortung, auch anderen Kirchen, die sich als protestantisch verstehen, die Beteiligung an dieser Aufgabe zu ermöglichen.

## III Grundlagen der Vereinbarung aus Sicht der EBF

8. Die baptistischen Gemeinden und Gemeindebünde fühlen sich nicht an das »Leuenberger Modell« der Kirchengemeinschaft gebunden. Sie können die Früchte des Geistes in anderen christlichen Kirchen anerkennen und, auf der Grundlage eines gemeinsamen Verständnisses des Evangeliums, danach streben, christliche »koinonia« und Zusammenarbeit in praktischen Fragen zu verwirklichen. Auch wenn sie die Auffassung der GEKE akzeptieren, dass Kirchengemeinschaft noch nicht möglich ist, sind sie dennoch daran interessiert, die theologische Konvergenz, die bislang erreicht worden ist, durch eine formelle Vereinbarung zum Ausdruck zu bringen. Dies geschieht insbesondere mit Blick auf diejenigen Mitgliedsbünde der EBF, die es wichtig finden, gute und gleichrangige Beziehungen zu den klassischen Reformationskirchen in ihren Ländern zu haben und sich wo immer möglich in gemeinsamem Zeugnis zu engagieren.
9. Weil die europäischen Baptisten sich als zur Familie der europäischen Reformationskirchen zugehörig ansehen, möchten sie, dass die von der GEKE repräsentierte »Evangelische Stimme in Europa« auch die Anliegen der signifikanten Minderheit baptistischer Gemeinden in

Europa artikuliert, einschließlich der Gemeinden, die zu Mitgliedsbünden der EBF gehören.

## IV Gemeinsame Grundlagen der Vereinbarung

10. Von diesen Erwägungen ausgehend, schließen EBF und GEKE die folgende Vereinbarung, die die unterschiedlichen Eigenarten und Überzeugungen der Partner respektiert und völlige Gegenseitigkeit zwischen ihnen sichert. Sie zielt darauf, einen Fortschritt in den Beziehungen zu ermöglichen bis hin zum höchstmöglichen Grad der Zusammenarbeit, insbesondere im Hinblick auf gemeinsames Zeugnis und Dienst in der Welt, und eine Fortsetzung des theologischen Dialogs zu eröffnen, besonders über die Taufe und ihre Praxis.

# Vereinbarung

## V Gemeinsame Verpflichtungen

11. EBF und GEKE verpflichten sich, einander zu den jährlichen Tagungen des Rates der EBF und zu den Vollversammlungen der GEKE, die alle sechs Jahre stattfinden, einzuladen.
12. Sie verpflichten sich, regelmäßige Treffen der Generalsekretäre und anderer Stabsmitglieder zu veranstalten.
13. Sie sind darin einig, den gegenseitigen Austausch von Presseerklärungen und Informationsmaterial fortzusetzen.
14. Sie erklären ihre Bereitschaft, gemeinsame Konsultationen zu Angelegenheiten von beiderseitigem Interesse zu organisieren.
15. Sie erklären ihre Bereitschaft, den theologischen Dialog wieder aufzunehmen, sobald sich aus den regionalen Dialogen zwischen Kirchen der GEKE und Mitgliedsbünden der EBF neue Perspektiven ergeben haben.

## VI Verpflichtungen der GEKE

16. Die GEKE verpflichtet sich, die EBF so weit wie möglich an ihren Aktivitäten zu beteiligen. Folgende Elemente der Beteiligung sind vereinbart:
    a. Die GEKE wird die EBF einladen, zu ihren Lehrgesprächen mitarbeitende Beobachter zu entsenden, die in die Diskussionen vollständig mit einbezogen werden, aber bei der Schlussabstimmung kein Stimmrecht haben.
    b. Die GEKE wird eine Einladung an die EBF erwägen, mitarbeitende Beobachter zu anderen Konsultationen zu entsenden, soweit darin Angelegenheiten beiderseitigen Interesses berührt sind.
    c. Die GEKE wird ihre (selbständigen) Regionalgruppen nachdrücklich ermutigen, Baptistenbünde aus ihrer Region als mitarbeitende Beobachter einzuladen und dadurch an Versöhnung und Kooperation auf dieser Zwischenebene zu arbeiten.
    d. Die GEKE wird einen baptistischen Berater in ihren Fachkreis für Ethik kooptieren und auf diese Weise die baptistische Mitwirkung an der Formulierung und Äußerung der »evangelischen Stimme in Europa« sicherstellen.
    e. Die GEKE wird (über die EBF) einen baptistischen Teilnehmer zum »Evangelischen Arbeitskreis für Konfessionskunde in Europe« einladen.
    f. Die GEKE wird erwägen, baptistische Beobachter zu ihren interkonfessionellen Dialogen (mit Orthodoxen, Anglikanern etc.) einzuladen.
    g. Die GEKE wird ihre lutherischen und unierten Mitgliedskirchen ermutigen, diejenigen Lehrverurteilungen in der Confessio Augustana zu überprüfen, die als Baptisten betreffend angesehen werden könnten. Sie wird eine Prüfung der Vorschläge empfehlen, die in dem Kommuniqué über die Gespräche zwischen dem Bund der Baptistengemeinden in Österreich und den GEKE-Kirchen in Österreich 2007 gemacht wurden.

## VII Verpflichtungen der EBF

17. Die EBF verpflichtet sich, die GEKE so weit wie möglich an ihren Aktivitäten zu beteiligen. Die folgenden Elemente der Beteiligung sind ausgemacht:
   a. Die EBF wird einen Teilnehmer aus der GEKE zu ihrer jährlichen Missionskonferenz einladen, die jedes Jahr im Juni stattfindet.
   b. Die EBF wird erwägen, Teilnehmer aus der GEKE zu besonderen Konsultationen einzuladen, besonders zu denen, die von der EBF-Abteilung für Außenbeziehungen und von der Abteilung für Theologie und Ausbildung veranstaltet werden.
   c. Die EBF wird die GEKE darin unterstützen, die Religionsfreiheit von Minderheitskirchen in Europa zu verteidigen, einschließlich der baptistischen Gemeinden (für die GEKE geschieht dies in der Regel durch die Konferenz Europäischer Kirchen).
   d. Die EBF wird ihre Mitgliedsbünde ermutigen, sich mit Kirchen der GEKE in ihren Ländern wo immer möglich in Dialog und gemeinsamen Aktivitäten zu engagieren.

# Memorandum der Bestätigung und Verpflichtung

## Zwischen den britischen und irischen anglikanischen Kirchen und der Gemeinschaft Evangelischer Kirchen in Europa – Leuenberger Kirchengemeinschaft

### Präambel

1995 und 2004 fanden zwei Konsultationen zwischen den anglikanischen Kirchen in Europa und der Gemeinschaft Evangelischer Kirchen in Europa (GEKE) statt. Ihr Ziel war es, zu erwägen, was die Vereinbarungen von Meißen, Porvoo und Reuilly für die weiteren Beziehungen zwischen Anglikanern und Protestanten bedeuten könnten. Von 2005 an trafen sich Repräsentanten der Scottish Episcopal Church, der Church in Wales, der Church of Ireland und der Church of England dreimal mit Repräsentanten der GEKE, um Angelegenheiten aus der jeweiligen Arbeit an Themen von Glauben und Kirchenverfassung zu diskutieren. Diese Treffen wurden in hilfreicher Weise durch das Institut für ökumenische Forschung in Straßburg ausgerichtet. Bei dem Treffen am 13.–15. April 2011 auf Schloss Klingenthal im Elsass wurde beschlossen, dass die Repräsentanten der Anglikaner und der GEKE ihren jeweiligen entsendenden Organisationen vorschlagen würden, dass ein Memorandum zwischen den an den Konsultationen beteiligten Partnern entstehen sollte.

Die GEKE basiert auf der Leuenberger Konkordie (LK) von 1973, die eine Versöhnung der gegenseitigen Lehrverurteilungen erreichte und Kirchengemeinschaft (einschließlich Kanzel- und Abendmahlsgemeinschaft) zwischen den evangelischen Kirchen in Europe herstellte. Weil die »Kirchengemeinschaft [...] sich im Leben der Kirchen und Gemeinden« verwirklicht, richten die mehr als 100 Mitgliedskirchen der GEKE »ihr Zeugnis und ihren Dienst gemeinsam aus« (LK 35).

Die vier britischen und irischen anglikanischen Kirchen stehen untereinander in Gemeinschaft und gehören zur weltweiten Anglikanischen Gemeinschaft, die untereinander durch die verschiedenen Instrumente der Gemeinschaft verbunden sind. Repräsentanten der vier Kirchen treffen sich alle paar Jahre zu inneranglikanischen Konsultationen über Glaube und Kirchenverfassung.

Seit mehr als zwei Jahrzehnten sind Vereinbarungen über formale Beziehungen zwischen evangelischen Kirchen, die zur GEKE gehören, und anglikanischen Kirchen geschlossen worden. In der Meißener Erklärung (1988) erkannten die EKD und die Church of England sich »gegenseitig als Kirchen an, die zu der Einen, Heiligen, Katholischen und Apostolischen Kirche Jesu Christi gehören und an der apostolischen Sendung des ganzen Volkes Gottes wahrhaft teilhaben«. Sie verpflichteten sich »zur Teilnahme an gemeinsamem Leben und gemeinsamer Sendung« und ermöglichten bestimmte Formen von »eucharistischer Gemeinschaft«. In entsprechender Weise brachte die Erklärung von Reuilly (1999) zwischen den vier anglikanischen Kirchen in Großbritannien und Irland und zwei lutherischen sowie zwei reformierten Kirchen in Frankreich »einen entscheidenden Schritt zur sichtbaren Einheit hin« (Vorwort, 18). Auf den britischen Inseln bestehen unter anderem förmliche Beziehungen zwischen der Church of England und der Methodist Church of Great Britain (2003) und zwischen der Scottish Episcopal Church, der United Reformed Church und der Methodist Church of Great Britain. Der multilaterale Welsh Covenant umschließt die Church in Wales und mehrere evangelische Kirchen. Die weitestgehende Vereinbarung ist die Porvoo-Erklärung (1992), wodurch die vier anglikanischen Kirchen in Großbritannien und Irland in Kirchengemeinschaft zu den nordischen und baltischen lutherischen Kirchen (unter ihnen vier Mitgliedskirchen der GEKE) getreten sind.

Somit gibt es einen Nexus von einander überlappenden ökumenischen Vereinbarungen und Beziehungen, innerhalb dessen das sich entwickelnde Gespräch zwischen der GEKE und den vier anglikanischen Kirchen stattfindet.

Indem wir die Bedeutung dieses sich entwickelnden ökumenischen Kontextes in einem sich wandelnden Europa anerkennen und den Wert der jüngsten Konsultationen erkennen, stellen wir die folgende Vereinbarung vor.

## Bestätigung

Sowohl die anglikanischen Kirchen als auch die GEKE sind dem Ziel der sichtbaren Einheit der Kirche Jesu Christi verpflichtet. Gemäß dem grundlegenden ekklesiologischen Dokument der GEKE ist die »*Einheit* der Kirche [...] in der Einheit ihres Ursprungs begründet, d. h. in der Einheit des dreieinigen Gottes« und »ist den [...] Kirchen als Werk Gottes vorgegeben. Die Kirchen stehen damit vor der Aufgabe, von dieser Gabe Gottes als dem Grund lebendiger Gemeinschaft zwischen den Kirchen [...] sichtbar Zeugnis zu geben«. Die Kirchengemeinschaft, die durch die »möglichst große Gemeinsamkeit in Zeugnis und Dienst an der Welt« (LK 29) verwirklicht wird, wird als Zeugnis für die sichtbare Einheit angesehen.

Die anglikanischen Kirchen sind dem Ziel verpflichtet, »daß volle sichtbare Einheit einschließen muß: [...] Die Teilnahme an der einen Taufe, die Feier des einen Herrenmahles und der Dienst eines gemeinsamen Amtes – dazu gehört auch der Dienst der Aufsicht, die *episkope.*« (*Gemeinsame Erklärung von* Reuilly, IV, *dt. Übers.: Werner Schramm, 1999*). Das anglikanische Verständnis von voller sichtbarer Einheit wird vom Lambeth Quadrilateral von 1888/1920 bestimmt, das sich auf die Heiligen Schriften des Alten und des Neuen Testaments, die ökumenischen Glaubensbekenntnisse, die zwei von Christus eingesetzten Sakramente und das »historische Bischofsamt, lokal angepasst« bezieht.

So sind die anglikanischen Kirchen und die GEKE im Ziel vereint, aber setzen unterschiedliche Schwerpunkte, wenn sie die notwendigen Elemente zur Erreichung dieses Ziels bestimmen. Sie müssen weiter an einem gemeinsamen Verständnis arbeiten, das ihnen ermöglicht, weitere gemeinsame Schritte zu unternehmen.

## Verpflichtungen

Soweit es ihre Ressourcen erlauben, werden die Church of England, die Church of Ireland, die Church in Wales und die Scottish Episcopal Church einerseits und die Gemeinschaft Evangelischer Kirchen in Europa – Leuenberger Kirchengemeinschaft andererseits

- Information und Dokumentationen aus ihrer laufenden Arbeit an Themen von Glaube und Kirchenverfassung austauschen;

- Sich weiterhin etwa alle drei Jahre zu einer Konsultation über Glaube und Kirchenverfassung treffen;
- Miteinander die theologische Begründung und die konkrete Ausgestaltung des Auftrags, des Dienstes und der Einheit/Gemeinschaft der Kirche erforschen;
- Sich gegenseitig zur Teilnahme an größeren Projekten der theologischen Arbeit und der Reflexion über den Dienst des kirchlichen Auftrags in Europa einladen;
- Sich gegenseitig, soweit möglich, bei dem Aufbau weiterer ökumenischer Beziehungen in Europa unterstützen.

# VIII
# Anhang

# Agenda der 7. Vollversammlung

| | |
|---|---|
| 1 | Eröffnung |
| 2 | Geschäftssitzung der Vollversammlung |
| 2.1 | Verabschiedung der Geschäftsordnung |
| 2.2 | Verabschiedung der Agenda |
| 2.3 | Verabschiedung Verfahrensordnung Wahl des Rates |
| 2.4 | Wahl des Nominierungsausschusses |
| 2.5 | Wahl des Redaktionsausschusses Schlussbericht |
| 2.6 | Bildung der Arbeitsgruppen |
| 3 | Bericht des Präsidiums |
| 4 | Bericht des Generalsekretärs |
| 5 | Theologischer Hauptvortrag Prof. Dr. Michael Beintker |
| 6 | Lehrgespräch »Schrift, Bekenntnis, Kirche« |
| 7 | Lehrgespräch »Amt, Ordination, Episkopé« |
| 8 | Studie »Tretet ein für Gerechtigkeit« |
| 9 | Studie »Die Ausbildung für das ordinationsgebundene Amt« |
| 10 | Studie »Bleibe in der Zeit« |
| 11 | Studie »Ecclesia semper reformanda« |
| 12 | Wahl des neuen Rates |
| 12.1 | Präsentation und Diskussion der beiden Wahllisten |
| 12.2 | Abstimmung über die Listen |
| 13 | Erklärung »Identität und Integration« |
| 14 | Europäisches Forum: »Kirchen Europas im Aufbruch« |
| 15 | Aufruf zur Vorbereitung eines europäischen Reformationsfestes |
| 16 | Zeitansage: Cristina Comencini |
| 17 | Arbeitsfelder ab 2012 |
| 17.1 | Lehrgespräch »Kirchengemeinschaft« |
| 17.2 | Lehrgespräch »Pluralität der Religionen« |
| 17.3 | Europa reformata |
| 17.4 | Ökumenische Dialoge |
| 17.5 | Weitere mögliche Arbeitsfelder |
| 18 | Wort der Vollversammlung zur gegenwärtigen Lage in Europa |

# Teilnehmerinnen und Teilnehmer der 7. Vollversammlung

Präsident Metropolit Emmanuel **Adamakis,** Konferenz Europäischer Kirchen, Gast
Generalsekretärin Berit Hagen **Agøy**, Den norske Kirke, Delegierte
Pfarrer Dietmar **Arends**, Evangelisch-Reformierte Kirche, Delegierter
Sabina **Baral**, Chiesa Evagelica Valdese, GEKE-Team
Luca **Baratto**, Chiesa Evangelica Valdese, GEKE-Öffentlichkeitsarbeit
Moderator Axel **Bargheer**, Den reformerte Synode i Danmark, Delegierter
Konsitorialrat Matthias **Bartels**, Pommersche Evangelische Kirche, Delegierter
István **Batta**, Reformovaná Krest'anská Cirkev na Slovensku, Delegierter
Dr. Lothar **Bauerochse**, Hessischer Rundfunk Deutschland, Berater
Stud. theol. Péter **Bedekovics**, Magyarországi Református Egyház, Steward
Landesbischof Prof. Dr. Heinrich **Bedford-Strohm**, Evangelisch-Lutherische Kirche in Bayern, Gast
Prof. Dr. Dr. h.c. Michael **Beintker**, Evangelische Kirche in Deutschland, Ratsmitglied
Prof. Dr. André **Birmelé**, Institut für Ökumenische Forschung Strassburg, Berater
Pfarrer Heiner Abbas **Bludau**, Chiesa Evangelica Luterana in Italia, Delegierter
Bischof Dr. Gusztáv **Bölcskei**, Magyarországi Református Egyház, Delegierter
Zsuzsanna **Bolla**, Magyarországi Evangélikus Egyház, GEKE-Öffentlichkeitsarbeit
Generalsekretär Dimitrios **Boukis**, Helleniki Evangeliki Ekklesia, Delegierter
Reverend Dr. John **Bradbury**, United Reformed Church, Berater
Pfarrerin Stefanie **Brauer-Noss**, Evangelische Kirche von Westfalen, Beraterin
Renate **Brunotte**, Evangelische Kirche im Rheinland, Delegierte
Martine **Brunschwig Graf**, Genf, Beraterin
Pfarrer Marcin **Brzóska**, Kosciól Ewangelicko-Augsburski w RP, Delegierter
Pfarrer Dr. Daniel **Buda**, Ökumenischer Rat der Kirchen, Gast
Bischof Dr. Michael **Bünker**, GEKE Geschäftsstelle, Generalsekretär
Pfarrer Dr. Peter **Bukowski**, Bund Evangelisch-Reformierter Kirchen Deutschlands, Ratsmitglied
Kirchenrätin Cornelia **Camichel Bromeis**, Schweizerischer Evangelischer Kirchenbund, Delegierte
Pfarrerin Benigna **Carstens,** Evangelische Brüder Unität Herrnhuter Brüdergemeinde, Delegierte

Dr. Joachim **Christoph**, Vereinigte Evangelisch-Lutherische Kirche in Deutschland, Ratsmitglied

Pfarrer Peter **Ciaccio**, Chiesa Evangelica Metodista d'Italia, Delegierter

Pfarrer Jan **Cieslar**, Slezká Cirkev evangelicka a.v., Delegierter

Pasteur François **Clavairoly**, Eglise Réformée de France, Ratsmitglied

Président Prof. Dr. Jean François **Collange**, Eglise Protestante de la Confession d'Augsbourg d'Alsace et de Lorraine, Delegierter

Cristina **Comencini**, Referentin

Francesca **Conti**, Chiesa Evangelica Luterana in Italia, GEKE-Team

Pfarrerin Gabriella **Costabel**, Evangelische Landeskirche in Württemberg, Delegierte

Gaëlle **Courtens**, Chiesa Evagelica Valdese, GEKE-Öffentlichkeitsarbeit

Pfarrer Roy **Crowder**, United Methodist Church Nordic and Baltic Area, Gast

Pfarrer Dr. Thomas **Dasek**, Evangelische Kirche A.B. in Österreich, GEKE-Öffentlichkeitsarbeit

Pasteur Joel **Dautheville**, Eglise Evangélique Luthérienne de France, Delegierter

Pfarrerin Adél **Dávid**, GEKE Geschäftsstelle, GEKE-Team

Pfarrerin Ysabelle **de Salis**, Schweizerischer Evangelischer Kirchenbund, Delegierte

Oberkirchenrat Norbert **Denecke**, Deutsches Nationalkomitee des Lutherischen Weltbundes, Gast

Pfarrerin Dr. Stephanie **Dietrich**, Den norske Kirke, Delegierte

Pfarrer Dr. Oliver **Dürr,** Evangelisch-Lutherische Kirche in Oldenburg, Delegierter

Dekan Rudolf **Ehrmantraut**, Evangelische Kirche der Pfalz, Delegierter

Bischof Alfred **Eichholz**, Evangelisch-Lutherische Kirche in Russland und anderen Staaten, Delegierter

Beate **Fagerli**, Den norske Kirke / Referat Porvoo Gemeinschaft, Gast

Prof. Dr. Sándor **Fazakas**, Magyarországi Református Egyház, Berater

Oberkirchenrätin Dine **Fecht**, Evangelische Kirche in Deutschland, Delegierte

Bischofsassistent Olivér **Fejér**, Biserica Evanghélicá C.A. din Romaniá, Delegierter

Pfarrer Dr. Árpád **Ferencz**, Magyarországi Református Egyház, Delegierter

Prof. Fulvio **Ferrario**, Chiesa Evangelica Valdese, Delegierter

Stud. theol. Antonin **Ficatier**, Eglise Réformée de France, Steward

Pfarrer David **Field**, Evangelisch-Methodistische Kirche Zentralkonfrenz Mittel- und Südeuropa, Berater

Pfarrer Frank-Dieter **Fischbach**, GEKE Geschäftsstelle, GEKE-Team

Pfarrer Dr. Mario **Fischer**, Evangelische Kirche in Hessen und Nassau, GEKE-Team

Dr. Walter **Fleischmann-Bisten**, Konfessionskundliches Institut Bensheim, Gast

Vizepräsidentin Ingvill Hagesæthe **Foss**, Den norske Kirke, Delegierte

Stud. theol. Karen **Frendø-Sørensen**, Evangelisk-lutherske Folkekirke i Danmark, Steward

Elisabeth **Frey**, Stuttgart, Dolmetscherin

Pfarrerin Dr. Susanne **Freytag**, Protestantse Kerk in Nederland, Delegierte

Prof. Dr. Martin **Friedrich**, GEKE Geschäftsstelle, GEKE-Team

Pfarrer Volker **Fritz**, Evangelische Landeskirche in Baden, Gast

Pfarrer Dr. Pawel Andrzej **Gajewski**, Chiesa Evangelica Valdese, Berater

Pfarrer Hans **Genthe**, Evangelische Kirche in Hessen und Nassau, GEKE-Öffentlichkeitsarbeit

Reverend Dr. Jonathan **Gibbs**, Church of England, Gast

Stud. theol. Friedel **Goetz**, Evangelische Landeskirche in Baden, Steward

Pfarrerin Kristin **Graff-Kallevåg**, Den norske Kirke, Gast

Stud. theol. Tine **Gramm Petersen**, Evangelisk-lutherske Folkekirke i Danmark, Steward

Pfarrer Dr. Mitchell **Grell**, Evangelisch-Lutherische Landeskirche Mecklenburgs, Delegierter

Elaine **Griffiths**, Heidelberg, Dolmetscherin

Stud. theol. Sven Michael **Gröger**, Evangelische Landeskirche in Württemberg, Steward

Diplomtheologe Jan **Gross**, Evangelische Kirche in Hessen und Nassau, Gast

Prof. Dr. Hans-Peter **Großhans**, Evangelisch-Theologische Fakultät der Universität Münster, Berater

Oberlandeskirchenrat Prof. Dr. Klaus **Grünwaldt**, Evangelisch-Lutherische Landeskirche Hannovers, Delegierter

Vizepräsident Dr. Thies **Gundlach**, Evangelische Kirche in Deutschland, Berater

Mag. phil. Miriam **Haar**, Trinity College Dublin, Beraterin

Vikarin Dr. Eva **Harasta**, Evangelische Kirche A.B. in Österreich, Delegierte

Präsident Dr. Friedrich **Hauschildt**, Vereinigte Evangelisch-Lutherische Kirche in Deutschland, Ratsmitglied

Wissenschaftliche Mitarbeiterin Andrea **Häuser**, Evangelisch-Theologische Fakultät der Universität Münster, Beraterin

Pfarrer Jan-Gerd **Heetderks**, Protestantse Kerk in Nederland, Ratsmitglied

Pfarrer Dr. Dieter **Heidtmann**, Evangelische Akademie Bad Boll, Berater

Oberkirchenrat Dr. Martin **Heimbucher**, Union Evangelischer Kirchen in der Evangelischen Kirche in Deutschland, Gast

Bischof Prof. Dr. Martin **Hein**, Evangelische Kirche von Kurhessen-Waldeck, Delegierter

Kirchenrat Roland **Herpich**, Evangelische Kirche Berlin-Brandenburg-schlesische Oberlausitz, Delegierter

Pfarrer Dr. h.c. Andreas **Hess**, GEKE Geschäftsstelle, GEKE-Team

Pfarrer Dr. Martin Ernst **Hirzel**, Schweizerischer Evangelischer Kirchenbund, Delegierter

Stud. theol. Jana **Hofmanová**, Ceskobratrská Cirkev Evangelická, Steward

Stud. theol. Marie **Høgh**, Evangelisk-lutherske Folkekirke i Danmark, Steward

Cand. theol. Rebekka **Højmark Svenningsen**, Evangelisk-lutherske Folkekirke i Danmark, Gast

Reverend Fleur **Houston**, United Reformed Church, Ratsmitglied

Reverend Kenneth G. **Howcroft**, Methodist Church in Great Britain, Gast

Präsident Dr. Wilhelm **Hüffmeier**, Gustav Adolf Werk e.V., Gast

Dekan Günter **Ihle**, Evangelische Landeskirche in Baden, Delegierter

Pfarrer Dr. Bernd **Jaeger**, GEKE Geschäftsstelle, GEKE-Team

General Secretary Rosangela **Jarjour**, Fellowship of Middle East Evangelical Churches, Gast

Stud. theol. Benedikt **Jetter**, Evangelische Landeskirche in Württemberg, Steward

Studienleiter Michael **Jonas**, Melanchthon Zentrum für ökumenische Studien in Rom, Berater

Pfarrerin Kirsten **Jørgensen**, Evangelisk-lutherske Folkekirke i Danmark, Delegierte

Pfarrer Dr. Tomi **Karttunen**, Suomen Evankelis-Luterilainen Kirkko, Gast

Propst Siegfried **Kasparick**, Evangelische Kirche in Mitteldeutschland, Delegierter

Pfarrerin Susanne **Kayser**, Bremische Evangelische Kirche, Delegierte

Stefan **Kiefer**, Evangelische Kirche in Deutschland, Berater

Generalbischof Dr. Miloš **Klatik**, Evanjelická Cirkev augsburského vyznania na Slovensku, Delegierter

Oberkirchenrätin Cordelia **Kopsch**, Evangelische Kirche in Hessen und Nassau, Ratsmitglied

Prof. Dr. Ulrich **Körtner**, Evangelische Kirche H.B. in Österreich, Delegierter

Pfarrer Dr. Jochen **Kramm**, GEKE Geschäftsstelle, GEKE-Team

Dr. Brigitte **Krautgartner**, Österreichischer Rundfunk ORF, Journalistin

Stud. theol. Jennifer **Krumm**, Evangelische Kirche Berlin-Brandenburg-schlesische Oberlausitz, Steward

Pfarrer Dr. Lukas **Kundert**, Evangelisch-Reformierte Kirche Basel-Stadt, Gast

Kirchenrätin Susanne **Labsch**, Evangelische Landeskirche in Baden, Delegierte

Stud. theol. Sophie **Langeneck**, Chiesa Evangelica Valdese, Steward

Pfarrer Dr. Kurt E. **Larsen**, Evangelisk-lutherske Folkekirke i Danmark, Delegierter

Oberkirchenrätin Dr. Mareile **Lasogga**, Vereinigte Evangelisch-Lutherische Kirche in Deutschland, Delegierte

Oberkirchenrat Dr. Thorsten **Latzel**, Evangelische Kirche in Deutschland, Berater

Elke **Leypold**, Institut für Ökumenische Forschung Strassburg, GEKE-Team

Generalsekretär Dr. Guy **Liagre**, Konferenz Europäischer Kirchen, Gast

Pfarrer Dr. Lense J. **Lijzen**, Remonstrantse Broederschap, Delegierter

Ratspräsident Dr. Gottfried Wilhelm **Locher**, Schweizerischer Evangelischer Kirchenbund, Delegierter

Szabolcs **Lőrincz**, Magyarországi Református Egyház, Berater

Pfarrer Hartmut **Lucke**, Eglise Protestante de Genève, Dolmetscher

Pfarrerin Stefanie **Lüders**, Evangelische Kirche von Westfalen, Delegierte

Stud. theol. Anna **Lüdke**, Evangelisch-Lutherische Landeskirche Hannovers, GEKE-Öffentlichkeitsarbeit

Pfarrer Dr. Hans Jürgen **Luibl**, Evangelisch-Lutherische Kirche in Bayern, Berater

Landesbischof Dr. Karl-Hinrich **Manzke**, Evangelisch-Lutherische Landeskirche Schaumburg-Lippe, Delegierter

Pfarrer Karl Georg **Marhoffer**, Protestantisch-Reformierte Kirche von Luxemburg, Delegierter

Evelyn **Martin**, GEKE Geschäftsstelle, GEKE-Team

Oberkirchenrat Michael **Martin**, Evangelisch-Lutherische Kirche in Bayern, Delegierter

Reverend Dr. John **McPake**, United Free Church of Scotland, Delegierter

Oberlandeskirchenrat Dr. Peter **Meis**, Evangelisch-Lutherische Landeskirche Sachsens, Delegierter

Pfarrer August Gil **Milian**, Iglesia Evangélica Espanola, Delegierter

Dekan Holger **Milkau**, Chiesa Evangelica Luterana in Italia, Gast

Ingrid **Monjencs**, GEKE Geschäftsstelle, GEKE-Öffentlichkeitsarbeit

Oberkirchenrat Dr. Daniel **Mourkojannis**, Nordelbische Evangelisch-Lutherische Kirche, Delegierter

Kirchenratspräsident Michel **Müller-Zwygart**, Schweizerischer Evangelischer Kirchenbund, Delegierter

Pfarrer Luca **Negro**, Konferenz Europäischer Kirchen, GEKE-Öffentlichkeitsarbeit

Pfarrer Rüdiger **Noll**, Kommission für Kirche und Gesellschaft der Konferenz Europäischer Kirchen, Berater

Jean Jacques **Nyffenegger**, Freiburg, Dolmetscher

Annette **Nyffenegger von Lerber**, Freiburg, Dolmetscherin

Pfarrerin Christa **Olearius**, Evangelisch-Lutherische Landeskirche Hannovers, Delegierte

Superintendentin Ana **Palik-Kuncak**, Evangelisch-methodistische Kirche Zentralkonferenz Mittel- und Südeuropa, Delegierte
General Secretary **Anthony Peck**, European Baptist Federation, Gast
Pfarrer Christian **Pedersen**, Evangelisk-lutherske Folkekirke i Danmark, Delegierter
Evelyne **Peter-Issler,** Eglise Protestante Unie de Belgique, Delegierte
Dorothea **Pfuch**, Vereinigte Evangelisch-Lutherische Kirche in Deutschland, GEKE-Team
Pfarrer Friedhelm **Pieper**, Evangelische Kirche in Hessen und Nassau, Delegierter
Generalsekretär Dr. Arjan **Plaisier**, Protestantse Kerk in Nederland, Delegierter
Pfarrer Thomas-Andreas **Põder**, Eesti evangeelne Luterilik Kirik, Delegierter
Stud. theol. Andrei **Popescu**, Evangelisch-lutherische Landeskirche Hannovers, Steward
Bischof Dr. Matti **Repo**, Suomen Evankelis-Luterilainen Kirkko, Gast
Reverend Harvey **Richardson**, Methodist Church in Great Britain, Berater
Kirchenrat Klaus **Rieth**, Evangelische Landeskirche in Württemberg, Delegierter
Pfarrer Dr. André **Ritter**, Evangelische Kirche im Fürstentum Liechtenstein, Delegierter
Reverend Marcus Wyn **Robinson**, Presbyterian Church of Wales, Delegierter
Prof. Dr. Miriam **Rose**, Evangelisch-Theologische Fakultät der Universität Jena, Gast
Dr. Jan **Roskovec**, Ceskobratrská Cirkev Evangelická, Delegierter
Oberkirchenrätin Barbara **Rudolph**, Evangelische Kirche im Rheinland, Delegierte
Kirchenrat Christoph **Saumweber**, Evangelisch-Lutherische Kirche in Bayern, Gast
Martin **Sauter**, Lutheran Church in Ireland, Delegierter
Pfarrer Juan Pedro **Schaad**, Iglesia Evangélica del Rio de la Plata, Delegierter
Prof. Dr. Stefanie **Schardien**, Institut für Evangelische Theologie der Universität Hildesheim, Beraterin
Pfarrerin Kornelia **Schauf**, Lippische Landeskirche, Delegierte
Stud. theol. Katharina **Scherer**, Evangelisch-Lutherische Kirche in Bayern, Steward
M.A. Annegreth **Schilling**, Evangelische Kirche in Deutschland, Beraterin
Bischof Martin **Schindehütte**, Union Evangelischer Kirchen in der Evangelischen Kirche in Deutschland, Delegierter
Prof. Dr. Thomas **Schlag**, Evangelisch-Theologische Fakultät der Universität Zürich, Berater

Pfarrer Dr. Rüdiger **Schloz**, Iglesia Evangélica Luterana del Ecuador, Gast

Président Laurent **Schlumberger**, Eglise Réformée de France, Delegierter

Prof. Dr. Ulla **Schmidt**, Den norske Kirke, Beraterin

Lic. phil. Cornelia **Schnabel**, Schweizerischer Evangelischer Kirchenbund, Gast

Pfarrerin Desirée **Scholtens**, Protestantse Kerk in Nederland, Beraterin

Pfarrerin Dr. Monica **Schreiber**, Evangelische Kirche im Rheinland, Gast

Dr. Fritz **Schroth,** Evangelisch-Lutherische Kirche in Bayern, Gast

Pfarrer Martin **Siegrist**, Evangelisch-Methodistische Kirche Zentralkonferenz Mittel- und Südeuropa, Delegierter

Pfarrerin Jenny **Sjögreen**, Svenska Kyrkan, Gast

Bischof Atle **Sommerfeldt**, Den norske Kirke, Delegierter

Bischof Uland **Spahlinger**, Evangelisch-Lutherische Kirche in Russland und anderen Staaten, Delegierter

Pfarrerin Dr. Maria **Stettner**, Evangelisch-Lutherische Kirche in Bayern, Delegierte

Stud. theol. Alexander **Stölzle**, Evangelische Landeskirche in Württemberg, Steward

Pfarrer Volker **Strauß**, Protestantesch Kiirch vu Letzebuerg, Delegierter

Pasteur Enno **Strobel**, Eglise Protestante Réformée d'Alsace et de Lorraine, Delegierter

Stud. theol. Jonathan **Stutz**, Schweizerischer Evangelischer Kirchenbund, Steward

Pfarrer Dr. Üllas **Tankler**, United Methodist Church Nordic and Baltic Area, Gast

Dr. Klára **Tarr Cselovszky**, Magyarországi Evangélikus Egyház, Ratsmitglied

Reverend David **Tatem**, United Reformed Church, Delegierter

Pfarrer Torben W. **Telder**, Selbständige Evangelisch-Reformierte Wallonisch-Niederländische Kirche zu Hanau, Delegierter

Pfarrer Dr. Jørgen **Thaarup**, United Methodist Church Nordic and Baltic Area, Delegierter

Pfarrer Dr. Christof **Theilemann**, Evangelische Kirche Berlin-Brandenburg-schlesische Oberlausitz, Gast

Reverend Dr. Kirsty **Thorpe**, United Reformed Church, Delegierte

Prof. Dr. Stefan **Tobler**, Institut für Ökumenische Forschung Hermannstadt, Berater

Stud. theol. Joona **Toivanen**, Eesti evangeelne Luterilik Kirik, Steward

Bischof Dr. David **Tonzar**, Cirkev Ceskoslovenska husitska, Delegierter

Generalsuperintendentin Ulrike **Trautwein**, Evangelische Kirche Berlin-Brandenburg-schlesische Oberlausitz, Delegierte

Pfarrer Dieter **Trieba**, Bund Evangelisch-Lutherischer Kirchen in der Schweiz und im Fürstentum Liechtenstein, Delegierter

Präsidentin Alessandra **Trotta**, Chiesa Evangelica Metodista d'Italia, Gast
Monsignore Dr. Matthias **Türk**, Päpstlicher Rat zur Förderung der Einheit der Christen, Gast
Generalsekretär Dr. Olav Fykse **Tveit**, Ökumenischer Rat der Kirchen, Gast
Pfarrer Einar **Vegge**, Den norske Kirke, Delegierter
Stud. theol. Anna **Vinatzer**, Chiesa Evangelica Luterana in Italia, Steward
Geschäftsführer Dr. Douwe **Visser,** Weltgemeinschaft Reformierter Kirchen, Gast
Präsident Raffaele **Volpe**, Unione Cristiana Evangelica Battista d'Italia, Gast
Landeskirchenrat Dr. Vicco **von Bülow**, Evangelische Kirche von Westfalen, Delegierter
Stud. theol. Rebekka **Wackler**, Evangelische Landeskirche in Württemberg, Steward
Landesbischof Prof. Dr. Friedrich **Weber**, Evangelisch-Lutherische Landeskirche in Braunschweig, Delegierter
Prof. Dr. Michael **Weinrich**, Union Evangelischer Kirchen in der Evangelischen Kirche in Deutschland, Delegierter
Bischöfin Rosemarie **Wenner**, Evangelisch-Methodistische Kirche Zentralkonferenz Deutschland, Delegierte
Marcus **Wetter**, Evangelische Kirche im Rheinland, GEKE-Team
Pasteur Esther **Wieland-Maret**, Eglise Réformée de France, Gast
Pfarrerin Susanne **Winkler**, Evangelische Kirche in Hessen und Nassau, Delegierte
Pfarrer Dr. Dr. h.c. **Wipf**, Schweizerischer Evangelischer Kirchenbund, Ratsmitglied
Oberlandeskirchenrat Michael **Wöller**, Evangelisch-Lutherische Landeskirche Hannovers, Berater
Bischof Sándor **Zán Fábián**, Kárpátaljai Református Egyház, Delegierter
Kirchenrat Ulrich **Zenker**, Evangelisch-Lutherische Kirche in Bayern, Gast
Bischofsvikar Dr. Daniel **Zikeli**, Biserica Evanghélicá C.A. din Romaniá, Delegierter

# Mitgliedskirchen der GEKE

ARGENTINA / ARGENTINIEN / ARGENTINE

1. Iglesia Evangélica del Rio de la Plata
2. Iglesia Evangélica Luterana Unida
3. Iglesia Evangélica Metodista
4. Iglesias Reformadas en Argentina

AUSTRIA / ÖSTERREICH / AUTRICHE

5. Evangelische Kirche A.B. in Österreich
6. Evangelische Kirche H.B. in Österreich

BELGIUM / BELGIEN / BELGIQUE

7. Eglise Protestante Unie de Belgique

CROATIA / KROATIEN / CROATIE

8. Evangelicka Luteranska Crkva u Republici Hrvatskoj
9. Reformirana Krscanska Crkva u Hrvatskoj

CZECH REPUBLIC / TSCHECHISCHE REPUPLIK / REPUBLIQUE TCHEQUE

10. Ceskobratrská Cirkev Evangelická
11. Cirkev Bratrská
12. Cirkev Ceskoslovenská husitská
13. Slezská Cirkev Evangelicka a.v.

DENMARK / DÄNEMARK / DANEMARK

14. Den reformerte Synode i Danmark
15. Evangelisk Lutherske Folkekirke Danmark
16. United Methodist Church Nordic and Baltic Area

ECUADOR / ECUADOR / EQUATEUR

17. Iglesia Evangélica Luterana del Ecuador

ESTONIA / ESTLAND / ESTONIE

18. Eesti evangeelne Luterlilik Kirik

FRANCE / FRANKREICH / FRANCE

19. Eglise Protestante de la Confession d'Augsbourg d'Alsace et de Lorraine
20. Eglise Protestante Réformée d'Alsace et de Lorraine
21. Eglise Protestante Unie de France

GERMANY / DEUTSCHLAND / ALLEMAGNE

22. Bremische Kirche
23. Bund evangelisch-reformierter Kirchen Deutschlands
24. Evangelische Brüder-Unität Herrnhuter Brüdergemeinde
25. Evangelische Kirche Berlin-Brandenburg-schlesische Oberlausitz
26. Evangelische Kirche der Pfalz
27. Evangelische Kirche im Rheinland
28. Evangelische Kirche in Deutschland
29. Evangelische Kirche in Hessen und Nassau
30. Evangelische Kirche in Mitteldeutschland
31. Evangelische Kirche von Kurhessen-Waldeck
32. Evangelische Kirche von Westfalen
33. Evangelische Landeskirche Anhalts
34. Evangelische Landeskirche in Baden
35. Evangelische Landeskirche in Württemberg
36. Evangelisch-Lutherische Kirche in Bayern
37. Evangelisch-Lutherische Kirche in Norddeutschland
38. Evangelisch-Lutherische Kirche in Oldenburg
39. Evangelisch-Lutherische Landeskirche Hannovers
40. Evangelisch-Lutherische Landeskirche in Braunschweig
41. Evangelisch-Lutherische Landeskirche Sachsens
42. Evangelisch-Lutherische Landeskirche Schaumburg-Lippe
43. Evangelisch-Methodistische Kirche Zentralkonferenz Deutschland
44. Evangelisch-Reformierte Kirche
45. Lippische Landeskirche

46. Selbstständige Evangelisch-Reformierte Wallonisch-Niederländische Kirche zu Hanau
47. Union Evangelischer Kirchen in der Evangelischen Kirche in Deutschland

GREAT BRITAIN / GROSSBRITANNIEN / GRANDE-BRETAGNE

48. Evangelische Synode deutscher Sprache in Großbritannien
49. The Methodist Church in Great Britain
50. United Reformed Church

GREECE / GRIECHENLAND / GRECE

51. Evangelische Kirche deutscher Sprache in Griechenland
52. Helleniki Evangeliki Ekklesia

HUNGARY / UNGARN / HONGRIE

53. Magyarországi Evangélikus Egyház
54. Magyarországi Református Egyház

IRELAND / IRLAND / IRLANDE

55. Lutheran Church in Ireland
56. Presbyterian Church in Ireland
57. The Methodist Church in Ireland

ITALY / ITALIEN / ITALIA

58. Chiesa Evangelica Luterana in Italia
59. Chiesa Evangelica Metodista d'Italia
60. Chiesa Evangelica Valdese

LATVIA / LETTLAND / LETTONIE

61. Latvijas Evangeliski Luteriska Baznica

LIECHTENSTEIN

Bund Evangelisch-Lutherischer Kirchen in der Schweiz und im Fürstentum Liechtenstein
62. Evangelische Kirche im Fürstentum Liechtenstein

LITHUANIA / LITAUEN / LITUANIE

63. Lietuvos Evangeliku Liuteronu Baznycia
64. Lietuvos Evangeliku Reformatu Baznycia
65. Litauische Evangelisch-Lutherische Exilkirche

LUXEMBOURG / LUXEMBURG / LUXEMBOURG

66. Protestantesch Kiirch vu Lëtzebuerg
67. Protestantisch-Reformierte Kirche von Luxemburg

NETHERLANDS / NIEDERLANDE / PAYS-BAS

68. Protestantse Kerk in Nederland
69. Remonstrantse Broederschap

NORWAY / NORWEGEN / NORVEGE

70. Den norske Kirke

POLAND / POLEN / POLOGNE

71. Kosciól Ewangelicko-Augsburski w RP
72. Kosciól Ewangelicko-Reformowany w RP

PORTUGAL

73. Igreja Evangélica Metodista Portuguesa
74. Igreja Evangélica Presbiteriana de Portugal

ROMANIA / RUMÄNIEN / ROUMANIE

75. Biserica Evanghelica C. A. din Romania
76. Biserica Evanghelica Lutherana din Romania

77. Romániai Református Egyhaz Erdelyi Egyhazkerület
78. Romániai Református Egyhaz Királyhágómellék

RUSSIA / RUSSLAND / RUSSIE

79. Evangelisch-Lutherische Kirche in Russland und anderen Staaten
80. United Methodist Church Eurasia Episcopal Area

SCOTLAND / SCHOTTLAND / ECOSSE

81. Church of Scotland
82. United Free Church of Scotland

SERBIA / SERBIEN / SERBIE

83. Slovenská Evanjelická Cirkev A.V. v Srbija
84. Szerbiai Református Keresztyén Egyház

SLOVAKIA / SLOWAKEI / SLOVAQUIE

85. Evanjelická Cirkev augsburského vyznania na Slovensku
86. Reformovaná Kresťanská Církev na Slovensku

SLOVENIA / SLOWENIEN / SLOVENIE

87. Evangelicanska Cerkev A.V. v Republiki Sloveniji

SPAIN / SPANIEN / ESPAGNE

88. Iglesia Evangélica Espanola

SWITZERLAND / SCHWEIZ / SUISSE

89. Bund Evangelisch-Lutherischer Kirchen in der Schweiz und im Fürstentum Liechtenstein
90. Evangelisch-Methodistische Kirche Zentralkonferenz Mittel- und Südeuropa
91. Schweizerischer Evangelischer Kirchenbund

UKRAINE

92. Kárpátaljai Református Egyház

URUGUAY

93. Iglesia Evangélica Valdense del Rio de la Plata

WALES / WALES / PAYS DE GALLES

94. Presbyterian Church of Wales

# Contents

## V Greetings



## VI Sermons

## VII Structures of Cooperation 2006–2012



## VIII Appendix

*Thomas Wipf*

# FOREWORD

With its 7th General Assembly, the Community of Protestant Churches in Europe (CPCE) really arrived in Europe. Joining in the public discussion on the crisis of European integration, the Protestant churches convening in Florence reiterated the values of justice, solidarity and responsibility. In their joint statement they were not sparing in self-criticism and named specific steps as essential for the further development of the international economic order.

»Free for the future – frei für die Zukunft – libre pour l'avenir« was the theme of the Florence Assembly, highlighting the CPCE's mission statement. The liberating power of the gospel, rediscovered in the Reformation, gives us freedom to shape the future. Confident of the continuing value of this insight, the church delegates in Florence asked questions about the kind of renewal the church will need. This was the purpose of the forum »Europe's Churches turn to the Future«, which concluded by appealing to the General Assembly to coordinate their events marking the Reformation anniversary. In this context, the CPCE will particularly focus on the European dimension of the Reformation quincentenary.

The CPCE has long since found its own profile as an ecumenical community. That became clear in the content of the Assembly's decisions to proceed with interconfessional and ecumenical dialogues. Rosangela Jarjour, the general secretary of the Fellowship of the Middle East Evangelical Churches (FMEEC), was visibly moved as she described the attacks and violence suffered by Christians in the Middle East, particularly due to the civil war in Syria. The delegates were shocked when she showed photos of the destruction of her home church. In a subsequent statement she urged churches and Christians in Europe to pray for and support Christians in the Middle East.

The CPCE has always attached special importance to theological study, not least because the Leuenberg Agreement itself underlines the importance of continuing in this field of activity. A considerable amount of work has been done since 1973. Striving to achieve consensus on central theological issues will remain a priority in future too. Florence featured very lively debates when it came to receiving the results of studies and doctrinal conversations, and likewise with respect to future areas of work.

The General Assembly encouraged the Protestant churches in Europe to shape their future so that their words and actions are understood to be helpful and salutary contributions to the urgent problems in people's lives, and in cultural, social and political matters. Trusting in the continuing workings of the Holy Spirit there is sufficient reason to assume that this will be the case.

On behalf of the Presidium I would like to thank everyone who contributed to the success of this General Assembly, and to its unforgettable atmosphere. Our particular gratitude goes to the host churches, the Chiesa Evangelica Valdese, the Chiesa Metodista d'Italia and the Chiesa Evangelica Luterana in Italia.

Finally we thank the editors for their work in preparing this report for publication.

Winterthur, April 2013
Thomas Wipf, Executive President,
Council of the Community of Protestant Churches in Europe,
2006–2012

*Michael Bünker, Bernd Jaeger*

# EDITORS' INTRODUCTION

Over 200 delegates, guests and advisors gathered in Florence from 20 to 26 September 2012 for the 7th General Assembly of the Community of Protestant Churches in Europe (CPCE).[1] Its theme was »Free for the future«. That is also the title of this collection of the central documents of the Assembly.

The Renaissance city of Florence was a centre of humanism at the time of the Reformation. From Florence came significant contributions to the Reformation movement of the 16th century. Today the Italian Protestant churches are tiny minorities in a mainly Roman-Catholic environment. However, their influence in civil society is far greater than their membership figures suggest. The fact that the Protestant Churches of Europe chose to gather in Florence meant, in their eyes, a strengthening of their position in the general public and in society. The General Assembly then took a decisive step. Its agenda for the coming years now includes the commitment to reflect on the experiences of churches as minorities in Europe's modern pluralist societies through a study process on the »theology of diaspora«.

As befitted the historical background of Protestantism in Italy, the Assembly met in the Convitto della Calza, a monastery building dating back to the Renaissance that, in those late-summer September days, created an especially attractive atmosphere. The Italian host churches in-

---

[1] Detailed reports on the General Assembly have been produced (in German) by Walter Fleischmann-Bisten: Evangelische Signale aus Florenz. In: Materialdienst des Konfessionskundlichen Instituts Bensheim, 63. Jahrgang, 05/2012, 81–82 and by Christa Olearius, Eine Woche evangelisch in Florenz. Die 7. Vollversammlung der GEKE. In: Ökumenische Akzente 2013, Haus kirchlicher Dienste der Evangelisch-Lutherischen Landeskirche Hannovers (ed.), 3–7.

vited the conference to an evening programme of welcome and cultural entertainment in the cloisters and grassy quadrangle. Besides the Waldensian Evangelical Church and the Evangelical Methodist Church, the Evangelical Lutheran Church in Italy was also represented as a co-host. The assembly office and organisation centre was also located in the cloisters, and staffed by an extended team from the CPCE office. There the participants at the General Assembly regularly emerged from the underground conference hall with its modern technology into the friendly day light. The cloisters and garden then became the main place for encounter and exchange, for conversations and appointments during the breaks and, above all, during the meals. These were also taken in the open air, and were an introduction to the finer points of Italian cuisine.

Besides the choice of setting, the good atmosphere chiefly stemmed from the programme structure with its mix of worship and thematic work. Morning and evening devotions, plus prayers for peace at midday gave the assembly its daily structure. So the conference hall constantly turned into a place of worship and the gathering for scriptural meditation and prayer became the heartbeat of the assembly. A Worship Book, combined with the CPCE hymnbook, helped us all to follow the liturgy and texts in the three working languages.[2] The fact that the CPCE is first and foremost a worship community became a tangible and living reality at the Florence Assembly. More time and effort went into preparing for its worship life than ever before.

In addition, there were opening, mid-way and concluding services of worship. The preacher at the opening service was Prof. Fulvio Ferrario from the Waldensian Evangelical Church. Bishop Rosemarie Wenner from the Evangelical Methodist Church preached at the Sunday service, held in the Florence Waldensian church. The Assembly concluded with a service of Holy Communion in the monastery chapel, when the newly elected Council was inducted and the sermon was given by Bishop Dr. Friedrich Weber, the Executive President. Part VI documents this dimension of the assembly by reproducing the sermons.

---

2 The Worship Book can be downloaded from the CPCE website at www.leuenberg.eu.

Eighteen theology students from eight European nations had come to Florence in order to participate in the stewards' programme, curious to gain experience and new impressions. They were the young face of ecumenism at the Assembly, quite apart from their important contribution to the quality of the organisation in many practical ways.

The delegates of the CPCE member churches met in Florence with the theme »Free for the Future – Protestant Churches in Europe«. This phrase can be understood as designating the general framework for dealing with themes and issues at the 7th General Assembly. One concern was the position and role of the CPCE in the European integration process, in which the Protestant churches experience their own specific opportunities for renewal and, at the same time, add their energies to the shaping of Europe's future. In this context, the Assembly adopted a statement on the current situation in Europe, under the heading »Free for the Future – Responsibility for Europe«.

This statement was the Assembly's response to the serious crisis in the process of European integration, to which the CPCE Presidium had already responded during the preceding year in a public communiqué. The Assembly expressed its concern at the social consequences of the crisis, particularly youth unemployment, and their possible political consequences. It therefore saw it as an urgent task for political leaders and all those with responsibility in society to strengthen democracy with the aim of creating greater solidarity, based on the principles of justice and peace. It specifically called for action to eliminate youth unemployment, increase taxes on high incomes and assets, and to regulate the financial markets. The positive reception of the statement after Florence in the political context,[3] speaks for its balance and nuanced approach.

Nearly all churches in Europe are confronted with the challenge of renewal. That is the other huge assignment for the churches in the transformation processes they are undergoing in Europe's modern pluralist societies, in view of the demographic trends towards increasing religious

---

[3] For example in a speech by German SPD (Social Democratic) politician Frank-Walter Steinmeier »Versöhnte Verschiedenheit – eine evangelische Wegweisung für Europa« (Reconciled diversity - a Protestant orientation for Europe) at the event celebrating the 40th anniversary of the Leuenberg Agreement on 17 March 2013 in Berlin Cathedral. In: epd Dokumentation Jg. 2013, Heft 13. pp. 7–11.

pluralism and decreasing church membership. In a forum entitled »Europe's churches turn to the future« the Assembly devoted two half-days to this issue, each with a separate organisational framework. The classical assembly procedure is to move from the plenary to working groups and back, in order to allow a maximum number of delegates to speak in the discussions and reach common decisions. Here some variety was introduced with the holding of panel discussions and a »world café«.

The forum ended with consensus on the fact that the churches needed spiritual renewal, aside from necessary organisational change. This insight was taken up in the decisions and the Council was recommended to continue the work already underway on the topic of church renewal. Organising the 500th anniversary of the Reformation for 2017 also belongs in this context and the decisions of the forum are to be seen against this backdrop. The CPCE will seize the opportunity of the quincentenary of the Reformation to devote particular attention to the latter's European dimension. Accordingly, it adopted the project »Europa reformata: 500 Years of Reformation in Europe«. The General Assembly concluded its Forum Day with an appeal to the member churches to commemorate the Reformation together.

Three further areas of work were adopted that that will loom large in the CPCE process in future. They are: a doctrinal conversation on the topic of church fellowship, a study process on »plurality of religions« and the continuation of the ecumenical dialogues. Project outlines presented in the study groups formed the basis for decisions on the new work areas. They are reproduced in Part III of this report. They clearly present the goals, content and options for action defined by the Assembly for the work of the CPCE in the next six years.

The well-received study »The Church of Jesus Christ« of 1994[4], resulting from a doctrinal conversation, represented the results of a theological reflection on ecclesiology on the model of the Leuenberg Agreement. Linking up with this theme, the Florence Assembly approved a doctrinal conversation on »church fellowship«, which, incidentally, will be the only

[4] The 4th, revised edition of »The Church of Jesus Christ. The contribution of the Reformation towards Ecumenical Dialogue on Church Unity« appeared in 2012, published by Evangelische Verlagsanstalt Leipzig (eva). The book was presented to the delegates in Florence, hot off the press.

one in the new period of work. Those involved were requested to particularly examine the questions of the visible unity of church fellowship and its binding character in the member churches, also in a legal sense.

Further, a study process was initiated on the topic of »plurality of religions«. In view of the complexity of the issue, it is to examine not only theological issues but also empirical approaches. These will have to include findings from sociology and other social sciences in order to do justice to the specific situation of the CPCE churches.

According to the decisions on ecumenical dialogues, they will either be continued or new dialogues will be initiated. In the forefront is the series of conversations agreed with the Pontifical Council for Promoting Christian Unity, the first of which was held in February 2013 in Vienna. The dialogue with the Anglican Churches in Great Britain and Ireland is also to be resumed, on the basis of the Memorandum of Affirmation and Commitment signed at the Florence General Assembly. In this context, we should mention the annual talks with the European Baptist Federation. In addition, suitable forms of conversation with the charismatic congregations and Pentecostal churches in Europe are to be sought.

The current ecumenical context of CPCE's activity was impressively demonstrated in the speeches of greeting. Besides those of the representatives of the Italian host churches, there were ecumenical guests from the World Council of Churches, the Conference of European Churches, world confessional organizations and other related churches in Europe. The Assembly listened with particular emotion to the disturbing report by the Rosangela Jarjour, general secretary of the Fellowship of Middle East Evangelical Churches, on the war situation in Syria. She issued an urgent plea to the churches for their prayers and support; the Assembly then adopted a statement on the situation of Christians in the Middle East.

These short presentations are also to be found in this volume, along with the documents mentioned above. With two exceptions (the greeting by Metropolitan Emmanuel and the address by Cristina Comencini), which are presented here in their original language and in English translation, all texts are available in English and German. Please note that the documents of the 7^th^ General Assembly are also available for downloading on the CPCE website (www.leuenberg.eu) in our three working languages, i. e. also in French.

Unlike the documentation of early CPCE General Assemblies this volume does not contain the texts adopted during the work period from 2006 to 2012.[5] The CPCE Council considered it important to publish the central studies from the previous work period separately. Nevertheless, the Assembly's assessments of these studies and its recommendations for reception processes in the member churches are documented here as the »final report«, found in Part I.

The CPCE's highest governing body is the General Assembly. Its delegates set the tracks for the following work period until the next General Assembly, that normally takes place six years later. Hence each Assembly has a dual task. It looks back and assesses the work of the concluding period, and it looks forward and determines new areas of work. The agenda of the General Assembly therefore includes editorial work in study groups on the documents submitted to it by the Council, the final version of which is then voted on by the delegates in plenary. Sufficient time had to be devoted to this intensive work in Florence, as in previous assemblies.

The General Assembly adopted results of two doctrinal conversations: »Scripture – Confession – Church« and »Ministry – Ordination – Episkopé«. The German term »sich zu eigen machen« meaning »espouse, adopt or own« implies a high degree of common recognition and raises these texts to the level of significant theological documents for CPCE. The approval of the two studies was accompanied by recommendations for them to be fed into the processes of the CPCE member churches. The

[5] Specifically these are the result of the doctrinal conversation »Ministry – Ordination – Episkopé«, that was published with the study »Training for the Ordained Ministry« in the series Leuenberg Texts 13 by the Evangelische Verlagsanstalt Leipzig. The result of the second doctrinal conversation »Scripture – Confession – Church« was published as Leuenberg Texts 14. In the same series the study »Stand up for Justice« will be published in autumn 2013 together with other social ethical papers in the collection »Evangelisch in Europa« (Leuenberger Texte 15). The study of the CPCE Southeast European regional group »Anchor in Time« was published (in German) by Evangelischer Presseverband Vienna: the English version is documented on the CPCE website, along with »Ecclesia semper reformanda«. See their respective introductions to situate the studies in relation to the study results of the Florence General Assembly.

use of the verb »make it its own« in the written translation of the proposals immediately led to a lively discussion about this term, which is unusual in English. It was then agreed to replace it by »adopt«. That was one of the reasons why the Assembly voted to produce a »Leuenberg dictionary« to unify the CPCE terminology in the three working languages and facilitate understanding.

The Generally Assembly welcomed the study »Stand up for Justice« from the preceding work period as a pioneering contribution to reflecting on the ethical foundations of the social commitment of the CPCE churches. The study had been drafted by a group of younger ecumenical experts from different contexts and sent to the churches for their responses, where it had met with a hugely positive response. The study will be of interest in associations and working groups on social ethical topics and will contribute to deepening the ethical discussion of fundamental issues.

The document »Training for the Ordained Ministry in the Community of Protestant Churches in Europe« offers a survey and description of the responsibilities, topics and content of theological training and ends with some recommendations for a better coordination of training courses and continuing education. The Assembly praised it as a contribution to common agreement on what constitutes a high-quality theology course and recommended that the member churches refer to the potential of the recommendations mentioned in the closing section of the document in their debates about reforming their own training and in-service practice. The Council of the CPCE accordingly proposed the launching of a discussion process in the member churches. The topic »education for the future« was then entrusted to the CPCE Southeast Europe regional group with the request to explore it in greater depth.

The study »Anchor in Time – Protestant Worship in Southern, Central and Eastern Europe« is an overview of the present worship practice in the member churches collaborating in CPCE's Southern, Central and Eastern European regional group. Since the problems outlined in respect to worship do not only concern this region of Europe, the General Assembly suggested that observations on changes in worship should be collected and evaluated in other parts of the CPCE. As the final report states, the results of the study will be disseminated in the member churches in the form of a guide.

The contribution »Ecclesia semper reformanda« belongs thematically to the working area of the CPCE about the processes of renewal in the churches. It pursues the goal of analyzing and assessing the reform processes currently underway in the member churches and seeks to reflect on them in ecclesiological terms. The General Assembly likewise proposed further work on this document. Meanwhile the Council has set up a working group with the remit of developing a method to examine and explore church renewal processes, also drawing on the results of the forum »Europe's churches turn to the future«.

While the six study results appear separately, the Forum Day is documented in the second chapter of this volume with the address by Martin Hirzel to delegates in the final debate. It summarises the topics, content and goals of the discussions on the efforts for renewal in the Protestant churches. The plenary received his description and interpretation of the findings with great approval.

Part III contains reports and keynote lectures taking up the substantive work of the conference. The report of the Presidium was read alternately by Stephanie Dietrich, Michael Beintker and Thomas Wipf. In five sections it highlighted the work of the CPCE since the 6th General Assembly in Budapest in 2006. The report described the results of doctrinal conversations and studies, as well as interconfessional dialogues and papers and communiqués on issues concerning social ethics and European policy. Furthermore, it identified the challenges facing the churches in view of the approaching anniversary of the Reformation. The report raises questions about the kind of renewal the churches need and how the Reformation can still provide inspiration in bringing it about.

General Secretary Michael Bünker opened his lecture with a film produced by video-artist Michael Geyersbach from Weimar on the topic »We are moving from Berlin to Vienna«. Indeed, the removal of the office to Vienna six years ago meant a new beginning for the CPCE.[6] The report focuses on the new organisational development of CPCE into a European organisation with reliable infrastructure, reinforced cooperation with partners at the European level and with a public relations desk that enables the CPCE to efficiently feed its concerns into the discourse of Eu-

[6] The view of Fleischmann-Bisten, op cit. 82.

ropean institutions. The forms of structured cooperation that have been established in the CPCE since 2006 are illustrated in Part VII.

In his theological address, »Free for the Future«, President Michael Beintker talked about the specific characteristics of the Protestant understanding of freedom. Drawing on Jesus' words of farewell in John's Gospel he identified »union with Christ, the promise of the Spirit and the command of love« as »the most elementary principles of the future of the church of Jesus Christ«. These three features of the church supplied him with a key to normative interpretation. He brought them into play in order to diagnose secularization and the loss of commitment to the church in the 20th century as consequences of the modern person's loss of their bond to God. By contrast, he associated the new start represented by (the) Reformation with the turning to Christ in the early church. Accordingly, Reformation is not an isolated historical phenomenon, but provides impulses for the »renewal of the nature of the church« that is ongoing in all denominations, in principle, and thus *per se* ecumenical. The church's message of Christ makes people free and opens up a future for them.

With Cristina Comencini's address on the subject of »Donne e Chiese« (Women and Churches) a prominent cultural voice was raised as a contemporary witness from the midst of Italian society. Cristina Comencini enjoys a high reputation in Italian society as a script-writer, novelist and film director. She took up the assembly theme »Free for the future« to raise issues from the feminist debate on the social status of women, sexuality und violence. Her main argument was that there would only be freedom for women when gender-specific restrictions were abolished in the church and the whole of society, when there was a cultural transformation of gender-specific role models, and when the churches reappraised the special faith experience of women. Giving personal examples from her own life, she here paid tribute to the contribution of the Waldensian Evangelical Church to equality between women and men.

This is the first time that a CPCE General Assembly has published its proceedings in both English and German. The editors would like to extend warm thanks to the translators at this point for their expert work and practical advice on questions of detail. Elisabeth Frey translated into German. Elaine Griffiths, Fleur Houston, Julia Teschner and Alasdair Heron shared the translations into English. A special word of appreciation goes to the CPCE Council for commissioning this volume. Last but not least, we express our gratitude to Dr. Annette Weidhas of the Evangelische Verlagsanstalt in Leipzig, who accompanied this publication project until its completion.

# I

# Final Report 7^th General Assembly

# Content

# 1 Introduction

## 1.1 General

»Free for the Future – Protestant Churches in Europe« was the theme addressed by the Community of Protestant Churches in Europe – Leuenberg Church Fellowship (CPCE) at its 7th General Assembly, hosted in Florence from 20 to 26 September 2012 by the Evangelical Waldensian Church – the Union of Methodist and Waldensian Churches and the Evangelical Lutheran Church in Italy.

The previous General Assembly in Budapest, in 2006, had emphasized the CPCE's essence as a fellowship of worship, and practised this to the full. In harmony with the statement in the Report of the Presidium that »the close fellowship of the churches is most tangible whenever we gather to worship together«, the Florence gathering was also set within a framework of services of worship, each day's work being opened and closed with prayer as well as pausing for the daily prayer for peace at midday. The 220 participants, amongst them 95 delegates, were able to experience the impressively authentic Protestant way of life in this predominantly Catholic country, dating back as it does in part to the pre-Reformation era, as they worshipped together on Sunday in the Waldensian Church and then strolled around the city in groups, and again at the hosts' evening of celebration, not to mention the many spontaneous exchanges that took place.

The ecumenical importance of the CPCE was quite evident in the words of greeting delivered by General Secretary Olav Fykse Tveit (World Council of Churches), Metropolitan Emmanuel (representing the Ecumenical Patriarchate of Constantinople and President of the Conference of European Churches), Rev. Douwe Visser (World Communion of Reformed Churches), General Secretary Anthony Peck (European Baptist Federation), Msgr Matthias Türk (Pontifical Council for Promoting Christian Unity) and Rev. Jonathan Gibbs (Church of England). All made pointed reference to the way in which the fellowship with the CPCE has grown and intensified over the years, calling for united witness and service in the face of the current crises afflicting this continent. A concerted effort to be true to the cause of the Reformation in our own times was considered to be a significant priority for the coming years.

Rosangela Jarjour, General Secretary of the Fellowship of Middle East Evangelical Churches (FMEEC) spoke very movingly of the current dramatic situation of Christians in the Middle East and asked for the support of the CPCE's member churches in prayer. The Assembly took this opportunity to frame a statement about the situation of Christians in the Middle East (Appendix 3).

It was a particular pleasure for the General Assembly welcome the Protestant Lutheran Church in Ecuador as a new member. The Assembly also appreciated the signing of an agreement with the Conference of Protestant Churches in Latin Countries of Europe (CEPPLE) through which this community of West and South European churches now form a regional group of the CPCE. They join the existing three regional groups, the Southeast European Group, the Northwest Group and the Conference of the churches along the Rhine, as well as the network of churches in Northern Europe.

### 1.2 WORK UNDERTAKEN IN FLORENCE

The Presidium and General Secretary of the CPCE delivered two very comprehensive reports to the Assembly.

The Presidium highlighted the church fellowship experienced by the member churches, in which the »community … in teaching and learning together« provided by the doctrinal discussions has played a key role from the very outset, as the very essence of the CPCE's work. During the period under review, the formal statements issued by the CPCE addressing contemporary ethical dilemmas have also played a key role, serving to broaden public awareness of the »Protestant voice in Europe«.

The General Secretary acknowledged the keen involvement of young ecumenists in the work of the CPCE, as reflected in the reports »Stand up for justice« and »Ecclesia semper reformanda«. He also made particular reference to the activities of the regional groups as an »important form of genuine church fellowship«.

The main theological address to the General Assembly was delivered by Co-President of the CPCE, Michael Beintker. He reminded those gathered of the quintessential and perennial foundations laid down by the early Christian meaning of fellowship. Freedom for the future can only be born from commitment to Christ, the presence of the Spirit of God and our love for one another. This meaning of fellowship – as we experience it too in the CPCE – can open the way towards ever-converging paths between the churches, in our broader ecumenical relations as well.

Cristina Comencini, well-known film director and author, reflected on the role of women in society and in the church today. She concluded that we do not have freedom in either church or society, if women are not equal to men.

The findings of the doctrinal discussions and other reports compiled over the previous six years were debated with great vigour in the six different study groups and the proposals for specific new undertakings examined with great care. The conclusions of the study groups have been incorporated into this Final Report. The response to the work to date has thus provided a basis for identifying new perspectives for the future.

Two half-day sessions were devoted to the forum »Europe's churches turn to the future«. Assisted by further experts, the General Assembly concerned itself with various reform projects that have been launched by individual member churches and assessed them in the light of the forthcoming anniversary of the Reformation. The agreements reached are listed in part 3.5 of this final report. The forum culminated in the discussion and adoption of a call entitled ›Europa Reformata: 500 Years of Reformation in Europe‹ (see Appendix 1).

The General Assembly also debated and approved a declaration »Free for the future. Responsibility for Europe« (see Appendix 2).

## 2 Resolutions on the results of the work 2006–2012

### 2.1 »Scripture – Confession – Church«

The General Assembly thanks all persons involved in the 2008 consultation and the drafting group for compiling the document »Scripture – Confession - Church«.

The General Assembly welcomes the broad discussion of the document amongst the member churches and is grateful for the differentiated comments, which were evaluated and taken into account in the final version.

The General Assembly receives the document and adopts it.

The General Assembly requests the churches to take up the result of the doctrinal conversation and to consider it it in their own further work on the issues raised, both internally and in discussion with other churches and traditions.

The General Assembly recommends that the unclarified questions identified in the final chapter of this document be addressed and considered in the new doctrinal conversation entitled »Church Fellowship«.

### 2.2 »Ministry – Ordination – Episkopé«

1. The General Assembly thanks all persons involved in the 2009 consultations and the drafting group for considering and for compiling the document »Ministry – Ordination - Episkopé«.
2. The General Assembly welcomes the broad discussion of the document amongst the member churches and is grateful for the differentiated responses, which were evaluated and taken into account in the final version.
3. The General Assembly adopts the statement and the recommendations and commends the accompanying resource material to the churches.
4. The General Assembly invites the churches to consider the result of the doctrinal conversation, and to bring it into their discussions both internally and with other churches and traditions.

### 2.3 »Stand up for Justice«

1. The General Assembly receives the study »Stand Up for Justice« and thanks the study group for compiling it.
2. The General Assembly welcomes the broad discussion of the document amongst the member churches and is grateful for the differentiated responses, which were evaluated and incorporated into the final version.
3. The General Assembly regards the document as a giving guidance for the process of reflecting, commenting and acting on socio-ethical issues and recommends it to the member churches as an affirmation of LA 11: »Christians … know that God's will, as demand and gift, embraces the whole world. They stand up for justice and peace on earth between individuals and nations.«
4. The General Assembly recommends to the Council to set up a freely accessible digital archive to make available socio-ethical statements of member churches.

### 2.4 »TRAINING FOR THE ORDAINED MINISTRY«

1. The General Assembly thanks those involved in the 2008 and 2010 consultations and the drafting group for compiling the document »Training for the Ordained Ministry within the Community of Protestant Churches in Europe«.
2. The General Assembly welcomes the broad discussion of the document amongst the member churches and is grateful for the differentiated responses, which were evaluated and incorporated into the final version.
3. The General Assembly regards the document as giving guidance for a common understanding of good theological training.
4. The General Assembly recommends that the member churches take the document into consideration in relation to any reforms in the field of training.
5. The General Assembly asks the Council to take appropriate steps to enable the implementation of the recommendations mentioned in the last section.

### 2.5 »ANCHOR IN TIME«

1. The General Assembly thanks the Southeast Europe regional group for compiling the study »Anchor in Time – Protestant Worship in Southern, Central and Eastern Europe between Continuity and Change«.
2. The General Assembly recommends the document as an exemplary contribution to the liturgical studies within the CPCE. It underscores the view of the study that CPCE implements the principle of »reconciled diversity« also in its worship life. It views the orders of worship that have been used during the General Assembly as well as the hymn book »Colours of Grace« as successful applications of this principle.
3. The General Assembly recommends that observations concerning changes in practice of worship should also be gathered in other regions of the CPCE. The General Assembly requests that the Council respond with the appropriate means to section 7.4 of the report Implications and impulses for further work.
4. The General Assembly proposes that the key findings of the report »Anchor in Time« be disseminated amongst the member churches of the CPCE in the form of a guide summarising its conclusions, to be produced by the Southeast European regional group.

### 2.6 »Ecclesia semper reformanda«

1. The General Assembly receives the study »Ecclesia semper reformanda« and thanks the study group for compiling the report.
2. The General Assembly requests that the member churches take it into consideration in their continuing or future processes of reform.
3. The General Assembly invites the Council to continue the research on how renewal processes function in the churches. This should build on the work already done by the study group, and aim at giving the churches an opportunity to share experiences of church renewal.
4. The General Assembly recommends that the Council establish a small working group to explore alternative methods for continuing research on church renewal (e. g. through partnership and exchange, sharing experiences and best practices etc.).

## 3 Resolutions on the fields of work from 2012 onwards

### 3.1 Church fellowship

1. General Assembly requests the Council to initiate a doctrinal conversation on the subject of »Church fellowship«. The General Assembly asks that particular attention be given to the positive potential and visibility of church fellowship. It asks for a theological clarification of the binding character (»Verbindlichkeit«) of church fellowship and to take into account its constitutional implications, based on the LA.
2. The General Assembly asks the Council to ensure that the process takes a wide range of church experiences into account, and includes broad representation and reception of the study process.

### 3.2 Plurality of religions

The General Assembly requests the Council to initiate a study process on the subject of the »plurality of religions«, to explore the complex range of interrelated issues and the doctrinal implications. In this context, an empirical study should be initiated which explores the interreligious situation on the ground in the different contexts in which the CPCE member churches operate. Such a study should elucidate both the sociological situation and the churches' current practical and theological response.

The Council should ensure that the specific contribution of the Leuenberg approach will be reflected in the study project.

### 3.3 Inter-church dialogues

1. The General Assembly welcomes the establishing of consultations with the Roman Catholic Church on the Leuenberg model of church fellowship.
2. The General Assembly supports the continuation of conversations with the Anglican Churches on the basis of the Memorandum of affirmation and commitment.
3. The General Assembly requests the Council to seek appropriate ways of deepening cooperation with the European Baptist Federation on the basis of the agreement of 2010.
4. The General Assembly requests the Council to seek appropriate ways of continuing consultations with the Orthodox Churches in Europe.
5. The General Assembly requests the Council to establish contact with Pentecostal churches and charismatic communities and, where appropriate, seek appropriate forms of conversation with them.
6. The General Assembly requests the Council to seek appropriate forms of conversation and cooperation with congregations of migrant Christians. It recommends close cooperate in this area with the Churches' Commission for Migrants in Europe (CCME).
7. The General Assembly requests the Council to initiate a consultation in which the member churches can reflect upon their experiences with newly emerging Christian groups.

### 3.4 Europa reformata

1. The General Assembly advises the Council to conduct the »Europa reformata: 500 Years of Reformation in Europe« project on the basis of the existing project outline. It requests the Council to take into account whilst working on this project the discussions in the working groups.
2. The General Assembly asks the Council to engage with ecumenical partners, in particular the Roman Catholic Church, in order that the 500th anniversary of the Reformation can be experienced as a significant contribution to the ecumenical process.

### 3.5 Europe's churches turn to the future

The General Assembly considered issues pertaining to the renewal of the Protestant churches in Europe in the forum »Europe's Churches Turn to the Future« on 24 and 25 September 2012.

It recognizes that many of The CPCE member churches are undergoing spiritual or structural renewal and have started to implement measures aimed at adapting to the changes in their respective contexts.

Even though the particular circumstances of the individual member churches can differ quite considerably, they often face similar challenges in terms of spiritual renewal and organisational reform. Therefore the General Assembly recommends that, more actively than to date, the member churches share their experience with reform processes so far completed or their plans for impending renewal.

It requests the Council of the CPCE to follow up on the topic of ›Europe's Churches turn to the future‹ and, in particular, to examine, and possibly act on the following suggestions:

1. To commission a report investigating the importance of the Reformation as a driver of spiritual renewal in the 21st century;
2. To share in the consultation of the Federation of Swiss Protestant Churches and the Evangelical Church in Germany on a theological interpretation of the Reformation churches in the present day; this should particularly involve the study group on ›ecclesia semper reformanda‹.
3. To support the member churches in exchanging information on innovative projects and processes implementing change, for example through linking up existing web platforms.

### 3.6 Resolutions concerning other areas of activity

1. The General Assembly requests the Council to commission a report investigating the subject »Education for the Future«. The General Assembly proposes that the Southeast European regional group be assigned with this task.
2. In the light of the meeting of members of Protestant synods in January 2012 in Bad Boll, Germany the General Assembly requests the Council to support the joint work of the synodal bodies of the member churches.
3. The General Assembly reaffirms the decisions of the General Assembly

in Budapest, in 2006, on close cooperation in the field of political, social and economic issues in order to strengthen the Protestant voice in Europe. It approves the work of the CPCE representative in Brussels and welcomes the collaboration with the Church and Society Commission of the Conference of European Churches.

4. The General Assembly requests the Council to consider ways in which the Social Commitment of the Protestant Churches in Europe contained in the Study Document »Stand Up For Justice« [p. 49] may be developed further.
5. In order to have as precise as possible an understanding of the terminology commonly used in the CPCE, the General Assembly recommends that the Council initiate the compilation of a ›Leuenberg Dictionary‹ that contains and explains terms and expressions in CPCE's three official languages and examines how they can be expressed in different languages.
6. The General Assembly requests the Council to establish a study process on the theology of diaspora. It asks the Council to reflect on how to connect this process with the topic of Gospel and Culture, looking also at cultural identities within the churches, including that of majority and minority churches.
7. The General Assembly requests that the Council examine whether conversations should be taken up with the European Evangelical Alliance.

# 4 Elections: Council, Presidium, General Secretary

The General Assembly elected the CPCE's new Council on 24 September 2012. The following persons are now members of the Council:

| Members | Proxies |
|---|---|
| 1. Heetderks, Jan-Gerd<br>Protestant Church in the Netherlands | 1. Rieth, Klaus<br>Evangelical Lutheran Church in Württemberg |
| 2. Jørgensen, Kirsten<br>Evangelical Lutheran Church of Denmark | 2. Graff-Kallevåg, Kristin<br>Church of Norway |
| 3. Kopsch, Cordelia<br>Evangelical Church in Hesse and Nassau | 3. Killat, Barbara<br>Evangelical Church in Central Germany |
| 4. Locher, Gottfried Dr<br>Federation of Swiss Protestant Churches | 4. Hirzel, Martin Dr<br>Federation of Swiss Protestant Churches |
| 5. McPake, John Dr<br>Church of Scotland | 5. Bradbury, John Dr<br>United Reformed Church |
| 6. Põder, Thomas-Andreas<br>Estonian Evangelical Lutheran Church | 6. Brzóska, Marcin<br>Evangelical Church of Augsburg Confession in Poland |
| 7. Rudolph, Barbara<br>Evangelical Church in the Rhineland | 7. Kayser, Susanne<br>Evangelical Church of Bremen |
| 8. Tarr Cselovszky, Klára Dr<br>Evangelical Lutheran Church in Hungary | 8. Bölcskei, Gusztáv Dr<br>Reformed Church in Hungary |
| 9. Thaarup, Jørgen<br>United Methodist Church, Nordic and Baltic Area | 9. Pöll, Lothar<br>United Methodist Church, Central Conference of Central and Southern Europe |
| 10 Weber, Friedrich Dr<br>Evangelical Lutheran Church in Brunswick | 10. Hauschildt, Friedrich Dr<br>United Evangelical Lutheran Church in Germany |
| 11. Weinrich, Michael Dr<br>Union of Evangelical Churches | 11. Martin, Michael<br>Evangelical Lutheran Church in Bavaria |
| 12. Wieland-Maret, Esther<br>United Protestant Church of France | 12. Gajewski, Pawel Dr<br>Waldensian Evangelical Church |
| 13. Zikeli, Daniel Dr<br>Evangelical Church of the Augsburg Confession in Romania | 13. Boukis, Dimitrios<br>Greek Evangelical Church |

The inaugural meeting of the Council took place on 25 September 2012, at which it elected the tripartite Presidium comprising Dr Friedrich Weber (Executive President), Dr Gottfried Locher and Dr Klára Tarr Cselovzky.
It also re-elected Dr Michael Bünker as General Secretary.

# Appendix I: Europa reformata: 500 years of Reformation in Europe

In 2017 and the following years, Protestant Christians will mark the 500th anniversary of the Reformation. This movement signified a new departure for the church, society and history of ideas and its impact is felt throughout the whole world to this day. The persona and works of Martin Luther were to play a pivotal role here. His criticism of indulgences in 1517 and the broad debate surrounding his Ninety-Five Theses provided the central focus for a movement of such enormous persuasive force that it propelled the church onto a faster, more profound and far-reaching course of renewal. The Reformation profoundly affected the history of Europe and the churches located here. The efforts to reform the one Church of Jesus Christ based on the gospel of justification by faith alone gave rise to the Protestant churches.

The Protestant churches' »starting point was a new experience of liberation and assurance in the power of the Gospel. In taking a stand for the truth as they recognized it, the Reformers found themselves in common opposition to the church traditions of that time. They were at one therefore confessing that the life and doctrine of the Church are to be measured by the original and pure testimony of the Gospel in scripture. They were at one in testifying to the free and unconditional grace of God in the life, death and resurrection of Jesus Christ for all those who believe in this promise. They were at one in confessing that the practice and shape of the church are only to be determined by the commission to deliver their testimony to the world, and that the Word of the Lord remains sovereign over every human ordering of the Christian community. In all this, together with the whole of Christendom, they received and confessed anew the faith expressed in the creeds of the early Church, in the Triune God and in the divine-human nature of Jesus Christ.« (Leuenberg Agreement, 4).

The churches of the Reformation have always shared this common witness, irrespective of differences and contradictions existing between them. From this stems the Church Fellowship that formally declared itself in 1973 with the Agreement between Reformation Churches in Europe and in which they recognize their calling to common witness and common service in today's world. The Methodist churches, which arose later, in the $18^{th}$ century, also share the fundamental beliefs of the Reformation.

The Gospel brings a breath of fresh air, banishes fear, gives new life, grants freedom, opens our eyes to the needs of others and banishes mournful spirits. Whenever we experience this amongst ourselves, we feel the stirrings of the Reformation among us. It is when the Christian churches allow themselves to be guided by the Gospel that the Reformation is properly honoured.

The Gospel inspires reflection within our minds and souls: What does it mean to be Protestant these days? What makes Protestantism fascinating for others? But also: In what ways do we perhaps hinder the Gospel? How can we become more welcoming to others? What elements of the Reformation inspire the shaping of the modern day church? And finally: What does a Reformation renewal of the church mean for the future of the church and the co-operation between Christian churches?

On the path towards the forthcoming anniversary of the Reformation we should carry these experiences and questions with us. The General Assembly of the CPCE in Florence encourages its member churches to be motivated by their experiences of the Gospel and seek inspiration from the questions that it raises. It calls for a joint celebration of the Anniversary of the Reformation in 2017 and, under the auspices of the project »Europa reformata: 500 Years of Reformation«, offers ideas for projects, initiatives and joint ventures.

The aim of the Reformation was to renew the one Church of Jesus Christ. For 500 years now the Reformation has challenged all Christendom, transcending all confessional divides and borders, to seek the meaning of the Reformation for the »one holy catholic and apostolic church«.

And far beyond our church walls, the quincentenary should also, throughout all of Europe, inspire renewed public engagement with the Reformation and fresh dialogue on its dynamic contribution to culture and society.

Florence, 25 September 2012

## Appendix 2: Free for the future. Responsibility for Europe Statement of the General Assembly

The Community of Protestant Churches in Europe (CPCE) gathered together in Florence on the occasion of its 7th General Assembly, convening just as the process of European integration is undergoing a deep crisis with incalculable repercussions for Europe's citizens, society, democracy and the process of European integration. This situation prompted the General Assembly to issue this statement, addressed to the member churches of the CPCE and to the general public throughout Europe.

»Free for the Future« is the motto of the CPCE's General Assembly in Florence. God bestowed this freedom upon us through Jesus Christ, whose message inspires trust and liberates us for responsible service in the world. The Protestant churches of Europe therefore committed themselves in the Leuenberg Agreement (LA) to work for justice on earth and peaceful relations amongst individual persons and between the nations. »In consequence, they must join with other people in seeking appropriate rational criteria and play their part in applying these criteria.« (LA 11).

In the current crisis in Europe many people are afraid of the immediate future. Many Europeans are affected by unemployment, falling income levels, cuts to welfare services, austerity measures that affect state financing of public services, and growing poverty. One of the most disturbing developments is the extremely high level of youth unemployment in many countries. Deep-seated fears for their livelihood and a complete lack of prospects are driving huge numbers of people onto the streets to demonstrate.

The General Assembly of the CPCE is well aware that, in this crisis, there are no simple answers, and no single, one-size-fits-all solution, particularly as the European economy and financial markets are so closely bound up with the global economy. The General Assembly also wishes to express its respect – and assure its intercessions – for the political leaders who have been placed under such extreme pressure by this crisis and who carry a great burden of responsibility for the future.

Within our own countries, but also the world over, the gap between rich and poor is widening. The victims of this crisis are to be found not only in Europe but also in other parts of the world. Any proposed solutions and decisions must also be carefully evaluated in terms of their effectiveness in assisting those people and societies most deeply affected, their potential impact on the stability of European integration and their contribution to global solidarity. This profound crisis has multiple causes and effects. The following aspects are of particular importance to the General Assembly:

### Gathering courage to face the truth

Christian faith lives from the experience that the truth liberates us for the future. It abides by the biblical promise that »the truth will set you free« (John 8:32). Trusting in this promise, the member churches of the CPCE believe that the truth about the extent and consequences of the current crisis in Europe is not only something with which people can actually cope – it can even be liberating. Only if we have the courage to face the truth can we open up new avenues for action and find fresh prospects for the future. On this basis the General Assembly seeks to encourage the leading figures in politics and business, and indeed Europe's citizens as a whole, to face what clearly might be very inconvenient truths.

Courage to face the truth frees us to challenge any claims that the current political strategies are the only options. There may well be certain situations in which a particular solution seems to be the only one. However, there is also an ideology claiming there is no alternative, which is the opposite of one that encourages truth and freedom. It runs a real risk of ruining any chance of future freedom. Admitting one's own perplexity or uncertainty is not a sign of political weakness but a sign of strength. In fact, this is a way of reinforcing people's faith in politics, without which the European project is doomed to failure. The crisis will not be solved overnight. The main objective in facing the continuing crisis must be to generate new scope for creative action aimed at creating a more just, caring and peaceful society.

This call for honesty and integrity is simultaneously aimed at the churches themselves who, after all, are not located somewhere outside of society, politics and the economy, but are protagonists in their own right. For this reason the General Assembly encourages its member churches to critically evaluate their own involvement in this crisis. Only then can they appeal to others with any credibility.

### Strengthening democracy

This crisis is exerting enormous pressure on *democracy and democratic procedures* for decisive action. The impression has arisen that national parliaments, governments and the European institutions are no longer the ones taking the decisions and that the real power is exerted by the financial markets. People feel increasingly at the mercy of forces beyond their control. This development is due not least to the policies of recent years to increasingly liberalise the financial sector and withdraw it from public supervision.

The General Assembly is convinced that the only way to overcome this crisis in an effective and sustainable manner is via the application of stronger transparent and democratic procedures at all levels of government throughout Europe. Full participation and active involvement in decision-making processes are, in the Protestant understanding, fundamental for good neighbourly relations and peaceful co-operation within Europe.

### Considering the consequences for society

The remedies dispensed for countering the crisis so far have failed to sufficiently consider its *social consequences* or the social hardship caused by the very strategies adopted. Concentrating on austerity measures and budgetary discipline, however necessary and desirable the latter might be, has proved disastrous in immediate social terms throughout the countries concerned.

The General Assembly welcomes the European Council's decision of June 2012 to invest €120 billion from the EU's structural funds in a Compact for Growth and Jobs, but still fails to see any systematic consideration of the social repercussions of political decisions, as is stipulated in the social clause of the Treaty on European Union itself (article 9 of the Treaty on the Functioning of the European Union).

This divide is particularly obvious in the concept of *European economic governance*, which the EU has developed only in the last two years; it strongly emphasises cost-cutting and budgetary consolidation, way ahead of any consideration of socio-political aims. However, the formal aim of establishing a »highly competitive social market economy« (as declared in the Treaty on European Union, article 3.3) requires regulatory procedures that address both economic and social concerns.

### Devising a fair taxation policy

Compared to cost-cutting programmes for budgetary consolidation, too little attention is paid to fiscal policies. The General Assembly calls to mind that our societies and states live from the taxes and solidarity of everyone and that all citizens have obligations towards the common good. For example, in these times of crisis such high levels of youth unemployment clearly highlight yet again the importance of public investment in the general sphere of education.

It is the Christian belief that the privileged can, and should, contribute more and bear a greater burden than those who are less well-off. If high incomes and assets were subject to higher taxation – even for a limited period – or to a one-off levy, this would be an appropriate means of distributing the burden of the crisis more fairly. At the same time, effective measures must be taken to detect and combat tax evasion and fraud, and an effective tax administration needs to be established, or reinforced.

### Regulating the financial market

There have been different national causes of the financial, economic and sovereign debt crisis in the individual European states. These factors must be subject to careful analysis and suitable correction. It is unethical to pursue a policy consistently relying on accruing debts to an extent that will inevitably burden and severely hamper the welfare of future generations. Nonetheless, it should not be forgotten that the current debt crisis largely stems from the crisis on the *financial market*: the rescuing of stricken banks has – together with economic stimulus programmes, falling tax revenues and climbing social spending – led to an unprecedented increase in sovereign debt in every single country to have been hit by the crisis. It should go without saying that regulating the financial market and banks must be considered crucial for the future not just of the European Union but of the continent as a whole.

Freedom and responsibility are intrinsically linked, in the Protestant understanding. This fundamental relationship between risk and liability must therefore be restored in the financial sector as well. In addition, the financial sector and those who have gained from the crisis should be more closely involved in remedying it. It is absolutely unacceptable that profits are still privatised and losses passed on to the whole of society!

The financial and banking sectors require efficient and enforceable supervision and ethical regulation. One tangible step in this direction is the planned tax on financial transactions that should involve as many states as possible. Another could be a European banking union that would be subject to common rules and the same supervisory body.

### Rejecting any resurgence of nationalism

The crisis has magnified people's general mistrust towards the European institutions, in many countries giving fresh impetus to nationalist and populist leanings and political parties. We must be careful to distinguish between a state's right to self-determination and the protection of its genuine national interests, and a nationalism that leads to competition and animosity between peoples and the repression of ethnic minorities. The process of European integration arose precisely as a counterforce to the *nationalism* that emerged in the 19th century and had such devastating consequences in the 20th century. For this reason the Protestant churches – who in some cases were themselves deeply embroiled in this nationalism – are grateful for this integration process and give it their support. In this context the General Assembly refers to the CPCE's 2001 report entitled »Church – People – State – Nation«.

### Rethinking our economic model

Alongside these contemporary and immediate considerations, many Christians are pondering the broader possibility that this crisis might actually warrant a reconsideration of the prevailing *economic model* that defines any increase in prosperity primarily in terms of economic growth and extends the logic of market forces to all fields of life. The General Assembly welcomes any ideas and discussions about different economic approaches and alternative ways of life amongst the churches and their congregations, as well as throughout society as a whole, such as those identified in the study »Stand Up for Justice« presented here at the General Assembly. It is not a matter of turning away from the principles of the social market economy. In the Protestant understanding, this is not only an economic order, but also embodies a whole system of values. Rather, the issue is to turn towards greater distributive justice, guaranteeing meaningful and secure employment, providing stable social systems, offering adequate and appropriate public services and, ultimately, establishing a sustainable economic system based on care for Creation.

### Supporting a Europe of solidarity

The European Union has so far made an important contribution towards peace, freedom and prosperity with justice throughout Europe. The CPCE is also committed to these aims. It seeks to strengthen the partnerships between churches and their congregations right across Europe, and in so doing strengthen solidarity from one end of the continent to the other.

In this of all times, church partnerships and ecumenical cooperation are especially valuable for our life together in Europe, and for understanding and cohesion in the midst of crisis. The major challenges of the 21st century – such as globalisation, climate change, demographic shifts, changes in the world economy, and political transformation in Europe's neighbouring regions – call for a free and united Europe whose readiness to show solidarity does not end at the borders of individual states and, indeed, stretches beyond the continent of Europe.

Florence, 26 September 2012

# Appendix 3: Statement on the situation of Christians in the Middle East

»Christianity is freedom« – Philip Melanchthon's formulation of 1521 has become a motto for Protestant churches. Wherever in the world people are striving for freedom, they can be sure of the sympathy and support of the Protestant churches. Therefore many Protestant Christians in Europe have very much welcomed the »Arab Spring« in various countries of the Middle East, because they sense in this movement the articulation of people's justified desire for freedom.

But in recent months we, the Community of Protestant Churches in Europe, have become increasingly worried by many reports from our partners in the countries of the Middle East.

Protestant Churches in Europe are connected with the churches and Christians in the Middle East in a multitude of ways.

The CPCE has an intensive partnership with the Fellowship of the Middle East Evangelical Churches, a federation of 17 mostly Protestant Christian churches in the region.

The member churches of the CPCE are connected with churches and Christians in the Middle East through partnerships, diaconal projects and many personal relations.

As the CPCE we observe that Christians in the Middle East share an interest in, and a striving for, the freedom of their fellow citizens of different faith. But now they are worried about the constitutional, legal and political developments in their countries, which seem to threaten their participation in society and their religious freedom.

Christians in Syria are especially deeply worried about the threat to basic human rights and security in the present civil war. As well as this they fear an impending loss of religious and cultural plurality in Syria and the loss of the principle of the participation of all groups in their society.

As the CPCE we are deeply concerned because it is often difficult to recognize in the politics of our governments a concern for the life of our Christian sisters and brothers in Syria, for their religious freedom, and for the preserving of religious and cultural diversity in Syria.

We ask the governments in Europe to strengthen their advocacy for legal certainty, full participation in society and full religious freedom for Christians and churches, as well of all other religious minorities, in the countries of the Middle East.

We ask our member churches and all Christians in Europe to inform the public about the very difficult situation of Christians in Syria and elsewhere in the Middle East – so as to provide a more comprehensive picture than is available in the media.

We ask our member churches and all Christians in Europe to fully support the Christians in the Middle East, and all others who suffer there from violence, legal uncertainty and restrictions on their freedom.

We especially ask our member churches and all Christians in Europe to pray for our Christian sisters and brothers and for all people in the Middle East and to ask God to help them in their suffering and their struggle for freedom.

# II

# European Forum »Europe's Churches Turn to the Future«

*Martin Ernst Hirzel*

# Between dwindling hopes and confident new departures

Report on the World Café held as part of the Forum »Europe's Churches Turn to the Future« Florence – 24 September 2012

## 1 Introduction

Whenever we awake from a particularly sweet dream, we often try to consciously capture that new inspiration or the extreme lightness of that ephemeral state from which we've just emerged. But usually this is just beyond our grasp. As such, I really can't even hope to catch the true essence of yesterday's experiences, tales, visions and inspiration. Everyone there left with their own lasting impressions, insights and valuable thoughts on the renewal and reform of our churches. Each and every one of us took something away with us from the enlightening discussions and profound shared experience; something of great immediate meaning for us at the place where God has put us. We all felt our own share of the »uniting power of the Holy Spirit« in which we all believe, and which aids us in our search for new directions and further deepening of our witness and service within this church fellowship.

I won't even attempt to convey the dense atmosphere of that wonderful evening in the Don Cuba Cloister, under the cloudy and yet brightly lit Florence sky. Relish your own individual memories! I simply wish to take the opportunity here to highlight the general points from yesterday evening's events. The organisers reconvened last night to collate and evaluate the discussions from the various tables, even though we didn't have the chance to inspect the table cloths in any great detail. Thus it is the key elements of our *common* dream that I want to somehow pull together here, the dream that is able to take our church fellowship forward. I will do this in three stages. If my formulations seem to tend to be too prescriptive rather too often, stating what the member churches or the CPCE should or shouldn't do, this simply reflects the most frequently voiced thoughts.

## 2 General impressions from the afternoon

We heard a whole host of suggestions during the afternoon's presentations as to how the churches should react to these times of change and invoke their own forces of renewal in the form of various different projects focusing on evangelism, diaconal ministries, the integration of immigrants, education or orientation to particular societal groups. The church should be closer to the people and at the same time more responsive to guidance in its key fields of action. The issue of church membership was debated quite intensely. It was also suggested that the church should develop new forms of ministry. Other keywords included the »family«, »imparting of values« and being »convincing«.

A tension emerged quite clearly not only among the presentations but also among the panel members as to whether the essential issue is the need for new spiritual inspiration or structural and organisational reform. The unanimous opinion was that the priority must surely be spiritual renewal, rather than the more mundane yardsticks of growth and numbers. The important question about what God seeks to convey to us as the churches become smaller, poorer and older, received no clear answers. We still have to consider ways of enduring the tension between our hopes for Reformation within the church and the spiritual renewal of its message through God's Spirit, on the one hand, and the search to identify the necessary practical responses, on the other. The World Café gave us the opportunity to take a clear step forward in that direction.

## 3 Our responses

*Question #1 at the World Café: What efforts for reform and renewal in the Protestant context take priority, in your opinion?*
If we had been asked this question at a CPCE General Assembly in the early 1980s, key phrases such as city-centre churches, politics in worship, efforts towards social reform, new professional profiles for pastors (»ministers are different«), or the church as an alternative social paradigm would probably have been the most likely responses. However, the majority vote yesterday quite clearly favoured the need for *spiritual* renewal within our churches. We ourselves must be renewed, along with our

faith. It is vital to concentrate on the essence, the very core: sermon, diakonia, education at all levels, attention to our mission efforts and readiness for dialogue. The perception of the ministers' role came to the fore in this respect. The importance of education was emphasised as the means of promoting more confidence in talking about our faith, which in turn releases this faith from the private to the public sphere. These are the quintessential characteristics of Protestantism: preaching, diaconal ministries and catechism/education.

We undoubtedly need, therefore, to become more articulate in the course of this process of renewal, in order to communicate the »added value« that God brings to our lives – in an authentic, comprehensible, convincing and straightforward manner, free from frills and platitudes. How can the church, its staff and volunteers, in fact all Christian believers, acquire these skills? The church must not allow itself to be robbed of its innate competence to interpret the parameters of human hope.

First of all, the church needs to listen to God's Word. The process of renewal must emerge from prayer and in our services of worship. While listening, we must then concentrate on recognising the rich spectrum of life experienced by biblical figures. How can we properly understand people's questions and phrase the Gospel in a truly comprehensible manner? Perhaps people ask different questions these days? In other words, we need to concentrate more precisely on identifying people's genuine concerns in life. Interpreting people's contemporary lives on the basis of the Gospel was one idea. In order to do this, the Church must open itself up to other societal groups. People's fundamental questions in life and their purpose in this world need to be heard and understood before we can say anything on the basis of the Gospel. We have to listen to the voices calling from the margins of society. It is these voices that should determine and authenticate the preaching of our churches. When the church stands up for the less privileged and the most vulnerable members of our society its words and deeds can actually gain in strength.

In terms of the »core business« of the church, there was also frequent reference to quality control, not in terms of tangible measurements but rather in the sense of greater theological quality and reflection.

Another frequently mentioned subject was the relationship between church and state with reference to the doctrine of the two kingdoms. The Scandinavian churches are not the only ones to be faced with the question of how the church's identity should be (re-)conceived in the face of the increased loosening of ties with the state.

In this first round it became clear that the process of renewal should not be considered synonymous with a movement for reform. Many participants voiced their concern at the use of the term reform. An apt image to represent the broad expectations within the church's efforts for renewal would be that of spring: I know that it's on its way and what it is, but I always experience something new each time.

Surprisingly, the rediscovery of the priesthood of all the baptised was hardly mentioned, nor was the importance of their various charisms for the church. Instead, the emphasis was placed on the parish level when we speak generally of the church.

*Question #2: In what way can the church fellowship (CPCE) play a significant role in these efforts?*

The majority response to this question was the idea that the CPCE can play the role of »convener« and platform. In a word: it convenes or brings churches together, helping them to broaden their horizons beyond their own four walls.

Why might we need a platform? The CPCE should enable us to discover the rich diversity within the Protestant church; a forum for mutual listening, where we can learn, in particular, of other churches' encounters with precisely those people who can prove quite difficult to reach. The CPCE should also enable us to draw comparisons between the different churches – a form of healthy competition, you might say. The CPCE should provide a platform to promote common learning, which also allows the necessary room for constructive criticism. The CPCE offers a means of consultation prior to any important decisions that the churches might need to take. Partnership or twinning arrangements between churches and parishes, for instance, should foster the exchange of experience, a particularly important endeavour in respect of the minority churches situated in the southern and eastern regions; the possibility of exchange programmes for ministers was raised.

The CPCE is viewed as a service provider in the field of communications, offering churches support and assistance in respect of any efforts towards broader cooperation by means of the wide social network with which it links the individual churches. It was also suggested that the

CPCE should manage to formulate fundamental Protestant ideas in a way that can inspire renewal at the grassroots.

Even if it was only rarely suggested that the CPCE might generally play a rather secondary role overall, this opinion should also be mentioned for the sake of comprehensiveness.

*Question #3: To what extent is a church's origin in the Reformation important in this respect?*

The first observation to make is that the Reformation is a joyful concept that inspires positive associations; the term continues to bestow a confident sense of identity. The Reformation encourages our taking our own positions and characterises the essence of Protestantism, clearly distinguishing it from the Roman Catholic Church. At the same time the concept of »Protestant catholicity« was also mentioned.

In response to this question, the importance of »communication skills« was linked to familiarity with biblical references. It was repeatedly remarked just how much Luther's powers of speech and eloquent expression of his faith were anchored in the Bible. The new language required for church renewal stems from the Bible. It is there that we find the most fundamental questions of life and faith.

Once again, the significance of education for the Reformation also arose in respect of this particular question, with reference to its continuing relevance today: any attempts to reach out to the younger generations demand redoubled efforts in the field of education.

The significance of the Reformation and its theology for the process of renewal was unhesitatingly confirmed at most of the tables, although caution was urged in respect of any temptation to automatically represent the core message of the Reformation in terms of formulae, as in the Four solas (*sola scriptura, sola fide, sola gratia, solus Christus*). A desire was expressed to develop a perspective on the early stages of the Reformation, prior to the emergence of the various confessions and orthodoxies. It was felt that the Reformation should not be viewed just in terms of commemoration, but far more as a contemporary, current challenge.

There was also some discussion of the shadows cast by the Reformation; those schisms evoked within Protestantism itself that can still be felt today.

Concrete proposals referred to the hymns that were born of the Reformation, indeed singing *per se* in Protestant churches. Music unites Europe's churches through time and across borders, providing a vital force for renewal.

Reformation was interpreted as a productive dissatisfaction with the status quo, with emphasis on the fact that such impetus cannot be forced. This recognition lends a sense of immense serenity to any efforts at renewal, without implying any failure to recognise the urgency of the situation within the churches. In fact this observation would seem to encapsulate the overall response to question 3.

The fact that the term »freedom« was hardly heard in this particular context might seem quite astonishing. The only significant reference was in terms of using the freedom rediscovered within the Reformation in its *contemporary* form against institution of the church itself. As such, the definition of individual freedom still requires some quite careful discernment.

*Now to the 4th and final question:*
*With what specific steps and programmes can the CPCE contribute to clarifying and shaping the connection between the reform movement and the 500$^{th}$ anniversary of the Reformation?*
»The CPCE cannot contribute much.« I found this sentence at the top of my notes. However I sincerely hope that this is a minority point of view! Or perhaps it is the opinion of a particularly staunch realist? It was my impression that a number of quite original ideas were expressed around the various tables, ranging from a torch-bearing Reformation relay race across Europe towards Wittenberg to a celebration of the Reformation on St. Peter's Square in Rome. There was a call for dropping one existing proposal, the suggested contest to compose a Reformation hymn, the view being that this idea was »too churchy«!

But, more seriously now: participants were more concerned with the overall attitude and approach to the subject than individual events; identifying the need to maintain a careful balance between the justified sense of joy and pride that the Reformation evokes in respect of its ecclesiastical and socio-cultural achievements and the necessary awareness of the need to avoid any impression of triumphalism.

In addition, a clear potential danger was identified in respect of preparations for 2017 in the midst of current efforts towards renewal within the church – that the Reformation anniversary might serve to foster a temptation to indulge in counter-productive complacency whilst bathing in the glory of the past in the face of the more recent uncomfortable loss of social status and dwindling numbers. This danger of escapism and revelling in times past can only be avoided if we make a concerted effort to focus our energy quite clearly on articulating the true meaning of Reformation. Ideally, we really need make a start with these efforts right now and use these five years in the run-up to 2017 to carefully consider Reformation tradition in its broadest spectrum of meaning for church reform.

In terms of the actual date 2017, it is important to bear in mind that, although many individual Protestant churches in Europe might be more immediately aware of their own particular historical context with different dates for anniversaries, the year 2017 should serve as a symbolic reference for all Protestant churches throughout Europe and worldwide. The CPCE can make 2017 this strong centre point of reference. 2017 stands for unity amongst the Protestant churches and can serve as a point of departure for the ensuing anniversaries that mark the progression of the Reformation throughout the years to come. Each of these individual anniversaries will have their own unique character and be marked in their own special way. They will then demonstrate the rich and diverse facets of the Reformation.

The following concrete proposals were made:

The CPCE should compile a dossier of material to aid the preparation of sermons for 2017; it should initiate a Protestant study of the most significant church reform process of the last forty years, the Second Vatican Council; the key texts of the Reformation should be collated and translated into those languages that have not yet been covered; cross-border services of worship and commemorative events should be organised to mark the Reformation anniversary; preparations should be made for a wide-reaching 2017 festival of culture and music; the significance of particular places and atmospheric contexts for Protestantism should be identified; a report should be compiled that addresses the subject of schisms within Protestantism; the Free Churches, and particularly those descended from the Radical Reformation, should be included in these preparations. Whatever happens, the Reformation should be commemorated in a way that manages to demonstrate its global significance.

## 4 Conclusion

There is great potential for closely relating the vital process of internal renewal within our churches to preparations for the celebrations of »500 Years of Reformation« centred around the year 2017. What is the message that we should be listening for? The Reformation heritage offers us all sorts of answers in this respect, which we must endeavour to pursue in a manner that is both creative and productive.

In this way the debate on reform becomes one of true substance, of Reformation; we are being addressed quite directly in terms of our very identity as Protestant Christians, in terms of what it *really* means to be Protestant Christians in the 21st century. It is by rediscovering the Gospel that we are both liberated and empowered as churches to look to the future with calm composure and to bring about those changes that our churches need.

# III
# Fields of Work from 2012 Onwards

# Europa reformata: 500 Years of Reformation in Europe

Outline of a CPCE Project

## Background

In 2017 and the following years, Protestant Christians will mark the 500th anniversary of the Reformation.This movement signified a new departure for the church, society and history of ideas and its impact is felt throughout the whole world to this day. The persona and works of Martin Luther were to play a pivotal role here. His criticism of indulgences in the year 1517 and the broad debate surrounding his Ninety-Five Theses provided the central focus for a movement of such enormous convictional force that it propelled the Church onto a faster, more profound and far-reaching course of renewal. The Reformation deeply affected the history of Europe and its resident churches. The efforts to reform the one Church of Jesus Christ based on the gospel of justification by faith alone gave rise to the Protestant Churches.

Throughout 2017 the CPCE will play a special complementary role alongside the nationally based anniversary initiatives in Germany and other European countries, highlighting and demonstrating the tangible European dimension of the Reformation. After all, the CPCE is uniquely placed and equipped to organise pan-European celebrations to mark this Reformation anniversary.

The CPCE Council's initiative »Europa reformata: 500 Years of Reformation in Europe«, produced for the General Assembly, is intended to complement and link up the many activities of the individual member churches. The Evangelical Church in Germany has set a good example with respect to commemorating the Reformation.

*The aim of the project »Europa reformata: 500 Years of Reformation in Europe« is to highlight the pan-European dimension of the Reformation.*

The project will be organised »bottom-up« and run according to the principles of subsidiarity. Each of the individual member churches of the CPCE will celebrate the Reformation according to its own means and wishes. In turn, the CPCE will offer them a platform for presenting and coordinating their plans at a European level. It will also mount its own complementary projects. These joint efforts should ensure that »the united voice of Protestantism« will resound around Europe to mark the year 2017.

## Actions and operations

### (a) activities of individual churches

**Common logo**: The CPCE invites its member churches to present their projects and events celebrating the Reformation anniversary in 2017 under the common motto: »Europa reformata: 500 Years of Reformation in Europe« and is designing an appropriate logo with an image and text for use by all.

**»Towns & Cities« Project**: Member churches of the CPCE are invited at the same time to get their local Reformation towns and cities on board for anniversary events, awarding them (at no cost to themselves) the above logo »European City of the Reformation« as an instantly recognisable emblem. This promotion is aimed primarily at towns and cities that played a significant historical role in the Reformation and are interested in commemorating this event together with the Protestant churches in their region. The CPCE will support efforts to establish such cooperation in any way it can, with preparations to be completed by the end of 2013 if possible.

**Website:** The CPCE will launch its own trilingual website (English-French-German) in the winter of 2015/16 (www.europaref2017.eu), the main content being:

- A call to celebrate the anniversary of the Reformation
- A calendar publicising the member churches' various activities
- An overview of European cities of the Reformation and their planned events
- Reports and images from the various events
- Links to related sites (e.g. www.refo500.com & www.luther2017.de)

**Target group**: these activities are aimed at the individual member churches, with the CPCE functioning as a useful networking tool and platform. Via its main office and the academic advisory board, the CPCE is able to offer advice and assist in communication between the churches in preparing for the anniversary. It is also responsible for promoting public and media awareness of »Europa reformata«, mainly by supporting the public relations work of the individual member churches.

### (b) Planning and implementation of the CPCE's individual operations

The CPCE is planning to design, organise and run a series of its own projects and events under the auspices of »Europa reformata: 500 Years of Reformation in Europe« to complement the campaigns of the individual churches. This means that it will be organising selected occasions (conferences, consultations, publications etc.) as milestones on the path towards the actual anniversary of the Reformation in 2017, wherever possible and appropriate.

Such **milestones** might include:

A European-wide competition to compose a *Reformation Anthem* for 2017

An *academic symposium* on the subject of Reformation in Europe, to be funded by a regional sponsor (e. g. the A Lasco Library in Emden, Germany)

A *conference* bringing together delegates from the CPCE Council and representatives of the European Parliament

The **target group** for these measures will be the governing bodies and institutions of the CPCE (Regional groups, Council, doctrinal conversation groups, etc). The main office will be responsible for the organisation of these operations.

# Church Fellowship

Outline of a Doctrinal Conversation of the CPCE

## Starting Point

According to the understanding of the Leuenberg Agreement (LA), church fellowship means »that, on the basis of the consensus they have reached in their understanding of the gospel, churches with different confessional positions accord each other fellowship in word and sacrament and strive for the fullest possible co-operation in witness and service to the world.« (LA 29) Such a declaration of church fellowship between previously separated churches became possible because the church-dividing doctrinal condemnations concerning the Eucharistic doctrine, Christology, and the doctrine of Predestination were overcome (LA 17–26; cf. LA 34). In the Leuenberg agreement, this section follows those on the common understanding of the gospel of the free grace of God (LA 7–12) and the sacraments (LA 13–16).

The declaration of church fellowship based on the Leuenberg Agreement explicitly respects the differences in the confessional status (LA 30 and 37) and the »considerable differences between our churches in forms of worship, types of spirituality, and church order« (LA 28). The agreement in word and sacrament, which is constitutive and sufficient for the unity of the Church according to the Reformation principle, is decisive (cf. CA VII). Based on such accordance, the participating churches can recognise and declare »that together they participate in the one Church of Jesus Christ and that the Lord frees them for and calls them to common service« (LA 34).

According to the Leuenberg Agreement, it is part of living in church fellowship that the churches »bear their witness and perform their service together« in faith »in the unifying power of the Holy Spirit« and attempt »to deepen and strengthen the fellowship they have found together«

(LA 35). Thus, church fellowship is not only about mutually recognising each another and joining the CPCE, but aims at the process of its attainment by means of co-operation in witness and service (cf. LA 29).

The commitment to attain declared church fellowship in co-operative witness and service grows out of the insight into the essence and mission of the Church. As the study »The Church of Jesus Christ« (CJC) underlines, the visible Church has »the task of witnessing in its historical expression to its true original nature« (CJC I, 2.2), i. e. its unity, holiness, catholicity, and apostolicity, because of its origin (cf. CJC I, 2.3). According to the Reformation understanding, the nature of the believed Church, described by these attributes, becomes perceivable in the pure preaching of the Gospel and the celebration of the sacraments according to their foundation. Consequently, it is important for the church fellowship of the CPCE's member churches that they together give committed and living witness to their accord in preaching the Gospel and celebrating the Sacraments. In doing so, they attain the fellowship that they declared on the basis of the Leuenberg Agreement.

As the study »The Church of Jesus Christ« points out, an »ecumenical dialogue between the churches will then achieve its goal when its results are received by the participating churches and in this way acquire *binding* and *obligatory* character for these churches. This, however, cannot only be a formal process of reception. The *reception* must determine and shape all levels of ecclesial life.« (CJC III, 2.1)

Continued theological work on the doctrinal differences is an important part thereof (cf. LA 37–41). Recently, the CPCE conducted doctrinal discussions on the topics of »Scripture, Confession, Church« and »Ministry, Ordination, Episkopé«. If one adds the studies »On the Doctrine and Practice of Baptism«, »On the Doctrine and Practice of the Lord's Supper«, as well as »The Church of Jesus Christ«[1], then the issues of hermeneutics, ecclesiology, sacramental theology, and ministerial theology, and thus the classical topics of relevance to ecumenical theology, have now become a subject of doctrinal discussion. Admittedly, the differences addressed in these doctrinal discussions were, and are, not

[1] All three documents were passed by the 4th General Assembly 1994; cf. Leuenberg Documents vol.s 1 and 2.

church-dividing. However, this has not yet settled the question of what role they will play for the *koinonia* of the churches that are linked in the church fellowship.

## Task

The commitment to attain the declared church fellowship raises the questions of how to form a binding fellowship and of the role of the CPCE for the churches' life together. The General Assembly in Budapest accepted the study »The Shape and Shaping«. A consultation, entitled »The CPCE as a Community of Churches«, took place in Arnoldshain in September 2010 to follow up on these topics. It was hosted by the Protestant Church in Hesse and Nassau, and the CPCE. The consultation clearly showed that a doctrinal discussion on the topic of »church fellowship« is important and desirable for the advancement of the CPCE.[2] The expert group on ecumenism of the CPCE Council therefore recommends a doctrinal discussion on the topic of church fellowship with the following questions to the Council:

1. What do the differences in the confessional status, in teaching and practice mean for the process of achieving church fellowship? To what extent do they prove to be productive assets? Where do they stand in the way of working together in giving directions to witness and ministry?

2. In what ecclesiological way should we understand the church fellowship in the CPCE, i.e. pulpit and sacramental fellowship, including the mutual recognition of ministries? Being a church fellowship, does the CPCE have its own »ecclesiological quality«? Is the CPCE »as a fellowship of its member churches, a visible form of the one Church?[3]«

3. How can the declared agreement in word and sacrament be shaped in a more noticeable way in the process of achieving church fellowship? What kinds of commitment are necessary concerning this matter, in or-

---

2 Cf. epd-Dokumentation no. 50/51, dated 2010-12-14, particularly the recommendation of the participants on p. 5.

3 Cf. The statement of the participants, ibid. 4–5, here: 4, point 1.

der to strengthen the way in which the CPCE bears witness to the catholicity of the church?

4. What instruments and structures can strengthen the CPCE in such a way that it might strengthen its member churches »in their task to become a more intense and concrete community in witness and ministry«[4]?

5. How significant are ethical questions for the binding character of church fellowship? Where do they really challenge the accord in word and sacrament?

6. How does the CPCE, being a church fellowship, relate to the denominational world alliances, to ecumenical organisations, and to other church fellowships, as forged e. g. by means of the Amman Declaration in the Middle East?

## AIM

The doctrinal discussion is supposed to clarify how church fellowship can be intensified on all levels of church life. The theological and practical key questions mentioned above ought to be taken into consideration. The doctrinal discussion ought to reach an understanding on what kind of commitment in teaching and life is necessary for church fellowship and its ecumenical purpose, and what forums and forming instruments of such commitment are possible.

[4] Ibid., 4, point 4.

# Plurality of Religions from a Protestant Perspective

## Outline of a Doctrinal Conversation of the CPCE

## Challenges

As more extra-Christian religious communities in countries of Europe claim not only guest status, but the right of domicile, societies are increasingly confronted with questions of integration, and churches with questions of defining and shaping interreligious relations. In this connection, the definition of the relationship with Islam plays an important role. The Roman-Catholic Church has issued several documents on this array of questions[1], whereas the Reformation Churches in Europe struggle with the topic.

There are practical as well as theological reasons for this. The historical-practical reasons lie in the centralisation of Protestant Christians on the countries of Central and Northern Europe, as well as the USA. For centuries, these countries were almost exclusively shaped by Christianity. The theological reasons lie *inter alia* in the Reformation focus on Christ (»solus Christus«) and the Bible (»sola Scriptura«). They emphasised the particularity of the revelation in Christ in comparison with God's universal acts in creation, and the work of the Holy Spirit was bound by the Word. Lutheran theology, in particular, repeatedly defined its relationships with Judaism and Islam by the polarity of Law and Gospel, which led to labelling the latter as »legalistic religions«. In their emphasis on God's sovereignty and election by grace, the Reformed Churches possibly

[1] Ernst Fürlinger (ed): »Der Dialog muss weitergehen«. Ausgewählte vatikanische Dokumente zum interreligiösen Dialog (1964–2008), Freiburg/Br., Basel, Wien 2009; CIBEDO e. V. (ed.): Dokumente der katholischen Kirche zum Dialog mit dem Islam, compiled by Timo Güzelmansur, Regensburg 2009.

may have been capable of more open-mindedness towards other religions. Until the recent past, however, this was hardly realized and incorporated into a theory of religions. The necessity of developing dialogical relations with members of other religions did not arise from situations and circumstances, or for theological motives.

Since the 1960s, remarkable changes in the area of interreligious relationships have become visible. The relationship form of *dialogue* now stands next to, or has even replaced, an attitude of apology or mission (orientated towards conversion to Christian faith). This poses various practical and theological questions to which individual churches and the WCC[2] have responded with statements. Statements on the fundamental theological questions of interreligious dialogue have frequently caused passionate debates within the churches. These debates highlight the need for clarification.

The individual churches meet the described challenges in very different ways. Some are so busy with themselves and with reforming their structures that practical and theological work on ›external relations‹ plays a comparatively minor role. However, the mission of the Church also explicitly extends to this ›outside‹. Redefining and shaping the relationships with other religious communities is a part of the Church's testimony in the world. This requires fundamental clarifications.

## NECESSARY CLARIFICATIONS

The CPCE has not yet determined its position towards dialogue and theology of religions. There are merely important statements on relations with Judaism.[3] Due to the special relationship between the Church and

2 See in particular »Guidelines on Dialogue« (1979), which were re-issued in a revised edition 30 years later: »Ecumenical considerations for dialogue and relations with people of other religions: Taking stock of 30 years of dialogue and revisiting the 1979 guidelines«, Geneva 2003.

3 See in particular »Textsammlung zum Verhältnis der evangelischen Kirchen Europas zum Judentum« (February 2009), especially: Leuenberg Documents Vol. 6: Church and Israel. A Contribution from the Reformation Churches in Europe to the Relationship between Christians and Jews, Mandated by the Executive Com-

Israel, these cannot be transferred intact to other religious communities. There is a particular need for clarification regarding the relationship with Islam. This touches questions of a great theological range. Individual interreligious relationships must be discussed within a comprehensive theology of religions. Those churches which have been living in a context of religious diversity, such as the member churches of the Fellowship of Middle East Evangelical Churches (FMEEC), are able to contribute valuable experiences.

The anticipated doctrinal discussion is designed to deal with the *theological* clarification of the relationships between Christian faith and non-Christian religions. The development of a corresponding theological foundation will include biblical and historical elements, as well as input from systematic theology. The doctrinal discussion should revolve around the following central questions:

1. What does being Protestant mean in a multi-religious society?

2. What ways of communicating with other religious communities emerge as a consequence of this foundation in theology of religions?

First of all, it is about the theological clarification and a clearer definition of the relationships between the Christian religion and non-Christian religions from the perspective of Christian faith. This is a task of fundamental importance. Subordinated to this question is the more practical one of how to actually shape and live these relationships, which can at most serve as examples. This question has been dealt with in several church statements.

To central question 1: The focus of this question is on Christology and soteriology, which are connected to one another. It presupposes the declared belief that a salvific relationship of a human being to God, to other human beings, to the world, and to him- or herself is mediated in Jesus Christ. This declared belief is essential for the Christian faith, and is beyond debate. This raises the question of whether the claim that salvation can *only* be gained and mediated in Christ needs to be modified. Can we hold on to the uniqueness, even singularity and universality, of salvation in Jesus Christ, or must we modify and/or limit this claim in

mittee of the Leuenberg Church Fellowship edited by Helmut Schwier, Frankfurt/M. 2001.

order to give due recognition to other salvific revelations next to Christ? This, however, would cause considerable tension in relation to confessional documents, especially the Theological Declaration of Barmen and the Leuenberg Agreement. Are there paths of thought that allow us to hold on to this requirement, and, at the same time, link it to the acknowledgement of the claims to truth, revelation and mediation of salvation of other religious traditions, so that the exclusion of others (religious exclusivism) is not the automatic consequence of the exclusivity of the declared belief in Christ?

Such paths of thought could, for example, consist of:

(a) reflecting on the character of certainty in faith. In this case, the truth at stake is developed and revealed (according to Luther) in the mode of *certitudo*, not *securitas*. This kind of truth is relational, personal, and eventful, and does not end in propositional statements of and about truth, with their logical exclusivity. In this case, »solus Christus« could be understood as an expression of the Christian declaration of faith, next to which there may be other declarations of faith.

(b) emphasising the inclusion of the declared belief in Christ when unfolding the Christian faith in a *Trinitarian* way. The first and the third article of faith have enormous potentials for universality which transcend the boundaries of religions. God is the creator of all human beings in all religions and cultures. God's Spirit is a cosmic energy that reconciles and heals, brings about insight and community, adjusts the life orientation of those whom it seizes, and brings the Creation to perfection. In this case, »solus Christus« would pinpoint this force's unique centre of identity.

(c) even Christology itself: in the distinction between the divine and the human, the historical Jesus and the universal Logos of God. The two dimensions must not be separated. They must, however, also be held apart, which the Early Church already accomplished in the doctrine of the two natures. Thus, the basis of salvation in Christ could be embedded in the saving will of God (Logos), but the mediation of salvation would remain linked to the incarnation of the Logos in Jesus. One could say: the saving will of God reaches further than the effective history (*Wirkungsgeschichte*) of the incarnate word. In this case, »solus Christus« would be applied primarily to the Logos.

(d) linking the »solus Christus« to Paul's eschatological vision that in the end, the Son will bow down to the Father, »so that God may be all in all« (1 Cor 15:28). God acts *in* or *through* Christ, who subjects his work to God. This leads to a »theocentric« declaration of faith in Christ.

The doctrinal discussion should address these and other points (such as the possible religio-theological meaning of Luther's teaching of the *Deus absconditus* or the *extra Calvinisticum* of classical Reformed Christology) and reflect on them critically, but constructively.

To central question 2: The focus of this question is on communication with members of other religious traditions and the associated basic relationship patterns. Several key terms are being discussed for these, with »dialogue« and »mission« in the lead.[4] We ought to discuss how to understand each one of these relationship patterns individually and how to understand them in their interconnectivity. The concept of »dialogue« is quite often associated with the problematic notion that the recognition of one's partner in dialogue is connected to betraying one's faith identity. This and other misconceptions ought now to be articulated and eliminated.

## Procedural steps

1. An overview (but not necessarily a complete one) of the perspective of Protestant theology on religions to date is being prepared. It should also include the statements and theological positions already available in the CPCE member churches. At a theological consultation, the young theologians in the CPCE should examine existing church documents on the relationship of the Christian faith and the non-Christian religions. This could be done at the end of 2013, or at the beginning of 2014.

2. However, the doctrinal discussion should be more than a mere survey, which is why it should develop a positioning that gives room for alternatives. This discussion cannot be about defining one single valid point of view, but instead about setting a possible framework within which the churches can locate themselves. It is important to define a

4 On this topic, see: CPCE: Evangelising: Protestant perspectives for the Churches in Europe. Received and adopted by the General Assembly of the Community of Protestant Churches in Europe in Budapest in September 2006, Mandated by the Council of the CPCE, edited by Michael Bünker and Martin Friedrich.

perspective from theology of religions in which the insights of Reformation theology can be articulated constructively in the contexts of today's experiences with religious plurality. The aim should be to define the way in which the common understanding of the Gospel, as formulated in the Leuenberg agreement, encourages interreligious understanding.

3. A doctrinal discussion group – installed by the CPCE Council – formulates a first draft which is discussed in a consultation of the member churches of the CPCE.

4. This annotated text is then sent to the churches for comments. The draft is subsequently revised on the basis of the comments.

5. A consultation with experts on dialogue from religions outside of Christianity, in order to receive their responses on the theological foundation, is conceivable (but not absolutely necessary). A range of international dialogue institutes would come into question for such cooperation. This should not create the impression that only those positions are eligible which are likely to attract an interreligious consensus. Instead, the point of such a consultation should be to find out whether non-Christians can also understand the position.

# CPCE's interdenominational dialogues

An outline

## Background

The Community of Protestant Churches in Europe is a community of churches that feel particularly committed to the legacy of the Reformation. The Leuenberg Agreement (LA) enabled the full mutual recognition and pulpit and table fellowship between the signatory churches. By signing the Leuenberg Agreement, the churches committed themselves to continue to do theology together. The work of the Leuenberg Fellowship of Churches has therefore always had an inward focus, towards internal Protestant cooperation. For that reason the main emphasis lies on doctrinal conversations between member churches.

At the same time, the Leuenberg Agreement also contains the commitment »to promote the ecumenical fellowship of all Christian churches« (LA 46). From that follows a fundamental openness for relations to all churches. The CPCE seeks conversation with other churches and traditions, in order to strengthen the common witness of Christian churches in Europe. For many years, therefore, it has maintained contacts and conducted conversations with other churches, and has worked closely with other ecumenical actors in Europe, e. g. the Conference of European Churches. This was explained in the Presidium's Report at the beginning of the General Assembly.

Official ecumenical dialogues are continually conducted by Christian world communions, in the context of the World Council of Churches, and also bilaterally in Europe. But wherever the theological views of the Leuenberg Agreement are concerned, the CPCE will take the initiative to hold bilateral and multilateral conversations of its own. While these conversations cannot and should not replace the dialogues of the member churches, they can supplement them. For that reason, over the years, there have been basic bilateral and multilateral conversations and consultations with other denominations. It is therefore appropriate for the 2012 General Assembly in Florence to reflect on the CPCE's ecumenical commitment.

What is the aim of CPCE's ecumenical dialogues, and what priorities are to be set in future?

## Ecumenical conversations after Florence

The following is intended to explain the existing relationships in which the CPCE is involved. We indicate which of them can, and should, be continued and also the points at which new challenges may arise. In this context, we fundamentally distinguish between conversations with churches which may, and probably will, become members at some stage, and church traditions with which the Protestant churches live side by side in Europe but with which full agreement on fundamental dogmatic questions is not to be expected in the foreseeable future.

The European *Baptists* should be mentioned first, because the CPCE already has a formal agreement with them and it has also been possible to achieve extensive consensus on objectives. The CPCE should be concerned to fill the agreement with the European Baptist Federation (EBF) with more life, since intensifying exchange and cooperation benefits churches and congregations at the local level. However, they should be wary of being satisfied with the agreement on mutual recognition and cooperation. The goal of full church communion should be kept in mind. Hence it is worth thinking about whether the theological conversation about baptism could be taken up again. At present there is reluctance on the part of the EBF about resuming theological dialogue with the direct goal of church fellowship. For the CPCE, church fellowship means communion in word *and* sacrament; that is why it ought to continue to express its interest in the mutual recognition of baptisms and further every effort to make it easier for the Baptists to accept conversations with this aim in mind. That could be a theological dialogue initially on other topics, e. g. ecclesiology.

With the *Anglican churches* there is also agreement on the understanding of the gospel, as has been clearly shown by the dialogues at the world level and the agreements of Meissen, Porvoo and Reuilly. The Anglican churches see not just agreement on the gospel as a precondition for unity but also agreement on questions of church order, such as the threefold order of bishops, priests and deacons and the historical episcopacy. It is thus our intention to continue the conversations on ministry and *episcope,* and the theological objectives here. Both the doctrinal conversation on ministry that has just been held by the CPCE, and the upcoming dialogue on church communion may give valuable impetus for this in future. In the [proposed] Memorandum of Agreement the CPCE and the Anglican churches undertook to engage in further dialogue. Such continued work together should be supported not only in the field of theological exchanges but, as the Memorandum underlines, also in the areas of witness and service, and the practical bilateral cooperation of local churches.

If we assume that agreement on the understanding of the gospel is an essential criterion then it would also seem appropriate to make contact with the denominations that have already engaged in substantive conversations at the international and regional level. Those are e.g. the *Mennonites*, with whom Lutherans and Reformed churches have already undergone reconciliation processes, together coming to terms with the past. However, so far there has been no direct contact between CPCE representatives with the Mennonite World Conference or individual Mennonite churches. Another factor to keep in mind is the context of CPCE churches – which other churches and traditions are mainly to be found there? Mennonites are only a very small movement in Europe. The CPCE churches should be encouraged to seek contact with these congregations at the local level. Such contacts could start from the official bilateral conversations of the Christian world communions.

The situation vis à vis other Free Churches and independent churches is similar. The *Pentecostal and neo-Pentecostal churches and groups,* now present in many European countries, are of greatest significance in terms of numbers. However, they are extremely diverse, ranging from barely structured charismatic groups to long established churches. Many show little openness to ecumenism and others are quite interested in contacts and even theological conversations with classical churches of the Reformation. There may well be starting points for conversations on the understanding of the church and ideas about unity – this was shown by informal talks held by the expert group on ecumenical affairs in autumn 2011 with representatives of a Romanian Pentecostal church.

New statistics show that most of global Christianity is today to be found in the global South and is not located in the traditional churches. Through globalization and migration the CPCE churches find that many of the new Christian congregations have little or no connection to traditional ecumenism in their context. Many of the migrant congregations have a Pentecostal or charismatic profile; most of the congregations can be located in different ways somewhere in the Protestant tradition. It has also been found that people with different migration backgrounds seek contact to CPCE churches. The CPCE as a whole should thus be interested in how local churches and congregations relate to this new reality: are they open for contacts and cooperation? Do they practise hospitality, do they seek cooperation? To what extent do their congregations experience this immigration as a positive challenge and enrichment - or to what extent is it as a threat to their own identity? What theological issues arise in relation to such cooperation?

The Leuenberg Agreement commits the signatory churches not just to pulpit and table fellowship and further theological conversations but also to common witness and service. Service with and for one another does not depend on absolute agreement in questions of doctrine. Contact with migrant congregations and Christians with a migration background cannot be conducted along the lines of a traditional dialogue, due to the special character and diversity of the conversation partners. This is an important topic affecting all CPCE member churches and challenges them as a fellowship of churches. Suitable ways of continuing this work should be sought. In this context the new Council should consider the extent to which a *study project on »Migrant Christians in Europe«* could be an important contribution to promoting our mission of common witness and service.

The situation vis à vis Europe‘s *Orthodox Churches* is different again. On the one hand, there are still profound differences in the way we understand central theological issues. There can certainly be no question of church fellowship in the medium term. On the other hand, many of our minority churches are dependent on maintaining good relationships with the Orthodox majority churches and are grateful for the openings for dialogue that the CPCE offers them. This is an argument for remaining open to all initiatives for further conversation. The CPCE Council decided in 2009 to regard the series of consultations with the Orthodox as closed for the time being. As with the Baptists, we need a phase in which to implement and test the specific agreements, i. e. the recommendation to mutually recognise baptisms. No specific new aspects have arisen lately that would call for a resumption of the dialogue. Furthermore, we must wait and see how CEC gets on with its search for a new structure and how it defines its working priorities. Possibly a theological conversation between Protestants and Orthodox can be held within CEC; possibly, however, the CPCE will still have to take a pro-active role.

The 2006 General Assembly issued a mandate for a thematically restricted conversation with the *Roman Catholic Church*: »The Assembly asks the Council to seek appropriate forms for a dialogue with the Roman Catholic Church in accordance on the CPCE's ecumenical model« (Final Report, 3.5). Accordingly, the CPCE Presidium made contact with the Pontifical Council for Promoting Christian Unity. In 2010 President Thomas Wipf and General Secretary Bünker paid a farewell visit to Cardinal Kasper, and in October 2011 the whole Presidium and the General Secretary met with Cardinal Koch. On that occasion they agreed to hold a series of consultations between the Pontifical Council for Christian Unity and the CPCE. Starting from the study »The Church of Jesus Christ« it will deal with questions of ecclesiology and thus take up precisely what was hoped in Budapest – CPCE's ecumenical model. This series of consultations is to begin in the autumn/winter of 2012/2013.

# IV
# Reports and Lectures

*Michael Beintker, Stephanie Dietrich, Thomas Wipf*

# Free for the Future. The Presidium's Report

## Contents



## 1 Living church community

In respect of »church community« the Leuenberg Agreement (LA) states that »on the basis of the consensus they have reached in their understanding of the gospel, churches with different confessional positions accord each other fellowship in word and sacrament and strive for the fullest possible cooperation in witness and service to the world« (LA 29). This statement was then reinforced by the declaration in the Statute of the Community of Protestant Churches in Europe, passed in Budapest, 2006, that »the CPCE serves to bring about [...] church fellowship« (Statute § 1.I). This overriding aim forms the yardstick for all activity within the CPCE, whose highest priority must be the encouragement, expansion and intensification of the fellowship forged so far between its member churches. The Presidium, Council and Office have all done their utmost during the last six years to fulfil this responsibility.

The CPCE's role is to provide a strong impetus in this direction from within its purposely lean structures. In precise ecclesiological terms, our statute defines the individual member churches as the protagonists of the declaration and realisation of church community; it is a very conscious choice of terminology to define the CPCE's role therein as serving these efforts (see Statute § 1.I). The CPCE is quite inconceivable without its member churches, and the organisational framework that it offers provides a means of facilitating the fulfilment of their duty towards the »common realization of witness and service« (ibid.). Church fellowship is always lived out and experienced in *practice*; »it is in the life of the churches and congregations that church fellowship becomes a reality, believing in the unifying power of the Holy Spirit« (LA 35).

In Ireland, where Methodists and Presbyterians worship together; in Hungary, where the Lutheran minister stands in and officiates for his Reformed colleague; in Switzerland, where the Federation of Swiss Protestant Churches votes alongside its partner churches on forming a common stance on globalisation: that is where you will find church fellowship really taking place, and without the need for the CPCE's direct involvement. It is true that its Council and Office can help to co-ordinate and inspire initiatives, but their work can be no substitute for the true experience of real church community shared between individual congregations and their churches.

Church community within the CPCE is lived out as a worshipping community, a community of teaching and learning together and as a community of mutual service.

The close fellowship of the churches is most tangible whenever we gather to worship together. The primary form of this contact arises in the meeting of people and the Gospel, which is why the CPCE finds its true essence as a worshipping community. When we worship together in word and sacrament, there beats the heart that breathes real life into our church community.

An important part of our church community lies in teaching and learning together. The signatories to the Leuenberg Agreement made a commitment to share the ongoing study of common doctrinal concerns: »The common understanding of the Gospel on which the church fellowship is based must be further deepened, examined in the light of the witness of Holy Scripture, and continually made relevant to a contemporary context« (LA 38). Indeed, during the early decades of the CPCE's existence these study groups formed the almost exclusive focus of the Community's activities, and it is only during the last twenty or so years that other, more diverse fields of activity have emerged alongside them.

Nonetheless, the Budapest General Assembly explicitly emphasised the continuing, essential contribution of the doctrinal discussion groups at the heart of CPCE's work: »In doctrinal conversations the Community verifies its foundation, old and new differences are worked through, and new perspectives are gained for the Community« (Final Report: 4.2.2). Accordingly, two new doctrinal conversations were established in Budapest that not only attend to the doctrinal differences between the Lutheran and the Reformed Churches, but also seek ecumenical understanding with other churches as well.

One of the key issues in ecumenical discussion at present is »Ministry, Ordination, Episcope«, and the conclusions of this doctrinal conversation will be presented here to the General Assembly. The need for theological clarification was already identified in the Leuenberg Agreement. The theses of Neuendettelsau (1982/86) and Tampere (1986), as well as the study »The Church of Jesus Christ« (1994), all demonstrate how this field has remained the subject of constant theological collaboration. The current study group was presented with the task of deepening the existing consensus and expanding it within the context of today's fresh challenges. Within this debate, it was important to reflect as broadly as possible upon the conclusions of international ecumenical dialogue – particularly between the LWF and WARC (now WCRC) – and the papers produced at Meißen, Porvoo and Reuilly, in which member churches of the CPCE were involved. The result of these deliberations lies before us here at the General Assembly, a paper in which the member churches of the CPCE present their quintessentially Protestant, yet at the same time ecumenically open interpretation of ministry, ordination and episcope.

The doctrinal conversation »Scripture, Confession, Church« addresses the issues referred to first in the Leuenberg Agreement as requiring further study. Back in 1973 it was already quite evident that the churches of the Reformation, with their commitment to the »sola scriptura«, face a particular challenge in this respect, and hermeneutical issues concerning the interpretation of Scripture and confessions have continued to grow in importance ever since. The difficulties surrounding the scriptural basis of theological assertions have actually intensified – due not only to the more relative and distanced viewpoint of the historical-critical approach, but also to a fundamentalist counter-reaction. The churches' doctrinal responsibility is not rendered any easier by the varying importance they give to the confessions in the interpretation of Scripture. This General Assembly is now about to pass a resolution declaring the Protestant churches' interpretation of Scripture as witness to the Word of God and their common perception of the role of the confessions and their hermeneutic principles.

When establishing the doctrinal conversation groups, the council followed the Budapest General Assembly's recommendation to revise previous practice and try out a new approach. Groups with just five to seven members were convened initially to produce a draft discussion paper. Then, during the second phase, the groups were opened up in two ways: a general consultation was conducted, involving more than 40 delegates, and selected representative churches were also invited to dispatch a delegate to the 20-member doctrinal conversation team, thus enabling the member churches' active involvement in the composition of the text. At this point, smaller editorial teams then continued the work, eventually submitting their drafts to the participating and other CPCE member churches, as well as our other partners, inviting their responses and suggestions, which were then considered during the final editing process. The Council accompanied and supported all of these various stages along the way. Our view is that this more varied approach has worked very well indeed and should be recommended to the incoming Council in respect of future doctrinal discussions.

Apart from these doctrinal conversations, a number of other important studies have also been conducted, which we shall elaborate upon at various points throughout this report according to their respective subject. But we would at least like to make immediate mention of the paper on »Training for the Ordained Ministry in the Community of Protestant Churches in Europe«, which is based on the findings of two major CPCE consultations conducted in 2008 and 2010. The final version was then compiled by a small editorial circle that worked hard to incorporate the numerous opinions offered by the different churches. In reflecting mutual agreement on good practice in respect of theological training, this paper promotes a training approach that can be used by the churches and the universities as a framework for facilitating the exchange of ministers throughout the CPCE, which not least provides a powerful means of strengthening the bonds between the churches in our community.

The doctrinal discussions and other studies were complemented by many other initiatives that foster church community. A good example of these activities is the meeting of synod members from the CPCE member churches that took place in January 2012 in Bad Boll at the invitation of the Evangelical Lutheran Church in Württemberg. The majority of participants were not theologians but congregation members, who would not normally be quite so directly addressed by the activities of the CPCE. The huge potential in terms of interest and enthusiasm that was so clearly evident amongst the delegates to this symposium was quite impressive, as reflected in the keen desire emphasised in the final report to repeat such gatherings as a means of enriching church fellowship at synod level. Synod members clearly want to play an active role in strengthening community at a European level and make their own contribution towards raising the voice of Protestantism throughout the continent. To quote the report, this cooperation between the individual synods reinforces the ecumenical efforts to which Europe's churches committed themselves when signing the Charta Oecumenica.

Encounters like this highlight the importance of exploring new pathways for intensifying the forms of community already experienced, and existing practices of inter-church exchange must undoubtedly be expanded at all conceivable levels. The exchange of knowledge and experience that has already been established should now be complemented by the exchange of services and ministries. Parallel to the successful town-twinning schemes that already exist as a result of political initiatives, similar CPCE-based partnerships should be sought between congregations, parishes, church districts and dioceses throughout Europe. The valuable experience already gained within the existing regional groups could provide a useful starting point for this venture. Even though the creation of a Leuenberg Synod is really not feasible under current circumstances, the repeated suggestions for a move in this direction should at least inspire efforts within the CPCE to build upon the conciliar elements of the General Assemblies.

A vigorous church community will naturally grow quite organically – both outwardly and within. It can and should expand. In this respect the Budapest General Assembly asked the Council to »continue to hold talks with the churches of the Lutheran and Reformed traditions in Europe which have not yet signed the Leuenberg Agreement« (Final Report:

3.1). It was in this spirit that the Presidium and General Secretary paid visits to the Lutheran churches of Sweden and Finland during the month of June 2010. Although these discussions did not lessen their reluctance to sign the Leuenberg Agreement, they did serve to underline the importance of existing channels of cooperation. We are very pleased that the Evangelical Lutheran Church of Finland and the Church of Sweden will both continue their full involvement in the doctrinal conversations and other projects, as well as making their own contributions towards the CPCE's funds, and of course we are delighted to welcome their representatives here at the General Assembly. We also visited the Mission Covenant Church of Sweden, which has since joined with the country's Baptist and Methodist churches to form a new united church known as »Gemensam Framtid« (Common Future). We have yet to learn whether they would like to join the CPCE.

The adoption of the CPCE statute made it clear to all concerned that an orderly admission procedure is necessary for membership of the organisation. Prior to the Budapest General Assembly, any church wishing to join the CPCE simply needed to add its signature to the Leuenberg Agreement and submit this to the Commission for Faith and Order in order to become a new member. This procedure was quite sufficient until the CPCE adopted its formal legal status and new organisational form with the adoption of its statute. In light of the fact that membership of the CPCE now entails specific rights and duties, the Council has passed a set of guidelines for admission to the CPCE.[1] These guidelines stipulate that church fellowship in theological terms is established upon signing the Leuenberg Agreement, but that an additional individual agreement must also be concluded for formal membership of the CPCE. The Walloon-Dutch Independent Protestant Reformed Church of Hanau was the first member to successfully join the CPCE according to this new procedure.

The CPCE's outward expansion was matched by a corresponding degree of internal development. The most intensive form of church community that can be witnessed within the CPCE occurs when individual churches of different confessions join together to form one united church.

[1] The guidelines are documented in this volume pp. 417–419, editors' note.

Of course it follows that any such union leads to a decline in the actual number of individual churches registered as members of the CPCE. The Leuenberg Agreement has facilitated unions between churches that would have been quite inconceivable just one generation ago, thus acting as a valuable catalyst in the pursuit of ecumenical ideals. 2004 saw the creation of the Protestant Church in the Netherlands, followed by that of the Evangelical Church in Central Germany in 2009; then the United Protestant Church in France was formed in March 2012, quickly followed by the establishment of the Evangelical Lutheran Church in Northern Germany at Pentecost this year. All these unions bear witness to the ever-closer ties between Lutheran, Reformed and United confessional traditions within the one common understanding of the Gospel.

A special relationship has developed over recent years with the Fellowship of Middle East Evangelical Churches (FMEEC), whose Amman Declaration of Church Fellowship between the Lutheran and Reformed Churches in particular renders the FMEEC a sister community to the CPCE. We already had the pleasure of welcoming their General Secretary, Rosangela Jarjour, as our guest at the last General Assembly. In turn, President Wipf und General Secretary Bünker attended the 2010 General Assembly of the FMEEC in Beirut, after which, in September of that year, Thomas Wipf und Jochen Kramm represented the CPCE on a Middle East tour by the Federation of Swiss Protestant Churches (SEK), which also presented a welcome opportunity to meet again with the FMEEC. In February of this year Thomas Wipf attended the symposium »Evangelical and Christian Presence in the Middle East« in Beirut.

The CPCE's relations with the small Protestant Churches in the Middle East are a source of inspiration not only for our theological and socio-political activities: they provide an incentive to contemplate afresh our own model of church fellowship and to endeavour to develop it further in terms of the unity, community and catholicity it affords us, as well as our ecumenical dialogue with other Christian confessions. In this latter regard, discussions exploring »The CPCE as a Community of Churches« were co-organised by the CPCE and the Evangelical Church in Hessen and Nassau for September 2010 in Arnoldshain, at which one representative each from the FMEEC, the Churches of Formula of Agreement of the USA and from the Churches of South Africa and Brazil were amongst the 36 invited experts. Once again, this symposium proved that even if the

CPCE stems from a European context, its model of »Church Fellowship« is by no means restricted to this continent. These discussions (see *epd-Dokumentation*: 50/51–2010) spawned the outline of a proposal for a doctrinal conversation on the subject of Church Fellowship, which the council will propose to this General Assembly for the forthcoming session.

Convivial church community thrives on common service, which is the basis upon which the CPCE has entered into cooperation (if initially only on a temporary basis) with the association of Protestant Diaspora Aid Organisations in Europe (AGDE). This group was co-established by the Gustav Adolf Werk organisations in Europe and Swiss aid agencies in order to provide a common platform for the co-ordination of joint aid efforts. At its 2009 annual conference in Berekfürdö (Hungary), the AGDE's discussions focused on outlining the future design of Protestant solidarity throughout Europe. These partnerships, many of them long-established by now, the experience and knowledge gained thus far amongst the aid organisations, and the donor loyalty concerning congregational development, education and diaconal work represent invaluable assets and provide the foundation for the potential development and expansion of sustainable structures of solidarity throughout Europe. This form of cooperation between the CPCE and AGDE is an eloquent expression of the unity between witness and service, as called for in the Leuenberg Agreement: »The Gospel liberates and links together the churches for common service. In that this is a service of love, it focuses on human distress and seeks to remove the causes of that distress.« (LA 36). We believe that the search for suitable paths for the even more determined pursuit of fellowship in service will present a particular challenge for our future work.

## 2 Community in Dialogue

The Leuenberg Agreement emphasised the »responsibility to promote the ecumenical fellowship of all Christian churches« (LA 46) and offered »churches in Europe and elsewhere that are related to them confessionally« the chance »to examine with them the possibilities of wider church fellowship« (LA 47). Contact and cooperation between different church traditions and dialogue addressing both common concerns and diverging theological stances have all been a natural part of the CPCE's sphere of activities, and should continue to be so. The paper »The Church of Jesus Christ« played a key role in many of the inter-confessional discussions during this last Council's term. Its final chapter, entitled »The Leuenberg Agreement as an ecumenical model of unity«, describes how the understanding of church fellowship encourages us to seek discussion with other churches.

Thus inter-confessional dialogue has constituted an important priority within the CPCE's work during recent years. This is not restricted to cooperation within Protestantism – the CPCE also plays an active role in terms of ecumenical dialogue. One might ask why? What is the specific role of the CPCE in ecumenical dialogue with other traditions; which special concerns and assignments can only the CPCE address? How can global dialogues, bilateral discussions between the member churches and the CPCE's own efforts complement each other usefully without causing unnecessary repetition?

The main aim of the CPCE's ecumenical discussions is to voice the Protestant churches' own specific issues alongside the other churches on the European stage. Our dialogue with the other churches and their own traditions generally addresses matters that are considered to be of particular importance to the Protestant perception of church community. In respect of the CPCE, this understanding of the church is often associated with the model of unity in reconciled diversity. Thus the core issue of these debates is always the understanding and chosen form of church community. In our experience, the CPCE is perceived in this context to be a Protestant partner for ecumenical talks at European level, although it is not necessarily always accorded due recognition as such by all parties.

In order to support the inter-confessional activities of the CPCE and to elaborate upon and clarify our model of community, the Council of the CPCE appointed the Expert Group on Ecumenism at the start of 2009. Many of the experts who agreed to join this group are also present here at the General Assembly in an advisory role.

Throughout the term of office since Budapest 2006 the CPCE has held talks with a number of different partners.

On the basis of the Meißen, Porvoo and Reuilly Agreements many of the member churches of the CPCE now enjoy close relations with *the Anglican Churches in Great Britain and Ireland,* and in many countries throughout Europe numerous examples can be found of ecumenical cooperation with Anglican congregations at a local level. On this basis church leaders and ecumenical experts from both sides met together to discuss ecclesiological approaches, and to exchange experience, developments and proposals in Klingenthal (Alsace) at the invitation of the Ecumenical Institute of Strasbourg, for the first time in 2008 and then again in 2011. These discussions formed the basis for a »Memorandum of Agreement«, in which Anglicans and the CPCE identify many commonalities, as well as specifying unresolved issues and identifying the particular avenues along which the work to date can be pursued and developed. Particular emphasis is placed therein on potential forms of cooperation in terms of witness and service. The Memorandum confirms the various different links that exist between the churches of the CPCE and the Anglican churches in Great Britain and Ireland, as well as the common fundamental points of theological agreement. Conversely, it does not shy away from illustrating the differences that persist in respect of certain theological matters, which both sides are keen to explore in further detail. A prerequisite for the Anglican churches for communion is agreement not just on the Gospel but also in terms of church order, such as the threefold ministry and historical episcopate. This means that the discussions addressing ministry and episcope are bound to continue alongside those considering theological objectives. Valuable insights into these issues have just been elucidated in the CPCE's recent doctrinal discussion of ministry, and further impetus can be anticipated from the forthcoming doctrinal discussion of church fellowship. The Council of the CPCE considers the Memorandum as providing a valuable step forward on the path towards ecumenical rapprochement between the churches concerned and has therefore adopted it unanimously. During the course of the General Assembly we will have the opportunity to examine the Memorandum more closely, prior to its official signing at this meeting.

Following the talks held with the *European Baptist Federation (EBF)* in the run-up to Budapest 2006, the CPCE and EBF signed an agreement of cooperation in 2010, in which both parties commit to the expansion of existing contacts and involvement in each other's activities, for example via the continuation of theological debate, regular team meetings and interaction in certain specific areas, such as the expert group on ethics. Our churches and congregations are also encouraged to seek any potential for cooperation and joint activities at a local level. Church community according to the understanding of the CPCE is based on a fundamental agreement in Word and Sacrament. Thus, we should continue to voice our interest in the mutual recognition of baptism and seek ways of encouraging the Baptists to continue our conversations on this issue.

Particular mention should be made of the CPCE's series of discussions with *the Orthodox Churches* that ran from 2002 to 2008. The initiative for these talks stemmed from the Orthodox Churches in the Conference of European Churches, and the results were then published in the Leuenberg Texts series (vol.s 8 & 11). From 2006 onwards, this dialogue concentrated on the subject of baptism, achieving a significant breakthrough during the fourth round in Vienna in November 2008 (Leuenberg Text vol. 12). Encouraged by the Metropolitan of Austria and Hungary, Michael Staikos, who passed away last year, the consultation called upon the Orthodox and Protestant churches to reach local agreements on the mutual recognition of baptism. These discussions examining each church's fundamental understanding of Church resulted in the concrete proposal for mutual recognition of baptism. Such recognition may prove to be of particular importance for CPCE member churches in predominantly Orthodox environments.

As the Presidium of the CPCE, we are particularly keen that member churches should continue to pursue the subject of mutual recognition of baptism as a primary concern and also take full advantage of the success achieved in these discussions. The consultation recommended the continuation of talks: »In view of the existing differences we are aware that a fundamental agreement on Baptism and its mutual recognition will have ecclesiological consequences that will require further study« (Communiqué 2008, para. 7). Thus over the course of the next few years we must carefully consider any possible means of building on these previous discussions with the Orthodox churches.

For a long time the *Roman Catholic Church* was not a main consideration for the ecumenical work of the CPCE. There were not only theological grounds for this but also structural hurdles: the Roman Catholic Church is a worldwide church whose Pontifical Council is responsible for holding dialogues with the confessional world bodies, but not with regional communities such as the CPCE. The European representatives of the Roman Catholic Church, Consilium Conferentiarum Episcoporum

Europae und Commisso Episcopatuum Communitatis Europensis, who work in close cooperation with the CEC, are not responsible for matters concerning fundamental theological principles. The CPCE wishes to avoid any duplication of the debate amongst the Christian world communions and other global protagonists. However, the 2006 General Assembly issued a remit for specific discussions: »The General Assembly asks the Council to seek appropriate forms for a dialogue with the Roman Catholic Church in accordance with the CPCE ecumenical model.« (Final Report, 3.5) This remit prompted the Presidium to contact the Pontifical Council for the Unity of Christians in the form of a farewell visit to Cardinal Kasper in October 2010 and a visit of welcome to Cardinal Koch on the occasion of his investiture as President of the Council in September 2011, when it was agreed that a series of consultations should commence. The subject of these dialogues emerges from the conclusions of the study »The Church of Jesus Christ«, addressing ecclesiological issues and raising the subject of the CPCE's ecumenical model, as recommended by the Budapest General Assembly. The first of these consultations will take place in the spring of 2013. In light of the fact that in recent years the official Roman Catholic standpoint has repeatedly been extremely critical of the CPCE's understanding of church and unity, we wholeheartedly welcome the opportunity to enter into direct discussion of these ecclesiological matters with the Roman Catholic Church.

The Leuenberg Agreement (LA 49) states that doctrinal discussions should also be »set within this wider context«, namely the community of Protestant churches as part of the broader community of the Church of Jesus Christ on Earth. This principle applies in two directions. First, it explicitly encourages us to invite representatives of other traditions to the doctrinal discussions, and indeed inter-confessional participation is also envisaged for the doctrinal discussions proposed by the Council for the forthcoming session. At the same time, the conclusions reached in the recently completed doctrinal discussions should undoubtedly be put to good ecumenical use, and the points clarified in »Scripture, Confession, Church« and »Ministry, Ordination, Episcope« can now be incorporated into any ongoing and future inter-confessional dialogues.

To date, deliberations have focused on inter-confessional ecumenism within Christianity and the traditional dialogues between the mainline confessional traditions.

The Budapest General Assembly was in 2006 already aware that the pluralisation trends emerging throughout Europe would soon present challenges of a new dimension to our church community, even if at that stage the imminent task was not yet tangible enough for the production of a concrete strategy. Nonetheless, since then various opportunities have arisen for the CPCE to tackle the issue of »Pluralisation in Europe«, in three different contexts:

1. The CPCE seized the chance to present its stance on inter-cultural dialogue when the institutions of the European Union issued a call for engagement in this field.

2. It has addressed the issue of migration and the corresponding effects on the community of churches in cooperation with the Churches' Commission for Migrants in Europe.

3. It has considered afresh and reiterated its stance on Judaism, as set out in the Leuenberg Text »The Church and Israel«.

The question of the CPCE's stance towards Islam is also an issue of growing importance. Our deepening links with our sister community, the Fellowship of Middle East Evangelical Churches, also highlight this issue of the Protestant position on Islam. Whilst the member churches have certainly been considering the subject, there has yet to be any comprehensive deliberation at the level of the CPCE.

The more non-Christian religious communities not only settle as guests in Europe but begin to claim domestic status here, the more questions arise concerning social integration as a whole as well as the churches' own issues concerning the nature and potential form of interreligious relations. The CPCE has not adopted a formal position to date on the issue of dialogue and theology between the different religions. But as churches with a common commitment to witness and service it is absolutely vital that we come together in the CPCE in the very near future to reflect upon a Protestant view of the plurality of religions, particularly in its European context.

This is an appropriate point to consider encounter between Christians from different backgrounds in Europe and the considerable increase in congregations and churches formed by immigrant communities. Time and again we experience these Christians' desire to make contact with the churches of the CPCE. The theological basis and structure of their churches often bear signs of the influence of the Reformation, even if they are not necessarily affiliated with the mainline churches and their traditions or world communions. As a result of these processes of globalisation and migration, the CPCE churches are realising that many of the new Christian congregations have little or no connection with their traditional ecumenical partners in other countries, with many of the migrant congregations demonstrating Pentecostal or charismatic characteristics. Thus it should be important for the CPCE to discover the reactions of our member churches and congregations to these local developments. Are we happy to make contact and work together? Do we act as generous, proactive hosts and reach out to these neighbours? To what degree do we perceive these new arrivals as a positive challenge and enrichment for our communities? Or do we consider them a threat to our own identity? Which theological questions arise in the event of co-operation?

Our Agreement commits the signatory churches not only to pulpit and table fellowship and theological discussions, but also to joint witness and service. The service that we perform to and for each other is not dependent upon absolute concordance in issues of dogma. The contact with migrant Christians and their congregations cannot follow traditional forms of dialogue in light of the individuality and diversity of these counterparts. This is an important issue that affects all member churches of the CPCE and presents it with a challenge, for which we need to determine appropriate forms of action. In this respect the incoming Council will need to consider the degree to which a study of »Migrant Christianity in Europe« might form an appropriate basis for furthering our common commitment to joint witness and service.

Over the years, inter-confessional dialogue has never ceased to present us with new challenges and sources of inspiration to repeatedly consider afresh our own understanding of the church and model of unity along with its particular strengths and weaknesses.

The ecumenical ideal of unity in reconciled diversity stands at the heart of our church community. It is something that we really cherish. This model has certainly proved itself over time, but we should try to not automatically perceive it as an impediment to investigating any other positive approaches to increasingly visible unity. At the least, the concept of *unity* should be consciously emphasised within our reconciled diversity. We must make every effort to strengthen and consolidate this sense of unity that is becoming so increasingly evident. In this respect it is imperative that we ask ourselves just how we can enrich our existing experience of a living community even further.

It is in this spirit that we would urge the CPCE to continue and ensure its pursuit of dialogue with others as a means of strengthening this increasingly evident unity and for the sake of witness and service to humanity. This form of external dialogue inspires confidence and tangible fellowship within our Community of churches, whilst at the same time helping us to avoid the pitfalls of complacency and isolation.

## 3 A PROTESTANT VOICE IN EUROPE

At the last two General Assemblies of Belfast 2001 and Budapest 2006 it was agreed, in accordance with the Leuenberg Agreement's principles of joint service and witness to the world, that »the aim is to discuss together the theological and ethical aspects and the humanitarian consequences of political decisions from the perspective of the gospel, to bring Protestant voices together on fundamental questions, and to allow them to speak and be heard in the European public arena« (»Reconciled Diversity – the Mission of the Protestant Churches in Europe«, Final Report of the 5th General Assembly, Belfast, 2001). The Budapest General Assembly reaffirmed this decision, urging the active involvement of Protestant churches throughout Europe on political, social and economic issues, and recommending cooperation with the Conference of European Churches (CEC).

This intent and the corresponding resolutions have proved their durability along the path from Budapest to Florence. The CPCE has consistently produced keynote reports and issued valuable statements on many socio-ethical and key political issues in Europe and by this means strengthened a joint Protestant profile.

The study »Stand Up for Justice – Ethical Discernment and Social Commitment of the Protestant Churches in Europe« stemmed from a resolution passed at Budapest »to seek appropriate ways and means to work on the theme of ›The Protestant churches in the face of the new challenges of social justice‹«. The CPCE Council entrusted this study to a group of young theologians and academics from other disciplines as delegated by the member churches, and the resulting report demonstrates the many different ways in which Europe's Protestant churches have engaged with social and socio-political issues. The authors evaluated some 150 different documents and position papers produced by our member churches as a means of investigating the core elements of the positions adopted on socio-ethical matters by Protestant churches throughout Europe in recent years. This report will undoubtedly now provide a strong foundation for the continuation of the CPCE's activities in this field.

»A time to live, a time to die« is the name of the guide issued by the Council of the CPCE regarding life-shortening actions and care for the dying. This report was compiled on the basis of an intensive process of consultation amongst the member churches in response to the paper that had previously been produced and circulated by the expert group on ethics. It lays out the different positions adopted by the churches within this contemporary political and social debate, also providing a theological and sensitive pastoral approach to the medico-ethical dilemmas involved, such as the withdrawal of life-prolonging intervention, palliative care, and assisted death or suicide.

This intensive process and the resultant guide provide a good example of a vital and constructive discourse between European Protestant churches, which is felt way beyond the metaphorical walls of our churches. Demand for this brochure, which has already been translated into many different languages, demonstrates not only its significance for the broader debate but also that different ethical standpoints within Protestantism are often founded to a lesser degree in theological or even confessional differences than in the prevailing historical and cultural context.

The CPCE has been very well represented by the expert group on ethics and the Council in respect of strong ecumenical concentration on the controversial issue of human rights. In 2008 the Russian Orthodox Church (ROC) published a position paper passed by its Holy Synod entitled »The Principles of the Russian Orthodox Church on Human Dignity, Freedom and Rights«. It argues for an understanding of human rights corresponding with its own biblical and ecclesiastical positions but ultimately conceding priority to national cultural traditions. This document does not depict human dignity as an inalienable and inviolable gift from God to humanity, but human dignity is increased or decreased according to individual moral behaviour. The ROC's position paper transforms the concept of human dignity into a moral category and thus cannot be perceived as the foundation for unconditional protection against human violations of it.

The ROC invited other Christian churches to consider and discuss its position. The CPCE accepted this invitation and duly published the Council's response to the ROC's declaration in 2009, entitled »Human Rights and Christian Morality«, in which it outlines another conception of human dignity and human rights. The Protestant perspective considers that all human beings are accorded human rights on the basis of the dignity bestowed upon them by God. The foundation of this unique dignity arises from humans being created in the image of God. Just as this dignity is not bestowed by any worldly authority, neither can it be revoked by such a force; it is inviolable, inalienable and indivisible.

The discussion of this issue was later intensified in 2011 at a joint seminar at the Protestant Academy in Bad Boll, co-organised by CEC, during which a degree of convergence and mutual understanding was achieved alongside the clarification of differences of opinion. It was most apparent here too just how much the prevailing cultural environment influences the respective interpretation of human rights. This discussion is immensely important in ecumenical and social terms. The way the churches interpret the value of human dignity and human rights is key for their own self-understanding. Those voices from secularised Europe that continue to argue that human rights had to be fought for and won *against* the Church must be carefully countered by appealing to the Protestant view of humanity, that in itself is the foundation of an individual, original and positive relationship with human dignity and human rights.

Since taking up office in 2006, the Council and Presidium have regularly spoken out on fundamental European policies in line with their mandate, for example in the case of the draft Treaty establishing a Constitution for Europe. Their 2007 statement of a Protestant position welcomed the definition in the draft treaty of the fundamental values of human dignity, freedom and solidarity, justice and reconciliation, equality and mutual respect as the foundation for European policy-making.

In support of the designation of the year 2008 as the »European Year of Intercultural Dialogue« and in response to the White Paper adopted by the Council of Europe that year, the CPCE Council emphasised the important role of religions in this dialogue: »A precondition for intercultural learning is having knowledge about one's own religious and cultural identity.«

When the EU's Lisbon Treaty came into force in 2009, the CPCE issued a press release stressing the concern of Protestant churches that »the EU develops further into a community of shared values«. It pointed out that »for more than 35 years the churches have been living and working together according to the principle of unity in reconciled diversity.« The Protestant churches »have something to give Europe, and they are ready to do so«. However, the CPCE felt obliged to refer once again to the continuing »democratic deficit« within the EU and the need for people »to be heard and involved«.

»Meeting the Crisis« was the title of the statement issued by the Presidium on the eve of the EU summit held in Brussels in December 2011 to discuss the financial and debt crisis in Europe. In it the CPCE highlighted its view of the fundamental issues arising from the widespread deep uncertainty amongst Europe's citizens and the corresponding loss of faith in the institutions. »A national and social lifestyle based on apparently unending credit had reached its limit,« it said. The debt and budgetary crisis, preceded as it was by a financial and banking crisis, had exposed a massive injustice with profits being privatised whilst losses and risks were passed on to wider society: »It is a profound Christian conviction that a crisis is also a call for a change of course and new reflection.«

The Presidium was able to call upon the support of the expert group on ethics during the preparation of such statements on European and socio-ethical affairs, demonstrating the group's great value to the CPCE.

Another valuable move has been the delegation of a member of the CPCE's personnel to the Church and Society Commission within the Conference of European Churches (CEC) in Brussels. By this means we have been alerted far more quickly to the emerging issues in European politics and society, as well as being able to represent Protestant opinion in the CPCE's contributions to socio-ethical debate there. The Council hopes that this very positive and intensive form of cooperation can be continued along the same lines in the wake of the reorganisation process currently underway in CEC. In any case we will still need to consider how the

Protestant voice in Brussels can in future be raised and further amplified in this ecumenical setting.

## 4 Impetus 2017: Reform and Reformation

The momentum for »church reform« has continued to gather pace since the last General Assembly for quite obvious reasons: many of the regions of Europe are becoming mission fields once again. The churches are forced to respond to a situation in which the key elements of Christian faith are no longer widely understood. Congregations are shrinking, which reduces the scope for staff and budgets. The churches must instigate reform if they wish to meet the challenges now facing them in the 21st century, a point on which there is fortunately consensus throughout the CPCE member churches. At the same time, however, reform efforts are perceived as an enormous challenge to the way we understand ourselves as churches. The debate surrounding church reform inevitably raises the question of identity, whether this is voiced aloud or not.

Questions like these:

What does reform involve for churches who perceive themselves as following the traditions of the Reformation?

To what extent is it possible to trace fruitful impulses from the Reformation tradition when analysing the reform processes in the churches?

Does the perception of renewal as an ongoing responsibility for Protestant churches play a special role in these processes?

During its period of office since Budapest, the CPCE Council has paid particular attention to setting church renewal within the context of Protestant understanding of the church and reflecting upon it from an ecclesiological standpoint. In 2009 it commissioned a study to analyse and evaluate the ongoing reform processes in its member churches.

This task was deliberately given to young ecumenically-minded members of our churches. The study that they have made is entitled »Ecclesia semper reformanda« and it will be presented here for discussion by the General Assembly.

The study was structured according to distinct individual phases, with the participation of the member churches being sought from the very outset so that they could present their plans and the results of their ongoing reform processes. They also appointed the delegates to the study group, all of whom were not to be older than 35. In this respect the Council reflected the Budapest General Assembly's call for the greater involvement of the younger generation in the CPCE's projects and was quite keen to do so following the extremely positive example set by the similarly youthful team that had worked so successfully on the report »Stand Up for Justice«. The CPCE needs younger talent! And it is no exaggeration to say that they relish the experience.

Alongside the research programme »Ecclesia semper reformanda«, the Council has launched a complementary project entitled »Europe's Churches Turn to the Future«. In 2010 the Evangelical Church in Germany (EKD) approached the CPCE with the idea of organising a European conference on issues relating to church reform at the 2012 General Assembly. We were very happy to oblige and will now be dedicating two half-day sessions of the General Assembly to this subject. The session on »Europe's Churches Turn to the Future«, prepared in close cooperation between representatives of the CPCE and members of the EKD's working party on the process of reform, will provide the first pan-European forum for the discussion of renewal processes within the Protestant churches.

Here in Florence we are going to look at a number of case studies that demonstrate the confessional diversity of Protestant churches throughout Europe and ask what is specifically Protestant about these various reform efforts. We will then try to discern any positive new perspectives, trains of thought and practical approaches that can be gleaned from the changes that the Protestant churches have been implementing. We are all invited to experience this chance to discover new and perhaps unexpected insights into potential courses of positive action amongst our churches that will awaken us from any threatening fatigue and lethargy.

The forum »Europe's Churches Turn to the Future« directs the spotlight towards the events planned for 2017 to mark the 500th anniversary of the dawn of the Reformation in Wittenberg, which promise to be a quite spectacular event. In 1517 Martin Luther's criticism of indulgences and the debate surrounding his Ninety-five Theses unleashed a movement of massive persuasive potential that was destined to accelerate, intensify and broaden the upcoming process of church reform in unforeseeable ways. The Reformation had a fundamental affect on the course of European history and the churches located there. It was these efforts to reform the *one* Church of Jesus Christ on the basis of the Gospel of justification by faith alone that formed the Protestant churches.

The CPCE will assume particular responsibility for the 2017 anniversary, alongside those nationally based efforts already in preparation in Germany and other European countries. It alone can focus on the European dimension of the Reformation. And it is the only organisation with the facilities to organise the Reformation anniversary at the European level. It gives us great pleasure to observe the meticulous anniversary preparations that are already underway amongst churches in Germany, and the EKD's head start undoubtedly sets an example for similar efforts by Protestant churches in other countries.

Over the last few years the Council of the CPCE has carefully considered how the anniversary of the Reformation could be commemorated appropriately at the European level. We will be presenting the project »Europa reformata: 500 Years of Reformation« to this General Assembly and proposing its adoption as one of our forthcoming areas of work. We are hoping to gather further ideas and suggestions from the delegates here as to how we, the CPCE, can communicate the true magnitude of the Reformation to the wider public of Europe und prepare events that truly befit the 2017 commemoration of the Reformation. We must take care to avoid Reformation nostalgia or folklore, nor seek the promotion of Protestantism at the expense of others. Instead, we will have to reflect on the complex diversity of the Reformation and extend our attention beyond Martin Luther and the Reformation's roots in Wittenberg. Current research indicates that the Reformation should be regarded as historical process of far-reaching magnitude: an impulse for modernisation that arose in the 16th century with a multitude of efforts for renewal in ecclesiastical, social and political spheres, in numerous towns, cities and regions throughout all Europe. We must also examine the »pre-Reformation« movements that emerged almost simultaneously during the second quarter of the 16th century, first in Zurich and Wittenberg, then in Geneva, highlighting those particular milestones and then the ensuing course of the European Reformation towards forming the different confessions and religious groups.

We certainly cannot rest with a purely historical representation of the Reformation, so we must select and expand upon those elements which inspire us most in our contemporary circumstances. The nucleus of the life of the Church is the liberating force of the Gospel. It is from this that the Christian Church grows, that it gains constant inspiration for renewal. The Churches of the Reformation have always been bound together in their witness to the Gospel, whatever their differences and contradictions. This forms the basis for our church fellowship, which the churches of the Reformation declared to each other with the Leuenberg Agreement in 1973 - a fellowship in witness and service to the world to which we still feel called today and which has brought us together here in Florence for the 7th General Assembly of the CPCE.

## 5 Outlook and thanks

The Council and Presidium have made every possible effort to deepen and strengthen cooperation within the CPCE and consolidate its European position. And we are happy to see that the CPCE has grown in importance for the theological activities of its member churches and that there is now more cooperation among the latter. The theologically based ecumenical model of »unity in reconciled diversity« has proved to be a solid foundation for growing fellowship and continues to present ample challenge for the entire ecumenical movement. The CPCE has grown into a major ecumenical partner, and is a prominent figure for an interested public as an audible voice of European Protestantism.

The CPCE is a network of people and churches that all contribute in many different ways to our varied, lively church community. We are very grateful to the member churches for taking their own initiatives, which have increased awareness and deepened the sense of affinity within European Protestantism. We thank you all for your financial support and for the loan of your colleagues, without which the limited resources of the CPCE's office in Vienna would never stretch far enough to complete the necessary work. One of the tasks facing the incoming Council will be to seek a means of securing longer-term financing for the CPCE, through the assistance of all member churches who can afford to help.

We wish to express our gratitude to all those wonderfully committed people involved in making such a success of the regional groups, doctrinal conversations and working parties, seminars and conferences. We thank the General Secretary, Bishop Dr. Michael Bünker, and the entire office team for their extensive and competent efforts. The office relocation from Berlin to Vienna proved to be a very good move. The Evangelical Church of the Augsburg Confession in Austria, its church leadership and office kindly offer the CPCE the most excellent working conditions, and we are extremely grateful for this successful cooperation. We have frequently delighted in the proverbial Viennese hospitality, their charm and delightful serenity, all of which have been sources of great motivation and enjoyment in our work together.

The members of the Presidium are also keen to express our very special thanks to the members of the Council for their friendly and enthusiastic support. The fellowship and human warmth that we have experienced in our work alongside the Council have constantly inspired and invigorated us. Time and again they have demonstrated to us so clearly that church community proves itself in enthusiastic cooperation and our mutual commitment to the Gospel.

*Michael Bünker*

# A Sense of Possibility and a Sense of Reality

## The General Secretary's Report

### Introduction

Ladies and gentlemen,
dear sisters and brothers,
Many people like to think of Austria as the land of the grammatical subjunctive. If we were (subjunctive mood) in Vienna right now, my report would (conditional tense) probably open with the following words:

*»The General Secretary would now be ready and could commence his report, which you would patiently listen to, and which might really catch your attention here and there, wherever the report might refer to certain points that could be of particular interest to you.«*

Just a linguistic idiosyncrasy? A phenomenon of linguistic flight from the reality of over 700 years' Habsburg hegemony that not only Protestantism but also Florence was forced to endure from the 16th century until 1861? Or a natural reaction to the impossibility of an ethnically, culturally and religiously diverse European great power, despite its undeniable reality? You might understand if I were to suggest that in this respect Austria's own experience – just possibly! – was a precedent for what Europe is encountering right now. How much easier to remain in the realm of possibility than to be confronted with the impossibilities presented by harsh realities.

Robert Musil's *Man Without Qualities* warns us most urgently against the folly of parallel action. For this reason we have taken great care to differentiate the focus our reports: the Presidium has addressed matters of strategy, whereas it is my role to attend to operative issues. Whilst these respective areas can be readily distinguished within an organisation, it is not necessarily always quite so easy to separate the two. So I must kindly request your patience should I happen to repeat any name, term or issue already covered by the Presidium.

## From Berlin to Vienna

The start of 2007 saw the relocation of the CPCE's Office from Berlin to Vienna, marking the end of a 19-year era during which the work of the CPCE's Secretariat had lain in the capable hands of its longstanding Secretary Dr Wilhelm Hüffmeier, President of the Church Office of the Union of Evangelical Churches, flanked and ably supported by Rev. Dr. Christine-Ruth Müller and multilingual administrative assistant Hera Moon. The CPCE's Study Secretary, Prof. Dr. Martin Friedrich, Minister of the Evangelical Church of Westphalia, accompanied the move from Berlin to Vienna, providing a valuable source of continuity during this period of transition. His luggage contained not only all of the work completed thus far by the CPCE but, alongside that, the long to-do list, numbering no less than 29 directives as passed by the General Assembly in Budapest for the attention of the Council and Office.

The move to Vienna had a very tangible effect on the three Austrian CPCE member churches. The Evangelical Church of the Augsburg Confession, the Evangelical Church of the Helvetian Confession and the Evangelical Methodist Church have intensified their cooperation quite considerably since then, to such an extent that today ministers are freely exchanged amongst them and a much broader awareness of their presence has been achieved both in church circles and in the public realm, a considerable achievement for what in numerical terms are minority churches. The fact that the first session of the Council in January 2007 was concluded with an official reception hosted by the Vienna City Authorities at a wine tavern selling new wine (where else?) is but one sign of this new stature. This aptly affirms the principle stated in the Leuenberg Agreement (LA): »It is in the life of the churches and congregations that church fellowship becomes a reality.« (LA 35). In this respect – and I say this as Bishop of the Evangelical Church of the Augsburg Confession – it really is a stroke of luck indeed for a member church to be fortunate enough to host the CPCE Office. But does the opposite also apply? Karl Kraus (1874–1936) once claimed that Austria is the »test laboratory for world destruction« – and numerous historical events seem to support his hypothesis. On the other hand, Friedrich Hebbels (1813–1863) declared Austria to be »the small world that stages the whole world's dress rehearsal.« Whose word, then, more aptly summarises the CPCE's activities from its base in Vienna? Far from any parochialism or bias, I would pin my hopes not on the native Austrian Karl Kraus of Bohemia, but much rather on the immigrant from Northern Germany, Friedrich Hebbel.

## Statute and membership

The statute passed at the Budapest General Assembly provided a new basis for the future work of the CPCE. In organisational terms this meant significant progress from a group of signatories to a pan-European organisation with clearly defined rules of membership. The relevant resolutions were incorporated into the rules of procedure for the Council and Office, and their efficacy was subsequently put to the test by the submission of two new applications for membership of the organisation. Once the Council had composed guidelines for membership of the CPCE, the Independent Evangelical Reformed Walloon-Dutch Church of Hanau was able to join as an independent member in 2012, as well as the Evangelical Lutheran Church of Ecuador. It might seem paradoxical that the number of member churches has actually decreased in the meantime, but this statistic is explained by the increasing number of mergers amongst hitherto separate churches, for instance in Alsace-Lorraine, the Netherlands, France, Argentina and Central and Northern Germany. The fact that the Leuenberg Agreement itself provides the appropriate framework for any such associations of course means that these developments are positive results of this church fellowship. Membership of the CPCE also entails a commensurate commitment towards supporting the work of the organisation, whatever or however modest that effort might be.

## Finances

The CPCE's budget is quite manageable purely in terms of its size. However its actual financial governance is a quite complex undertaking, performed – alongside many other organisational demands – by the CPCE's office manager, Evelyn Martin. The degree of complexity arises in the main from the diversity of financial contributors, but of course it is compounded by ongoing developments in finance and banking at a European level. By far the largest resource is represented by the colleagues – currently five – working for the CPCE's Office, each of whom has been seconded by his or her respective church, generally for a fixed term. The organisation's total monetary income, which stems mainly from membership subscriptions and donations from individual member churches, has risen by approximately 10% since 2007 from € 204,870 to € 225,400. The biggest contributor by far is the Union of Evangelical Churches in the Evangelical Church in Germany. This steady income enables the CPCE to cover the cost of more personnel and to finance its ongoing work. Internal cost control is performed by a finance committee composed of Helen Gucker-Vontobel (Zürich), Doris Damke (Bielefeld) and the Legal Commissioner of the Council of the CPCE, Dr. Joachim Christoph (Hannover). The annual accounts are subject to external scrutiny and certification by an independent Austrian chartered accountancy firm to ensure that funds are used correctly.

## Youth involvement

The Budapest General Assembly was keen to promote the involvement of younger people in the work of the CPCE and to invite more young theologians to contribute their own experience and expertise. We will witness the direct results of these efforts in the form of two reports that are to be presented to this General Assembly, entitled »Stand up for Justice« and »Ecclesia semper reformanda«, and a number of the young contributors are also in attendance. For the first time here in Florence we will benefit from regular stewarding services, kindly funded by the Church of Norway, performed in close co-operation with the Centro Melantone and practically assisted by the activities of a team of young theologians preparing for ministry, and other pastors, most of whom are supporting the Office staff for an annual secondment. This team is responsible, amongst other things, for the extensive representation of the CPCE at the German Protestant Kirchentag, the 3$^{rd}$ European Ecumenical Assembly (in Sibiu/ Hermannstadt, 2007) and at the regional central European Christian Encounters (Dresden 2011 & forthcoming Wroclaw in 2014). Kristina Michaela Herbold and Paul Henke from the Evangelical

Lutheran Church of Hanover, Dr. Florian Herrmann from the Evangelical Lutheran Church in Bavaria and Mario Fischer from the Protestant Church of Hesse and Nassau have gained considerable experience along the way, which will no doubt serve them well in their future ministries as well as their respective churches, which initiated their secondment to the Office.

## Europe

The Budapest General Assembly advised intensifying cooperation with the Conference of European Churches (CEC), particularly in respect of social, ethical and European policy issues. At that time – in September 2006 – the CPCE was chief co-ordinator for the »Healing of Memories« Project initiated in Romania on the basis of the Charta Oecumenica. Responsibility for this project was then transferred back to CEC in 2007 following the 3rd European Ecumenical Assembly, before ultimately being passed over to the Romanian churches in question once they had established the appropriate Foundation. As part of the preparations for CEC's 2009 General Assembly in Lyon, the CPCE's Office organised a preconference for Protestant Churches in Vienna. The CPCE will host another preconference in Vienna in April 2013, this time in respect of the CEC Assembly scheduled for July 2013 in Budapest, to deal mainly with the structural reform process launched at the Lyon Assembly. Close personal ties exist between CEC and the CPCE, and we are delighted to welcome here amongst us the new General Secretary of CEC, Dr. Guy Liagre, who had already registered for Florence in his capacity as a proxy member of the CPCE Council and as a delegate of his own church. An institutional tie also exists via our representative of the CPCE within the CEC's Church and Society Commission based in Brussels. From 2004 until 2010 this role was performed by Dr. Dieter Heidtmann, a minister of the Evangelical Lutheran Church in Württemberg, who was then succeeded in 2011 by »our man in Brussels«, Rev. Frank-Dieter Fischbach from the Evangelical Church in the Rhineland.

At its 5th General Assembly in Belfast in 2001, the CPCE formally undertook to »bring Protestant voices together« in Europe. In this respect I would like to cite the recent statement entitled »Meeting the Crisis«, framed and then publicised by the Presidium on 7 December 2011, on the eve of one of the numerous crisis summits of the heads of state or government (European Council). This is how the Presidium fulfils its statutory duty (§ 3.4) as external representative of the CPCE. Considerable assistance is provided by the group of recognised experts at our disposal for the formulation of socio-ethical standpoints, be it facilitating competent work on reference materials such as »A Time to Live, A Time to Die«, or the more spontaneous correct wording of statements in respect of current affairs. I should also mention here that the CPCE's Expert Group on Ethics has now welcomed a representative of the Baptist Church, Dr. Parush Parushev, as a tangible result of the agreement reached between the CPCE and the European Baptist Federation.

## Public relations

The public relations work of the CPCE has massively improved over recent years in response to the relevant Council resolutions and thanks to the staunch support of the Presidium and the professional expertise of Thomas Flügge. Until the beginning of 2011 he worked part-time as CPCE press officer; developing new communication channels such as the *focus* magazine and restyling and modernising existing media such as the CPCE's website. Another example of his work is the realisation of a web-based pan-European news hub (»European Protestant News Network – epnn«), which is also on the social network Twitter. Since spring 2011 Thomas has continued to work for the CPCE on a consultancy basis. His successor in the role of Public Relations Officer is Ingrid Monjencs, who, upon assuming this position in June 2011, immediately rose to the considerable challenge of preparing and supporting this General Assembly. Sadly, the CPCE's long-term, trusted publishers, Otto Lembeck of Frankfurt/Main, had to file for insolvency and ultimately closed down. Instead the CPCE has now begun to develop a very positive working relationship with the Protestant publisher Evangelische Verlagsanstalt (EVA) of Leipzig, the first fruits of which can already be sampled here in the new edition of »The Church of Jesus Christ«, the first of by now twelve volumes in the series of Leuenberg Texts (LT). Further volumes are in the pipeline, first and foremost the proceedings of this General Assembly.

## Worship

»The CPCE is essentially a worshipping fellowship« – these are the opening words chosen by the Co-Presidents to present their Final Report to the Budapest General Assembly, thereby focusing from the very outset on the fundamental purpose of this church fellowship as laid down in the Leuenberg Agreement: »In the sense intended in this Agreement, church fellowship means that, on the basis of the consensus they have reached in their understanding of the Gospel, churches with different confessional positions accord each other fellowship in word and sacrament and strive for the fullest possible co-operation in witness and service to the world.« (LA 29). And indeed the element of worship within this church fellowship has certainly provided the main emphasis in the work of recent years; carefully attended to in the Council and Office until August 2010 by the CPCE's Officer for Liturgical Matters Dr. Peter Bukowski, with the able support of Rev. Dr. Florian Herrmann, and since then by Rev. Adel David from the Evangelical Lutheran Church in Hungary, whose post is sponsored by the Evangelical Lutheran Church in Bavaria. In spring 2011 the CPCE began participating in the liturgical conference of the Evangelical Church of Germany and also in the revision of the lectionary, a project organised by the Evangelical Church in Germany, the Union of Evangelical Churches in the EKD and United Evangelical Lutheran Church of Germany. The Office held a CPCE service of worship at the 2nd Ecumenical Kirchentag in Munich in 2010, as well as a service in celebrating the »20th anniversary of the opening of borders« in Sopron, Hungary, in July 2009. We were particularly concerned to emphasise the experience of church fellowship in joint worship as a core element of this General Assembly. And I am happy to report that three regional study groups chose worship as the subject of their discussions: the Northwest Group examined »Quality of Worship« in February 2010; the Southeast Europe Group spent a number of years producing the report »Anchor in Time«, which is being presented here at this General Assembly; and the emerging Northern Group as part of a consultation process that took place during 2010.

## Regional groups

The work of the regional groups represents an important and real form of church fellowship. Above and beyond the opportunities they provide for networking, conferences, exchange of ideas and thoughts and as forums of collective activity, they in themselves are regional church fellowships of genuine ecclesial quality. The regional groups have developed in a very positive direction over recent years. At the Budapest General Assembly it was decided that regional groups must clearly define their parameters by means of individual agreements with the Council. In addition to those regional groups that were already operating by 2006 – the aforementioned Southeast Europe Group and the Northwest Group – a third, the Conference of Rhine Churches, was established and concluded an agreement with the Council of the CPCE in 2008. A Northern Group is also currently in the process of being established and is envisaged as a meeting point for the member churches within the Porvoo Communion alongside those of the CPCE. This group would then not only provide the most suitable forum for the member churches of the CPCE from the British Isles, but it is highly likely that the participant, non-signatory Evangelical Lutheran Churches of Sweden and Finland might also find a home there. The recently formed Evangelical Lutheran Church in Northern Germany (est. May 2012) can also be counted on for yet further ideas and support for such a regional group.

It was particularly gratifying to learn of the intention of the Conférence des Eglises protestantes des Pays latins d'Europe (CEPPLE) to form its own regional group of the CPCE. The appropriate agreement is now almost ready for signature, heralding an important means of developing closer fellowship amongst the numerically small churches of the diaspora in the countries speaking Romance languages, as well as a stronger attachment to Protestantism throughout Europe. The regional groups are supported by the Office's Church Relations Secretary: Rev. Dr. Jochen Kramm from the Evangelical Church in Hesse and Nassau performed this role from 2008–2011, followed by Rev. Dr. Bernd Jaeger from the now merged North Elbian Evangelical Lutheran Church, who joined the Office staff in July 2011 and has been responsible for communications with and between the regional groups since then.

## Consultation on education

Consultation processes aid understanding between the member churches and assist in the formation of opinions. Their aim is to collate the various voices within European Protestantism and to formulate a common stance wherever possible, as on numerous occasions since 2006. I would like to cite »Education« as my example here, the subject of a policy resolution passed by the 6th General Assembly in Budapest. The Council has decided to implement this resolution by dual means. On the one hand the CPCE has published its own book on the subject, to be presented here, in which the various confessional and regional contributions will demonstrate the consistently strong links between Protestantism and the development of a comprehensive system of education. On the other hand, a consultation was carried out in September 2011 in co-operation with the Protestant Academy of Tutzing, enabling the CPCE to exchange views with those responsible for educational matters within the individual member churches and European Protestant educational institutions. It became quite evident that it is of paramount importance to continue working on the issue of education, considering that it is precisely this field, e. g. through the education offered in the Protestant schools, that Protestantism can make a considerable contribution to the future of Europe. The incoming Council will need to consider how this vital concern should be addressed in the coming years.

## Witness and service

A new field of activity has emerged for the CPCE at the suggestion of the Gustav Adolf Werk organisations (GAW) in assuming the management of the association of Protestant Diaspora Aid Organisations in Europe (AGDE). Its focus lies within southeast central Europe, and it brings together a large number of diaspora churches and their relief efforts. This area of activity offers the CPCE the opportunity to develop and reinforce the tangible services provided by the church fellowship. Its future viability will depend upon the individual churches involved. Dr. Andreas Hess, the long-term Eastern Europe officer in Swiss Interchurch Aid (HEKS), has voluntarily provided CPCE support in the coordination group for the Gustav Adolf Werk organisations and the diaspora organisations in Brazil and Europe since March 2011. It has been agreed that proposals concerning the continuation of these efforts will be submitted for the Council's consideration in 2013, once this activity has been evaluated.

## Operations

The way the CPCE operates has changed and developed quite significantly in recent years. Numerous instances of co-operation, new forms of ecumenical dialogue and a greatly increased public presence all bear witness to this progression. The Council and Presidium function as competent and effective executive bodies, supported in their efforts by the quality control afforded by the expert groups on ethics and ecumenism as well as those tasked with specific responsibilities by the Council. In terms of the number of delegates, the General Assembly has been trimmed down in accordance with the decision made at Budapest and is implementing various new conference methods. We are also witnessing a record level of representation from the member churches at this General Assembly. This would be the appropriate point to express our particular appreciation and gratitude to Dr. Jochen Kramm, who has spent the whole of the last year preparing for this General Assembly, which has been more than a full-time job. Plenty still lies ahead of us, e. g. expanding public relations and securing a sound financial basis for the future. Successors need to be identified for outgoing staff members as of January 2013, and here the Office is reliant upon the support provided by the member churches, so I am taking this opportunity to already issue a sincere appeal on behalf of the incoming General Secretary. The CPCE is what its members want to and can make of it. The fact that this model of church fellowship is a tangible reality with considerably more untapped potential, precisely because of its theological foundation, should be ample reason for the Protestant churches of Europe to commit themselves even more energetically in – and for – the CPCE.

## Conclusion

Ulrich, the *Man Without Qualities* and protagonist of Robert Musil's great novel, has a special relationship with religion. As you've undoubtedly spotted, I'm returning to my opening remarks, signalling the conclusion of my report. The *Man Without Qualities* is a »believer, who simply believes in nothing«. He is the *homo optionalis*, who wanders around in such endless possibilities that he is not even able to furnish his own apartment: there's always another possibility! Musil created a very modern, contemporary character. He is religious, but deep down he has no beliefs. As purely a »person of possibilities« he represents the »dormant intentions of God«. What he is missing is the Gospel, the Gospel that is real in a deeper sense, more real than any empirically quantifiable reality. I consider it to be a particularly special gift that we can and should offer this Gospel to all those *homines optionales* seeking a path of understanding and decision in today's Europe. In whichever ways our individual churches might and do differ, we are totally united in our mission to preach the message of reconciliation with God.

*Michael Beintker*

# Free for the Future

## The Protestant Churches between Reform and Reformation

### 1 How Free are we for the Future?

»Free for the Future«: so runs the theme of this 7$^{th}$ General Assembly. »Free for the Future«: that sounds decisive and courageous. For which of us can - just like that - claim for themselves that they are free for the future? After all, it is not even obvious that we are free for the present. How quickly we miss today and live past it! And now freedom for the future is being asserted as well.

Those who came to Florence with the feeling that this theme not only includes opportunities but is also full of risks, that with it we are saying more than we are really entitled to, sense something that is true. The future is a risky theme. The future, even that future which we can project by our human judgment, comes towards us as the great unknown. Which future do we mean after all? Are we talking of 2014, driven by the uncertainty whether Europeans in the coming year will have found a passable way out of their financial and political crises? Are we thinking of 2017, inspired by the idea of a splendid Reformation anniversary? Do we visualize the year 2073, when the Leuenberg Agreement will be a hundred years old? Or are our thoughts travelling on to the year 2112 to wonder whether our General Assembly will still be remembered then?

2014, 2017, 2073 or 2112 – we could continue this game with significant anniversaries in all directions. By the measure of the intervals between historical stages or against the vast time-scale of the Psalms, for which a thousand years before God are like yesterday (Ps 90:4), we are if anything being rather restrained with our dates. We are sticking to our temporal perspective. Yet everyone knows that this perspective includes a massive bundle of worries and cares. According to Martin Heidegger, the mode in which humans relate to the future is not freedom but »care« (*Sorge*). We take care for the future and we worry about the future. Our care lives in many varied forms: in being responsibly careful for the future, in caring for someone, in taking care to get something needed, but also in worry and care. Against that, Jesus set his clear-cut »Do not worry!« (Matt 6:25–34); it is enough that every day brings its own troubles (Matt 6:34).

When our cares take us captive and we can suddenly no longer control them, *angst* surges up and lames us. Then we can experience the very opposite of freedom in facing the future – no longer the life-affirming courage which is the mark of freedom for the future, but the scared flight from the future. We avoid so far as we can all thought of tomorrow, dream rather of yesterday, of an apparently better past - back to traditions promising security, looking almost like a paradise from which we have just been driven. Then we can clutch our traditions like an anchor, for instance those of our liturgies, of our church constitutions and orders of ministry, or of our dogmatics and ethics. Against the distracting opaqueness of the future the standards of the past promise a comforting foothold. There are plenty examples of that in the churches.

It is already a treasure to be *free* and to live the freedom for which we have been made free in faith. A really great gift is to be free for the future. None of us can win this freedom by our own strength. Just think of how people year after year greet the New Year. As if at the turning of a switch a kind of preprogrammed – and so artificial sounding – jollity spreads everywhere: nightmares vanish for a moment behind the cascades of fireworks and champagne launches the carefree change from the Old to the New Year. I have nothing against merriment, fireworks and champagne! We should celebrate festivals as they come. But fireworks and champagne do not make anyone free for the future - just as that freedom was not created by the enthusiastic »Forward!« of those who not long ago confidently proclaimed better times coming - and were then scared out of their illusions by the fall of the Iron Curtain.

None of us can become free for the future by our own strength. The time lying before us faces us as the essence of opacity. What is opaque is frighteningly mysterious. When for understandable reasons this combines with *angst* as well, freedom is finished. This is why hardly anyone wants to know exactly what their future will bring.

However, the Christian community knows of the wider horizon in which we can feel freedom for the future and let ourselves by liberated for it. That is the horizon which is opened for us by Easter, by the resurrection of the crucified Jesus Christ.

An especially important testimony to this widening of the horizon is offered by the discourses which, according to John's report, Jesus delivered in the circle of his disciples before his arrest (John 14–16). These are customarily called the Farewell Discourses. In reality they are *Future* Discourses. In them Jesus teaches his disciples - who have no idea how to survive a time without him and are anything but free for the future – how they will master that future. He promises them the *Paraclete*, the Holy Spirit, who will teach and remind, warn and console them: »the Advocate ... will teach you everything and remind you of all that I told you« (John 14:26). He gives them the command of love: »This is my command, that you love each other as I love you« (John 15:12). He promises them the closest imaginable relationship with himself: »Abide in me as I abide in you ... If you abide in me, and my words abide in you, ask whatever you wish and it will be done for you« (John 15:4a,7). Their path will not run free of temptations, not without pain, not without the hate of the world (John 15:18–27; 16:20–23). But it is the path of *freedom*. They will know sadness, but their sadness will be turned to joy (John 16:20). Joy, in which everything is made quite straightforward, is an infallible sign of freedom.

Three things in particular are emphasized in these Future Discourses: the close bond with Jesus Christ, trust in the coming of the Spirit and the practice of love. We might also say: the Christian community is made free for the future when it grasps the Crucified and Risen Christ as the ground of its life, when it prays for the coming of the Holy Spirit and when the expressions of its life are suffused with the energies of love. Union with Christ, the promise of the Spirit and the command of love are the most elementary principles of the church of Jesus Christ. More is not needed according to the Fourth Gospel. *Satis est.*

A *satis est* awakens scepticism, as we know from the reactions to the seventh article of the *Confessio Augustana.* Is this claim not too ambitious, particularly in regard to its expectations of the Spirit and of love? Are these principles able to meet the traps of everyday? Does their simple truth not turn into theological banalities? Such and similar objections lie close to hand. Do not let them immediately make us uncertain. Elements of challenge, principle and simplicity can perfectly well harmonize. We stand by this: we shall become free for the future through Christ, through the Holy Spirit, in love. Everything else can be added on, but without these three aspects nothing else can make free for the future.

Union with Christ is the bearing element, the root of all freedom for the future. When Jesus compares himself with the vine and us with the branches (John 15:1–8) we can see that freedom for the future grows out of Christ and is nourished by him. The familiar theological idea that the Lord of the church is the ground of the church and that the church of Jesus Christ may therefore be understood as his body can be supported by Jesus' call: »Abide in me as I abide in you. Just as the branch cannot bear fruit by itself unless it abides in the vine, neither can you unless you abide in me« (John 15:4). Ecclesiology and Christology belong indissolubly together. We can see that here too.

However, we can go a step further. We can also include within our confession of Christ the future for which we become free with Christ, through the Holy Spirit, in love. Since Easter the future has stood under the promise of his coming. The Lord who is coming to us takes the time coming to us into his hands and binds it to himself. He is with us »always, to the end of the age« (Matt 28:20) and above all even beyond that, in death, in judgment and in the glory of the Kingdom. That abolishes the tyranny of decay and death, to which the future would be delivered without Christ. The enigmas which so massively disturb our thoughts of the future lose their terror. For in the profoundest and truest sense the future bears the name of Jesus Christ. There is no future without his coming. His coming is our future. So we are made free for the future because the coming Christ is our future, the Alpha and the Omega, »the first and the last, and the living one« (Rev. 1:8.17–18).

## 2 Unprotectedness: Some remarks on European secularity

With the promise of his coming Christ sets his community free for the future. We can't say that to each other often enough. When we look around us we see that the coming of Christ means nothing for many people and has no influence on their attitude to the future. For them the Gospel has fallen silent. It is even said that they have already forgotten, that they have forgotten God (Wolf Krötke). At any rate that is the case in many European regions. Today's Europe is the continent on which religionlessness has developed into a mass phenomenon. We stand here without an answer before a development affecting almost all large churches in Europe, not only the Protestants – of whom many say that that they have played a large part in it with their cheerful lack of respect for clerical hierarchies and constraints. This process has been described as »secularization« and interpreted as a result of the European Enlightenment in the 18th century. The associated diagnosis states that the world in which we are living is becoming ever more worldly and removing itself by the laws of mentality development from religious authority and influence.

Yet is such a characterization adequate? Its strength – treating an epoch-making revolution of the human spirit as neutrally and dispassionately as possible – could also be its weakness. This lets the challenge it involves – the problem that the community of Jesus Christ is getting smaller and smaller in contradiction to its mission from its Lord (Matt 28:19f; Acts 1:8) – fall out of view. The spiritual question – what God wants to show us by sending us in this Europe through a kind of desert which in many places is spiritually and ideologically as good as dried out, and what God expects of us in this situation - no longer demands to be posed. It also remains unclear what the people have lost to whom the Gospel no longer means anything and the relation of their future to Christ has fallen out of sight. Theologically, such lack of clarity is fatal. If we can no longer see the consequences of the loss of faith for the people it affects, we can also no longer realize what we are keeping back when we withhold our Christian witness from them. Then we have effectively already given them up as potential brothers and sisters in faith.

The loss of faith has many facets. In regard to human subjective experience it can best be described as unprotected insecurity. The philosopher Karl Jaspers already drew attention to this when in a critical analysis of the times in 1931[1] he described the human situation as one of unpro-

[1] K. Jaspers, Die geistige Situation der Zeit, 1931; Engl.: Man in the Modern Age,

tectedness or insecurity (*Ungeborgenheit*). The »insecure« person gives our age its physiognomy,[2] so runs one of his key statements. The observation of this thoroughly church-critical thinker has remained blazingly relevant.

Everyone can and must be able to stand a certain degree of unprotectedness. It is a mark of maturity. Mature people have grown out of the protection of the parental home. It is expected of them that they can raise the strength to face life courageously, to be independent and therefore also without protection. But a sheer lack of security, a situation of complete lack of protection, is not livable. Unprotectedness must always be surrounded and limited by an even greater and stronger protection. Otherwise lack of protection would destroy us.

For the Bible, faith is the word for the assurance which permits us amidst the greatest insecurity to experience an even greater protection. »You surround me on every side and hold your hand over me« (Ps 139:5): the assurance that we are literally encompassed on every side by the presence of the living God gives rise to the courage to be, which is uniquely conveyed in this Psalm. Come what may, even death itself as the final imposition of unprotectedness, »even there your hand shall lead me and your right hand shall hold me fast« (Ps 139:10). Those who are protected like this in the presence of God know themselves that they are held fast in all temptations. They are given the courage to resist despair and endure suffering. Yes, even in suffering they experience the consolation and support of God.

We still meet such people today. Some of us perhaps can remember a visit to a cancer ward. We came nervous and despairing to the bed of someone who was mortally ill. And then followed a conversation which quite unexpectedly uplifted the visitor. We are comforted although we had actually come to give their sick friend a little confidence. In such situations a protection is felt which is tangibly stronger than the way to death.

Admittedly Jaspers did not have such a situation in mind as he attempted to portray the insecure person who gave the age its physiognomy.

---

1933, translated by Eden and Cedar Paul. Latest edition in the series Routledge Revival, 2009.

[2] Op. cit., 167.

The contemporary individual Jaspers had in mind represents precisely those who no longer know security in God. They are helplessly delivered over to their existential *angst* because they have lost contact with God and so with the source of their own being. Jaspers put this very strongly:

»The *insecure human being* gives our epoch its physiognomy: in rebelliousness; in the despair of nihilism; in the perplexity of the multitude of persons who remain unfulfilled; in a search along false paths on the part of those who renounce finite goals and withstand harmonising lures. »There is no God,« cry the masses more and more vociferously; and with the loss of his God man loses his sense of values - is, as it were, massacred because he feels himself of no account.«[3]

Certainly we would formulate this differently today, with more caution and restraint. The forms in which unprotectedness is manifested also vary and can be less dramatically depicted. But that does not in the least reduce the dramatic character of the development itself. Those who give up God give up themselves. The devaluation of God leads to the sacrifice of humanity. These are utterances that we expect more from a prophet than from a philosopher. It is also highly doubtful whether in 1930, when he wrote these words, Jaspers was thinking of imminent National Socialism, which subsequently did set out to murder people regardless of their number. At any rate the further course of the 20th century confirmed Jaspers' diagnosis in an uncanny way – the unprotected person is in effect predestined to wreak destruction. And all we have already had to experience in this new century does not exactly help to put our mind at rest.

Of course we can find other explanations as well. Yet it would be short-sighted to overlook or even deliberately ignore the connexion between the loss of human security in God and the humanitarian disasters of our time. Unprotected persons are thrown back upon themselves. They lose the sense of transcendence, i. e. of the dimension from which they come, for which they are destined and to which they are going; they lose a sense of the meaning of life, of their origin and destiny, behaving like radar without co-ordinates.

A very fresh reference to the dramatic consequences of unprotectedness appears in an interview which the social scientist and futurologist

---

3 Ibid.

Meinhard Miegel gave in August of this year to a major German daily paper.[4] This was about the future of Europe in crisis. Miegel warns against illusory strategies and ever bigger bail-out packages; with the crisis a long historical period is coming to an end and will inevitably be followed by something new, accompanied by new opportunities as well. In the course of the conversation he mentions the fact that the people of today face a multitude of life-options which many of them absolutely cannot cope with because they do not have a »minimum degree of social orientation and the security it brings«.[5]

If the system makes excessive demands, says Miegel, it is a phenomenon of our time. »When young people say, 'We don't feel we can take on a lasting relationship or even a child', then something is not right with them and the social fabric.«[6] »We don't feel we can take it on« - that is the language of an intensified uncertainty mirroring a longing for security which can never be fulfilled simply because of the imponderables of the future. The journalist asking the questions then spoke of today's medium-size industry which offers coaching and therapies and has everything on offer up to and including shamans. Miegel saw in this a confirmation of his diagnosis. Modern people, he replied, need »numerous crutches« because »they have no anchorage left of their own«[7]. The question which imposes itself here (and which Miegel only implies) runs: How will the people of Europe, who have accustomed themselves to a world of apparently unlimited economic growth, deal with the restrictions and drastic measures they will have to cope with if the financial bail-outs prove to be speculative bubbles of official policy-making?

The loss of protection which awaits us after the farewell to God is unbearable. »We feel the unprecedented vacancy of existence«[8] – so Jaspers puts it – so we must do our best to find reassurance and distraction. He regards the general loss of faith of modern man, living in his (sic) »world

---

4 The system is at an end, but life goes on [translated conversation with Meinhard Miegel], Frankfurter Allgemeine Zeitung on 11 August 2012, 33.

5 Ibid.

6 Ibid.

7 Ibid.

8 Jaspers, op.cit, p. 21. The editor apologises for the anachronistic use of the generic masculine for »*Mensch*« (human being) in this much published translation.

of technical apparatus«, as an »indictment« addressed to philosophy (and certainly theology too).[9] Progress has been bought at the price of »the spiritual apathy of innumerable persons«.[10] They have slid into a situation in which, he says of humanity in general, »all that is left active in him is the blind will to change the conditions and to change himself. His eagerness to do so increases, for man is incapable of living without faith«.[11]

The observation that humankind is incapable of living *without* faith contradicts a common understanding of secularization and de-churching, according to which people cope painlessly with the loss of faith in God. In fact, this does not pass them by without leaving a trace. The vacant position of faith must somehow be filled afresh. That is the great moment for the faith surrogates: the ideologies and worldviews with their promises of salvation or offers of orientation, of the body cults and designer life-styles, of tourism and the holiday industry, and not least of esoterics. They all suggest protective security: in the mass of fans, in the blissful feeling of belonging to this or that movement, or in the deliberately chosen solipsism of the mega-kick on the bungee rope, assuring me in its pulsing adrenalin rush of the supreme faith in myself.

Those who find themselves in the protection of faith in God live from the great hope which the God of promises makes true, which God has confirmed to us: the advent of Jesus Christ, the new heaven and the new earth, the coming of the kingdom of God. The best is yet to come, heaven is so to speak before us, and we await it as the realization of a resurrection feast for a creation still marked by death. And because the best is yet to come, these people can develop patience over against the rigours of our life and times, can stand firm and find that humour which is also ripened by suffering and has passed through temptation. In today's Europe such people are more urgently needed than ever before.

---

9 Op.cit, p. 160.

10 Ibid.

11 Ibid.

## 3 Reform and Reformation

What can the Protestant churches in Europe do in this situation? What can they undertake – and undertake together with their ecumenical brothers and sisters – to open up ways leading out of unprotectedness into the protection of faith? What does it mean to enter the lists for the Gospel by witness and service in the Europe of the 21st century?

The CPCE churches are moved and driven by these questions. On closer inspection they are the questions of a whole epoch. In the last 100 years there has been as good as no decade in which the Protestant churches of Europe have not ever and again reflected intensively on changes in their patterns of thought, their organization, their congregational structures and their practice of witness. The tasks of renewal and reform have developed in this way into a permanent Protestant theme which busies us at regular intervals. Can we be proud of that? Does it express the fact that reforms belong essentially to the nature of a church of the Reformation? After all, there is a close etymological connection between reform and Reformation. Or must we rather see a strained nervousness behind all the strivings for reform? After all, it is frequently uncomfortably apparent that the further movement of events has raced with giant strides away from the effects which we were straining to achieve with a reform.

At any rate there is a difference between reform pathos and reform potential. The results of a reform mostly diverge quite considerably from its goals. Add to this the semantic wear and tear which the word »reform« has suffered in the meantime. Admittedly the churches are less responsible for that than the political actors who have made the word one of the favourite terms in their vocabulary. In the modern, free and democratic society political action likes to present itself above all as the will to reform: reform of the employment market, of public finances, of the social systems or the system of education. Promises of reform decide the outcome of elections.

Afterwards comes the sobering-up. Reforms have been made, but circumstances have got no better. They are just different - and curiously still remain in need of reform. New politicians came and made further reforms. The costs of the apparently unsuccessful reforms are borne by the taxpayer. In view of this, many can only hear the word »reform« in public speeches with scepticism. They ask: why must every change forced by the course of events be immediately described as *reform*? Public income sinks, leading to drastic cuts. But we don't talk about reducing jobs or savings in the field of education, but of measures to reform the workplace market in an age of globalization, or a new stage of university reform – and so practice an elegant way of veiling the problem.

It is much to be wished that in the churches of the Reformation, with their significant part in the productive word-history and modern career of the concept of reform, we would talk differently – and that means more reflectively, modestly and above all honestly – about reforms. The impulse for *genuine* reforms and so for an effective renewal in the realization of their mission has accompanied them from the beginning.

At the close of Martin Luther's explanations of the *95 Theses* comes the statement: »The church needs a reformation.«[12] This is not, however, an immediate directive for reconstruction, but a *theological* affirmation. Luther elaborates:

»The church needs a reformation which is not the work of one man, namely, the pope, or of many men, namely the cardinals, both of which the most recent council has demonstrated, but it is the work of the whole world, indeed it is the work of God alone. However, only God who has created time knows the time for this reformation.«[13]

That related then to the demand lying in the air for a renewal of the church in its head and members. In this situation Luther was not looking directly at what humans could do to renew the church. He regarded its renewal as first and last *God's* affair. He wanted in this way to make people aware: those who wish here to shape and rebuild cannot do so without letting themselves be taught by Holy Scripture, without prayer and without theological reflection. We cannot *make* a reformation of the church. It is an event whose source lies in God.

Luther's perspective encourages us to understand the essence of reformation as theologically precisely as possible. Against the background

---

[12] Luther's Works, Concordia Publishing House and Muhlenberg Press, 1957, Vol 31, 250 (comment on Thesis 89).

[13] Ibid.

of John 14–16 we have looked at union with Christ, the promise of the Spirit and the command of love as the most elementary principles for the future of the church. The branches live from their firm bond with the vine. But they can also cut themselves loose from it. Then they wither (John 16.4.6). What this says is that the bond with Christ can be vital for the church, but also that it can weaken and break away. Then trust in Christ has evaporated; the church is compelled to draw the energy for witness and service from itself. That then has the consequence that all kinds of strange spirits come wandering in – ranging from the spirit of the identity crisis to all possible varieties of spirit of the age – while God's good Spirit turns away and withdraws from the church. But then the energies of love dry up. Much can still be said about neighbourly love, compassion and diaconal service. We can even excel ourselves in the construction of our charitable and social plans, but all can see that no real blessing lies on them.

In a situation like this reformation means the movement of returning to Jesus Christ as the true vine. It is the turnaround by which the church is freed from its forgetfulness of Christ, from its spiritual hollowness and from the freezing of its love by routine. It is in a sense the »reformating« of the church in the Christ-event, its liberation for the future. It is the change from a situation in which the church, fearfully but still very solemnly, is primarily interested in itself to one in which it recognizes itself as the body of Christ and understands itself completely as his own possession. Only that church that in this way can return to Christ, and in fact also does, is free for the future. It is a matter of restoring a state in which a church alienated from its bond with Christ is once again wholly with him as its ground and origin.

A prominent example of such a movement back in the recent history of Protestant Christianity is the Theological Declaration of Barmen in 1934, with which in a situation of the deepest self-alienation of the church the synod of the Confessing Church in Germany wished to carry out the decisive return to the origin of the church – to Jesus Christ as the *one* Word of God »which we have to hear and which we have to trust and obey in life and in death«[14]. The church that is ever and again in

---

14 Thesis 1 of the Theological Declaration of Barmen, May 1934. An appeal to the

danger of veering away or falling away from its authenticity as the church of Jesus Christ ought to be brought back to its origin through reformation and receive its authenticity back again from its origin in Jesus Christ.

So understood, the Reformation is far from being an historical phenomenon of the sixteenth century which we can only remember with respect in view of its upcoming quincentenary. It is not a privileged confessional possession of confessional families of the Reformation, not a heritage reserved for Protestants. It should rather be understand as the primal impulse for the movement by which the church of Jesus Christ is ever and again reunited with the true vine. This movement has accompanied the church through every age. We can perhaps say that it was granted to the Protestants in the sixteenth century to experience in a special way the healing power of this movement of return. But reformation – understood theologically as a movement of return – is anything but a private mark of Protestantism – it is the decisive step, the ground rhythm of the return of the church to its Lord. So reformation is from the start an ecumenical category. It must not be understood in a narrow confessional sense but trans-confessionally. It intends to clear out of the way all that stands between Christians and Christ. It does not divide; rather it serves unity by drawing the separated churches together in the return to Jesus Christ. We often overlook that because in our ecclesiology the chapter *De ecclesiae reformatione* is missing and we lose the church's need for renewal from sight when we reflect on the nature and calling of the church.

At the same time we must distinguish between Reformation and reform. Although the words are related and their historical paths have often crossed, there is a difference between them. Reformation aims for the realization of the relationship to Christ and so for the renewal of the nature of the church. Reforms aim for the renewal of the shape of the life of the church – for changes in organization, practice and structure. They may properly have a certain pragmatic aspect. Whereas Reformation of the church does indeed have to do with a thoroughgoing process of renewal, reforms rather have to do with the penultimate, with the everyday shaping

---

Evangelical congregations and Christians in Germany. Retrieved from: http://www.ekd.de/english/barmen_theological_declaration.html

and organizational forms of the church, which need for instance to be to be opened and altered for new challenges. No reform is so demanding as a reformation and we do well not to treat reforms as if they were measures of Reformation. But it is also true of reforms that we cannot approach them without instruction through Scripture, prayer and theological orientation. To that extent successful reforms also need living impulses of Reformation and depend directly on them. We can even say that such impulses are the most significant source of inspiration for successful reforms. At any rate, they resist the common tendency for the pragmatic to become an end in itself, for the organizational to become autonomous and for their detachment from spiritual or theological orientation.

## 4 Witness and service in freedom for the future

The starting point of the churches of the Reformation »was a new experience of liberation and assurance in the power of the Gospel«, says the Leuenberg Agreement (LA 4). And further:

»They were at one therefore in confessing that the life and doctrine of the Church are to be measured by the original and pure testimony of the Gospel in scripture. They were at one in testifying to the free and unconditional grace of God in the life, death and resurrection of Jesus Christ for all those who believe this promise. They were at one in confessing that the practice and shape of the church are only to be determined by the commission to deliver this testimony to the world, and that the Word of the Lord remains sovereign over every human ordering of the Christian community.« (ibid.)

Certainly the Gospel does not come to us in timeless propositions, which like mathematical formulae take no account of what we feel. It comes as an appeal to real people in quite specific situations. It is characterized by its pastoral approach. So the Agreement too also sees a difference between the fundamental witness of the Reformation confessions and »their historically conditioned thought forms« (LA 5).

»Because they bear witness to the Gospel as the living Word of God in Jesus Christ, these confessions of faith do not bar the way to continued responsible testimony to the Word; on the contrary they unlock it with a summons to follow it in the freedom of faith.« (ibid.)

We can also say: Jesus Christ as the living Word of God opens the way to the binding further witness to the Gospel in the freedom of faith.

It is often asserted that the fundamental question of the Reformation about the grace of God is no longer the question of people today. It is true that today's people do not generally put the question like that, at least not in central Europe. They do not seem to be tortured any longer by the angst of being unloved by God, of receiving no forgiveness, of losing salvation. But is that so? The angst is still there, at any rate, even if it is »only« the angst before the unpredictability of the future.

Further, if we follow Jaspers, the trauma of insecurity has further intensified compared with the situation in the 16th century, so that insecurity qualifies to be the signature of our epoch. The angst about the loss of salvation manifests itself in new forms and variations: Am I important at all? Has my life a meaning? Am I loved? Can I give love at all? Whom can I still trust? What is still valid? Where do I find my freedom? Angst about salvation would then be the angst before one's own insignificance, would be angst before the withdrawal of attention, angst before the withholding of recognition, angst before the inability to love, angst before the destruction of all trust, angst before the endless relativism which makes everything (and me too with it) end up arbitrary – angst in the end before absolute nothingness.

It often becomes a temptation for us that it is, of all things, in the context of loss of faith that we are supposed to witness to the Gospel. The fear of insignificance which drives so many people can also take hold of the Christian churches. But consider: Christ is not insignificant. So neither can the churches be which proclaim the Gospel in witness and service. And those people too are not insignificant who hold themselves for insignificant because they have lost all faith. They are the very ones who are loved and sought by Jesus Christ. And we are those who are called to take part in this search. Liberation for the future includes overcoming the temptation that says the Gospel has lost its consoling power. It is the liberation of the churches from the undertow of banality and self-trivialization. It is the liberation to rediscover the power of the Gospel of which we do not need to be ashamed (Rom 1:16).

Freedom for the future includes freedom for the oekumene. We are not addressing only Protestant special interests when we draw from Jesus' Future Discourses the bond with Christ, the promise of the Spirit and the command of love as the most elementary future principles of his church. In turning to Christ, in the request for the coming of the Spirit and in devotion to love Christians of all confessions are drawn together. The true service of unity consists in making as much room as we possibly can for these three steps across all confessional boundaries. Theological dialogues are of the greatest importance. But it must worry us that these dialogues today have been chiefly fixed on questions which occupy the churches almost exclusively with themselves, namely their ecclesiologies and their understandings of ministerial office. One thing is quite certain: the branches of the one vine can only grow together. Then they will bear fruit. But they would hinder their own growth if they were to let their different structures become a cause for blame or even disputed each other's right to live in the vine.

Let us remain optimistic. The paths of western Christianity which split apart in the 16th century have converged in an encouraging way in the last few decades, touching and connecting with each other. The confessional polyphony of Christian witness must today no longer be seen as a false historical development which must be returned to the previous state. We can also regard it as an expression of the variety of gifts in the *one* body of Christ to which the individual churches and congregations have always belonged as living members. Then we may hope and work for the day when the brotherhood and sisterhood of the one, undivided body of Christ – that we can already experience – will lead ever more clearly to visible unity.

*Cristina Comencini*

# Women and Churches

It is a great pleasure to be here with you. I don't know whether I will be able to meet the expectations of such a learned theological audience, but I'd like to start by mentioning two things that are important to me. I was raised a Catholic and then, at the age of 30, I joined my father's church, the Waldensian Church. So two experiences link up in my own life that I think are significant, because relations between churches, in my opinion, i.e. among different churches, are also very important. My turning to the Waldensian Church took place at a very momentous time in my life, after a tragedy, and the church helped me greatly. I will come back to this during my presentation, which is about the relationship of women to the churches. Let me now begin.

Last year saw the emergence of a new, strong women's movement in Italy – a country that had projected such a dismal, terrible image of itself to the world. The newspaper reports reflected a demeaning relationship between women and power, but Italy redeemed itself when the women's movement entered into a new phase with the huge demonstration of 13 February 2011. A small group of women, to which I belong, launched an appeal to the whole country and organised the national mobilisation of over one and a half million women and men, who went out into the streets in all the cities and towns. This was the biggest mass demonstration in our history, without political banners, to call for something very old and very modern: the dignity of women.

In the months preceding the mobilisation, many articles had been written on the sordid relations between sex and power, but nobody, certainly few men, wondered how it was possible that in a modern, democratic country the image of women could be so diminished and trivialised. At the same time, how was it possible that the freedom for which women struggled in the great feminist movement of the 1970s could be used by women themselves to accept such outdated male-female relations?

»And now we use our bodies to reflect their desire, with little rapport, a seduction based on a cliché – being young, ready to please all tastes, docile, non-demanding: was that what we gained our freedom for?«

This provocative question stems from a text I wrote on the topic of the freedom of women; it was 30 minutes of political theatre made available free of charge to anyone who wanted to perform and discuss it. The script features a woman of my generation and a young woman talking about the topics of freedom of women and the incomplete acceptance by society of women's difference. The young woman expresses just this disappointment to the older one. She says:

»You brought us up to be free, to respect ourselves. We went into the world full of your expectations, only to find that, out there, they knew nothing about them, and everything went on in the same old way.«

The drama was the result of a political and cultural analysis by a little group that had come together to reflect on the regression in women's life conditions, starting from a judgement on the term ›free‹, a concept that inspired the theme of your assembly. Analysing the decline in the portrayal of women's way of life, we wrote, in the introduction to the play:

»The difficulty we experienced ourselves in giving a linear judgement of the facts, people and behaviour (if we condemn will we not fall into moralism, into Puritanism? If we appeal to freedom will we not forget the oppressive element in the exchange of sex-money-power? What freedom are we talking about?) seem to arise from the fact that we live in a world profoundly marked by feminism. Not just because the idea of the natural subordination of women has definitely had its day; our western societies are now premised on gender equality – but because the self-awareness of Italian women, young and less young (including those who sell themselves) is no longer that of weak, vulnerable victims. They perceive themselves as free and in charge of their own lives, and this is certainly true. However, that is not the whole story, as we find by looking a bit further. This change in awareness on the part of women is unable to control either the conditions of their lives and reproduction, or the ways in which they are portrayed in the media and in the institutions; nor is there any serious attempt to do so. The control, or to call it by its real name, the power continues to stay in the old male hands, worn and pitiable perhaps, but still firmly gripping the control levers.«

Another fact, widespread at the global level, points to how society has still not completely accepted – and indeed fears – women's strength and difference. It is is the dizzying rise in physical violence against women. 90 women have been killed in Italy so far this year by their boyfriends, husbands or partners. In the world, about half of the women aged between 14 and 65 have suffered sexual harassment at work or other molestation at some time in their lives. Data on violence against women involves civilised and egalitarian countries like the Scandinavian countries and indicates that the problem is rooted in the deep-seated symbolism of our culture and in the way in which men and women look at each other, love one another, and live together at home and in society. Writing in 2000 on violence against women and Christianity, Elizabeth Green, a Baptist pastor and feminist theologian well-known in Italy, stated:

> »Having explained the relationship between the human being and God the Father in terms of obedience and submission, at the same time teaching obedience and submission to all types of paternal (or patriarchal) authority, Christianity has contributed enormously to keeping women in inferior positions. What is more: deviant and endemic phenomena like violence against women have been tolerated and sometimes instigated by a symbolic disorder focused on the figure of God the Father.«

Most of the women killed had decided to cut off a relationship; they had therefore decided to use the ›freedom‹ they thought they had won. This calls for deep reflection about the male attitudes that make it intolerable for men to be left by a women, the possessiveness lying behind violence, the female subordination that in some cases fosters it. It is a long and stony road to true cultural and human change, calling for places provided by society, or religions where people can meet, share their experiences and open up without fear, revealing their secrets and worries to those beside them.

The analysis of an incomplete revolution does not just involve Italy and not just civil and political society. And this new women's movement is not just Italian.

The Arab spring showed young women who went out into the streets to call for freedom, together with their male companions. And then they had to demonstrate again this summer to prevent the inclusion in the new constitution of the phrase – proposed by their male companions in the struggle – that women are »complementary« to men.

> »Our aim,« explains one of the demonstrators, »is to show that Tunisian women are not at all complementary to men. A woman is not a man's other half, she is equal to him. We are here to demonstrate that and have come in crowds, as you can see. Women work like men, and play an active role in society. We will never again agree to be complementary.«

Women's freedom is indeed a victory that engenders fear.

To come to the churches, I would like to quote the new movement of women religious in the United States of America who are currently in a clinch with the Vatican, in a real cultural confrontation, that could have enormous consequences, in the United Sates, of course, but not just there.

900 delegates from this organisation [Leadership Conference of Women Religious – LCWR], which represents 80% of the 57,000 women religious in the US, have agreed to debate and dialogue with the three bishops commissioned by the Congregation for the Doctrine of the Faith to bring them back to the fold of doctrinal orthodoxy.

In my view there is a new wave of women in the world who are thinking completely unheard-of thoughts. I would like to talk to you about these new thoughts and feelings on the part of women, that are surfacing in society and which the Protestant churches should listen to and welcome, possibly more than all the other churches. After all, they were the first to highlight the equality of women as an element of the Reformation. And even before the Reformation, the Waldensian movement in the 12th century allowed women to speak up, alongside men, and experienced the freedom of the gospel for all. As we know, that community, and particularly the women, had to pay a high price – persecution and the termination of women's preaching, which at the time was the rule rather than the exception.

> »The religious and social change brought about by the Protestant Reformation contributed greatly to changing the position of women in the churches. It also gave them a new awareness that produced other changes in the family and society: it was a long process, aptly defined as ›crossing the wilderness‹. The new message of freedom that spread all over Europe bore with it a new

feminine social protagonism. Women had the courage to distrust the religious and political authorities, and to affirm their individuality. Among them there was no lack of preachers and writers.« (Laura Ronchi and Debora Spini, speaking at a conference on this topic at the Centro Culturale Protestante di Milano, 2010)

Broadening this concept to the entire society, we could say that wherever Protestantism developed more, not just women went ahead but the whole of society with them. As though there were a correspondence between the economic and political crisis, and social values promoting a backward position for women – we have seen trend in Italy in the last few years.

I will now quote briefly from those women writers and preachers who were the first to describe what ›crossing the wilderness‹ meant for women in the world of Protestantism.

»And although we are not permitted to preach in congregations, in public churches, we are still not prohibited from writing … so do we perhaps have two gospels? One for the men and the other for the women?« (Marie Dentière, 1538)

»… Our Father in Heaven … is not called a judge but a father. He could be compared to a mother who has experienced the pains of childbearing and the joy of breastfeeding …« (Katharina Schultz Zell, 1524)

These quotations express the desire to preach, write and interpret the gospel and at the same time the symbolic need to be represented in the difference of the female body. These were concepts and feelings obliterated for centuries, like that of non-idealised motherhood, which the churches – primarily the Catholic Church – then always refused to affirm.

And Katharina writes in 1548:

»… I do not want to usurp the function of pastor and apostle, but am only like dear Mary Magdalene who, without any claim to be an apostle, came to tell the disciples that she had met the Lord.«

»Dear Mary Magdalene«, a central symbolic figure for all Christian women … that was the name of my Waldensian grandmother …

I do not want to repeat here all the stages that involved the Protestant world – from the suffragist movement to the women's movement of the

1970s. There was a new analysis of the gospels and the visible presence of women in ever more important roles, right up to their access to pastoral ministry. These thoughts [from a leading figure of the early women's rights movement] express the profound solitude of every human being, male or female, while seeking to overcome it:

> »Whatever the theories may be of woman's dependence on man, in the supreme moments of her life, he cannot bear her burdens. Alone she goes to the gates of death to give life to every man that is born into the world; no one can share her fears, no one can mitigate her pangs; and if her sorrow is greater than she can bear, alone she passes to the great unknown. [...] Such is individual life. Who, I ask you, can take, dare take on himself (sic) the rights, the duties, the responsibilities of another human soul.« (Elizabeth Cadi Stanton, author of *The Woman's Bible*, 1892)
>
> »It is sad when the old things we are so fond of burst, and yet, Jesus reminds us, ›new wine is put in new bottles‹. Women, who have always been potters, are creating new bottles. Only this way can we invite women and men to drink the new wine the effects of which, in God's hands, are unforeseeable« (Elizabeth Green).

That is a wonderful image, renewing the invitation to men and women to drink new wine in new bottles. Form, content, language must be renewed to make room for women. It is not just a matter of allowing them to come to the men's table. There needs to be a readiness for profound change and to receive the riches of their mutual diversity.

By the way, the victories of women's ›crossing of the wilderness‹ are very recent. This needs to be repeated because everything can be reversed all too quickly, as pointed out above, even though – for those of us who were brought up in freedom – these hard-won achievements seem to have been won forever. It seems as though the awareness of freedom springs eternal in the human being but it takes a long and difficult struggle to achieve it.

I have been wondering about two things. First: to what extent are these – old and new – political, cultural and spiritual demands accepted today in the Protestant churches and, more generally, how long is the road women still need to travel, in their places of faith and of proclamation of the Word that above all signalled for them, too, the idea of freedom of life and change? The second question: how much can the churches contribute to the necessary changes in women's role in society, in the family, at the workplaces, in the transformation of culture and thought in which, still today, they form the minority? This denial of female difference does not only impact on women, as is generally thought and said – it affects the whole world. Perhaps this is the new road to take – pointing out that if women are absent everyone will lack something, not just the women.

A society and, within it, a church, founded on a history covering the viewpoint of only half their members, cannot imagine their future without re-imagining themselves. It is not just a matter of opening the doors and letting in those who did not feel completely at home – the whole structure needs to be transformed. After all, the eyes of those excluded by society and the churches did not stop looking, knowing, loving, dissenting or closing. They continued to do so, but without being looked at or portrayed themselves, without a human and divine narrative available for all. The baby boy may have grown up with women's unseen viewpoints but he still became the protagonist of the narrative, while the baby girl became an adult without ever having read much about herself.

In my childhood and youthful experience in the Catholic Church, the stories of the saints carried a lot of weight, as did their writings and the cult of Mary. As a girl I read their lives and identified with them. More with them than with Mary, although I was moved by the round faces of the many Madonnas breastfeeding their Child.

The first time I entered the church of my grandmother and my father I was struck by the absence of these familiar pictures of women. To quote Elizabeth Green again:

> »It seems that the bare walls of the churches (in the sense of buildings) point to a God stripped bare of any female reference, a real male, so to speak.«

And yet in the churches that emerged from the Reformation, as we have said, women can enter the pastoral ministry and hold very important positions, as though the part concerning emancipation were paradoxically favoured by the removal of »any feminine allusion«. As though the distance from oneself, from one's own different body, facilitated equal access, a gap between body and mind, which we will come back to.

What happened to me, entering in adulthood into the church of my grandmother so bereft of images and faces, was to feel and think myself directly connected to the words of Jesus. As though the elimination of the beautiful faces of the saints and Mary gave me a sense of loss and, at the same time, of liberation from those role models. I felt liberated to rethink myself in contact with the gospel.

We know that women played very important roles in the first Christian communities. There are always a group of women following Jesus, even though the gospels name very few of them. When I was a girl, as I think happened to many, I was very impressed by the story of Martha and Mary in the Gospel of Luke. From one point of view, it seemed to me fantastic to see Jesus entering their home, with its domestic atmosphere, and that a woman sat at his feet and listened to him. We know how important it is, in books for young people, to identify with the characters of a story. There are not so many women in the gospel compared to the men. And I looked in the folds of the story, in the silences of Jesus and of the text, in his words of great understanding for the creatures around him, so that his eyes might also rest on my girlhood, young womanhood. Maria sits at his feet and Martha busies herself and would like some attention because of all her work. But it is Mary's listening that marks out the road of a new life. I was disturbed, because I sensed that the call of Jesus was the same as when he warned not to worry about material things and to look at the birds of the air. On the one hand, I told myself that this call had a hard, demanding specificity for women forced through their human, social role to look after the home and other people. That contradiction fascinated me and it still does.

The women present in the first Christian communities were, on the one hand, submissive in the practice of faith, and on the other, gradually excluded from apostolic leadership, in the process of formation of the canon and of the dualistic construction of orthodoxy and heresy. Above all, the fundamental personage Mary Magdalene was sidelined, as Elisabeth Schüssler Fiorenza writes:

> »The canonical gospels mention women such as Mary Magdalene and Salome as women who followed Jesus [while the non-canonical Gospel of Peter refers to Mary Magdalene, the disciple of the Lord]. Gnostic and other groups build on these traditions to claim the women disciples as apostolic authorities for the reception of revelation and secret teachings. Patristic Christianity, on the other hand, attempted to play down the significance of the women disciples

> and their leader Mary Magdalene and concentrated on apostolic figures like Peter and Paul or the twelve. [...] Mary Magdalene is mentioned in all four canonical gospels as the primary witness to the Easter faith-event. However, Luke's Gospel already attempts to play down her role as primary witness by stressing that the resurrected Lord appeared to Peter, on the other hand, and by omitting a resurrection appearance to the woman disciples. The third evangelist also stresses that ›the words of the women seemed to them [the eleven] an idle tale and they did not believe them (Luke 24:11)«. (In Memory of Her, 1983, p. 304)

I think that the time has really come to believe the »idle words« of the women, the words with which they announced a new life for all. My encounter with the Waldensian church happened through a woman, during a hard time in my life. My sister had lost her young son, and – although also brought up a Catholic – she wanted Rev. Maria Bonafede of the Piazza Cavour church in Rome to conduct the funeral. My sister felt that she was the right person to come. Maria Bonafede arrived and found my sister, now beyond all words and tears. And Maria Bonafede said nothing. She sat by her in silence as long as was necessary. I believe that this sense of care, respecting her space and identifying with the pain of the mother, well, I believe that was something the pastor was able to do very well. It is also in this sense that we should listen not only to the »idle words« of the women but to their silence. That event opened a door in my life and make me choose to join the church of my father.

[It is very important to] give full credence to the women and their words within the churches, and to promote the study and interpretation of the gospel as presented by the women [around Jesus] and other female figures, making these insights known to everyone, both men and women, and not leaving such matters only to women theologians.

The churches should welcome the difference in the (his)story, thoughts and values of the world of women. Men are fundamental for this renewal. Men finally walked side by side with women at the great demonstration of 13 February 2011 and, with them, demanded dignity for all people.

The new movement is no longer antagonistic to men and places motherhood, which the feminism of the 1970s rightly rejected as an inexorable fate, at the centre of its own experience, along with women's difficulty in fully integrating into society. Motherhood, and the body that excluded them, must no longer be cut off from minds – that body that was eliminated and also the object of violence. There is no freedom without women's freedom. There is no freedom for women without accepting their bodies and their difference.

Commenting on the undignified portrayal of women's bodies that circulate in Italy, Fabbrizia Giuliani, a philosopher of language, one of the founders with us of the movement »If not now, when?« writes:

> »In the powerful schism exhibited by these images we note the most explicit negation of the key idea advanced by feminist thinking, i. e. the impossibility of separating mind from body or, if you prefer, the idea that women's freedom will achieved solely if the blackmail implicit in the schism fails and the body enters into the polis. Only then can we go beyond a model of emancipation built on an inclusion that always leaves something out, welcoming only disincarnate minds or mindless fleshliness.«

Through motherhood, women are in contact with a history stretching back thousands of years. Pregnancy, giving birth, milk, the child, the care. The relationship between ancient and modern is a rich contradiction for women and for society. All women – whether they become mothers or not – have the idea of possibly bearing another person, and of life being in relationship someone outside themselves.

Female thought, intelligence and difference, are formed, in my view, in the fantasies about the other person that the female body could bear. This is a preoccupation of little girls during childhood, seen in their playing and realised – or not – in adulthood; it is the heritage of all women.

The idea of ›the other‹ as a way of thinking, reasoning, feeling, also sets limits for women on the uncontested dominion over nature, and over their own kind. This is a natural and cultural limit that has not yet entered into the collective reflection on a new idea of freedom, founded on the primary awareness of relationships with others.

The philosopher Emmanuel Lévinas reduces his whole thought to the presence of the Other, the revelation of the Other's face that first brings a human into being; he defines this relationship between the world and the Other as follows:

> »Our relationship with the world, before we relate to things, is one with the Other. It is a priority relationship that western metaphysical tradition has

> covered up, trying to absorb and identify the Other with itself, stripping away its otherness.«

The freedom of the churches, the future, will pass via this limit that is the source of true freedom: the encounter with the Other, with the neighbour. That is Jesus' prime message, to which women bear witness in their lives and bear the marks in their stories and in their bodies.

Thank you.

# V
# Greetings

# *President Metropolitan Emmanuel Adamakis*

Conference of European Churches (CEC)

Delegates at this General Assembly, members of the Community of Protestant Churches in Europe, dear brothers and sisters,

It is in a spirit of faith and with feelings of Christian joy that, in the presence of our vice-president OKR Cordelia Kopsch and our General Secretary, the Rev. Dr Guy Liagre as well as representatives of the CEC commissions, I greet you in the name of the Conference of European Churches.

You have come here to reflect together on the themes which concern the Protestant churches in Europe at the beginning of the third millennium, attentive to the Word of life which God has entrusted to us, so that we may proclaim it with courage and conviction.

I wish to congratulate you for having chosen a theme that is both important and delicate: »Free for the Future«.

The importance of such a subject, its centrality in the life and mission of the churches, will escape no-one. In fact, the life and mission of the Church are founded on the Word of God, are nourished by it and give it expression, for this is the soul of theology and as such, the inspiration of all Christian existence.

This Word of God, intended for all believers, requires particular veneration and obedience. I don't need to underline this in a Protestant milieu. Paul said, »We are ambassadors«. To be an ambassador is much more than to be a representative. It is to be invested with the power of the One who sends you. It is to be a plenipotentiary!

Only the person who is familiar with the Word of God can proclaim it with credibility and only the person who lives it out in a concrete situation of growth can understand the words of Saint Paul to the Christians of Corinth: »Woe to me if I do not proclaim the Gospel!« (1 Cor 9:16). This cry of Saint Paul's resonates with urgency today and becomes for all Christians a call to the service of the Gospel for the whole world.

Two half-days during this General Assembly will be devoted to a European Forum: »European churches turn to the future«. The Conference of European Churches, which represents also many member churches of the CPCE, is particularly concerned and challenged by this subject. Our Conference is being entirely restructured and the process of reorientation is under way. It reflects, as you do, in an ecumenical setting, on how the growing pluralisation of Europe may be understood, and is open to engagement with other religions and world views by organising, amongst other things, meetings with sister organisations in other continents.

Most particularly, I would like to thank you for the close links which the CPCE has established with CEC through our joint work in the Brussels office.

In fact, the Christian engagement and presence in our uncertain and anxious society are crucial. The CEC is conscious that the challenges in our society are primarily cultural, spiritual and educational. For that, it is necessary, even vital, to link the Christian Revelation of God to the affirmation and defence of human dignity. Jesus addresses Simon Peter with the striking words (Luke 5:4) »Put out into the deep water« or »go out into the deep!«

I like this double translation which implies two movements or two engagements that are inseparable: to go to the sources of Christian tradition and to dare to venture into unexplored waters as much from the angle of human beings and their dignity as from God and divine truth.

To go to the sources of our tradition is not a backwards movement, it is a way of understanding that faith and the Church never cease to begin again. While we sometimes think only in terms of survival, we ought really to think of our existence and our Christian presence in the manner of the first Christian generations.

To be situated thus in the midst of all and at the service of all is a conviction and an engagement that does not pass away. This is what prevents us today from seeing ourselves as a minority on the road to extinction. It is the logic of the seed that germinates or the salt mixed with food or the light shining in the darkness which is the intimate logic of the Christian presence.

Here, according to our vision as an Ecumenical Conference of Churches in Europe, is the heart of Christian reality at the core of our society! And we all know that this revelation of the human heart is part of our ordinary existence and also of what we might call ordinary pastoral service, which is communicated by facial expression, by presence, by so many acts of grace!

It is up to us now to be Christians in this way or rather to become more radically Christian in our present-day society.

May your Assembly be fruitful and sown with seeds of hope, and may God the Holy Trinity bless you and keep you.

## *Moderator Eugenio Bernardini*

Waldensian Evangelical Church

Most esteemed participants of this General Assembly, Members of the Presidium, General Secretary Bishop Bünker, dear brothers and sisters,

It is my pleasure to bring you the warm welcome and the greetings of the Waldensian Churches in Italy and of their church executive, the Tavola Valdese.

The Waldensian Church was, and still is, a small minority in this country. In its history, it not only survived, but also lived out and tried to witness to the Gospel in its evangelical understanding, thanks to the support of European Protestantism. In the more recent past, Protestant Europe has been our spiritual home, our first ecumenical partner, our source of inspiration and, I dare to say, of strength.

Since 1973, the Leuenberg Agreement has set the doctrinal frame of this fellowship. Some say it is a »minimum consensus«: for us it is the basis of a fellowship in which we see our future. Not just because we are small and we need to locate our Christian existence in a broader framework; not only because Europe needs a common evangelical witness in the context of its multicultural society; but also, and above all, because we see the future of the church in a form of unity capable of articulating the diversity of traditions, theologies and forms of ministry. The ecumenical movement has had a hard time finding ways to give structures and visible expression to the spiritual unity of the church. The Waldensian Church in Italy believes that the Communion of Protestant Churches in Europe is a model in which a full unity of different churches is taking shape in doctrine and practice.

You are going to discuss two topics which are, in my opinion, most strictly related to this evangelical understanding of unity. The first one is about Ministry, Ordination and Episkopé. This is a powerful challenge for our Protestant churches, and also for the church I represent. Sometimes it's easy for us, as Protestants in a Catholic context, to say that *other* understandings of what is often called the »ministry of unity« in the church are problematic. But this standing charges us with the responsibility to make clear *our* understanding of the ministry of the Word and of the unity of the church, on a local and broader basis.

The second one is about Scripture, Confession and Church. It means, if I understand correctly, the challenge, for the evangelical churches, to live out a *catholic* diversity: to listen to each others, to be responsible for one another, to try to speak together because we believe and pray together. That's not easy. For many reasons, this is difficult for the big established churches, and for other reasons, no less dangerous, it is difficult for minority churches too. Our Italian churches will follow your discussions and their results not only with interest, but with hope. We want, as you want, to be free for the future, which is possible just by sticking together.

We are delighted to have this General Assembly in our country. We are happy as evangelical churches: because your presence here helps our witness and our effort to make clear, also in Italy, the richness of Christian plurality. We are happy as Italians: that Italy and Europe are part of a whole is not so obvious at the moment. And we are happy as Europeans. These are difficult months for the vision of European unity; even if unassuming, we tend to feel proud that our churches are able to engage in this direction.

Our evangelical churches are on their way to the celebrations of 2017. We want to remember the 500$^{th}$ anniversary of the Reformation as an impulse to preach only the Gospel in our societies, not against others, but together with others. And we believe that the rediscovering of the Gospel by the Reformation can, today too, be a powerful contribution to the mission of the whole Church of Jesus Christ.

We were told that one cannot celebrate a sin, namely the sin of the division. We are aware that the churches of the Reformation suffered not only because of the separation from Rome, but also from the divisions among them. Now we come together as different, but never as divided churches. We come together as a fellowship. The message of the Reformation, namely the Gospel itself, is for us the mark of unity. We know it all too well: this is not the result of our poor efforts – this is a gift, the gift of the God, which creates unity where we sow division and confusion. In 2017, we want to celebrate this gift. I can see it now already, before me. I always see it in a human, historical, limited, weak form. But I see it taking bodily form, through women and men. Thank you, brothers and sisters, for this witness of yours.

## *Reverend Dr Jonathan Gibbs*

Church of England

Ladies and Gentlemen,
Thank you very much indeed for your invitation to be here. I am delighted to be taking part in this important Assembly. I bring you the warm and cordial greetings of the Church of England.

For many years our churches have worked together, with the goal of revealing and strengthening the unity of the Church. This Memorandum is a new and important sign of our co-operation and of your partnership in the gospel of our Lord Jesus Christ. We are looking forward to the strengthening our relationship in the coming years. The Anglican Churches in the British Isles are confirming through this Memorandum their commitment to working with you in the mission of the Church to and for all the people of Europe. The most important commitments of this Memorandum are that we should share theological ideas with each other and take part jointly in mission projects and research. Everyone understands that there are still significant differences between our churches, but this process offers us the opportunity to get to know one other better and through our co-operation to find a deeper unity.

Thank you for your friendship and fellowship in our Lord Jesus Christ. We pray for God's blessing on our churches and on this new path on which we have entered today.

## *General Secretary Rosangela Jarjour*

Fellowship of the Middle East Evangelical Churches

Rev. Dr. Thomas Wipf, President of CPCE
Bishop Dr. Michael Bünker, General Secretary of CPCE
Dear brothers and sisters, dear delegates of 107 Lutheran, Reformed, United, and Methodist Churches of this Assembly.
I wish to thank you for giving me the honour and privilege to participate in your General Assembly for the second time. I greet you on behalf of the Fellowship of the Middle East Evangelical Churches (FMEEC), its President Rev. Dr. Andrea Zaki, Vice President Rev. Dr. Habib Badr and the members of the Excom. FMECC brings together 17 member churches, synods, councils and unions of the Anglican, Lutheran and Reformed churches in Egypt, Syria, Lebanon, Jordan, Palestine, Sudan, Iraq, Iran, Algeria, Tunisia, Kuwait and the Gulf, the membership of which is estimated to be between 1.5 to 2 million parishioners.

Seeing this wonderful Assembly, I am reminded of the Song of Degrees of David in Psalm 133 vs 1–3. »Behold, how good and how pleasant it is for brethren to dwell together in unity (…) for there the Lord commanded the blessing, even life evermore.«

In FMEEC we rejoice in our fellowship with CPCE which started formally in 2006 when the »Agreement of Full Mutual Recognition Between the Lutheran and Reformed churches in the Middle East and North Africa«, was signed entering in partnership with the churches of the *Leuenberg Agreement* around the world. The work on this valuable document started already in 2003 with the help of Prof André Birmelé who was seconded by the Ecumenical Institute in Strasbourg and CPCE. Immediately after that, CPCE invited us to the Assembly in Budapest in September 2006 and we invited CPCE to ours in 2010 which was attended by both Rev. Dr. Thomas Wipf and Bishop Michael Bünker. In February 2012 we invited CPCE to our International Conference on »Evangelical and Christian Presence in the Middle East«. At that time you made a very good move and issued a public declaration by the CPCE Protestant Synods in Europe which was translated into Arabic and communicated to us through the person of our dear brother Thomas at the Public Opening of that important conference.

That message expressed concern, compassion, encouragement, support and hope, which our people very much needed to hear from our sisters and brothers around the world. The message rightly and sincerely quoted Paul's letter to the Corinthians: »If one part of the body suffers, every part of the body suffers with it; if one part is honored, every part rejoices with it.« (1 Cor12:26).

This fellowship with CPCE is getting deeper. Last May, Rev. Wipf was delegated by CPCE to take part in FMEEC's international delegation to visit Iran and our member churches there, who continue to live in challenging circumstances, and to engage in sessions of Christian-Muslim dialogue. With his long-standing experience and acquired skills in dialogue Rev. Wipf did not miss any chance to express the truth even and especially when most of us could not or did not want to say it, fearing that our Moslem partners would get offended. At that point he would say: »And now allow me to speak as a Swiss« and he went on to say what should be said in the most diplomatic but very honest way!!!

It is clear to us at FMEEC that CPCE is taking its ecumenical fellowship and, more importantly, its partnership with us seriously, and that the highest value of any signed agreement is indeed tested in real situations and on the grass root levels.

It is our hope and prayer that our fellowship and partnership would continue and grow deeper and in that respect I welcome the Report of the Presidium, which not only mentions the blessings of what had happened so far, but also points to the many possibilities for future cooperation between CPCE and FMEEC. For example I mention: Church unity, the ongoing discussions on »Ministry, Ordination, Episcope«, Religious Freedom, Relations and Dialogue with Islam and more …

*The context of the region: implications and potential threats of the recent ›rab uprising‹*

When it was initially sparked, the ›Arab Spring‹ was looked upon by most Arabs as the salvation from the authoritarian regimes that ruled over the Arab states for decades, but how true is that?

From Tunisia to Libya and from Egypt to Yemen, the Islamist pattern of rule has started to take shape; the new governments are increasingly adhering to religion-based rules vis-à-vis civil status, inheritance, women's affairs and have subtly started forming commissions to ›enjoin what is good and forbid what is evil‹. Because Islamists frown on the idea of a civic state and condemn even any reference to a secular one, their regimes have adopted the Turkish paradigm only in foreign policy; they have formed seemingly close alliances with the United States and Europe but persistently focused on Islamizing previously secular laws and regulations, like in Egypt and Tunisia.

The Middle East Christians have never faced such catastrophe and turmoil in their existence in the region more than after the so-called Arab Spring, that has already affected their present and will probably affect their future.

The grim reality is that Christians in Iraq, Palestine, Lebanon and now Egypt and Syria have been fleeing their countries in search of peace, security, personal liberties, freedom of religion, worship and freedom of expression. To a large extent, Christians had enjoyed such values and rights before the Arab Spring started, but now they feel that these rights are being gradually taken away from them. In Egypt alone over 50,000 people left the country since the start of the revolution in January 2011. In Syria almost the entire Christian population of 80,000 (among them my mother, brother and sister's family) has been forced out of my hometown Homs, and its vicinity Qusiar, and Rableh by the armed rebels. The Christians there have lost their homes, businesses, churches, all looted, ruined or burned.[1]

Now with the tough sanctions imposed on the Syrian people, life has become horrible, with most of the Christian population displaced, living off aid and in fear after decades of stability, security, peaceful coexistence, and fairly comfortable lifestyle.

To complicate the matters further, the film on Prophet Mohammad appeared suddenly, triggering violence against American and some other Western embassies across the region and around the world.

His Holiness Pope Benedict's recent visit to Lebanon was intended to carry a message of peace, love and dialogue among different religions. He tried to offer a glimmer of hope amidst the fear and insecurity Christians are experiencing, and to ease their fears of the Islamic extremists'

---

1 At this point of her address Rosangela Jarjour showed Pictures of destructed churches in Homs/Syria, editors' note.

rising up in the Middle East. He urged people of all faiths to seek peace and reconciliation and reject religious fundamentalism. The Pope described arms import to Syria as, and I quote here, ›a grave sin‹. (By the way, the media translated this to read: a grave mistake!)

Despite all that is happening, we remain the people of hope and the words of Psalm 27 remain a source of strength and hope for us: ›One thing have I asked of the Lord all the days of my life, to gaze upon the beauty of the Lord and to inquire in his temple. For he will hide me in his shelter in the day of trouble, he conceals me under the cover of his tent, he will lift me high upon a rock … you have said; seek my face, your face Lord do I seek.‹

*The Tasks Ahead*

Amidst all these developments, the Evangelical Christian presence and witness in the Middle East is at stake, and strengthening that is not our responsibility alone. It is a shared concern of all people of goodwill around the world and especially the churches of the Reformation with whom we share a common faith and history.

I therefore take this historic opportunity of addressing the CPCE Assembly and ask you in the name of Christ, under whose name we meet today, to pray for, support and accompany us as we try to do the following:

To speak prophetically and in unity, in our context and to seek ways to promote peace based on justice, freedom and the respect and preservation of human rights.

To identify the Church's ministry and witness (or witness and service as in your documents); and to meet the challenge of making the Church relevant TODAY.

To support our churches with their special needs on all levels especially in Syria, Iran and Iraq. (The discussion yesterday started to respond to this area already!)

To engage our regional and international partners and friends to conduct a full-scale investigation to unveil the truth about what is happening in Middle East, and to respond accordingly and responsibly and in the spirit of our biblical principles upon which the Evangelical Reformation was based centuries ago.

To support our youth in all possible ways so they do not give up hope and immigrate in spite of all the challenges that lie ahead; but to hold steadfast to the faith of their ancestors and to remain rooted in their homes and homelands.

To encourage and engage our Muslim compatriots, and especially those authorities now in power, to work for the establishment of civic states in the region; states founded on a modernized and correct understanding of democracy which is not based merely on numbers and vote counts, but rather on equality in the rights of all to equal citizenship under the just rule of law; states that offer equal opportunities for work and prosperity to all the inhabitants of the Middle East without discrimination. It is only in such a Middle East that all communities, evangelical and non-evangelical, shall enjoy safety and wellbeing, and therefore shall no more live in frustration and fear, and so be subjected to the temptation to emigrate.

*Conclusion*

Dear brothers and sisters, I sincerely hope and pray that your General Assembly will be a time for empowerment, fellowship and renewed hope in this time of mounting violence and division in God's world. The ecumenical spirit and commitment to justice and peace of the CPCE give hope and inspiration to us all. God bless you and bless the CPCE.

## *General Secretary Martin Junge*

Lutheran World Federation

Members of the Presidium, distinguished delegates, ladies and gentlemen,

It is a great joy and privilege for me to bring warm greetings from the Lutheran World Federation to the General Assembly of the Communion of Protestant Churches in Europe. We wish you a fruitful and blessed Assembly!

Our churches face a dual task: it is our job to assist people in entering into a relationship with God, or keeping it alive. It is an important Reformation insight that God cannot just be experienced at special places, but also where we are, in everyday life. We serve God in the work we do.

That way faith becomes embedded and finds a home wherever we are in our respective settings.

Anyone who has experienced God's affirmation is inwardly and outwardly free to turn to the Other, the strangers, and see to their needs. In the Lutheran Communion we greatly value the work of our Department for World Service, i. e. facing up to the needs of our fellow human beings, just as the Samaritan did with the man who had fallen among thieves on the road to Jericho.

The churches in Europe have a special responsibility. The continent that played a special role in proclaiming the Gospel of Jesus Christ is, at the same time, the continent that brought structures of oppression and two world wars. The mutual recognition of Reformation churches in Europe is an important sign of hope for reconciliation. It is a fundamental insight of Reformation Christianity to seek not monolithic structures and dominance, but community in diversity.

When Lutheran, Reformed, Waldensian and Methodist Churches in Europe extend communion to each other communion at the Lord's Table and from there maintain extensive bonds of fellowship, despite their different characters – that is a ground-breaking step.

Community in diversity leaves scope for freedom and for tangible efforts to express and shape it. Ecumenism lives from this fellowship founded on mutual respect. The activities of world confessional families and multilateral ecumenism complement one another, and both are important.

May God bless the work of the Assembly!

## *Superintendent Holger Milkau*

Evangelical Lutheran Church in Italy

The Evangelical Lutheran Church in Italy extends its greetings to you, the President, General Secretary, members of the Presidium, sisters and brothers of the CPCE member churches, and guests.

We are very pleased that the CPCE General Assembly is taking place in Italy in 2012, the more so as it is the first international Protestant organisation of particular significance for our own history to meet here.

We Protestants are not so attached to signs and rites; yet holding this distinguished international assembly here gives special weight to the presence of Protestants in Italy. We are a minority in the concert of Christian churches and we share this experience with many of you. However, a minority feels better about that fact if it is recognised; and it is wonderful if, albeit for a short time, it can gain a sense of closeness, interested attention and significance in an international context. So I thank you all for making the effort of your journey, and hope you enjoy your stay. May God bless your work, and may your deliberations prove fruitful.

Our Evangelical Lutheran Church whose very beginnings actually date from the time of the Reformation, in Venice, was for a long time a loose association of independent congregations, mainly of German origin. Mainly in the first half of the 19th century they gained recognition in the economic and cultural centres of the country, including Florence, and manifested the size of their presence through building churches and establishing congregations. Florence was also the venue for the inaugural synod of our church in 1949, where the Lutheran World Federation served as midwife. The Evangelical Lutheran Church in Italy has meanwhile reached the age of 63. That is not much for a church; but it still, so to speak, a generation older than the CPCE.

Generations grow up very rapidly today and our society is also facing the problem of rapid change and the prolongation of life to far beyond what it used to be. Historical tradition and the new developments, along with communicating opinions, patterns of interpretation and practical life experience – those are the elements that define our life in society. At the same time, the integration of our two cultures – Italian-German – is especially important. The Evangelical Lutheran Church in Italy plays the part of a mediator, which consists in keeping up contacts and imparting content and knowledge.

A visible sign of these factors is the Ecumenical Study Centre named after Philipp Melanchthon in Rome, an institution that the CPCE expressly promoted and called for. Together with the Evangelical Waldensian Faculty in Rome, the Evangelical Lutheran Church in Italy has, since 2002, made the ecumenical student exchanges at the Melanchthon Centre one of its prime concerns. Since 2007 we have been organized as a legal entity in the form of an association. As the current president of the

Centro, I am very willing to answer any questions you may have about it, as are vice-president Professor Fulvio Ferrario and studies director Michael Jonas.

Like the students at the Centro Melantone, of whom you will be able to meet a few specimens here at the Assembly, everyone asks questions about the principles underlying their lives, their development and also looks for alternatives to the status quo. In times in which life is threatened from many sides or called into question, the churches again have an important role, that of conveying meaning and defining goals. Clarity and orientation: those are special features of their activity. It is a joint task of the Evangelical Lutheran Church in Italy and the Protestant churches to counter the spiritual and moral monopoly of the strong Roman Catholic Church. At the same time, we must continue to focus on ecumenical dialogue in partnership. Unity in reconciled diversity succeeds to a greater or lesser extent; yet defining the balance of power often outweighs the objective and theological debate more than is desirable. That happens even within the Protestant camp, in which the Evangelical Lutheran Church in Italy represents a very small minority.

However, the Evangelical Lutheran Church in Italy is growing as a church. In the last few years, roughly since the last CPCE Assembly in Budapest, we have founded two new congregations (in Verona Gardone and Turin) and launched two projects with the same objective, in Cagliari in Sardinia and in Bari in Apulia. We are witnessing an interest in our church and the shape of Lutheran theology and church life. Luther‘s message of the freedom of a Christian still seems to be attractive in the country of the Pope, almost 500 years after the Reformation. Through the interesting participatory model of Italian society in church/religious life, the share of tax known as »otto per mille« (8 per mil)[1], which allows for denominationally non-binding and also anonymous financial support, approx. 40,000 tax-payers subscribe to our work and our mission every year. Besides this way of expressing interest, there is also growth through people being drawn to our congregations and applying for membership.

---

[1] »Otto per mille« is an Italian tax. Taxpayers can decide, which institution gets a percentage share of $8/_{00}$ of their annual income tax, editors' note.

It is perhaps also an attraction that the Evangelical Lutheran Church in Italy – apart from its small national form – is understood and heard as the voice of worldwide Lutheranism and part of the Lutheran confessional family. As a small national Lutheran church we take account of this fact through our relations and partnerships with neighbouring central European churches in Slovenia, Austria and Hungary. This network of relationships has grown through the CPCE platform of the Southeast Europe Conference.

Involvement in the European and international contexts of Protestant churches, integration based on solidarity within Italian Protestantism, participation in caring for community in the congregational context and proclamation in the local and ecumenical context – that is the setting in which our small the Evangelical Lutheran Church in Italy operates.

To conclude, I hope that during your stay you will be able to get to know and love something of the special nature and unique character of this city, with its Protestant profile.

## *General Secretary Anthony A Peck*

European Baptist Federation

Brothers and Sisters in Christ in the CPCE,
First of all I bring you the warm greetings of the Baptist Unions and Churches that make up the European Baptist Federation (EBF) – 55 member bodies found in almost every country of Europe, Central Asia and the Middle East. Together we greet you and pray that you will have a successful Assembly, one that will truly inspire the Protestant churches of Europe in their common witness to the Gospel.

I am personally delighted that I come to you today representing the the European Baptist Federation, that has now signed an Agreement of Mutual Cooperation with CPCE. This recognizes the rich experience of *koinonia* and common witness that many Baptists find with the Lutheran, Reformed and Methodist Churches of Europe that make up the ›church fellowship‹ of the CPCE. I am glad to be at this conference together with Rafaele Volpe, President of the Baptist Union of Italy, which works in such close cooperation with the Waldensian and Methodist Churches that are part of CPCE. In Sweden, Baptists have entered a completely new ›Joint Future‹ Church, together with Methodists and the Mission Covenant Church – and I personally hope that the new Church will be in some kind of good relationship with CPCE.

The journey to reach our Agreement of Mutual Cooperation had its encouragements, but also its difficulties and setbacks on both sides. European Baptists gained much from the dialogue we had ten years ago with CPCE on our understanding of the Gospel and Baptism. There was so much about which we could make common affirmation. And yet our differing theological understandings of baptism made it not possible for us to enter into a full church fellowship with CPCE. This was to our disappointment, and yet we fully respect the position taken by CPCE with regard to agreement on the Sacraments. It reminds us, though, that the unity among his disciples for which Jesus prayed is still incomplete. It is subject to our own partial understandings of it, which at some points can both include and yet somehow exclude the other who is different from us. That is the reality in which we live, but which we yet seek to overcome on the ecumenical journey.

So after the last CPCE Assembly in Budapest we in the European Baptist Federation were not sure that it was right for us to continue our dialogue and involvement with CPCE. We felt that perhaps we had got as far as we could. But here I must express my personal thanks and gratitude to your general secretary, Bishop Michael Bünker, and also to Professor Martin Friedrich, for their grace and patience with us, and their own determination to find a way through the difficulties on both sides so that an agreement could be reached. We have met, I think, almost every year since the last Assembly, and what has happened is that we have grown in our understanding and appreciation of one another, and most importantly our trust of one another and our experience of *koinonia.* We have seen the ways in which both European Baptists and the churches of the CPCE can be enriched by a partnership between us.

And so it was our joy two years ago, at our Council of the European Baptist Federation in Rome, to have Bishop Michael with us to sign the Partnership Agreement, which sets out areas where we can cooperate: in further theological dialogue, in participating in the work of CPCE and the European Baptist Federation, and in strengthening our common witness to the Gospel in contemporary Europe. We committed ourselves also to meeting as leadership teams once a year. The Agreement was hard won, but all the more meaningful for that.

This year, when Baptists celebrate the 400th anniversary of the first English Baptist Church begun in London in 1612, it has been good to reflect on our Baptist history and our identity. In part at least we are the spiritual children of the Anabaptists, the radical leftwing of the Reformation, whose commitments were to radical discipleship, peace-making, community ethics, a communal reading of scripture, freedom of religion for all, and the essential separation of church and state – these commitments are being studied anew and found to have contemporary relevance among us as Baptists. Will they form part of the 500th anniversary of the Reformation, I wonder?

We saw it as a helpful and a much appreciated step that the Lutheran World Federation made a declaration of apology and regret to the Mennonites concerning the condemnations, persecution and martyrdom of the Anabaptists in the early years of the Reformation. This was an important ecumenical signal to European Baptists also. We do not live on past conflicts yet we are all shaped by our history. I trust that we Baptists will show the same willingness to declare openly those things in our history of relations of Christians of other traditions about which we, too, need to repent.

I take it that the opening up of a space for Baptists is what CPCE has wanted to do in our Agreement of Mutual Cooperation. On behalf of European Baptists I thank you for it, and for the generosity of spirit behind it, praying that it may be just a beginning of a closer drawing together. Our theological Dialogue made it clear that we are at one on the nature of the Gospel and the contemporary missionary task and for us, as Baptists, this is most important of all. On that basis we can truly recognize one another as brothers and sisters in Christ, and our churches as having the marks of true churches of Jesus Christ.

This year is also the 400th anniversary of the publication of a book by the earliest Baptist leader, Thomas Helwys. In the middle of the book is a remarkable plea to the ruling power, in the person of the English King James, for religious freedom for all, even those with whom Helwys so vehemently disagreed. He does not just mention other Christians but those whom he terms heretics, and also Jews and Turks (Muslims).

This plea for religious freedom for all, the first ever in the English language, has been a defining core value that has shaped Baptist identity ever since. Baptists have campaigned for religious freedom, and its related human rights, for all; a vision of a society where no religion or religious denomination enjoys privilege or status or power above others but where people of all religious faiths, and none, can come together, concerned for peaceful coexistence and the common good of society. We believe that such a vision has never been more necessary than in contemporary Europe, where intolerant nationalism and racism sometimes hide behind religion to put forth their hateful message.

This concern and perspective we bring to your developing discussions on issues of church and society in Europe today. I hope that we European Baptists, whilst being true to our convictions, can reach out to offer our friendship, our support, our active involvement and our prayers to all that CPCE seeks to do to articulate the voices of Protestants in Europe. And, above all, we hope that our Agreement of Mutual Cooperation will be reflected on the ground, in national and local settings – as it is in Italy – to encourage our Baptist churches to open themselves to dialogue and cooperation with Protestant brothers and sisters in Christ, and vice versa. So again I offer my thanks to you in CPCE and that other Reformation watchword, *Soli Deo Gloria!*

## *President Alessandra Trotta*

United Methodist Church in Italy

Dear brothers and sisters, members of the General Assembly and guests, I am delighted to welcome you all in Florence also with the friendly embrace of the Methodist churches in Italy, which arose from the passion for the gospel and the love of freedom shown by Methodist missionaries from both England and America, in the years before – and then immediately after – the founding of the State of Italy, 150 years ago.

This assembly opens today, 20 September, on a historic date for our country. It has been commemorated with particular feeling by Italian Protestant churches since that time, in 1870, when the army of the Italian

Kingdom took power in Rome. That marked the end of the temporal power of the Roman Pope, the unification of northern and southern Italy, and the start of a political period (certainly with its contradictions and limits) which was able to guarantee a substantial freedom of religion, later dramatically suffocated by Fascism and by the new alliance between ›throne and altar‹ established in the Concordat of 1929 with the Roman Catholic Church.

That 20 September 1870 meant that the small Protestant churches in the country had the responsibility to define their own role and mission precisely as Protestant churches. The Methodist churches (although they came from foreign missions) immediately saw themselves not as a ›religious minority‹ but as active component of Italian society, watchful and ready for dialogue, their witness deeply rooted in the social, cultural, political and religious issues of the life of this country. They were sensitive to the struggles for dignity and emancipation of the poor, and always keen to promote stronger cooperation in meeting the challenges with all other expressions of Protestantism.

It is in this same spirit that, together, we look to Europe and to the commitment of common witness by the Protestant churches in confronting all the challenges rightly mentioned in the document »Stand up for justice«.

This is a truly fundamental responsibility for European Protestants, because it is a precisely as such that we are part of the project (in itself a challenge!) for unity, peace, solidarity and reconciliation, built on the experience of the ruins of terrible wars and persecutions, including of religions (and of and by Christians); we are all familiar with the destructive power of fear, hate, anger and violence fomented by conditions of exclusion, which are vulnerable for seductive ideologies of power and religious – including Christian – fundamentalism, in face of which we have not always been worthy of the calling that we received.

Listening to the terrible news of angry crowds in the Arab world killing to defend a religious identity offended by a film and cartoons, my thoughts flew to the many towns in many Italian regions, like Abbruzzo or Sicily (where I come from), where not so many decades ago there were sudden disturbances and fierce attacks on pastors and peaceful church members, and churches could be burnt down to the cry of »death to the Protestants«; public worship was sometimes prohibited by the authorities because it offended the religious sensitivities of the Catholic majority, accepted as a fundamental part of popular identity and unity; there were times when Bibles were prohibited and even burned because they were considered dangerous if read without proper interpretation.

The Europe of today is far from immune to the maladies of the past, and it certainly needs the voice of the part of Christianity which we represent as Protestant churches; it needs critical discernment, capacity to deal with complexity, a strong defence of the fundamental rights of all people and, last but not least, a non-confessional attitude of public institutions.

With the words of a statement by the Synod of Methodist and Waldensian Churches, a few years ago (in 2007), I think that it is not the last task of Christianity today, as believers, to reaffirm:

> ›politics does not have the role of implementing the »Truth«, but of seeking solutions that are as equal as possible, i. e. able to guarantee rights and freedom of everyone and support individuals in responsible choices in facing complex problems that no ideology can simplify‹.

We also appreciate - for a special, internal reason - all the contributions of doctrinal reflection contained in the other important documents the Assembly is about to discuss.

Our local churches in Italy are today involved in an incredible process of transformation and renewal, through the deliberate adoption, as our own specific calling, of a policy of full integration of numerous migrant brothers and sisters from all parts of the world (often active members of the Methodist or Reformed churches in their countries of origin); this is a process rich in blessing but, in this case too, it is proving to be fundamentally complex. Based on the idea of dynamic identities, open to be transformed and enriched by one another, also as Protestants, this process needs a renewed, common reflection on what is truly essential in the specific contribution of faith, thought and living witness that we want to safeguard and pass on.

So, we will certainly receive much from the effort and the joy of sharing that awaits us in the next few days. Together with the representatives of the other Italian churches, we hope to be able to make our contribution, also bringing our experience of a wider and deeper cooperation with the Baptist churches and in the precious framework for building unity and joint service offered by the Federation of Protestant Churches in Italy.

May the surprising breath of the Holy Spirit be on the work of this assembly, the Spirit which alone can guide us to a true and deep fellowship, strong witness to the power of unity in Jesus Christ, over all limits and human barriers.

## *Monsignor Dr Matthias Türk*

Pontifical Council for Promoting Christian Unity

President Wipf, General Secretary Bünker,
Ladies and Gentlemen, sisters and brothers in the Lord
As the representative of the Pontifical Council for Promoting Christian Unity I bring warm greetings on behalf of your president, Cardinal Kurt Koch, and all our staff!

When we look at the way Catholic and Protestant Christians get on together today, a whole host of themes and relationships come to mind.

After almost 50 years of ecumenical dialogue we have come to the conclusion that what unites us is greater than what divides us: above all, the common faith in the triune God and his revelation in Jesus Christ, the agreement in fundamental truths of the doctrine of justification, the central question of God's redemption of human beings, and much more.

But not just the success story of regained unity, also nearly 500 years of division lie between Catholic and Protestant Christians, of which the Reformation commemoration in 2017 reminds us. This date calls on Catholic and Protestant Christians to discuss anew the concerns of the Reformation, in other words, the lasting mission of an »Ecclesia semper reformanda«, in a dialogue of brothers and sisters.

Hence I would like to phrase my theme in this greeting as: »We can attempt to heal the negative consequences of church division by together highlighting the positive concerns of the Reformation in our age.«

Precisely from the Catholic standpoint, the Church needs constant renewal because its members always run the risk – and occasionally fall prey to it – of caring more for themselves than their calling by Christ. Catholic and Protestant Christians are in the same position regarding this point of being constantly threatened by sin. However, if they are united in this threat, they are equally united in their focus on fellowship with Christ. And therein lies the sought-after unity of Christians, which is both the ground and goal of us all.

I am certain that there is a great consensus between Catholics and Protestant Christians when they together recognise and formulate the Reformation concern as basically a reorientation to Christ.

That then leads to other points we have in common. First, the confession of sin, asking the Lord to forgive all words and actions that have led us away from Christ, and through which we have done each other wrong and inflicted suffering on each other. From such an honest admission of accumulated guilt may grow a new enthusiasm for walking the path of greater communion with one another and seeking new ways of together proclaiming the good news oft he Gospel in a world that in many ways so bitterly needs it.

In preparing for the 2017 commemoration, the Lutheran Catholic Commission for Unity in July 2012 adopted a document entitled »From Conflict to Communion: Lutheran-Catholic Common Commemoration of the Reformation in 2017«. It is about what common ground Lutherans and Catholics have identified on the basis of ecumenical consensus to date and what then enables them to take a new view of the Reformation and its concerns. All these steps towards greater unity encourage us to continue. In the light of the 50th official ecumenical dialogue between the Lutheran World Foundation and the Catholic Church, that commenced its work in 1967, the commemoration of the Reformation in 2017 can be marked in its ecumenical and international dimension in a completely new way.

In this context our Pontifical Council is very pleased that, during an official visit by the CPCE Presidium last year, we were able to agree on taking up a number of conversations. The content of the series of consultations is to be primarily the ecclesiological foundations of the Protestant church as given in Confessio Augustana VII and the doctrinal study »The Church of Jesus Christi« of 1994. They will focus on topics like the understanding of the Church and visions of unity in the ecumenical movement. Both the Catholic Church and the CPCE are breaking new ground with these conversations. Our Pontifical Council does not see the consultations as being in competition to existing dialogues but rather as contributing to a deeper understanding and interrelating of the themes discussed. To all those involved in these consultations I wish a good start in February 2013 and every success.

If in the case of the ecumenical model of the CPCE there is a difference between the ground and form of the Church, this focus on the ground, on Christ, the Lord and Saviour, does not mean a lack of shape of the communion of Christians who follow him in faith and discipleship. Rather, the form of being church takes on firmer contours and concreteness, the more strongly the life of the faithful focuses on its ground, on the Lord himself. The conversation will need to take up the distinction between the necessary and possible form of being church

My best wishes also go to this 7th CPCE General Assembly. May God bless your discussions and may they contribute to the heightening awareness of the common ground between the Protestant churches in Europe, as proposed in the doctrinal conversations and work areas with their varied topics. I think that the greater the internal commonality and unity, the greater the effect will be of the external unity with ecumenical partners for the concerns of the world, in the common witness to which we are called.

Thus a »Europa reformata« would always be a »Europa reformanda«, a constant ecumenical concern of Reformation churches that Protestant Christians could tackle together with their ecumenical partners in the renewed and renewing orientation to Christ. Catholicity, apostolicity and sacramentality are fundamental concepts that can be contributed not only from the Catholic side as enrichment with respect to attributing even greater authority (*Verbindlichkeit*) to the Christ event and can constitute an indispensable aid in addressing the question of what it means to be in communio.

With best wishes and blessings for your days together, I will come back to my initial theme: »We can attempt to heal the negative consequences of church division by together highlighting the positive concerns of the Reformation in our age.«

Thank you for your kind attention.

## *General Secretary Dr Olav Fykse Tveit*

World Council of Churches

Dear Sisters and Brothers, Colleagues and Friends,
It is a special joy to bring greetings to you from the World Council of Churches – a worldwide fellowship of churches to which many of your churches belong. As a member of the Executive Committee of the Leuenberg Church Fellowship, from 1994 to 2001, I got to know many of you, your churches, your challenges and your – and our – shared mission. The solid, theologically based community between European Protestant churches – united in sharing of the word and sacrament, has been and is an important contribution to the wider, global ecumenical fellowship which I am here to represent.

### *Crisis and reconciliation – a call to the churches of Europe*

You emphasize reconciliation in your concept of unity. Europe today calls the churches for signs of reconciliation. Less than a month ago, some of us met in the last WCC Central Committee meeting before our assembly 2013 in Busan, Republic of Korea. It was hold in the Orthodox Academy of Crete near Chania for. The assembly theme: »God of life, lead us to justice and peace« guided our prayers, Bible studies, reflections and deliberations. This theme leads us to reconciliation in prayer and witness, based on a theological focus and reflection. This corresponds very well to the vision of the Community of Protestant Churches in Europe.

It was, of course, not possible to meet on the island of Crete without addressing the current financial and economic crisis which affects Greece severely, pushing up unemployment rates, particularly among young people, and pushing down people into poverty and despair. The Central Committee pointed to its consequences not only for Greece, but also for Italy and Spain and other European countries, like Portugal and Ireland; and, it warned that if the Euro falters there could be another global panic and crisis most likely even graver than that in 2008. We might have reasons to fear a south-north division in Europe, and that this is reinforced by the lines of confessional divisions in the continent. This comes in addition to the growing tensions related to migration and the growing religious pluralism in many countries.

The present crisis has also very deep political and moral dimensions which threaten to undermine the progress made in Europe regarding reconciliation and greater integration of the continent. Old patterns of enmity and stereotypes are surfacing again, poisoning the minds of people and paralyzing public discourse.

The WCC Central Committee urged »the Churches in Europe to stand together and to advocate for common European solutions to the financial and social crisis that help to deepen the project of European Unity as a project of just peace on the continent«.

A week ago I had a chance for brief conversations with the Italian Prime Minister Mario Monti, the President of the European Council Herman Van Rompuy, and others, where I could raise the question of the role of the churches in times like these in Europe. What can the churches contribute in terms of alternative discourses in reconciled relationships? Where are the churches that have contributed significantly to reconciliation and peace in Europe when new tensions feed the re-emergence of enemy images now based on the financial crisis? Where are the churches that have shown capacity to shift public discourse and open doors for politicians and societies, in calling for reconciliation and building of new relationships after World War II and across the Iron Curtain?

These European leaders responded and promised to support what the churches could do to promote another discourse and another development in this crisis.

*Christ frees, reconciles and unites*

This General Assembly of the Community of Protestant Churches in Europe meets here in Florence under the theme: Free for the Future! It characterizes indeed the spirit which is necessary to grasp the opportunity at this moment of history.

The depth of Christian freedom is expressed most significantly in Romans 8:31: »*If God is for us, who is against us?*«

We are called to another future without being dominated by fear. Without fear, we can overcome the past of enmity and despair. We were reconciled to God by the death of Christ. Everything, even hatred and death, looks different through the love of Christ, even if these powers do not disappear. The grace of God, the justification of sinners, drives us to repentance, frees us to give up our concept of the enemy, and enables us to look for another future of life together. Because God also loves those who might call us enemies. We are liberated to carry the cross of Christ under any circumstances, with faith, hope and love. Not for crusades, but in solidarity with the suffering world.

Justified by God through the cross of Christ, we are free, free for a future of solidarity and life together for both the societies and the churches in Europe. So let the theme of this general assembly inspire you:

- to make your voice heard in solidarity with the vulnerable and suffering people in Europe – and those coming to Europe – together with the churches of other traditions in Europe;
- and, to renew the witness to the good news that Christ frees, reconciles and unites both people and churches!

Christ, frees, reconciles and unites! We are called to renew our common witness, our mission and our commitment to the visible unity of the Church to offer the best we have for the common future of people and nations in Europe!

*Ready for a decisive, visible and ambitious step towards a common future*

I am glad that the new Mission Statement of the WCC, approved at the last central committee, defines mission from the margins – not from some centre of mission like in the past centuries. It points towards a life affirming mission taking the experience of the marginalized, their joy and suffering seriously, wherever they are. We are all called to share the Gospel with the other, carrying the cross of Christ in Christian solidarity with the world. The churches are moving forward to offer a vision of solidarity and life together, sharing an understanding of a holistic mission, urgently needed in Europe as well. The churches are called to share the liberating faith in Jesus Christ, which is unknown to so many, in a Europe where so many struggle to find hope and meaning. Our mission is also to establish proper relations as good neighbours to Muslims, and to Jews, and other groups like the Roma people – some of them might feel unsecure in this continent.

A new Faith and Order convergence text on »The Church: Towards a common vision«, holds the search for the visible unity and the churches common witness in their mission to the world closely together. We have been building, amongst other contributions, on the work done by the texts on ecclesiology from the Leuenberg theological studies, particularly the study on the »Church of Jesus Christ« from the 1990s.

We are on our way to celebrating the five hundreds anniversary of the re-discovery of the Gospel and the critical examination of the life and teaching of the church by Martin Luther and others that led to what was later called the Reformation. It is your and our common responsibility to make this a real ecumenical, global, event in 2017 by making this a joint, humble and joyful celebration of the Gospel. We are also remembering this year the fiftieth anniversary of the Second Vatican Council as a significant inspiration to the ecumenical, theological dialogues between several churches in Europe.

We have begun to work on a new unity statement for the Busan assembly which spells out that the search for the unity of the church responds to God's purpose not only for humankind, but for all of creation. God creates life in unity and for unity. Unity is intrinsic to the churches work for life, justice and peace. All what we do here in Europe needs to be fully accountable to people in this and other continents, whether they are Christian sisters and brothers or people of other religions and faith. They all will benefit when they see the churches in Europe renewing their mission towards life in justice and peace in response to their own calls and as a contribution to the worldwide fellowship of churches expressed in the WCC.

The churches in Europe have had in the last century a strong commitment to the ecumenical movement and fellowship in Europe and with churches in other continents of many confessions and church families. It has changed the realities of Europe. It has given many fruits in other continents. That can, and should, happen again.

This general assembly of the CPCE can be a contribution for the future of Europe if you discern the times and the context we live in, and if you express what the contribution of the Gospel offers for unity, justice and peace in Europe today. We all need your witness and your work for the real freedom to serve. May God bless you and the fruits of your deliberations!

## *Executive Secretary Dr Douwe Visser*

World Communion of Reformed Churches

On behalf of the General Secretary, Setri Nyomi, I bring you greetings from the World Community of Reformed Churches (WCRC). We thank you for the invitation to take part in your meeting.

The World Community of Reformed Churches is a global organisation but with very strong tradition of membership in Europe. Through our regional council, WCRC-Europe, Reformed and Presbyterian Churches have an organised presence in Europe. Many of these Churches are in fact United Churches, and so we feel full affinity to the Community of Protestant Churches in Europe.

As we are all aware, Europe goes through a crisis in many aspects. The economic and financial crisis is quite upfront. Some countries have very high unemployment figures and a whole generation of young people may feel the damage of this for the rest of their lives. Some of the stronger European economies that gave people the idea that their financial future was secured as long as they live cannot give the security any longer. One could only imagine that in these times of turmoil and insecurity Churches can come with a message of hope. But this sentence is also often no more than a cliché because so many churches in Europe have to struggle for their own survival and are often not so convinced about the treasures they have in their traditions. Amidst so much secularisation and sometimes even opposition to the existence of Churches, the temptation for Christians is to be silent.

Coming together as a Community of Protestant Churches during these days can be, I pray, inspirational to find ways of being present and speaking out in a context that at least has a desire for words of hope and trust for the future.

In 1948 the World Presbyterian Alliance, predecessor of the World Alliance of Reformed Churches and thus of the World Community of Reformed Churches, moved from Edinburgh to Geneva because it did not want to fall back into denominationalism and wanted to be as much as possible part of the Ecumenical Movement. That ecumenical thrust we do miss sometimes now within our own constituency. But you as a Community of Protestant Churches in Europe are – as I hope – a symbol that you have crossed the border of denominationalism. I hope and trust that you may continue to be part of a movement that does not see Protestant identity as something that should be protected by a form of isolation.

I pray that your meetings may be successful and that you may be guided by God's Spirit.

# VI
# Sermons

*Fulvio Ferrario*

# Sermon in the opening service 20 September 2012 in the conference hall of the Convitto della Calza, text: Rom 8: 20–28

Paul – and God – is concerned here about the whole of creation: about this creation that is subject to futility, i. e. to fear, transience and death. Paul – and God – is interested in the natural, cosmic dimension of creation, which God created as a home for us and which is threatened by destruction. And in its dimension of human history, in which women and men would like to live, hope and love (i.e. be free for the future), but in which thinking about the future conjures up dark, fateful visions.

A typical Italian story of the last few weeks can illustrate this constellation very well. In Taranto, southern Italy, there is a huge steel mill that is very important for the economy of the region and the country. Thousands of inhabitants of the city contracted cancer and very many died due to the air pollution caused by the factory for decades. In August a court decided that, for this reason, the steel mill had to be closed down. The result: in the middle of the worst crisis of the post-war era almost the whole city is at risk of total unemployment. Should we accept cancer in order to earn our daily bread? Or stay unemployed in order to save our own life? But what kind of life would we then be saving? Taranto: a parable of the futility of creation.

However, says Paul, we are the Church of Christ and we have the first fruits of the Spirit: we dare to speak of freedom for the future. But here comes a big surprise: according to the Apostle, the first fruits of the Spirit do not consist in ideological or religious security, in the proud, high-sounding advice of a church that knows what is best for the poor, de-Christianised world. Rather they consist in longing and waiting: we long for adoption and wait for the redemption of our bodies. This longing and this waiting, Paul continues, adds up to hope, in Christian terms: longing and waiting are the greatest blessing, they bring *bliss*. But what dangerous, uncomfortable bliss! We, like the others, see Taranto, and long for freedom. We live with this tension and suffer under it, not *in spite of* but *through* the Spirit.

The church living from the first fruits of the Spirit knows that it is in solidarity with the futility of creation. The text describes this solidarity in weakness with unsparing honesty: those who receive the first fruits of the Spirit as the source of hope in God's future – those people are, here and now, so perplexed that they are not even able to do what is supposed to be their job in the church, i. e. to pray; in that, too, they are dependent on the Spirit that prays for them, and for creation on their behalf. Paul – and God – assures this church, i.e. us here, of something downright incredible in view of the futility of creation: all things work together for good to those who love God! All things? Even the cancer and unemployment in Taranto? Even the economic despair of Greece today, of Spain tomorrow and of Italy the day after? Those who receive the first fruits of the spirit know well that the sighs of frustration about these questions do not contradict the hope of faith, but are part of it. It is the sighing of those who cannot yet see what they hope for, who do not know how to pray as they ought; it is the sighs of faith that is aware of the need to forgo cheap religious slogans; it is the sighing of costly Christian hope.

The freedom of the gospel that the Reformation rediscovered is freedom for this hope and for this future. We have come together here in order to bear mutual witness of this. I admit that Taranto and the countless tragedies of our time do not seem to appear on our agenda. Our order of business speaks of the church and mutual recognition, of ministry, synodal governance, Scripture and doctrine. Typically internal church topics, one might say. That statement is naturally not wrong and yet its critical overtone should be taken seriously. The plain statement that a few churches are meeting here to discuss church matters is, however, incomplete, and – at least I *hope* – also inappropriate.

First, we do not want to just talk about freedom and the future: we also want, and above all as European churches (I am even tempted to say: as European church) to *pray* for freedom and future. To pray as those who cannot pray: but that makes it *Christian* prayer.

Second, we will talk about our »church« business in the face of Taranto and the futility of creation. We will attempt to do so honestly, i. e. without illusions about our ability to be eminently prophetic. Honesty and modesty actually have something to do with the hope that we cannot yet see.

In our discussions, however, we will be led by the hope of hearing a Word that is not our own, that we do not want to claim is our own, but one that is promised and assured us. May our church discussion of church business be guided by a hope: the hope that we will receive this Word, this promise and encouragement, as responsibility for ourselves and creation, as we faithfully hope for and await the glory of the children of God. Amen.

*Rosemarie Wenner*

# Sermon in the Sunday service 23 September 2012 in the Waldensian Church in Florence, text: Psalm 100

»Making a joyful noise« can be good fun, contagious and bring people together across national boundaries. In August we saw that happen at the London Olympic Games. People from all over the world had a happy and peaceful time together as they cheered on the athletes. It is not always such a positive setting when people strike up songs of joy. We are also familiar with the stage-managed performances by which dictators shore up their power.

Today we are encouraged to cheer God on. »Make a joyful noise to the Lord« Psalm 100 tells us. Don't worry, it is not an order for a show of enthusiasm. God, the creator of the world, relies on volunteers. At the same time, Psalm 100 leaves us in no doubt: God wants to invite all people at all times to turn to God, to rejoice in God and to give God the glory.

We – God – all the world – these are three headings under which I would like to allow Psalm 100 to speak to us at this special closing service.

## We

People are outside the gates of Jerusalem. They are about to enter the sanctuary and are looking forward to praising God in common with other pilgrims. Those who have come to pray belong to the people of Israel, that little nation that was chosen by the creator of heaven and earth to be his people and to live with God in a covenant. »Make a joyful noise to the Lord,« the pilgrims sing. »Worship YHWH with gladness!« »Come into his presence with singing!«

Countless people take up this song. To this day it is part of the liturgy in synagogues. And Christians pray with Israel when reciting Psalm 100 in morning worship. The group singing this Psalm is not a closed circle. On the contrary! The psalm is expressly directed to all. »Make a joyful noise to the Lord, all the earth!« »Know that the Lord is God.« »It is he that made us and we are his.«

This is where we come in. We, the people of the 21st century – we, the Protestants of Europe. There is much that divides us: the languages in which we naturally pray; the church traditions in which we are at home as Lutherans, Reformed, United, Waldensians, Baptists, Methodists or whoever we are; theological insights and ethical convictions. In worshipping together today we are bound together. We are part of the humanity that is invited to make a joyful noise to God. This gives rise to a fellowship that values diversity and gives people room to raise their own voice loudly in the choir of those who are drawn into God‘s people.

### God

Who is the God we worship with gladness? It is the God of Israel! Let us never forget those to whom we owe the psalms. Yes, we are invited in Christ to pray together. Yet we must also humbly recognize that the prayer book of the Psalms does not »belong« to us. We stand at the side of Israel when we gratefully use it. And Israel knows that God belongs to the whole world. Psalm 100 expressly invites »all the earth« to acknowledge God as God and be drawn into God's flock. YHWH is praised as the creator of all life, as the shepherd who cares for his own and the source of goodness that eternally preserves and embraces all things. Those who make a joyful noise to this God recognise themselves as being in relation to God – as made by and belonging to God – and thereby placed in relationships, one never of more value than another, always dependent on fellow humans and Mother Earth, and never entitled to want to play God themselves.

We recall Luther‘s confession from his Small Catechism: »I believe that God has made me and all creatures; that he has given me my body and soul, eyes, ears and all my limbs, my reason, and all my senses, and still preserves them; and all this out of pure, fatherly, divine goodness and mercy, without any merit or worthiness in me: for all which I owe it to him to thank, praise, serve and obey him. This is most certainly true.«

»God has made us.« Let us not just confess this in words but also in our lives. Worshipping God does not just happen in at church services.

## All the earth

Psalm 100 says it: God is concerned with »all the earth«. God's goodness and faithfulness are for all, they embrace everything and they never run out. That is the perspective of our praise. And it only really becomes praise of God in the midst of the world. Iranaeus, bishop of Lyon in the 3rd century, believed: »Gloria Dei vivens homo« – »the glory of God is the fully alive human being«. And Dietrich Bonhoeffer put it aptly for his time: »Only those who cry out for the Jews may sing Gregorian chants!«

What could that mean for us today? We are aware of situations in which many fellow humans don't feel like rejoicing, we have at least heard of youth unemployment, the distress of refugees and the deep gulf between poor and rich, that cuts poor people off from life. But do we get closer to the people? Do we listen to them? Do we lament with them? Do we cry for them when they threaten to fall silent?

Do we give God the glory? Our host church can show us how. In many Protestant congregations in Italy people gather from all over the world. When Italians, Ghanaians, Filipinos and Nigerians sing and pray together, that is a challenge not just in terms of language. There people meet from different worlds. Some long established and well situated; others marked by the traumatic experiences of a long journey that threatened to end in the Lampedusa reception camp; and among them those who have worked to achieve a bit of affluence in a foreign land. Now they are church together – »Essere chiesa insieme« – »Being church together«, this is Italian for »Inclusion«. They know they are together as the »sheep of his flock«, as the congregation of Jesus Christ. That involves tensions. Yet praising God becomes not just more polyphonic but also more catching in a church that offers friendship to people from other countries.

Making a joyful noise can be fun, contagious and bring us together. We praise God, the creator of life and redeemer of the world, at the side of Israel. The whole world can hear that. All people are invited to join in. »For the Lord is good; his steadfast love endures forever, and his faithfulness to all generations!«

*Friedrich Weber*

# Sermon in the closing service with Holy Communion and Induction of the new Council of the Community of European Churches 26 September 2012 in the Minster of the Convitto della Calza, text: 1 Kings 19:1–9

Sisters and brothers,
39 years ago the text of the Agreement of Reformation Churches in Europe was finalised at Leuenberg near Basel, from 12–16 March 1973. The church fellowship that was enabled at that time – and has since grown – signified a common understanding of the gospel. The doctrinal condemnations referred to in the confessions no longer reflect the present-day doctrine of the assenting churches, and they now practise pulpit and table fellowship, including the mutual recognition of ordination.

Since my time as a pastor-in-training in a Reformed congregation in the United Church in the Rhineland, I have understood the »unity in reconciled diversity« gained in Leuenberg as being an expression of a new ecumenical life together of churches stemming from the Reformation; that is not just in keeping with the times but, above all, in keeping with the gospel. It is also a compass for me in my ministry as bishop. And I confess that I have never been able to understand how Protestant churches could deny each other the status of ›church‹ and not let each other share in the special features of their respective confession, and thus denomination. If understood properly, a confession is not a synonym for isolation and distrust of one another. Rather, wits its »confession«, the respective church make clear what it believes.

It is good that this understanding has become widespread precisely within German ecumenism. When talking of »unity in diversity« we do not gloss over the harm done by church division, but these terms express the fact that we look for what binds us together and find it, again and again. The identity of the respective ›others‹ deserves the highest respect, indeed, that is what enables discussion and dialogue.

The fundamental confession binding us Christians is: »Jesus Christ is Lord!« I Corinthians 3:11 defines the church: »For no one can lay any foundation other than the one that has been laid: that foundation is Jesus Christ.« My own confession is founded in God's confession to me. With my confession I respond to the offer of God's love. Naturally my confession is always determined by the historical situation in which it happens. Luther claimed: »Tota nostra operatio confessio est«, i. e. all our actions are confession.

The phrase »Jesus Christ is Lord« needs to be adapted to the changing times in our lives: the influence of money, violence, war, the relationship between men and women, unjust distribution of the earth's goods etc. – all this calls for timely confession. The statement made by this Assembly on the situation of Christians in the Middle East is also an expression of this confession, in my view.

However, such a confession can only be credible if we offer it together. This also applies to our fellowship with Catholic brothers and sisters. We are beginning to perceive the points that bind us together more than that which divides us.

Let me mention a few such aspects: baptism, the Bible as a common source of knowledge, faith in the same Spirit of God that accompanies God's people, the common question about what we can do on earth, the shared image of the people of God as a pilgrim people, our faith in Jesus Christ. That which binds us grows when it becomes more important than that which divides.

Hence I would like to encourage our churches to allow one another to share in the wealth and beauty of each other's expressions of faith; and, above all, at this point in time, to bear public, resolute witness to our confession of Jesus Christ as Lord.

A lot of things are going well: theological agreement is being turned into practical situations with their liturgical, spiritual, practical and organisational consequences.

But rather frequently the joy in such success is overlaid by experiences that recall the phrase of Elijah: »It is enough: now, O Lord, take away my life, for I am no better than my ancestors.« (1 Kings19:4).

Traugott Schall calls this despondency »Elijah fatigue«. It is partly to do with the changed view and reality of the church and congregational life in our society. It is linked to the loss of plausibility of faith and religion that is reflected in the continuing departures from the church. It is connected with disappointment because strong personal and professional commitment and high expectations are less appreciated in view of what is seen as limited competence and apparently visible failures. This Elijah fatigue is linked to overload and, not least, to the constant question about our own piety, our own spirituality, and the future of our churches. Simply put, how can I find space and time in my daily routine to discover the message of the reconciliation of the world with God and to live from it? How can the Lord Jesus Christ find room in my life and in my church?

Elijah first did the right thing. He went to sleep. By the way, Thomas Aquinas praised sleep as a remedy for melancholy. Sleep, rest, silence cannot do us any harm either, and when Elijah wakes up, he finds bread and water at his head.

It is as though the angel wants to say: Have a good sleep, first of all. Then eat something! And so he eats and drinks and falls asleep again. A second time he wakes up, and then comes the order: »Get up and eat! Otherwise the journey will be too much for you.«

Angels are necessary. For me they are a symbol that we human beings will not remain alone on earth, on the way through our life and church history. We will be visited and accompanied, supported and sustained, in real life. They help us to adjust to the changing situation. They preserve us from the temptation to close our eyes to the new things to come. They have a sense of how new things frequently overtax and scare us in our lives. The »fear not« with which they often begin their message is proof of this sense. Angels are God's messengers. In them, God turns to people; through them God cares for each of us.

Do we not experience this still today? Yes, there are angels, many of them in very human form and also here in our midst there are those who have been angels to others. And quite often I have the impression that we in our church fellowship also become angels to each other, nurturing, encouraging and inspiring others with hope in God's name.

Bonhoeffer expressed what I mean in his famous poem:

»By gracious powers so wonderfully sheltered,
and confidently waiting, come what may.
We know that God is with us night and morning,
and never fails to greet us each new day.«

We are wonderfully sheltered by »gracious powers«. In those powers we meet the power of God in the world. Knowing we have shelter in God stops us from being thoughtless or even indifferent to what is happening in our world, in Europe. Terror and hunger, unemployment – all these things raise questions to us about how we can contribute to making the world more humane.

Elijah sets off. Instinctively, unconsciously he is drawn to the place where it all began. To the place where God revealed the divine Self: »I am the Lord your God.« He took a long time to reach Gods and again creeps into a cave. And again he is called: »What are you doing in there, Elijah? You don't want to opt out, do you? Get up!« We know the end of the story: Elijah meets God, in the still, small voice – the sound of sheer silence. And he is sent out into the world again.

That is also the message of our text. There will always be times in our lives when we are »dead tired« but also the message will ring out: »Get up. You have a long way to go.« Don't let your head hang low, or condemn yourself to passivity. Instead: »Get up!« That is our calling as the Community of Protestant Churches in Europe. The message is not: »we are surrounded by death in the midst of life«, but »we are surrounded by life in the midst of death«.

Thanks be to God! Amen.

# VII
# Structures of Cooperation 2006–2012

# Guidelines on the Establishment of Membership in the CPCE

On the basis of the Leuenberg Agreement (LA) and the CPCE Statutes of 2006 the Council of the CPCE approves the following guidelines on the establishment of membership in the CPCE.

1. Membership in the CPCE is a consequence and an expression of declared church fellowship. A declaration of church fellowship is not an arbitrary act by the churches; rather they »accord one another something that is antecedently given to them« (The Church of Jesus Christ, 1994, III.1.2, p. 120).
2. LA 2 names the theological conditions for the declaration of church fellowship. Church fellowship is to be declared and cannot be denied so far as a common understanding of the Gospel has been established, including administration of the sacraments according to their institution, and any existing doctrinal condemnations have been correctly recognized as no longer touching the present position of the other participants.
3. By its nature church fellowship is an event aiming for reciprocity. The churches united in the CPCE realize church fellowship among themselves and invite other churches to attach themselves to this fellowship so far as the conditions are given or can be fulfilled. The CPCE (as an organization or body established in church law) serves the realization of church fellowship.
4. The establishment of membership in the CPCE is bound to a regular procedure. Since the approval of the Statutes of the CPCE at the General Assembly in September 2006, the principle holds according to § 1 paragraph 2 that to join the CPCE a specific agreement is required in addition to the declaration of church fellowship. Churches wishing to join take up contact with the office, which will clarify with them how the declaration of church fellowship can be realized and what should be a subject of the specific agreement. The office conducts these negotiations on behalf of the Council and in consultation with the Presidium.

5. Alongside organizational questions (number of delegates, membership contributions, participation in regional groups etc.) a subject of the agreement must always also be an evaluation of the doctrinal conversations conducted since 1973. Their results are admittedly not binding in the same way as the Leuenberg Agreement, for they handle questions on which remaining differences are not in themselves church-divisive. However, the agreements that have in part been reached contribute to the deepening of the church fellowship. It is to be clarified whether a church wishing to join sees itself in contradiction to the result of a doctrinal conversation approved by a CPCE General Assembly. In this case the implications of this stance for possible membership are to be discussed with the church concerned. The CPCE Council decides on admission to membership on the basis of the report on the ensuing conversation.
6. In LA 33 the signatory churches pledge themselves to the mutual recognition of ordination, including the ordination of women practiced in almost all CPCE churches. This has been expressly underlined in subsequent doctrinal conversations (cf. Neuendettelsau Theses II.5). It must therefore be established that churches wishing to join recognize the ordination and ministry of women ministers in other CPCE churches. Such recognition is part of the membership agreement.
7. In respect of the procedure three categories of potential member churches are to be distinguished:
   a) *European churches of pre-Reformation or Reformation origin (i.e. the churches named in the first sentence of LA).* The basis for the declaration of church fellowship is as up till now the signing of the Leuenberg Agreement. The Council of the CPCE receives the church on the basis of an agreement.
   b) *Churches of pre-Reformation and Reformation origins which are not based in Europe but appeal to a European identity.* These too can declare church fellowship by signing the Leuenberg Agreement. It must additionally be clarified in the membership negotiations what the motive is for the desire to join and how fellowship with the European churches is to be realized. Priority should lie with efforts for a regional realization of church fellowship. In special cases and after clarification of the above questions the Council of the CPCE can receive a church into membership on the basis of an agreement.

c) *Churches which do not derive directly from the Reformation tradition.* Doctrinal conversations must explore with them how far the criteria for church fellowship are fulfilled. On this basis a document declaring church fellowship is to be prepared, as in the case of the European Methodists in 1994. The Council of CPCE conducts the negotiations, but in this case only the General Assembly can decide on the declaration of church fellowship and so on membership of the CPCE.

Frankfurt/Main, 12 February 2011

# Agreement between the CPCE and the Melanchthon-Centre in Rom

Between the Community of Protestant Churches in Europe (CPCE) – Leuenberg Church Fellowship and the Associazione Centro Filippo MelantoneCentro Protestante di Studi Ecumenici (Philipp Melanchthon Centre Association Protestant Centre for Ecumenical Studies) Rom referred to hereafter as »Melanchthon Centre« reaches the following agreement:

## § 1
## Basis of the agreement

(1) The CPCE considers as its duty the provision of every possible assistance within its means towards
   a) supporting theological collaboration and research within the CPCE and between Protestant churches throughout Europe,
   b) supporting talented young Protestant theologians in developing expertise in ecumenism,
   c) encouraging ecumenical dialogue with different Christian traditions.

(2) The pursuit of the above-stated aims is anchored within the statutes of the Melanchthon Centre, and it is willing to pursue these aims as a joint effort together with the CPCE.

(3) The CPCE has become a supporting member of the Melanchthon Centre as a means of supporting this common cause. This here agreement regulates the co-operation between these partners in this respect.

## § 2
## Contents of the agreement

(1) The CPCE commits itself to
   a) supporting the public relations work of the Melanchthon Centre throughout Europe;

b) disseminating via its own network any information concerning the programme offered by the Melanchthon Centre to churches and theological faculties throughout Europe, particularly amongst the Regional Groups of the CPCE and also beyond the German-speaking countries;
c) supporting the Melanchthon Centre by arranging scholarships and promoting the development of talented young academics in the field of ecumenical theology;
d) periodically involving the Melanchthon Centre in its theological and ecumenical activities, whenever the opportunity arises;
e) collaborating with the Melanchthon Centre particularly in respect of projects and initiatives that involve the participation of young ecumenists;
f) remitting an annual donation of 50 Euros in support of the Melanchthon Centre's work;
g) delegating a suitably qualified person to the academic advisory board of the Melanchthon Centre;
h) delegating a representative of the CPCE in an advisory capacity to the General Assembly of the Melanchthon Centre in respect of thematic, strategic and structural concerns;
i) inviting a representative of the Melanchthon Centre in an observational capacity to the General Assembly of the CPCE.

(2) The CPCE allows
the Melanchthon Centre to refer to its close collaboration with the CPCE within its statutes as well as in its outward presentation within the public sphere as a means of underlining its ecumenical theological character and the ecclesiastical root of its activities.

(3) The Melanchthon Centre commits itself
a) to submitting regular reports on its work towards its stated aims (see § 3);
b) to inviting the nominated representative of the CPCE to the Melanchthon Centre's General Assembly;
c) to appointing the nominated member of the CPCE to the academic advisory board of the Melanchthon Centre.

## § 3
## REPORT ON THE WORK OF THE MELANCHTHON CENTRE

1) The Melanchthon Centre reports to the CPCE on an annual basis in an appropriate manner, in writing and wherever necessary also in spoken form, of the work undertaken thus far as well its future plans.
2) In correspondence with this agreement, at the CPCE's written and reasoned request to the Chairperson of the governing council, the CPCE can add a point of its own interest to the agenda of the next meeting of the board for due consideration there, with this to occur in the presence of a representative of the CPCE, should the request so stipulate.
3) The CPCE will be invited to ecumenical meetings in Rome and informed of such by means of the submission of any relevant documentation and minutes.

## § 4
## TERMINATION

The CPCE and the Melanchthon Centre can terminate this agreement at the end of the respective calendar year subject to six months' prior notice.

## § 5
## AMENDMENTS OR ADDITIONS

1) This here agreement contains all agreed matters. No additional written or verbal agreements exist in any extraneous form.
2) The regulations of the CPCE apply throughout unless otherwise explicitly stipulated in this here agreement.
   In all other respects the law of the Republic of Austria is applicable to this agreement.
3) The invalidity or ineffectiveness of individual provisions within this agreement does not affect the legal force of the rest of the provisions contained herein. In any such case, the CPCE and the Melanchthon

Centre are then obliged to replace any ineffective provision with one that makes legal sense and approximates as closely as possible that ineffective provision. The same shall apply if during the execution of this agreement a loophole emerges that requires regulation.

# Agreement between the CPCE and the Johannes a Lasco Library Foundation Emden

Between the Community of Protestant Churches in Europe (CPCE) – Leuenberg Church Fellowship and the Stiftung Johannes a Lasco Bibliothek (Johannes a Lasco Library Foundation) referred to hereafter as JALB reaches the following agreement:

## § 1
## Basis of the agreement

(1) The CPCE considers as its duty the provision of every possible assistance within its means towards
   a) supporting theological collaboration and research within the CPCE and between Protestant churches throughout Europe,
   b) supporting talented young Protestant theologians in developing expertise in ecumenism,
   c) encouraging ecumenical dialogue with different Christian traditions.

(2) The pursuit of the above-stated aims is anchored within the statute of the JALB, and it is willing to pursue these aims as a joint effort together with the CPCE.

(3) The CPCE will become involved in the work of the JALB as a means of supporting this common cause. This here agreement regulates the co-operation between these partners in this respect.

## § 2
## Contents of the agreement

(1) The CPCE commits itself to
   a) supporting the public relations work of the JALB throughout Europe;

b) disseminating via its own network any information concerning the programme offered by the JALB to churches and theological faculties throughout Europe, particularly amongst the Regional Groups of the CPCE and also beyond the German-speaking countries;
c) supporting the JALB by arranging scholarships, promoting the development of talented young academics in the field of ecumenical theology and in its work as a research centre for reformed Protestantism in Europe;
d) periodically involving the JALB in its theological and ecumenical activities, whenever the opportunity arises;
e) collaborating with the JALB particularly in respect of projects and initiatives that address the subject of reformed theology, especially in terms of its significance for ecumenism and the CPCE church fellowship;
f) proposing a suitably qualified delegate for appointment to the academic advisory board of the JALB;
g) inviting a representative of the JALB in an observational capacity to the General Assembly of the CPCE;
h) considering the JALB as a venue for seminars and meetings held by the CPCE;
i) proposing a delegate for appointment to the board of trustees (in correspondence with the regulations contained in § 9 para. 2 point no. 6 of the statute of the Johannes a Lasco Library Foundation, Große Kirche, Emden).

(2) The CPCE allows
the JALB to refer to its close collaboration with the CPCE within its statutes as well as in its outward presentation within the public sphere as a means of underlining its ecumenical theological character and the ecclesiastical root of its activities.

(3) The JALB commits itself
a) to submitting regular reports on its work towards its stated aims (see § 3);
b) to appointing the nominated member of the CPCE to the academic advisory board of the JALB.

## § 3
## Report on the work of the JALB

(1) The JALB reports to the CPCE on an annual basis in an appropriate manner, in writing and wherever necessary also in spoken form, of the work undertaken in respect of this agreement as well its future plans in this context.
(2) In correspondence with this agreement, at the CPCE's written and reasoned request to the Chairperson of the board of trustees, the CPCE can add a point of its own interest to the agenda of the next meeting of the board for due consideration there, with this to occur in the presence of a representative of the CPCE, should the request so stipulate.
(3) The CPCE will be invited to any meetings addressing the subject of ecumenism that are held in the JALB and informed of such by means of the submission of any relevant documentation and minutes.

## § 4
## Termination

The CPCE and the JALB can terminate this agreement at the end of the respective calendar year subject to six months' prior notice.

## § 5
## Amendments or additions

(1) This here agreement contains all agreed matters. No additional written or verbal agreements exist in any extraneous form.
(2) The regulations of the CPCE and the statute of the JALB apply mutatis mutandis throughout unless otherwise explicitly stipulated in this here agreement.
In all respects the law of the Republic of Austria is applicable to this agreement.
(3) The invalidity or ineffectiveness of individual provisions within this agreement does not affect the legal force of the rest of the provisions

contained herein. In any such case, the CPCE and the JALB are then obliged to replace any ineffective provision with one that makes legal sense and approximates as closely as possible that ineffective provision. The same shall apply if during the execution of this agreement a loophole emerges that requires regulation.

# Agreement between the European Baptist Federation (EBF) and CPCE to become mutually Co-operating bodies

## Preamble

### I The Situation

1. The European Baptist Federation (EBF), currently comprising 51 Baptist unions in Europe and the Middle and Near East, is an umbrella organisation which serves to strengthen and inspire their constituency in witness and shared responsibility. The Community of Protestant Churches in Europe (CPCE) connects 105 Lutheran, Reformed, United and Methodist churches in Europe and South America that strive for realising church fellowship on the basis of the Leuenberg Agreement (LA) of 1973, especially by the fullest possible cooperation in witness and service to the world.
2. After a number of conversations, EBF and CPCE in 2004 published the document *The Beginning of the Christian Life and the Nature of the Church*. It identified a wide range of common convictions between Baptist and CPCE churches. Above all, it became clear that the Baptists share in the common understanding of the gospel, as expressed in LA 7–12. It was even possible to arrive at consensus about important themes regarding the understanding and practice of baptism (although this consensus is not complete).
3. The document resulted in the joint recommendation »to strive for the closest possible community in witness and service« and »to work together in every responsible way to fulfil our missionary calling«. This recommendation was taken up by the CPCE General Assembly 2006 which received the results of the dialogue with gratitude. It instructed the Council to evaluate the positions of member churches and against this background to prepare proposals for closer co-operation and encouraged the member churches, at local and national levels, to carry on or intensify the dialogue with the Baptists. Also the relevant EBF

bodies welcomed the document. The EBF Executive Committee at its meeting in April 2004 expressed its wish »to continue the good relations with CPCE and to cooperate in areas which help our mutual concern to further God's mission in contemporary Europe«. The wish for cooperation was confirmed by the EBF Council in September 2004.

4. In many countries there are good formal and informal relations between CPCE churches and Baptist Unions. There is even a declaration of church fellowship between the Waldensian and Methodist Church and the Baptist Union in Italy. Others formal initiatives include (the list is not exhaustive):

| | |
|---|---|
| *Sweden* | Many united local churches with Methodists and Mission Covenant churches. Current preparations for a full United Church formed from the three denominations.<br>Ongoing bilateral dialogue between the Baptist Union of Sweden and the Church of Sweden (Lutheran) |
| *England* | Many Local Ecumenical Partnerships (LEPs) with Methodist and United Reformed Churches over the past 40 years<br>Longstanding agreements on baptismal policy in LEPs with both these churches<br>A joint Baptist/Methodist/United Reformed Public Issues Team (JPIT) speaks on behalf of all three churches |
| *Austria* | Dialogue between the Baptist Union and the Lutheran, Reformed and Methodist Church 2004-2007, ending with a communiqué |
| *Norway* | Bilateral dialogue between The Church of Norway and the Baptist Union of Norway, 1989<br>Bilateral conversations between the United Metodist Church in Norway and The Baptist Union of Norway 2004 |
| *France* | Dialogue ›The Scriptures, the Church and Baptism‹, between the *Conseil Permanent Luthéro Réformé* (CPLR, Permanent Lutheran-Reformed Council and the *Fédération des Eglises Evangéliques Baptistes deFrance* (FEEBF, French Federation of Evangelical Baptist Churches) 2001–2007 |
| *Bavaria* | Bavarian Lutheran-Baptist Working Group (BALUBAG), resulting in a Convergence Document: Learning from one another – believing together (2009) |

| | |
|---|---|
| *Czech Republic* | Invitation to the Czech Baptist Union from a Czech Lutheran denomination to a Dialogue based on the Bavarian document (2010) |

It should be noted that almost all the above initiatives have not had the official involvement of CPCE though some of them have found the results of the CPCE/EBF dialogue helpful in their discussions.

## II Principles of the Agreement from the Perspective of CPCE

5. The proposed agreement builds on the presupposition that a declaration of church fellowship (in the understanding of the Leuenberg Agreement) is not yet possible. The document of 2004 did not reach a full agreement in the right administration of the sacraments (although possible ways were discussed).
6. Nevertheless, the CPCE churches have – with the recognition of a common understanding of the Gospel – in fact recognised the Church of Jesus Christ in the Baptist churches. According to its conception of church unity, this recognition leads to »desire further committed dialogue« in order to make church fellowship possible (cf. The Church of Jesus Christ, III.1.4).
7. Also practical reasons speak for an intensification of the cooperation with EBF. Besides the wish to support the relations of the CPCE member churches with their Baptist counterparts in various countries (especially where the relations are charged by the burden of history or by a mutual mistrust), the field of politics and society is especially important. The CPCE General Assembly in Belfast 2001 decided »to bring Protestant voices together on fundamental questions, and to allow them to speak and be heard in the European public arena« and thus »to give a clear Protestant witness on important current questions of politics, society and ecumenical matters«. This work is done by public statements of the CPCE Council or presidium, mostly prepared by the Expert Group on ethics. With claiming to express this »Protestant voice in Europe«, the CPCE took responsibility for enabling other churches that understand themselves as Protestant to participate in that task.

## III Principles of the Agreement from the Perspective of EBF

8. The Baptist churches do not feel bound by the »Leuenberg« model of church fellowship. They can recognise the fruits of the Spirit in other Christian churches and, on the basis of the shared understanding of the Gospel, seek to realise Christian ›koinonia‹ and cooperation in practical matters. Accepting the CPCE view that church fellowship is not yet possible, they are nevertheless interested in expressing the theological convergence achieved so far by means of a formal Agreement. This is done especially with a view to those EBF member Unions that feel it important to have good and equal relations with the 'mainstream' Protestants in their countries and to engage in common witness wherever possible.
9. As the European Baptists consider themselves as part of the European Reformation family, they request that the ›Protestant Voice for Europe‹ represented by CPCE also articulates the concerns of the significant minority group of Baptist churches in Europe, including the churches belonging to Unions in membership with the EBF.

## IV Shared Principles of the Agreement

10. Building on these considerations, EBF and CPCE conclude the following agreement that respects the different characters and convictions of the partners and ensures complete mutuality between them. It aims at allowing progress in the relationship up to the highest possible degree of cooperation, especially regarding joint witness and service to the world, and opening a continuation of the theological dialogue, especially about baptism and its practice.

## AGREEMENT

## V JOINT OBLIGATIONS

11. EBF and CPCE commit themselves to invite each other to the annual meetings of the EBF Council and the CPCE General Assemblies (taking place every six years).
12. They commit themselves to arrange regular meetings of the General Secretaries and other officers.
13. They agree on continuing the mutual exchange of press releases and information material.
14. They express their readiness to arrange joint consultations on matters of mutual concern.
15. They express their readiness to take up the theological dialogue, as soon as new perspectives have emerged from regional dialogues between CPCE churches and EBF member unions.

## VI OBLIGATIONS FOR CPCE

16. CPCE commits itself to involve the EBF as far as possible in its activities. The following elements of this involvement are agreed:
    a. CPCE will invite EBF to delegate participant observers to its doctrinal conversations, fully engaged in discussion, but without the right to vote in the final decision.
    b. CPCE will consider inviting EBF to delegate participant observers to other consultations, as far as matters of mutual interest are concerned.
    c. CPCE will strongly encourage its (self-regulating) regional groups to invite Baptist unions from their regions as participant observers, working for reconciliation and co-operation at intermediate level.
    d. CPCE will co-opt a Baptist consultant to its expert group on ethics, thus ensuring a Baptist contribution to formulating and expressing the »Protestant voice in Europe«.
    e. CPCE will invite a Baptist participant (via EBF) to the »Evangelischer Arbeitskreis für Konfessionskunde in Europe« (Working Group for Confessional Issues in Europe).

f. CPCE will consider inviting Baptist observers in its interconfessional dialogues (with Orthodox, Anglicans etc.).
g. CPCE will encourage its Lutheran and United member churches to reconsider the condemnations in the Confessio Augustana that may be regarded as applying to Baptists. It will recommend a consideration of the suggestions made in the communiqué of the talks between the Austrian Baptist union and the CPCE churches in Austria in 2007.

## VII Obligations for EBF

17. EBF commits itself to involve CPCE as far as possible in its activities. The following elements of this involvement are agreed:
    a. EBF will invite a CPCE participant to the annual Mission Conference, held each year in June.
    b. EBF will consider inviting CPCE participants to specific Consultations, especially those organised by the EBF Division of External Relations, and the Division of Theology and Education.
    c. EBF will support CPCE in defending the religious freedom of minority churches in Europe, including Baptist churches (for CPCE this is normally done through the Conference of European Churches).
    d. EBF will encourage its members unions to engage in dialogue and joint activities with CPCE churches in their counties wherever possible.

# Memorandum of Affirmation and Commitment

## between the British and Irish Anglican Churches and the Community of Protestant Churches in Europe – Leuenberg Church Fellowship

### Preamble

In 1995 and 2004 two consultations between the Anglican churches in Europe and churches belonging to the Community of Protestant Churches in Europe (CPCE) took place. Their aim was to consider what the declarations of Meissen, Porvoo and Reuilly might mean for the wider relations between Anglicans and Protestants in Europe. Since 2005 representatives of the Scottish Episcopal Church, the Church in Wales, the Church of Ireland and the Church of England have met three times with representatives of the CPCE to study the faith and order work on which they are engaged. These meetings have been helpfully facilitated by the Institute for Ecumenical Research in Strasbourg. At the meeting of 13–15 April 2011 at Chateau Klingenthal, near Strasbourg, it was agreed that the Anglican and CPCE representatives would recommend to their sponsoring bodies that there should be a memorandum between the parties who have participated in the consultations.

The CPCE is based on the Leuenberg Agreement (LA) of 1973 which facilitated reconciliation and brought about »church fellowship« (ecclesial communion), including table and pulpit fellowship, between Protestant churches in Europe. Since it »is in the life of the churches and congregations that church fellowship becomes a reality«, the more than 100 churches of CPCE committed themselves to »bear their witness and perform their service together« (LA 35).

The four British and Irish Anglican Churches are in communion with each other and are members of the worldwide Anglican Communion, linked together through the various Instruments of Communion. Representatives of the four churches have been meeting for an intra-Anglican faith and order consultation every few years.

For more than two decades, declarations of formal relationship have been made between Protestant churches belonging to the CPCE and Anglican churches. In the Meissen Declaration (1988), the EKD and the Church of England acknowledged each other as »churches belonging to the One, Holy, Catholic and Apostolic Church of Jesus Christ and truly participating in the apostolic mission of the whole people of God«. They committed themselves »to share a common life and mission« and made certain forms of »eucharistic fellowship« possible. In a corresponding way, the Reuilly Declaration (1999) between the four Anglican Churches in Britain and Ireland and two Reformed and two Lutheran churches in France brought »a decisive step forward in the direction of visible unity« (Foreword, 18). In the British Isles, there are, among others, formal relationships between the Church of England and the Methodist Church of Great Britain (2003) and between the Scottish Episcopal Church, the United Reformed Church and the Methodist Church of Great Britain. The multilateral Welsh Covenant includes the Church in Wales and several Protestant churches. The most far reaching agreement is the Porvoo Declaration (1992) in which the four Anglican Churches in Britain and Ireland have entered into ecclesial communion with Nordic and Baltic Lutheran Churches (four of them member churches of CPCE).

There is thus a nexus of overlapping ecumenical agreements and relationships of communion within which the developing conversation between the CPCE and the four Anglican churches is taking place.

Acknowledging the importance of this developing ecumenical context in a changing Europe and recognising the usefulness of the recent consultations the following agreement is proposed.

## Confirmation

Both the Anglican churches and the CPCE are committed to the goal of the visible unity of the Church of Jesus Christ. According to the basic ecclesiological document of CPCE, »the *unity* of the church … is rooted in the unity of its origin, i. e. in the unity of the triune God« and »has been given to … the churches as the work of God. Thus the churches are faced with the task to witness in visible ways to this gift of God …«. The church fellowship realised in the »fullest possible co-operation in witness and service to the world« (LA 29) is seen as a witness to the visible unity.

The Anglican churches are committed to the goal of »full visible unity« in the form of »the sharing of one baptism, the celebrating of one eucharist and the service of a common ministry (including the exercise of a ministry of oversight, *episcope*)« (Reuilly Common Statement, IV). The Anglican understanding of full visible unity is structured by the Lambeth Quadrilateral of 1888/1920 which refers to the canonical Scriptures, the ecumenical creeds, the two dominical sacraments and »the historic episcopate locally adapted«.

Thus the Anglican Churches the CPCE are one in the goal, but have different foci in defining the necessary elements of this goal. They have to continue working for a shared understanding enabling them to take further joint steps.

## COMMITMENTS

As far as resources allow, the Church of England, the Church of Ireland, the Church in Wales and the Scottish Episcopal Church, on the one hand, and the Community of Protestant Churches in Europe – Leuenberg Church Fellowship, on the other hand will

- Exchange information and documentation on their emerging faith and order work;
- Continue to meet approximately every three years for a faith and order consultation;
- Explore together the theological exposition and concrete expression of the Church's mission, ministry and unity/communion;
- Invite each other to participate in major projects of theological research and reflection in the service of the Church's mission in Europe;
- Assist one another, wherever possible, in developing wider ecumenical relationships in Europe.

# VIII
# Appendix

# Agenda of the 7th General Assembly

Opening

1 Business meeting of the General Assembly
1.1 Resolution of the rules of procedure
1.2 Resolution of the agenda
1.3 Resolution of the electoral procedure for the Council
1.4 Nominating Committee
1.5 Drafting Committee's final report
1.6 Allocation of study groups
2 Presidium's report
3 General Secretary's report
4 Main Theological Address by Prof. Dr. Michael Beintker
5 Doctrinal conversation: »Scripture-Confession-Church«
6 Doctrinal conversation: »Ministry-Ordination-Episkopé«
7 Study: »Stand Up for Justice«
8 Study: »Training for the Ordained Ministry in the Community of Protestant Churches in Europe«
9 Study: »Anchor in Time«
10 Study: »Ecclesia semper reformanda«
11 Election of the incoming Council
11.1 Presentation and discussion of both lists of candidates
11.2 Voting on the lists
12 Statement on »Identity and Integration«
13 European Forum: »Europe's Churches Turn to the Future«
14 Call to prepare a European Feast of the Reformation
15 »Setting the scene« by Cristina Comencini
16 Focal Issues from 2012 onwards
16.1 Doctrinal conversation »Church Fellowship«
16.2 Doctrinal conversation »Plurality of Religions«
16.3 »Europa reformata«
16.4 »Ecumenical Dialogues«
16.5 Other possible focal issues
17 Declaration of the General Assembly on the Current Situation in Europe

7. Vollversammlung der GEKE im Konferenzsaal des Convitto della Calza Florenz

Generalsekretär Dr. Michael Bünker mit Präsidium 2006–2012: Dr. Thomas Wipf, Prof. Dr. Michael Beintker und Stephanie Dietrich

Moderator Eugenio Bernardini

Präsidentin Alessandra Trotta

Eröffnungsgottesdienst am 20.09.2012 mit Dekan Holger Milkau (Liturgie), am Klavier Dr. Szilard Wagner

Predigt im Eröffnungsgottesdienst am 20.09.2012 von Prof. Fulvio Ferrario

Generalsekretär Dr. Michael Bünker

Prof. Dr. Dr. h.c. Michael Beintker

Cristina Comencini

Metropolit Emmanuel und Oberkirchenrätin Dine Fecht

Reverend Dr. Jonathan Gibbs

General Secretary Rosangela Jarjour

General Secretary Anthony Peck

Monsignore Dr. Matthias Türk

Generalsekretär Dr. Olav Fykse Tveit

Geschäftsführer Dr. Douwe Visser

Friedensgebet am 22.09.2012 mit Kirchenrätin Cornelia Camichel Bromeis

Tagungsbüro im Kreuzgang des Convitto della Calza

Abendandacht am 21. 09. 2012 mit Pfarrer Einar Vegge

Moderator des Forums: Europas Kirchen im Aufbruch Jan-Gerd Heetderks

Panel auf dem Forum: Kirchen Europas im Aufbruch mit John Bradbury, Martine Brunschwig Graf, Szabolcs Lörincz, Dr. Lothar Bauerochse, Dr. Arjan Plaisier, Dr. Stefanie Schardien, Dr. Thomas Schlag

Pfarrer Dr. Martin Ernst Hirzel

Stewards im »World-Café« des Forums: Europas Kirchen im Aufbruch

Predigt im Sonntagsgottesdienst am 23. 09. 2012 von Bischöfin Rosemarie Wenner

Abend der gastgebenden italienischen Kirchen im Kreuzgang

Der neu gewählte Rat mit Stellvertreter/innen (v. l.): Esther Wieland-Maret, Dr. John Bradbury, Jan Gerd Heetderks, Dimitrios Boukis, Barbara Rudolph, Dr. Friedrich Hauschildt, Dr. Martin Ernst Hirzel, Marcin Brzoska, Dr. John McPake, Susanne Kayser, Dr. Friedrich Weber, Dr. Klára Tarr Cselovszky, Thomas-Andreas Põder, Dr. Gottfried Locher, Dr. Jorgen Thaarup, Cordelia Kopsch, Dr. Michael Weinrich, Dr. Daniel Zikeli, Dr. Pavel Gajewski, Kirsten Jørgensen, Michael Martin. Nicht auf dem Bild: Gusztav Bölckei, Kristin Graff-Kallevåg, Barbara Killat, Klaus Rieth, Lothar Pöll

Das neu gewählte Präsidium: Prof. Dr. Friedrich Weber, Dr. Klára Tarr Cselovszky, Dr. Gottfried Locher

Dolmetscher/innen (2. Reihe v. l.:) Anette Nyffenegger von Lerber, Hartmut Lucke, Elaine Griffiths, Elisabeth Frey, Jean Jacques Nyffenegger

Oberlandeskirchenrat Dr. Klaus Grünwaldt bei der Präsentation des Schlussberichts

Abstimmung im Plenum

Abschlussgottesdienst mit Reverend Alison Walker (Liturgie)

Predigt im Abschlussgottesdienst von Bischof Prof. Dr. Friedrich Weber